Pendo

PAUL VERHOEVEN

JESUS

DIE GESCHICHTE EINES MENSCHEN

Unter Mitwirkung von Rob van Scheers

Aus dem Niederländischen von
Ursula Kremer und Alexandra Schmiedebach

Pendo München Zürich

Mehr über unsere Autoren und Bücher:
www.pendo.de

Die Originalausgabe erschien 2008 unter dem Titel
Jezus van Nazaret bei J. M. Meulenhoff bv, Amsterdam.

Diese Übersetzung wurde gefördert von der
Foundation for the Production and Translation
of Dutch Literature.

Mix
Produktgruppe aus vorbildlich bewirtschafteten
Wäldern und anderen kontrollierten Herkünften
www.fsc.org Zert.-Nr. GFA-COC-001223
© 1996 Forest Stewardship Council
FSC

ISBN 978-3-86612-225-3

Redaktion: Dr. Gabriele Schweickhardt, Frankfurt a. M.
Gesetzt aus der Minion
Satz: BuchHaus Robert Gigler, München
Druck und Bindung: CPI – Clausen & Bosse, Leck
Printed in Germany

INHALT

In memoriam
Robert W. Funk
1926–2005

VORWORT

VON ROB VAN SCHEERS

Nicht jeder hätte auf Anhieb erwartet, dass der Regisseur von *Türkische Früchte, Soldier of Orange, Spetters, Basic Instinct* oder *Black Book* eine lebenslange Faszination für den historischen Jesus hegt. Aber Paul Verhoeven, der als Filmregisseur stetig an seiner Reputation als *Sultan of Shock* arbeitete, um einmal einen doppelsinnigen Ehrentitel zu nennen, den das amerikanische *Time*-Magazin ihm andichtete, ist ein Mann mit unerwarteten Kanten und Gegensätzen.

Er gelangte nicht nur als ausgesprochener Beta [Anm.: d. Übers.: Schüler eines humanistischen Gymnasiums mit naturwissenschaftlichem Schwerpunkt] – er studierte ab 1956 Mathematik und Physik in Leiden – schließlich in die Alpha-Welt, die die gesamte niederländische Filmgilde sicherlich in dieser Anfangszeit noch darstellt, sondern ist auch von einem Wahrheitsdrang besessen, vor allem wenn es um historische Ereignisse und Personen geht, durch den wir fast von selbst auf Jesus stoßen. Dessen Einfluss (wie auch der ihn umgebende Mythos) auf 2000 Jahre westliche Geschichte ist nur schwer zu überschätzen.

So gesehen, war es doch nicht so merkwürdig, dass sich Paul Verhoeven 1985, nach seiner Abreise aus den Niederlanden, beim sogenannten *Jesus-Seminar* in Amerika anmeldete, einer Gruppe von siebenundsiebzig bedeutenden Professoren der Theologie, Philosophie, Linguistik und Biblischen Geschichte. Anfänglich war er nur Zuhörer bei den Zusammenkünften des kalifornischen *thinktanks*, später wurde er promoviert zum *fellow*, inklusive Stimmrecht und Nennung als Teilnehmer an den Diskussionen in den Buchausgaben des Seminars.

Seitdem ist er dort sozusagen *the odd man*, und natürlich spielte in seinem Hinterkopf das Projekt eine Rolle, das er schon jahrelang zu realisieren versucht: ein biografischer Spielfilm über Jesus, genauer gesagt eine Rekonstruktion seines Lebens, nicht des Mythos. Im Laufe der Zeit wurden etliche Jesus-Filme gedreht, aber bis heute – in Verhoevens Worten – »hat das Kino sich meist daran berauscht, die Evangelien mit einem Zuviel an Heiligkeit nachzuerzählen«.

Ein realistischer Spielfilm über das Leben Jesu steht immer noch aus. Paul Verhoeven glaubt sich dazu imstande, weil »kein anderer Drehbuchschreiber oder Filmregisseur die Materie so erschöpfend studiert hat«. Aber weil in Hollywood bis zur Premiere nichts sicher ist, müssen wir abwarten, ob der Jesus-Film jemals kommen wird.

Bis dahin haben wir nun dieses Buch. Darin erklärt er schon einmal detailliert seine Sicht des historischen Jesus. Als Grundlage für seine Thesen verwendete Verhoeven die vielen *papers*, die er im Laufe der Zeit für das *Jesus-Seminar* verfasste und die im Forum ausführlich diskutiert wurden.

Damit Buch und Sichtweise auch für Nichttheologen zugänglich sind oder, wenn man so will, den interessierten Laien ansprechen, bat er im Sommer 2002 um meine Hilfe als Journalist und Autor. Wir begaben uns gemeinsam auf eine wundersame Reise durch die Geschichte, wobei mir auffiel, dass er die Dinge mit demselben Feuereifer anpackte wie auf dem Filmset (es ist m. E. bekannt, dass Verhoeven nicht *einfach nur so* etwas tun kann).

Das vorliegende Ergebnis ist *Jesus – Die Geschichte eines Menschen*, wo sich dann doch ein ganz anderer Jesus zeigt, nun ja, als der alte Bekannte aus der Sonntagsschule. Mit Verhoevens Worten: »Wer war Jesus eigentlich und wofür stand er?«

Eine einigermaßen kuriose Entwicklung, die sich außerhalb des Schreibprozesses vollzog, war die Rückkehr der religiösen Debatte in der Gesellschaft, sogar in den säkularen Niederlanden. Das war etwas, das wir nur schwerlich hatten vorhersehen können. Bei der Heftigkeit dieser Debatte werden zweifellos Einsprüche gegen Verhoevens unorthodoxe Ideen über Jesus erhoben werden. Schließlich ist der Autor kein Theologe, nicht einmal Christ, sondern ein ehemaliger Naturwissenschaftler, der Filmregisseur wurde. Überdies kann er sich mit seinem beruflichen Hintergrund auch durchaus vorstellen: *Jesus meets Showgirls!*

Andere wiederum werden verstehen, dass gerade eine solch unorthodoxe Sichtweise sehr belebend wirken kann und zu neuen Erkenntnissen führt. Oder, um ein Zitat aus Verhoevens Filmerfolg *Total Recall* zu gebrauchen: »*Open your mind.*«

Utrecht – Los Angeles, August 2008

EINLEITUNG

Ich war immer schon fasziniert von Jesus, schon seit meiner Kindheit, ich weiß nicht warum. Mit vier Jahren fragte ich meinen Vater – es war Weihnachten, der einzige Zeitpunkt, an dem wir schon mal zu Hause über den Glauben sprachen –, ob Jesus große Schmerzen gehabt habe, als er gekreuzigt wurde. Mein Vater war dieser Ansicht. Ich fragte: »Aber wenn er der Sohn Gottes war, dann hätte Gott doch den Schmerz wegnehmen können?« An seine Antwort kann ich mich nicht erinnern.

Viele Jahre später las ich, dass die Kirche diese Frage folgendermaßen beantwortet hatte: »Ja, er ist wahrer Gott und zugleich wahrer Mensch.« Das war ein Paradox: Wie kann etwas »wahr«, also »ganz« sein und dann noch einmal etwas anderes »wahr/ganz«? Ich las und dachte immer wieder über Jesus nach – seit meinem Vierzigsten mit der Idee, einen Film über ihn zu machen. Aber ich fand es schwierig, in den Evangelien zu unterscheiden, was wahr, halbwahr oder unwahr war.

1985 ging ich in die USA und hörte vom *Jesus-Seminar*. Das war damals gerade von Robert W. Funk errichtet worden, eben um sich mit diesen Unterscheidungen zu beschäftigen. Alles, was Jesus gesagt und getan haben sollte, wurde von einer großen Gruppe Theologen – zumeist amerikanische Protestanten – unter die Lupe genommen, zweimal pro Jahr auf einer viertägigen Konferenz. Hat Jesus das wirklich gesagt, getan oder nicht? Etwa fünfzehn Jahre lang hat das Seminar darüber debattiert und abgestimmt. Die Ergebnisse wurden in zwei Büchern festgehalten, die in vier Farben gedruckt wurden. Rot bedeutet, dass Jesus das wirklich gesagt oder getan hat, Violett, dass Jesus so etwas Ähnliches gesagt/getan hat, Grau steht für »vielleicht, wer weiß« und Schwarz heißt: nie gesagt/nie getan.

Seit 1986 besuchte ich das Seminar, und die Ergebnisse der Forschung lehrten mich – so hoffe ich –, besser zwischen dem, was in den Evangelien als historisch angesehen werden kann, und dem, was nicht, zu unterscheiden. Es ist nicht so, dass ich alle Ergebnisse des Seminars mittrüge, und ich gehe auch nicht davon aus, dass das Seminar über die Standpunkte froh sein wird, die ich in diesem Buch vertrete – einige widersprechen regelrecht den Auffassungen des Seminars, besonders in Bezug auf Jesu Predigten über das Königreich Gottes. Ich glaube, dass Jesus wirklich ein Eingreifen Gottes in die Geschichte Israels erwartete – nämlich dass er erwartete, *Gott* würde in naher Zukunft über Israel herrschen und die römische Besatzung aufheben. Das Seminar ist der Ansicht, dass Jesus keineswegs diese Erwartung hegte; dass das Königreich Gottes nichts mit einem Eingreifen (in diesem Buch nenne ich es häufig »Hereinbrechen«) Gottes in Israel zu tun hatte.

Nein, ich glaube nicht, dass das *Jesus-Seminar* sich über mein Buch freuen würde (wenn es ins Englische übersetzt wird). Aber ich bin den Veranstaltern des Seminars sehr dankbar, dass sie mich – einen Nichtchristen, keinen Theologen, einen Mathematiker, der Filmregisseur wurde – in ihre Mitte aufnahmen. Das ist eines der netten Dinge an Amerika, dass es, neben allem Elend, das die USA in den vergangenen acht Jahren über die Welt gebracht haben, die Offenheit besitzt, jemanden zu akzeptieren, auch wenn er nicht über die entsprechenden Diplome verfügt.

Insbesondere spreche ich dem leider inzwischen verstorbenen Seminarleiter Robert W. Funk meinen Dank aus. In den zwanzig Jahren, in denen ich das Seminar besuchte und viele Artikel dafür schrieb, war er derjenige, der mich an den Fallgruben der Theologie vorbeizulotsen suchte. Wenn der Leser meint, dass ich dennoch hineingefallen bin, dann nur durch eigene Schuld. Manchmal habe ich das Urteil des Seminars über »wahr/unwahr« missachtet.

Ich hatte mich bei dem Seminar angemeldet, um einen Film über Jesus zu machen, aber daraus ist ein Buch geworden. Um das Jahr 2000 begriff ich, dass ich inzwischen mehr an Jesus *selbst* interessiert war als an einem Film über ihn. Was er meiner Meinung nach wirklich gesagt bzw. getan hat, fand ich wichtiger als die dramatische Gestaltung. Ich spürte das Verlangen, einen Bericht über meine »Entdeckungen« bei meinen Jesus-Studien herauszubringen und zu zeigen, welche Realität ich bloßgelegt zu haben glaubte. Ein Buch erschien mir dafür geeigneter als ein Film.

Ich sprach Rob van Scheers an, der schon früher eine Biografie über mich geschrieben hatte, und fragte, ob er mir bei dem Buch helfen wolle. Wir beschlossen deshalb viele Interviews zu führen, jedes einzelne drei Stunden oder länger. Das erste fand im Jahr 2002 statt, das letzte 2005. Aus den gesamten, sehr umfangreichen Gesprächen destillierte Rob einen zusammenhängenden Monolog. Es stellte sich aber als unmöglich heraus, meine Behauptungen und Argumente aus den Interviews klar genug darzustellen, um den Leser von meiner ungewöhnlichen Sichtweise überzeugen zu können.

Schließlich gaben wir die Monologform auf. Stattdessen sollte ich, ausgehend von den Interviews, ein normales Buch schreiben, damit ich meine Auffassung über Jesus besser untermauern konnte. Danach würde Rob wiederum alles redigieren. Daraus ist letztendlich dieses Buch geworden.

An dieser Stelle möchte ich Rob van Scheers für seine Hilfe danken: Ohne ihn hätte ich das Projekt nicht angefangen und auch niemals beendet.

Mein Dank gebührt auch meiner Frau Martine und unseren Töchtern Claudia und Heleen, die den ganzen Text sehr aufmerksam gelesen und – nicht immer schmeichelhaft – kommentiert haben. Dank gilt auch meinem Szenarioschreiber Gerard Soetemann, der mir als Erster vorschlug, ein Buch über Jesus zu schreiben, und der das Manuskript akribisch durchgearbeitet hat.

Los Angeles – Den Haag, 2009

1

MEINE SUCHE NACH DEM HISTORISCHEN JESUS

DER BLICK EINES DRAMATURGEN

Warum glaubt ein Cineast etwas zu einer Diskussion beitragen zu können, die bereits zweitausend Jahre währt? Diese (berechtigte) Frage wird jedes Mal aufgeworfen, wenn meine Faszination für Jesus zur Sprache kommt. Meist verweise ich auf den niederländischen Schriftsteller W. F. Hermans, der aufgrund seiner dramaturgischen Perspektive für einige Geschehnisse im Zweiten Weltkrieg ein besseres Gespür bewies als die Historiker. Er hinterfragte von Anfang an die Figur des F. Weinreb, weil Hermans als Dramaturg durchschaut hatte, dass dessen Geschichte so gut gemacht war, dass sie nicht wirklich wahr sein konnte.[1] Das Chaos fehlte, alles passte zu gut zueinander. Hermans war es, der als Erster über die engen Beziehungen zwischen Prinz Bernhard und Christiaan Lindemans sprach, besser bekannt als der Verräter »King Kong«. Es sollte noch bis 1986 dauern, bevor Professor Loe de Jong anerkannte, dass der Nichthistoriker Hermans hier ein schärferes Urteil abgegeben hatte als er selbst.

Ich versuche das Neue Testament mit den Augen eines Dramaturgen zu betrachten. Das erscheint mir eine gute Art und Weise zu erkennen, welche Details, Umstellungen, Metaphern und Erzählfäden der dramaturgischen Komposition geschuldet sind. Auch das Neue Testament ist eine Art Entertainment; die Evangelisten überlegten sich: Wie halte ich den Leser bei der Stange? Wie kann ich den Zuhörer für meine Sicht der Dinge gewinnen? Wie gefalle ich meinem Publikum? Und was könnte ich besser weglassen, weil es »unangenehm« ist oder – politisch betrachtet – gefährlich?

Auf diese Weise wurde das Neue Testament das Ergebnis jahrhundertelanger christlicher Redaktion: Übermalung, Hinzufügung, Verschleierung oder einfach Weglassen. Mein Ehrgeiz ist es, Jesu Lebensgeschichte von allem *spin* – wie man das in der Politik nennt – zu befreien, aus persönlicher Neugier, aber vor allem im Wissen darum, dass das Christentum unsere westliche Kultur schon rund zweitausend Jahre geprägt hat.

Zudem studierte ich vor langer Zeit Mathematik und Physik und neige daher dazu, bei allem, was ich in den Evangelien lese, zu fragen: Geht das? Kann man über das Wasser gehen, kann man jemanden, der schon vier Tage tot ist, zum Leben erwecken, kann eine Frau ohne Sperma schwanger werden (biologisch gesehen wäre das Baby eine Art Klon und damit Jesus eine Frau).

Letztendlich ließ ich mich, weil ich Filmregisseur bin, außer von den Kriterien, die in der Theologie üblich sind, noch von einem weiteren und zwar ungewöhnlichen Kriterium leiten, um zu beurteilen, was in den Evangelien wahr oder nicht wahr ist. Wenn ich mir ein Ereignis, das darin beschrieben wird, in keinerlei Weise real vorstellen, wenn ich es nur durch digitale *special effects* oder manipulierte Montage szenisch darstellen kann, dann glaube ich nicht daran, dass dieses Ereignis stattgefunden hat.

Indem ich auf diese Art und Weise das Neue Testament betrachte, hoffe ich einen Einblick geben zu können in das, was sich hinter dem jeweiligen Evangeliumstext verbirgt – wenn so etwas überhaupt herauszufinden ist. Ich bin mir sehr wohl bewusst, dass – wie Germaine Tillion[2] einmal anmerkte – eine »große Kluft besteht zwischen dem, was wirklich geschehen ist, und dessen unsicherer Wiedergabe, die wir Geschichte nennen«.

Dass Jesus gelebt hat, bezweifle ich nicht. In welchem Jahr er geboren wurde, ist nicht sicher. Gegenwärtig nimmt man an, dass seine Geburt etwa drei oder vier Jahre vor dem »Jahr null« stattfand – sogar Papst Benedikt XVI. geht davon aus.[3] Wir wissen auch, dass Jesus von den Römern getötet wurde, unter der Herrschaft von Kaiser Tiberius.[4]

Das lässt sich aus einer Notiz des Regierungsbeamten und Geschichtsschreibers Tacitus schließen. Er schreibt in seinen *Annalen*[5], dass ein gewisser *Christos* von Pontius Pilatus »hingerichtet worden« sei. Vermutlich fand die Exekution zwischen 30 und 33 n. Chr. statt.

Alles Übrige steht zur Diskussion. Ich habe mich gut zwanzig Jahre lang in diese Materie vertieft, immer unter dem Gesichtspunkt: Was bleibt, wenn man die Erzähltechniken und den politischen *spin* der Evangelisten vom Gesamten abzieht? Oder anders ausgedrückt: Wer war Jesus in Wirklichkeit, und wofür stand er?

JESUS, EIN ESCHATOLOGISCHER MENSCH

Ich betrachte Jesus als einen Menschen. Als »Sohn Gottes« sehe ich ihn nicht. Das ist ein mythologischer Jesus, geboren aus dem Verlangen, in einem anderen ein Gottesbild zu erkennen. Es gibt Analogien zuhauf; denken wir daran, was Mussert[6], der Parteivorsitzende der nationalsozialistischen Partei der Niederlande (Nationaal Socialistische Beweging, abgekürzt NSB) in seinem Tagebuch über seine Begegnung mit Hitler notierte: »Dieser Mann ist von Gott gesandt.«

Das konnte Mussert leicht denken, denn er kannte Hitler kaum, hatte ein paarmal seine Hand geschüttelt, zehn Minuten mit ihm geredet, und dann war er wieder weg. Wenn man ohnehin schon annimmt, dass jemand von Gott gesandt ist, wird diese kurze, förmliche Begegnung den eigenen Glauben nicht erschüttern: Mussert erlebte Hitler nie im Alltag. Dessen Generäle schon. Sie wussten, wie schwierig es war, an den Stabsbesprechungen teilzunehmen, weil Hitler stinkende Winde ließ[7] und sie dennoch neben ihm stehen bleiben mussten. Seine Generäle dachten gewiss nicht, dieser Mann sei von Gott gesandt.

Vom »Menschen« Jesus wurden während der langen Periode der mündlichen Überlieferung und aufgrund vielfältiger Überarbeitungen der geschriebenen Evangelientexte (70–200 n. Chr.) sehr viele »irdische« Dinge weggeschnitten. Was übrig bleibt, ist eine reduzierte Wirklichkeit; wir sind in den zweitausend Jahren Abnehmer, sagen wir einmal, von zehn Prozent von Jesus geworden. Diese zehn Prozent haben wir dann in diesem Sinne weiterentwickelt zu einem ganzen (teilweise göttlichen) Wesen. So wurde eine nicht existierende Person geschaffen.

Die Frage ist nun: Können wir zweitausend Jahre später mehr über den *Menschen* Jesus in Erfahrung bringen? Es wäre z. B. interessant, dahinterzukommen, wie seine Jünger ihn sahen, seine Anhänger, die Tag und Nacht mit ihm zusammen waren. Als Gruppe reisten sie um den See Gennesaret, später gingen sie in den Norden (Sidon und Tyrus), und danach zogen sie in den Süden, nach Jerusalem und Umgebung. Manchmal schliefen sie in einer Herberge oder fanden Unterkunft in einer Scheune, aber meist lagerten sie unter freiem Himmel. Es war nicht so, dass Jesus eine Sonderbehandlung als »VIP« erhalten hätte, nachts lagen sie alle nebeneinander und schnarchten.

Wir haben später alles, was wir über Jesus erfuhren, vergeistigt, aber ich sehe viel eher ein Bild aus meiner Jugend vor mir, wenn wir mit Freunden zelteten und alle eingepfercht in einem kleinen Zelt schliefen. Das war auch nicht immer das reine Vergnügen. Darüber hinaus darf man nicht vergessen, dass die Gruppe um Jesus immer nur unregelmäßig etwas zu essen bekam; die Nahrung dürfte nicht besonders gehaltvoll gewesen sein. Es liegt auf der Hand, dass alle bei einem solchen Wanderleben ständig mit Magen- und Darmproblemen zu kämpfen hatten. Die Jünger haben Jesus ebenfalls schnarchen, schnaufen oder furzen gehört.

In meinem Jesus-Film würden die alltäglichen Dinge im Hintergrund »anklingen«. Es sind dieselben Geräusche und Gerüche wie in jeder Ehe, und Jesu Umherziehen mit seinen Jüngern war natürlich etwas Ähnliches. Deshalb denke ich, dass sie ein viel realistischeres Bild von ihm hatten als wir. Sie sahen, wie Jesus wie ein Exorzist auftrat, den Teufel oder die Dämonen austrieb und Menschen heilte; sie hörten die prächtigen Parabeln, mit denen er seinen Zuhörern einen Schimmer vom Königreich Gottes zeigte, und das war sicherlich sehr beeindruckend. Doch weil sie ständig »aufeinanderhockten«, sahen sie auch noch ganz andere Dinge.

Natürlich hatte Jesus, wie jeder andere, eine Reihe weniger schöne Züge, die seinen Anhängern klarmachten, dass er ein ganz normaler *Mensch* war – auch wenn er Talente »von Gott bekommen« hatte, die sie selbst nicht besaßen. Wenn ich den Evangelien glauben darf, war Jesus z. B. kein Kostverächter, er wurde von Esssucht geplagt: »Dieser Fresser und Säufer, dieser Freund von Zöllnern und Sündern.«[8]

Außerdem wissen wir, dass er ziemlich ungeduldig war. Markus beschreibt,[9] wie seine Jünger versuchen, einen Dämon auszutreiben, doch das will ihnen nicht gelingen. Da kommt Jesus vorbei und sagt kurz angebunden: »O du ungläubige Generation! Wie lange muss ich noch bei euch sein? Wie lange muss ich euch noch ertragen?« Als wollte er damit sagen: »Sagt mal, könnt ihr denn gar nichts selbst machen?« Zudem erzählen uns die Evangelien, dass Johannes der Täufer extra von Gott geschickt worden war, um Jesus anzukündigen. Sie haben jedoch unterschlagen, dass Jesus versuchte, Johannes auszustechen und zu verdrängen – darauf gehe ich später noch genauer ein.

Das sind einige Beispiele. In diesem Buch möchte ich versuchen, die Geschichten über Jesus auf ein alltägliches Maß zurechtzurücken in der Hoffnung, dass das Neue Testament dadurch an Realitätsgehalt gewinnt und den Lesern neue Einsichten ermöglicht. An vorderster Stelle steht aber für mich, dass Jesus kein Teil von Gott ist.

MEIN ABSCHIED VOM GÖTTLICHEN JESUS

Leider, möchte ich am liebsten hinzufügen.

Als Teenager in Den Haag fühlte ich mich vom Okkulten angezogen. Schwarze Magie, Ufos, kinetische Energie, bei der man angeblich mithilfe von Gedanken die Wirklichkeit steuern könnte, solcherlei Dinge. Ich führte auch Hypnose-Experimente bei meinen Freunden durch und versuchte sie in frühere Leben zurückzuversetzen. Die Bibel passte gut in diese Reihe als eine andere Form des Okkultismus. Durch meine Verwandtschaft hatte ich die *Staten-Bibel* [Anm. d. Übers.: Staatlich autorisierte Bibel der protestantischen Kirche in den Niederlanden aus dem Jahre 1637.] in die Hände bekommen, gebunden in vornehmes, schwarzes Leder. Ich fand das Buch fesselnd, mindestens genauso wie *Lehre und Ritual der Höheren Magie* des französischen okkult-magischen Autors Eliphas Lévi, das ich immer aus der Bücherei holte. Vor allem das Johannesevangelium erschien mir besonders schön geschrieben. Im Neuen Testament blätternd, stieß ich auf packende Aussagen wie: »Klopft an, und dann wird euch geöffnet.« Oder: »Suchet, und ihr werdet finden.« Und: »Bittet, dann wird euch gegeben.« Was für ein schöner Gedanke! Bitten und Beten konnte alles Böse vertreiben, und etwas viel Schöneres trat an seine Stelle. Ja, durch Gebet konnte man die Wirklichkeit steuern. Sagte Jesus es nicht selbst?

Was ich in jenem Augenblick übersah, war, dass Jesus am Ende seines Lebens vergeblich betete, der Becher (des Todes) möge an ihm vorübergehen. Und dass wörtlich im Neuen Testament stand: »Aber nicht mein Wille, sondern dein Wille geschehe.« In Filmsprache ausgedrückt: Gott hatte immer den *final cut*. Welch ein Widerspruch! Jesus spricht all jene hoffnungsvollen Behauptungen aus: Wer Hunger hat, wird gesättigt werden; Menschen, die weinen, werden froh sein; Kranke werden geheilt werden; bittet, und euch wird gegeben; klopft an, und euch wird geöffnet. Und dann wird als Letztes hinzugefügt … *außer wenn es Gott nicht will*, wodurch die ganze Sache entkräftet wird. Dann kann man bis zur Erschöpfung beten, nicht wahr?

Im Christentum wurden diese hoffnungsvollen Aussagen Jesu immer betont. Die Kirche hat auch eine nette Art gefunden, obigen Gegensatz aufzufangen. Im christlichen Denken wird es als normal empfunden, dass Jesus nach Gottes unerschütterlichem Beschluss einen schrecklichen Tod am Kreuz sterben musste. Aber dieses Martyrium musste nur *er* ertragen, das gilt nicht für uns. Er ist für uns gestorben, damit *wir* nun von der Erbsünde erlöst sind und unsere Beziehung zu Gott wieder erneuert ist. Aber können wir nun an Gottes Tür klopfen, und wird uns dann aufgetan? Werden unsere Gebete nach Jesu Tod erhört? Was macht man, wenn man klopft und klopft, bis die Fäuste wund sind, und trotzdem passiert nichts?

In meinem Film *Spetters* (1980) habe ich diese Ernüchterung dargestellt. Die Hauptfigur Rien wurde durch einen Motorradunfall gelähmt, und seine gläubige Freundin Maja nimmt ihn zu einer Versammlung der Pfingstgemeinde mit. Der Prediger legt seine Hand auf den Kopf des misstrauischen Rien und bittet den Heiligen Geist herniederzusteigen. Gerade will Rien daran glauben, dass Gott ihn heilen wird, aber als er sich halb aus seinem Rollstuhl aufgerichtet hat, gewinnt sein mentaler Widerstand die Oberhand über die Ekstase. Danach sackt er enttäuscht in sein Gefährt zurück. Beten hilft nicht, am besten packt man selbst zu. Genau wie seine Freundin, denn am Ende des Films wird sie Krankenschwester.

Es war eine Szene, für die ich aus meinem eigenen Erfahrungsschatz geschöpft habe. Nach dem kindlichen Spiel mit dem Okkultismus durchlebte ich in meinen Teenagerjahren eine heftige geistige Krise. Meine damalige Freundin und spätere Frau Martine war wegen eines geplatzten Kondoms unversehens schwanger geworden. In dem kleinbürgerlichen Milieu, aus dem ich stammte, galt eine »Mussehe« als das Abscheulichste, was einem passieren konnte. Meine Mutter ließ, als sie es erfuhr, jählings alle Kaffeetassen fallen. Da ich mich noch an den hoffnungsvollen Gedanken aus der Bibel erinnerte, sagte ich zu meinem Vater: »Ach, Gott wird uns schon helfen.« Mein Vater antwortete bissig: »Was schwafelst du jetzt von Gott! Bald haben wir ein Kind am Hals!«

Ich wurde von der Angst überwältigt, meine Filmlaufbahn aufgeben zu müssen, die zu jenem Zeitpunkt gerade in die Gänge zu kommen schien – es war genau zwischen meiner »Action-Doku« von *Het Korps Mariniers* [Anm. d. Übers.: *Das Marinekorps*]und meiner Serie Floris. Ich war 27 Jahre alt, und von Martines Stipendium würden wir niemals leben können. Ich wusste nicht mehr ein noch aus und wurde fast psychotisch. Überall sah ich Hinweise und Zeichen, genau wie August Strindberg, als er in Paris wohnte. In exakt dieser Zeit wurde ich an einer Straßenbahnhaltestelle in Den Haag von einer wildfremden Frau angesprochen; sie war Mitglied von »Stromen van Kracht« [Anm. d. Übers.: Kraftströme], einer Gruppierung, die zu den Pfingstgemeinden zählte. Sie drückte mir einen Zettel in die Hand, auf dem stand: »Für den Fall, dass Sie Gott suchen.« Das passte natürlich in dem Moment, und noch in derselben Woche ging ich zu einer Versammlung im Gebäude der Pfingstgemeinde in der Kamperfoeliestraat in Den Haag.

In dieser Kirche praktizierten alle ein einziges begeistertes Christentum. Es wurde in Zungen gesprochen. Und für mich als neues Gesicht gab es eine besondere Botschaft. Ich hörte einen Mann ausrufen:

»MAGAAAJI-BURUGAJJJ-NISH!« – auch wenn ich nichts davon verstand, so war es doch eine ganz einschneidende Erfahrung. Das Verrückte war, dass ich das Herabsteigen des Heiligen Geistes, um den sich alles drehte, auch physisch fühlen konnte, als schnitte ein Laserstrahl in meinen Kopf, und mein Herz stand zur gleichen Zeit »in Flammen«. Der Prediger sprach: »Dank dir, Jesus, dass du heute Abend unter uns bist.« Und es war offensichtlich, ja, Jesus war hier, das konnte ich spüren.

Zu Tränen gerührt, lauschte ich der Botschaft, aber zur selben Zeit wusste ich aufgrund meiner schizophrenen Beziehung zum Christentum, dass es auch eine logische Erklärung für diesen Zustand geben musste. Gregorianische Orgelmusik erklang, die – wenn man emotional bewegt ist – stark auf das Gemüt wirkt. Ich war mir auch bewusst, dass mein Herz zwar »in Flammen stand«, dass es aber eher ein brennendes Gefühl im *Sonnengeflecht (plexus solaris)* war, einem wichtigen Nervenzentrum des Menschen. Inzwischen wurde der Auftrag-in-Zungen von jemandem hinter mir übersetzt: »Gott will, dass du in ferne Länder gehst, um dort das Evangelium zu predigen«, sprach eine Frauenstimme, »er hat dich auserwählt für eine Mission in Afrika.« Ich zweifelte. Mir wurde bewusst, dass die Übersetzerin dieselbe Frau war, die mich an der Haltestelle angesprochen hatte. Vor Beginn der Versammlung hatte ich ihr noch erklärt, wie verunsichert ich über meine Zukunft sei. Sie dagegen münzte dies direkt um in das, was ich ihrer Meinung nach tun sollte. Nicht Filmregisseur werden, das war doch ein dekadenter Beruf, sondern Evangelist!

Genau wie bei Rien in *Spetters* gewann meine mentale Wehrhaftigkeit die Oberhand über die Ekstase. Doch ich lag noch monatelang auf der Nase und kämpfte mit aller Macht gegen die Kräfte des Unterbewusstseins an, um nicht wahnsinnig zu werden, wenn sie wieder von mir Besitz ergreifen wollten. Für Martines unerwünschte Schwangerschaft gab es offenbar eine einfache Lösung. Der Vater eines Jugendfreundes war Arzt in einem Haager Krankenhaus und konnte uns zu einer Abtreibung verhelfen. Dass es so eine pragmatische Lösung überhaupt gab! Keine Wunderdoktoren, keine magischen Praktiken, keine furchterregenden Stricknadeln. Einfach ein Krankenhaus. Nicht beten, sondern selbst handeln erwies sich als die Lösung; das brachte mich allmählich in die Realität zurück.

Danach schlug ich die Tür zum Magischen, zum Okkulten und zur Religion zu. Ich betrachtete sie als Blaubarts verbotene Kammer: Ich wusste sicher, dass ich geistig zugrunde ginge, wenn diese Tür geöffnet würde. Die Kräfte des Unbewussten würden mein Bewusstsein »sprengen«. Die Auswirkung auf meine Arbeit bestand darin, dass ich nun so »hyperrealistisch« zu filmen begann. Die Filme wurden für mich zur Verankerung in der Wirklichkeit. Ich hatte das Bedürfnis, alles so explizit wie möglich zu zeigen, eine Neigung, die mancher Filmkritiker als banal bezeichnete. Aber für mich war es notwendig, damit ich mit beiden Beinen auf dem Boden bleiben konnte.

Erst bei *Der vierte Mann* (1983) wagte ich wieder mit »dem Magischen« zu spielen, zuvor gab es nur die aus dem Film *Spetters* beschriebene Szene. Aber vor allem durch meine Abreise nach Amerika, wo ich in eine ganz andere Realität eintauchen musste – in der ich mich fest verankerte, weil ich so hart kämpfen musste, um mich zu behaupten –, wagte ich es, mich wirklich in die Religion zu vertiefen. In Holland hatte ich nur das berühmte Buch des flämischen Theologen Edward Schillebeeckx gelesen: *Jesus. Die Geschichte von einem Lebenden*. Inzwischen habe ich in den Vereinigten Staaten etwa tausend weitere Bücher gelesen, und ich verstehe auch, dass meine, nennen Sie es simplifizierende, Vorgehensweise – das ist möglich! Das nicht! – mit meinem Umarmen der sichtbaren Wirklichkeit zu tun hat und ebenfalls mit der Angst vor dem Unnennbaren. Kurzum: Ich würde gern glauben, aber rational *kann* ich es nicht. Mein Verstand sagt mir, christliche Religion ist ein Trick des Gehirns, um die Hoffnung aufrechtzuerhalten, dass die sogenannte Wirklichkeit nicht das letzte Wort ist, obwohl alles dagegen spricht.

In diesem Buch habe ich versucht, das Leben Jesu möglichst rein zu sehen, losgelöst von allem *spin*. Ich betrachte ihn mit großem Interesse, was man ruhig als eine Form von religiöser Liebe bezeichnen kann. Aber worauf die »Liebe« hinausläuft, weiß ich nicht. Auf Unterminierung des Christentums? Suggerieren meine Schlussfolgerungen, dass wir in der westlichen Gesellschaft schon zweitausend Jahre lang mit einer gigantischen Lüge leben – wie in früheren Jahrhunderten etliche Philosophen behaupteten?

Haben uns die Evangelien mit all ihren Verdrehungen nur etwas vorgemacht über Jesus? Wofür stand er wirklich? Oder hilft dieses Buch dabei, das Christentum aufs Neue zu untermauern, was der als »atheistischer Pfarrer« bekannt gewordene Klaas Hendrikse in seinem »Manifest« *Geloven in een God die niet bestaat* [Anm. d. Übers.: Glauben an einen Gott, den es nicht gibt] versucht hat?

DIE QUELLEN NÄHER BETRACHTET: MARKUS

Mein bevorzugtes Evangelium ist das von Markus. Zwar fehlen bei ihm wichtige Elemente, die bei Matthäus und Lukas vorkommen – ich denke dabei an Jesu Parabeln –, aber was das Markusevangelium so ansprechend macht, ist sein alltäglicher, volkstümlicher Stil. Sein Griechisch ist weder literarisch noch gehoben, aber Markus hat einen guten Blick für Details. Man nimmt an, dass der Text um das Jahr 70 erstellt wurde, und vieles, was man bei Markus antrifft, ist wiederum bei Matthäus und Lukas gestrichen, aus politischen Gründen. Sie schrieben fünfzehn bis zwanzig Jahre später, und sie kannten das Markusevangelium, denn sie haben viele Passagen daraus kopiert. Wenn sie aber bestimmte Verse von Markus unangenehm fanden – was meist bedeutete, dass sie Angst hatten, die Römer vor den Kopf zu stoßen –, milderten sie wie wahre *spin doctors* Jesu Aussagen ab und veränderten seine Handlungen radikal. Sie bemühten sich z. B. außerordentlich, Jesus nicht als einen Rebellen erscheinen zu lassen. Verständlicherweise, denn im Römischen Reich war es lebensgefährlich, einen Mann anzubeten, der als Aufrührer gekreuzigt worden war.

Markus hat den kühlsten Blick unter allen Evangelisten. Es wirkt so, als habe er am ehesten in Kontakt mit einem Augenzeugen gestanden. Dass Markus selbst ein Augenzeuge war, wird von Theologen stark bezweifelt, aber vielleicht hat er doch mit Leuten gesprochen, die Jesus persönlich gekannt haben. Der angesehene deutsche Theologe Johannes Weiß (1863–1914) ging einen Schritt weiter. Er meinte, Markus habe seine Informationen direkt vom Jünger Petrus erhalten

– ein Vorschlag, der später wiederum als *zu* wünschenswert und *zu* schön verworfen wurde. Dennoch sieht es so aus, als hätte Markus mit jemandem gesprochen, der ziemlich gut über Dinge Bescheid wusste, an die sich Petrus noch rund zwanzig Jahre später – ein bisschen verwirrt – erinnerte.

Wenn ich über Jesus nachdenken will, schlage ich zuerst das Markusevangelium auf. Die anderen beiden Synoptiker[10], Matthäus und Lukas, soll man natürlich auch heranziehen – sie haben wieder andere Informationen –, aber Markus ist so auffallend ehrlich. Sicher hatte auch er eine theologische Konzeption, aber es ist doch Markus, der uns erzählt,[11] dass Jesu Mutter und Brüder meinten, Jesus sei (von Dämonen) besessen. Sie kommen von Nazaret nach Kafarnaum,[12] um Jesus wegzubringen, als wollten sie sagen: Genug jetzt! Komm du mal mit in die Psychiatrie. Jesus zeigt insgesamt kein Interesse für seine Verwandtschaft. Er lässt sie nicht einmal ins Haus, sondern sagt: »Wer ist meine Mutter, und wer sind meine Brüder?« Und er weist auf seine Jünger und fügt hinzu: »Das hier sind meine Mutter und meine Brüder.«[13]

Das Markusevangelium wurde lange Zeit unterschätzt. Das hat damit zu tun, dass es bis 1850 fälschlich als verkürzte Version des Matthäusevangeliums angesehen wurde. Seltsam, denn vergleicht man beide miteinander, dann ist Markus viel detaillierter. Dennoch beginnen alle Bibeln, die *Nieuwe Nederlandse Bijbelvertaling* (NBV) von 2004 eingeschlossen, mit dem Evangelium von Matthäus, obwohl wir schon seit hundertfünfzig Jahren wissen, dass das Markusevangelium etwa fünfzehn Jahre früher geschrieben wurde. Nur die Ausgaben des *Jesus-Seminars* und in den Niederlanden die Übersetzung von Warren/Molegraaf und die von Mr. Straat[14] beginnen mit Markus.

Für den Vatikan ist Matthäus stets das bevorzugte Evangelium gewesen. Die katholische Kirche fand das Markusevangelium nicht so geeignet, denn es berichtete nicht explizit über die Auferstehung. Markus schreibt,[15] dass einige Frauen drei Tage nach Jesu Kreuzigung zum Grab gehen – da stellt sich heraus, dass Jesu Leichnam weg ist und nun ein »junger Mann, der mit einem weißen Gewand bekleidet war«, im Grab sitzt, der ihnen erzählt: »Ihr sucht Jesus von Nazaret, den Gekreuzigten. Er ist auferstanden; er ist nicht hier.« Die Frauen flüchten, tödlich erschrocken. *Cut!* Man findet nichts darüber, dass Jesus seinen Jüngern oder den Frauen »erschienen« ist. Markus hört da einfach auf, auch wenn wir uns erzähltechnisch gesehen *in the middle of nowhere* befinden.

Einige Theologen nehmen an, dass Markus gestorben ist, als er so weit gekommen war, und daher sein Evangelium nicht vollenden konnte, aber die meisten Kommentatoren bleiben dabei, dass es so abrupt endet, weil Markus das genau so wollte. Er entschied sich dafür, nur kurz und indirekt über die Auferstehung zu sprechen. Tatsache ist, dass die Markusverse 16,9-20 erst im 2. Jahrhundert angehängt wurden. Ursprünglich endet das Evangelium bei »Sie [die drei Frauen] sagten niemand etwas davon; denn sie fürchteten sich.« Spätere Herausgeber fanden diesen Schluss unbefriedigend und fügten zwölf Verse hinzu, sodass Jesus noch seinen Jüngern erschien, bevor er in den Himmel aufgenommen wurde. Dies ist ein gutes Beispiel für eine spätere Montage im Neuen Testament.

Wie ich oben bereits geschrieben habe: Auch Markus hatte eine theologische Konzeption. Sie wurde 1901 von W. Wrede analysiert und ist in der neutestamentlichen Literatur als das Messiasgeheimnis bekannt geworden. Wrede wies darauf hin, dass Markus sehr häufig berichtet, Jesus dränge auf Geheimhaltung, dass er der Messias sei.[16] Nach Wrede hat Markus all diese Texte selbst erfunden und Jesus in den Mund gelegt. Markus hatte nämlich realisiert, dass Jesus zu seinen Lebzeiten *nicht* als Messias gesehen wurde und sich darüber auch nie geäußert hatte. Der Messiasgedanke kam erst auf, nachdem Jesus gestorben und, nach Aussagen seiner Jünger, wieder »auferstanden« war. Um seinen Lesern zu erklären, warum Jesus sich zu Lebzeiten nicht mit der Messiasrolle identifiziert hatte, *erfand* Markus, dass Jesus selbst allen befohlen hatte, geheim zu halten, dass er der Messias war. Wredes Theorie wurde in den vergangenen hundert Jahren nur selten widersprochen, Theologen gehen auch *heute* noch davon aus, dass er recht hat.

Dennoch muss dazu eine Anmerkung gemacht werden. Im 6. Kapitel werde ich zeigen, dass Jesus die meiste Zeit während seiner Tätigkeit als Exorzist und Prediger über das Königreich Gottes auf der

Flucht war und dafür sorgte, dass sein Aufenthaltsort geheim blieb. Es liegt nahe, dass er nach den spektakulären Dämonenaustreibungen seine »Patienten« bat, ihre »Genesung« nicht an die große Glocke zu hängen: Er musste verhindern, dass die Behörden ihm auf die Spur kamen.[17] Ich denke, Markus fand gerade diesen Aspekt der Geheimhaltung in seinen Quellen vor und formte ihn zum *Messiasgeheimnis* um.

MATTHÄUS UND LUKAS

Was Matthäus und Lukas besonders interessant macht, ist die sogenannte Quelle Q. Außer aus dem Markusevangelium scheinen Matthäus und Lukas auch noch aus einer anderen Quelle zu schöpfen, die von deutschen Theologen als Q bezeichnet wird, abgeleitet von *Quelle*. Die sogenannte Zweiquellenhypothese stammt schon aus dem 19. Jahrhundert.[18] Man beachte: Die Quelle Q ist eine theoretische Quelle, sie wurde nie gefunden. Aber weil sich bei Matthäus und Lukas so viele Passagen finden, die (manchmal fast wörtlich) identisch sind und *nicht bei Markus* stehen, beschlossen die Kommentatoren, die identischen Stellen Q zu nennen – in der Annahme, dass dies ein Codex sei, den es früher gegeben habe. Zu Anfang wurde heftig darüber diskutiert, denn der Q-Codex hätte demnach fast *nur Worte Jesu* beinhaltet ohne eine richtige Geschichte – die wir jedoch in allen vier Evangelien finden. Viele Theologen hielten dies damals für unwahrscheinlich: Sammlungen ausschließlich von »Aussprüchen« (Jesu) aus den ersten Jahrhunderten waren bis dahin nicht gefunden worden.

Doch der Fund des apokryphen Thomasevangeliums im Dezember 1945 in der Nähe der südägyptischen Kleinstadt Nag Hammadi scheint die Zweiquellenhypothese stark zu stützen. Das Thomasevangelium besteht nämlich aus einer Sammlung von 114 Sprüchen Jesu, ohne eigentliche »Geschichte«. Das zeigt, dass in jener Zeit durchaus Sammlungen im Umlauf waren, die nur Jesusworte beinhalteten, und das lässt vermuten, dass Matthäus und Lukas eine derartige Sammlung kannten, die wir heute Q nennen. Die Quelle Q verarbeiteten beide Evangelisten in ihren Texten, jeder auf seine Weise.

Das ist der Grund, weshalb man bei Matthäus und Lukas Dinge findet, über die Markus nichts schreibt. Ein bekanntes Beispiel ist die Parabel vom »verlorenen Sohn«, die übrigens nur bei Lukas vorkommt; das Gleiche gilt für den »barmherzigen Samariter«. Daher ist die Frage zulässig, ob Lukas noch eine dritte Quelle zur Verfügung stand, außer Markus und Q. Heutzutage geht man davon aus, dass beide, Matthäus und Lukas, sowohl Markus als auch Q verwendeten und dass sie unabhängig voneinander noch zusätzliche Informationen hatten.[19]

In seinem Text bezieht sich Matthäus mehr als die anderen Evangelisten auf die jüdische Lehre. Lukas scheint eher hellenistisch orientiert zu sein, er schreibt ein wenig literarischer. Aber er ist manchmal sehr naiv und viel eher bereit, Unsinn zu glauben. Oder das, was ich als Unsinn bezeichne, etwas, das nicht möglich ist. Bei ihm kommen verrückte Details vor, die auch bei Mel Gibson in *The Passion of the Christ* [dt.: *Die Passion Christi*] anzutreffen sind. So z. B. bei Jesu Gefangennahme – da schlägt einer der Jünger einem Diener des Hohepriesters mit einem Schwert das rechte Ohr ab. Das klebt Jesus dann sofort wieder an.

JOHANNES

Das bringt uns zum vierten Evangelium, dem Evangelium des Johannes. Teilweise ist es eine mystische Erzählung mit prächtiger Poesie und hoch entwickelter Theologie. Es enthält viele lange Monologe Jesu, in denen er sich als »das Licht der Welt, der gute Hirte, der Menschensohn, der wahre Weinstock« usw. präsentiert.

Das Evangelium beginnt mit einer Ode an »das Wort« (der *Logos*): »Im Anfang war das Wort, und das Wort war bei Gott, und das Wort war Gott.« Dann kommt »das Wort in die Welt« in Gestalt von Jesus: »Vom Vater bin ich ausgegangen und in die Welt gekommen«; und dann wird er aus eigenem Antrieb diese Welt wieder verlassen: »Ich verlasse die Welt wieder [durch die Kreuzigung] und gehe zum Vater.«

Da in diesem Evangelium alles der Theologie des Johannes untergeordnet zu sein scheint, erachteten Kommentatoren es lange Zeit als ohne jede historische Bedeutung. Zu Unrecht, wie ich finde, und ich werde im Zusammenhang mit der sogenannten Tempelreinigung[20] genauer darauf eingehen. An dieser Stelle möchte ich schon auf einige überraschende Passagen hinweisen, die ich später als historische Tatsachen bezeichnen werde.

Dieses Evangelium macht z. B. klar:

- dass Jesus die Brüder Petrus und Andreas schon bei Johannes dem Täufer kennenlernte – als sie damals alle drei gemeinsam im Jordan getauft wurden und als Jünger von Johannes fungierten;[21]
- dass Jesus ab einem gewissen Augenblick selbst zu taufen anfing, was zu heftigem Streit mit dem Täufer führte;[22]
- dass bei der »Brotvermehrung« (als Jesus fünftausend Menschen mit fünf Broten speist) eine große Menschengruppe Jesus zum König von Israel ausrufen wollte;[23]
- dass Jesus etwa fünf- oder sechsmal nach Jerusalem ging; dies im Gegensatz zu den Synoptikern, die berichten, dass Jesus nur ein einziges Mal in diese Stadt gegangen sei;[24]
- dass Jesus ein paarmal mit Steinigung bedroht wurde und floh;[25]
- dass der jüdische »Hohe Rat« Jesus schon *Monate* vor seiner Exekution zum Tode verurteilte.

Zum Schluss noch etwas, das bei Johannes fehlt: das Gebet im Garten Getsemani, wo Jesus in Todesangst schwebt.[26]

Aus der Archäologie wissen wir inzwischen sicher, dass geografische Informationen aus diesem Evangelium verlässlicher sind als angenommen. Ein Beispiel dafür ist Johannes 5,2. Dort beschreibt der Evangelist eine Wunderheilung, die Jesus vollbringt: »In Jerusalem gibt es beim Schaftor einen Teich [Anm. d. Übers.: wörtlich im niederländischen Text: »Bade(haus)«], zu dem fünf Säulenhallen gehören; dieser Teich heißt auf hebräisch Betesda« (*Codex Alexandrinus*[27]). Ein derartiges »›Badehaus‹« war nicht bekannt, und alle nahmen an, dass Johannes sich das ausgedacht hatte und es als Allegorie verwendete (um anzudeuten, dass die fünf Bücher Mose – der Pentateuch – ihre Bedeutung verloren hatten). Aber inzwischen wurde das Bad einschließlich der fünf Portiken bei Ausgrabungen gefunden. Auf einer der Papyrusrollen, die bei Qumran am Toten Meer entdeckt wurden, wird ein Tor genannt, das Beth Eshdathayin hieß – was dem Wort »Betesda« recht nahe kommt.[28]

PAULUS

Zwar ist Paulus Jesus nie begegnet, aber er hatte Kontakt mit einigen seiner Schüler, vor allem mit Petrus, und mit Jesu Bruder Jakobus, dem späteren Leiter der Kirche in Jerusalem. Die Paulusbriefe gewähren einen guten Einblick in die Entwicklung und Probleme christlicher Gemeinden in der Mitte des 1. Jahrhunderts n. Chr. Aber über den historischen Jesus schreibt Paulus fast nichts, kein Wort über Jesu Parabeln, nirgends ein Hinweis auf Jesu Hyperbeln. Nichts über Exorzismen oder Heilungen.

Da Paulus Jesus nie gekannt hat, war es für ihn sehr einfach, Jesus aller menschlichen Eigenschaften zu entledigen und ihn vollständig zu mythologisieren. Für Paulus zählt nur der »versöhnende« Kreuzestod, der völlig losgelöst erscheint von den politischen Implikationen, die Jesu Auftreten verursachten.

APOKRYPHE BIBELBÜCHER

Heutzutage sind rund dreißig apokryphe[29] Bücher der Bibel bekannt; ich werde mich hier auf die wichtigsten beschränken. An erster Stelle das bereits zuvor erwähnte Thomasevangelium. Als es 1945 entdeckt wurde, waren alle begeistert, und für kurze Zeit schien es wichtiger zu sein als die vier kanonischen Evangelien, die schon seit siebzehnhundert Jahren in der Bibel stehen. Ich las es sofort, als es übersetzt war; das muss etwa 1956 gewesen sein. Das Evangelium nach Thomas war in jenen Tagen *das* große Mysterium, und so empfand ich es auch, denn ich befand mich gerade in meiner »okkulten« Periode. Da waren kryptische Sprüche wie »Das Weibliche muss männlich werden« oder »Werdet Vorübergehende« sehr faszinierend. Als würde noch nach zweitausend Jahren ein Geheimnis über Jesus enträtselt.

Wenn ich es jetzt, sechzig Jahre nach seiner Entdeckung, lese, sehe ich es anders. Ja, es stehen tatsächlich Worte Jesu darin, die wir nicht kannten und die authentisch wirken. Es gibt auch Jesusworte, die wir aus den kanonischen Evangelien kennen, die aber ein bisschen anders formuliert sind, manchmal sogar »besser« – und an den Stellen ist das Thomasevangelium dann auch authentisch, und wenn nötig, werde ich daraus zitieren. Daneben umfasst dieses Evangelium allerdings eine ansehnliche Menge von Sprüchen, die ich unmöglich mit Jesus in Verbindung bringen kann.

Oben wurde bereits gesagt, dass das Thomasevangelium *geheime* Worte Jesu beinhaltet. Der Anfang lautet: »Dies sind die geheimen Worte, die Jesus der Lebendige sprach und die Didymus [Anm. d. Übers.: »Zwilling«] Judas Thomas aufgeschrieben hat.« Im kürzlich herausgegebenen Judasevangelium, das wir gleich behandeln werden, ist es genauso. Die ersten Worte heißen hier: »Die geheimen Worte der Offenbarung, die Jesus, [...] zu Judas Iskariot sprach.« Es wurden zahlreiche Codices gefunden, die alle den Anspruch erhoben, dem Leser »geheime Kenntnisse« zu vermitteln.

Diese geheimen Kenntnisse, *gnosis* im Griechischen, habe Jesus an die Menschen weitergegeben, die er »auserwählt« hatte: Dadurch konnte sich diese Gruppe aus einer missglückten Schöpfung befreien. Im gnostischen Denken wird das Universum nämlich als eine Missgestalt angesehen, die von einem bösartigen, unvollkommenen Halbgott oder *Demiurgen* geschaffen wurde. Der Mensch ist »gefangen« in dieser fürchterlichen Schöpfung, und er kann nur durch die »geheimen« Worte Jesu daraus entkommen und zum wahren, vollkommenen Gott aufsteigen.

Das gnostische Christentum war lange Zeit eine wichtige Strömung, wurde aber letztlich von der Kirche als »Ketzerei« beiseitegeschoben. Als das Neue Testament zum sogenannten Kanon zusammengestellt wurde, nahm man diese Schriften nicht darin auf. Meiner Ansicht nach eines der wenigen Dinge, die die Kirche richtig gemacht hat, denn mit dem historischen Jesus haben diese Schriften in den seltensten Fällen etwas zu tun. Man kann jedoch zu Recht behaupten, dass das Thomasevangelium sehr wohl zum Kanon gehört, weil es neben aller *Gnosis* doch etliche Worte Jesu beinhaltet, die authentisch sind. Es ist mindestens so wichtig wie das Evangelium nach Johannes – das ebenfalls nicht unerheblich vom gnostischen Denken beeinflusst wurde.

Übrigens halte ich es für falsch zu glauben, Jesus habe esoterische, »geheime« Worte gesprochen, die nur für einen kleinen Kreis Eingeweihter bestimmt waren. Er hat sich gerade allen gegenüber immer klar und deutlich ausdrücken wollen – man denke an seinen eigenen Satz: »Was ihr einander hinter verschlossenen Türen ins Ohr flüstert, das wird man auf den Dächern verkünden.«[30]

Aufgepasst, das bedeutet nicht, dass die »geheimen Worte«, die Jesus in den Mund gelegt wurden, für den ursprünglichen Schreiber nicht sinnvoll gewesen wären oder dass wir heute keinen Sinn darin entdecken könnten. Sehen Sie sich einmal das Werk des niederländischen Theologen G. Quispel[31] an, vor allem seinen Kommentar zum Thomasevangelium. Zweifellos geben die gnostischen Schriften einen sehr interessanten Einblick in die Entwicklung des frühen Christentums, aber mit dem historischen Jesus haben sie im Allgemeinen nichts zu tun.

Gegenwärtig ist das Evangelium von *Maria aus Magdala* sehr in Mode.[32] Es ist verständlich, dass die feministisch inspirierten Theologen sich so darauf gestürzt haben: endlich einmal eine Frau in der Hauptrolle! Das wirkte innerhalb des überwiegend männlichen Bollwerks »Kirche« sehr befreiend. Wir wissen, dass dieses Evangelium um das Jahr 100 niedergeschrieben wurde. 1896 wurde der Text in Kairo wiedergefunden und als authentisches, historisches Material anerkannt. Es ist sehr fragmentarisch, insgesamt umfasst es nicht mehr als acht Seiten.

Was den historischen Jesus angeht, so steht die auffallendste Stelle am Ende, wo einige Jünger sich gegen Maria aus Magdala wenden. Sie hat nämlich behauptet, (geheimes) Wissen von Jesus empfangen zu haben, das er nicht an seine zwölf Jünger weitergegeben hatte. Petrus glaubt nicht daran: »Sollte er [Jesus] tatsächlich mit einer Frau allein gesprochen und uns ausgeschlossen haben? Sollten wir ihr etwa zunicken und alle auf sie hören? Hat er sie uns vorgezogen?« Maria verteidigt sich und sagt, dass sie nicht lüge, ein gewisser Levi[33] kommt ihr zu Hilfe und behauptet plötzlich: »Und deshalb hat er [Jesus] sie auch mehr als uns geliebt.« In diesem Evangelium geht Petrus übrigens auch davon aus, dass Maria aus Magdala eine besondere Freundin Jesu gewesen sei, denn er sagt kurz vorher: »Schwester [Maria], wir wissen, dass der Retter dich lieber hatte als die anderen Frauen.«

Diese Texte inspirierten viele zu der Theorie, dass Maria aus Magdala Jesu feste Freundin und er vielleicht mit ihr verheiratet war – z. B. Dan Brown, den Autor des *Da Vinci Code* [dt.: *Das Sakrileg*]. Dies kann noch weiter untermauert werden mit einem anderen apokryphen Evangelium, dem von Philippus, in dem wir lesen, dass Jesus diese Maria aus Magdala auf den Mund küsste und dass sie seine »Gefährtin« war. Vielleicht zu jedermanns Verwunderung – angesichts meiner Filme: Ich glaube nicht an eine sexuelle Beziehung zwischen Jesus und Maria aus Magdala. Ich denke, Jesus war so »besessen«[34] vom (kommenden) Königreich Gottes, dass er all seine Libido darauf verwandte.[35] Man kann Jesus hier mit Ernesto »Che« Guevara vergleichen. Als dieser versuchte, seine kubanische Revolution nach Bolivien zu exportieren, und dort ein ganzes Jahr mit einer kleinen Gruppe von Männern durch den Urwald zog, hatte er auch keine Freundin bei sich – alles war ausgerichtet auf den marxistischen Umsturz. Wir kommen später in diesem Kapitel noch auf Che zurück.

Das Maria zugeschriebene Evangelium sehe ich vor allem als politischen Text, möglicherweise von mehreren Frauen komponiert: Mit diesem Evangelium wollten die Frauen ihre Stellung in einer sich formierenden christlichen Kirche verbessern. Um ihre Argumente zu bekräftigen, verliehen sie Maria aus Magdala eine Sonderstellung, die sie näher zu Jesus brachte als alle – männlichen – Jünger: Jesus »hatte sie lieber« als die Jünger. Wer mehr darüber wissen möchte, kann dies bei der Theologin Jane Schaberg[36] erfahren.

Es steht sehr wohl fest, dass der Gruppe um Jesus auch Frauen angehörten. Vielleicht waren sie dienstbarer, als es sich die Feministinnen unserer Zeit wünschen würden, aber sie waren zweifelsohne dabei. Alle drei Synoptiker berichten, dass Frauen während Jesu Missionstätigkeit und der seiner Jünger »für ihn sorgten«. »Sie waren

Jesus … nachgefolgt und hatten ihm gedient«[37], was so ausgelegt werden kann, dass sie für Proviant sorgten. Wahrscheinlich unterstützten sie die Jesusbewegung auch finanziell.

Neben Maria Magdalena nennt Lukas eine Frau namens Susanna. Auch eine gewisse Johanna wird erwähnt; sie war die Frau des Chusa, eines Beamten am Hof von Herodes Antipas.[38] Lukas schreibt: »Sie alle unterstützten Jesus und die Jünger mit dem, was sie besaßen.« Offenkundig waren sie ziemlich reich.

Auch bei Jesu Kreuzigung und beim Auffinden des »leeren Grabes« sind Frauen anwesend. Nach Markus waren das wiederum Maria aus Magdala sowie Maria, die Mutter von Jakobus dem Jüngeren und von Joses, und Salome.[39] Das kann durchaus historisch korrekt sein, sodass die Evangelisten nichts daran verändern konnten – weil es viel zu bekannt war, dass keine Männer, keine Jünger dabei gewesen waren. Bei der damaligen Voreingenommenheit gegenüber Frauen hätten die Evangelisten sie sonst in Männer verwandelt.

In den letzten Jahren wurde viel Aufhebens gemacht um das Judasevangelium. Etwa um das Jahr 180 n. Chr. nennt Irenäus von Lyon in seinem Buch *Adversus haereses* [dt.: *Gegen die Häresien*] dieses Evangelium; vermutlich wurde es zwischen 130 und 170 n. Chr. verfasst. Dieses Judasevangelium war ungefähr achtzehnhundert Jahre lang verschollen. Sein Inhalt war bis vor zwei Jahren größtenteils unbekannt, weil die damals bekannten Manuskripte von der Kirche als Ketzerei betrachtet wurden, also vernichtet worden waren. 1983 tauchte das Judasevangelium bei einem Antiquitätenhändler in Ägypten wieder auf. Nach unzähligen missglückten Transaktionen (und zahlreichen Intrigen aus Habgier, nachzulesen bei J.M. Robinson *The Secrets of Judas*) wurde es 2004 von der *Maecenas Foundation* angeschafft, die danach einen lukrativen Deal mit *National Geographic* abschloss. Sie verdienen seither mit dem durch die vielen missglückten Transaktionen schwer beschädigten Dokument Geld.

Das Judasevangelium hat folgenden Ausgangspunkt: Der einzige Jünger, der Jesus wirklich verstand, war Judas Iskariot, der allen bekannte Verräter. Deshalb erhielt nur er von Jesus eine persönliche Unterweisung über die Geheimnisse (wiederum: »die Geheimnisse«) von

Gottes Königreich. Das führt dazu, dass Judas begreift: Gerade er ist »auserwählt«, um Jesus zu verraten. Nach diesem Evangelium sagt Jesus zu Judas, dass gerade er erwählt sei, um »die menschliche Hülle, die mich [Jesus] umschließt, aufzuopfern«. Mit anderen Worten, indem Judas Jesus verrät, sorgt er dafür, dass Jesus gefangen genommen und gekreuzigt werden kann. Genau das ist Gottes Absicht. Wenn Jesu Körper stirbt, wird sich seine Seele aus dem Gefängnis des minderwertigen Körpers befreien und in das »Reich der Unsterblichkeit« aufsteigen (weshalb Judas Jesus nicht gleich den Schädel einschlägt, ist nicht klar).

Der Verrat des Judas ist hier also etwas Gutes. Tatsächlich, liest man die kanonisierten Evangelien im Neuen Testament, lässt sich behaupten: Wenn es wirklich Gottes Absicht war, dass Jesus gekreuzigt wurde – um danach aus dem Grab »aufzuerstehen« –, dann brauchte Gott Judas, damit er seine Absicht verwirklichen und Jesus seinen Feinden ausliefern konnte. Damit wird Judas zu einem Teil von Gottes *Masterplan.* Folgt man dieser Argumentation und will man Jesus mehr Kontrolle über den göttlichen Plan geben, dann besteht der nächste Schritt darin, dass Jesus selbst einen *Deal* mit Judas schließt, damit der ihn in die Hände des Feindes spielt.

Dies scheint uns auch das Johannesevangelium zu erzählen. Beim Letzten Abendmahl deutet Jesus Judas als »Verräter« an. Es fällt auf, dass all die anderen Jünger nicht auf diese Enthüllung reagieren – realisieren sie ebenfalls, dass dies alles in Gottes »Absicht« liegt? Dann sagt Jesus zu Judas: »Was du tun willst, das tu bald!«, worauf Judas tatsächlich »sofort« hinausgeht (um die Autoritäten zu informieren, wo sie Jesus verhaften können).[40]

Gehen wir noch einen Schritt weiter, und wir befinden uns mitten im Judasevangelium: Judas wird vollständig rehabilitiert. Er versteht Jesus und ist sich bewusst, dass er derjenige ist, der Gottes »Absicht« umsetzen muss, Jesus an seine Feinde auszuliefern. Als Belohnung für die Mitarbeit an Gottes Plan – so prophezeit das Judasevangelium – wird Judas von den anderen Jüngern gesteinigt, damit auch *seine* Seele in das »Reich der Unsterblichen« aufsteigen kann.

Diese ganze Konstruktion, sowohl im Judas- als auch im Johannesevangelium, betrachte ich – es wird den Leser nicht verwundern – als totalen Unsinn. Wenn Jesus wirklich unbedingt sterben wollte, dann hätte er sich selbst den Autoritäten stellen können, dafür benötigte er keinen Judas. An späterer Stelle werde ich auch noch die Behauptung aufstellen, dass Gott mit Jesus überhaupt keine »Absicht« verfolgte – weder mit seinem Leben noch mit seinem Tod. Die banale Wirklichkeit besteht darin, dass Jesus, als er gar nicht damit rechnete(!), einfach verraten wurde, wie so viele andere auch, sei es nun Ernesto »Che« Guevara oder der französische Widerstandskämpfer Jean Moulin. Wie der Verrat an Jesus sich genau abspielte, darauf kommen wir im 11. Kapitel zurück.

Nochmals: Das *Judasevangelium* hat mit dem historischen Jesus nichts zu tun. Wer aber mehr über die Entwicklungen des frühen Christentums, die in eine Sackgasse führen, wissen möchte, für den ist dies sicher interessant, besonders die Analyse von E. Pagels und K. King in *Reading Jesus*. Sie weisen auch darauf hin, dass das Judasevangelium den christlichen Märtyrern gegenüber eine auffallende Abneigung zur Schau stellt.[41] Der Autor bestreitet, dass jemand, der sein Leben für Gott/Jesus opfert, ins »Reich der Unsterblichkeit« eingehen kann. Der Gott, der so etwas von uns fordert, ist bloß ein *gefallener* Engel, der uns mit seinen Illusionen verführt. Der »wahre Gott« ist weit entfernt davon, er wünscht keine Menschenopfer.

Zum Schluss noch ein ganz besonderes Evangelium: *Das geheime Evangelium von Markus*. Speziell deswegen, weil nicht sicher ist, ob es jemals existierte. 1958 entdeckte Morton Smith, Professor an der Columbia University, in einem abgelegenen Kloster[42] südlich von Jerusalem, mitten in der Wüste, ein Manuskript. Es schien die Kopie eines Briefes zu sein, den Clemens von Alexandrien[43] zu Ende des 2., Anfang des 3. Jahrhunderts, einem uns sonst unbekannten Theodorus geschrieben hatte. Die Kopie selbst, die aus dem 18. Jahrhundert stammte, fand Smith auf den letzten Seiten eines Buches aus dem 17. Jahrhundert. In jenem Brief behauptete Clemens, dass es neben dem uns bekannten Markusevangelium noch ein anderes Evangelium gebe, das Markus später geschrieben habe. Dieses »geheime Evangelium« war für Eingeweihte bestimmt[44] und wesentlich ausführlicher als das aus dem Neuen Testament. Clemens zitiert in seinem Brief zwei Abschnitte aus dem »ausführlichen« Evangelium.

Die wichtigste Passage ist eine Kurzversion der Auferweckung des Lazarus, die wir aus dem elften Kapitel des Johannesevangeliums kennen. In der »ausführlichen« Version wird der Name Lazarus nicht erwähnt, aber der junge Mann, der hier von Jesus auferweckt wird, hat genau wie bei Johannes eine Schwester, die Jesus zu Hilfe ruft, als ihr Bruder gestorben ist. Nachdem Jesus den Bruder »von den Toten auferweckt hat«, schaut dieser Jesus an und »liebt ihn« (bei Johannes ist es umgekehrt: Jesus liebt den Bruder). Sechs Tage später geht der junge Mann wiederum zu Jesus, bloß »in ein Laken gehüllt über seinem nackt[en Körper]. Er blieb die ganze Nacht bei Jesus, denn dieser erzählte ihm das Geheimnis von Gottes Königreich.«[45]

Als Smith 1973 seine Entdeckung veröffentlichte,[46] war die Reaktion darauf heftig, sowohl in christlichen als auch in akademischen Kreisen. Wegen der homoerotischen Tendenz der obigen Verse sah sich der Auffinder des Manuskripts einem Sturm der Entrüstung ausgesetzt. Sie wurde noch verstärkt durch die Schlussfolgerungen, die Morton Smith selbst aus seiner Entdeckung gezogen hatte. Seiner Meinung nach hatte der junge Mann (nackt bis auf ein Laken) während eines nächtlichen Taufrituals eine mystische Vereinigung mit Jesus erlebt. Aber die Vereinigung war nicht nur spiritueller Art: sie war auch körperlich. Anders ausgedrückt: Jesus und der junge Mann hatten in jener Nacht miteinander Sex (Kopulation oder gegenseitige Masturbation).

Daher überrascht es nicht, dass die Authentizität des Manuskripts fast sofort nach Smith' Veröffentlichung angefochten wurde. Es sei eine Fälschung, entweder aus dem 18. Jahrhundert (das hieße: ein Mönch hätte damals den Brief erfunden und hinten in das Buch geschrieben) oder aus dem 20. Jahrhundert – der offenkundige Fälscher wäre dann natürlich Morton Smith selbst.

Der akademische Streit darüber dauert noch an. Zurzeit ist es nicht möglich zu entscheiden, ob das Manuskript authentisch ist oder eine Fälschung: Es ist spurlos verschwunden! Solange die Tinte nicht chemisch analysiert werden kann, ist eine Verifikation unmöglich.

Die Geschichte von Smith' Entdeckung, das Verschwinden des Manuskripts sowie die mehr als zwanzig Jahre währende Kontroverse über die Authentizität sind faszinierend. Deshalb habe ich für den interessierten Leser diese Geschichte im »Appendix A« zusammengefasst.

HISTORISCHE QUELLEN

Eine der wichtigsten historischen Quellen für die Zeit, in der Jesus lebte, sind die gesammelten Werke des jüdischen Geschichtsschreibers Flavius Josephus.[47] Zum besseren Verständnis der politischen und wirtschaftlichen Situation von Jesu Zeit sind dessen Schriften unverzichtbar, auch wenn er einiges an *spin* hinzufügte als Beweis (vor allem für die Römer), dass die Juden treue Vasallen waren. Die Authentizität einiger Passagen muss ebenfalls bezweifelt werden – besonders jene über Jesus.[48]

Zu den schärfsten Kritikern des Christentums darf Celsus gezählt werden, ein wissenschaftlich gebildeter griechischer Philosoph, über dessen Biografie nur wenig Verlässliches bekannt ist. Im 2. Jahrhundert, um das Jahr 180 n. Chr., veröffentlichte er seine polemischen Schriften, in denen er Jesus einen »Betrüger« nennt, der »gemeines Gerede« verbreitete und »Zaubertricks« ausführte sowie ein Grüppchen der »schlechtesten« Menschen um sich versammelte.[49] Er vergleicht ihn mit einem ägyptischen Zauberer, jemand, der Leuten etwas vormacht und ihnen das Geld aus der Tasche zieht, ein ausgesprochener Quacksalber.

Celsus wollte das Christentum, das sich damals noch nicht fest etabliert hatte, zu Fall bringen. Aus Wut darüber hat man später seine Schriften vernichtet. Dennoch wissen wir in etwa, was Celsus in seiner Attacke auf das Christentum, *Alèthès logos*,[50] geschrieben hat; denn um das Jahr 246 n. Chr. versuchte der berühmte Bibelexeget Origenes ihn in acht Büchern in Grund und Boden zu stampfen. In dieser Apologie des Christentums, *Contra Celsum*, zitiert Origenes wörtlich, Punkt um Punkt, was Celsus schrieb, und widerlegt ihn dann. Dadurch wissen wir zum größten Teil, was Celsus siebzig Jahre früher geschrieben hatte.

Liest man alle Argumente durch, so erscheint mir Celsus um etliches vernünftiger zu sein als Origenes. Er wirkt wie ein bewanderter Mann, der nicht an Wunder glaubt und fast mit einem Blick aus dem 21. Jahrhundert schaut. Daneben scheint er einige Details zu kennen, die nicht in den Evangelien stehen. Ich werde sie später noch in meinem Text verwenden.

Dies sind die bedeutendsten historischen Quellen, die verfügbar sind und die ich bei meinen Studien über das Leben Jesu zurate gezogen habe. Außerdem gibt es noch Bücher, in denen auffällige Übereinstimmungen mit Jesu Leben zu finden sind, obwohl sie über heutige Begebenheiten berichten. Ich denke dabei z. B. an das sogenannte *Bolivianische Tagebuch* von Ernesto »Che« Guevara. Wenn man es liest, bekommt man einen guten Eindruck vom Leben in einer solchen Männergruppe, die man auch als die »Jünger« Che Guevaras bezeichnen könnte. Dauernd haben sie Streit, bleiben im Matsch stecken, verirren sich, manche ertrinken. Einige desertieren auch. Und der Leser denkt: Mann, siehst du denn wirklich nicht, dass deine Mission gescheitert ist? Dennoch macht Che weiter und behält stets die Hoffnung, dass seine Revolution gelingen wird. So geht er seinem Untergang entgegen. Alles wendet sich gegen ihn, schließlich wird er von einem der Bauern verraten, denen er sein marxistisches Ideal verkünden wollte. Er wird ohne irgendeine Form von Prozess unter den Augen eines CIA-Agenten erschossen.

Es ist nicht schwierig, hier eine Parallele zu Jesu letztem Jahr zu ziehen. Che verkündete die Utopie des Marxismus, Jesus die Utopie des Gottesreiches. Che war Arzt, Jesus eigentlich auch: Seine Exorzismen wirkten wie Heilungen. Am Schluss werden beide verraten, gefangen genommen und innerhalb eines Tages exekutiert. Jesus von den Römern in Zusammenarbeit mit den jüdischen Autoritäten, Che von der bolivianischen Armee in Zusammenarbeit mit den Römern unserer Zeit, den Amerikanern.

THEOLOGISCHE BÜCHER

Besonders beeinflusst worden bin ich von den Pionieren des *Jesus-Seminars:*[51] Robert W. Funk, John Dominic Crossan und Markus Borg. Von den katholischen Autoren finde ich besonders E. Schillebeeckx, John P. Meier und Raymond Brown interessant. Zwar muss man bei ihnen den katholischen *spin* abziehen, aber diese Autoren sind sehr belesen und gebildet, zudem ehrlich genug, um in Fußnoten abweichende Meinungen anderer anzuführen. Von protestantischer Seite waren für mich die Theologen Joh. Weiß, A. Jülicher, R. Bultmann und G. Lüdemann wichtig; für das Q-Dokument J. Kloppenborg.

Moderne amerikanische Theologen sind noch oft besessen von dem, was ich »neumodische« Ideen nenne; darauf werde ich bei der Erläuterung von Jesu Parabeln und Gleichnissen näher eingehen. Persönlich spricht mich das bereits genannte Buch von Jülicher *Die Gleichnisreden Jesu* aus dem 19. Jahrhundert mehr an. Es wurde nie ins Niederländische oder Englische übersetzt, aber ich halte es für die beste Abhandlung über die Parabeln, die es gibt. Benedikt XVI. widmet ihm in seinem neuen Buch *Jesus von Nazareth* große Aufmerksamkeit: weil er zeigen möchte, dass Jülicher Unrecht hat.[52]

ZURÜCK ZUM FILM

Ich merkte zuvor an, dass ich mit meinen Jesus-Studien begann, weil ich einen Film über ihn machen wollte. Es wurden zwar bereits etliche Jesus-Filme gedreht, aber die Kinowelt hat meist darin geschwelgt, die Evangelien mit einem Übermaß an Heiligkeit nachzuerzählen. Der Einzige, der in meinen Augen eine gute Lösung gefunden hat, ist Pier Paolo Pasolini in *Il Vangelo secondo Matteo* [dt.: *Das 1. Evangelium – Matthäus*] aus dem Jahr 1964. Er verfilmte das Evangelium von Matthäus fast wörtlich, aber aus marxistischer Sicht. Dieser Blickwinkel verlieh der Geschichte eine neue Dimension. Es ist auffällig, dass er nicht entmythologisiert, obwohl er als Marxist mit dem christlichen Glauben nichts anfangen kann. Jesus geht über das Wasser, und alle anderen »unmöglichen« Wunder finden in Pasolinis Film auch statt. Er hat bestimmt gedacht, das Evangelium ist eine gut erfundene Geschichte, die werde ich verfilmen, aber dann wende ich sie gleich in Richtung Marxismus. Klug.

Wenn es um historisches Bewusstsein geht, ist ausgerechnet Monty Pythons *Life of Brian* [dt.: *Das Leben des Brian*] von 1979 ein gelungenes Beispiel. Es ist zwar eine Komödie, aber das Szenario schöpft viele Informationen aus den Büchern des Flavius Josephus. Die politischen Probleme in Jerusalem kommen zur Sprache, mit dem ständigen Streit zwischen Pontius Pilatus und jüdischen Interessengruppen. Wie wir aus Josephus' Schriften wissen, entnahm Pilatus Geld aus der Tempelkasse zum Bau eines Aquädukts, um endlich Jerusalems Wasserversorgung zu verbessern. Das stieß auf Widerstand, was in *Life of Brian* zutreffend dargestellt wird.

Martin Scorseses Film von 1988 – *The Last Temptation of Christ* [dt.: *Die letzte Versuchung Christi*] – empfinde ich eher als Märchen: Als Jesus am Kreuz hängt, stellt er sich vor, wie sein Leben verlaufen wäre, hätte er Maria aus Magdala geheiratet. Die Autoren Nikos Kazantzakis und auch Scorsese haben meines Erachtens sehr wohl verstanden, dass der Apostel Paulus gar nicht an Jesu *Leben* interessiert war. Der tote Jesus bot ihm viel mehr Möglichkeiten, den Glauben zu verbreiten.

Vielleicht klingt diese Behauptung in einem Roman oder Film merkwürdig, aber in theologischen Kreisen wurde das schon seit Langem akzeptiert. Paulus fasste das Sterben Jesu gleich als Hauptsache auf. Ihm geht es um das Kreuz und Jesu Opfertod, alles Übrige steht im Schatten. In den Paulusbriefen finden sich daher auch sehr wenig Jesusworte, er beschränkt sich auf höchstens zehn Sätze. Paulus' Betonung von Jesu Opfertod ist gut getroffen in *The Last Temptation of Christ,* aber der Rest ist Fantasie: Jesus, der als Zimmermann Kreuze für die Römer macht?

Tja, und dann Mel Gibson. In seiner Darstellung ist Gott psychotisch. In *The Passion of the Christ* (2004) sieht man keinen wohlwollenden oder mitleidigen Gott, nein, Gibsons Gott ist nicht sehr weit vom grausamen mexikanischen Gott Quetzalcoatl entfernt, dem ständig Menschenopfer dargebracht werden mussten. So ist dieser Film zur Manifestation von psychotischem Katholizismus geworden.

Gibson wirft uns mit seinen blutigen Passionsspielen ins Mittelalter zurück. Man kann sich fragen, in was für einer Kultur wir eigentlich leben, dass Menschen Freude an einem zweistündigen Martyrium finden oder daraus Trost ziehen. Wie ein Rezensent der *New York Review of Books* schrieb, verliert Jesus wahrscheinlich 25 Liter Blut, aber auch er hatte nur fünf. Außerdem wird das Blut, das uns »reinigt«, hauptsächlich über die Schurken verspritzt.

Mehr hat der Film nicht zu bieten. Man lernt Jesus nicht kennen, man weiß nicht, wofür er steht, man bleibt als Zuschauer in einer

Blutlache zurück. Mel Gibson hält verbissen an einem mythologischen Grundmuster fest, an einem dogmatischen, kirchlichen Denken, wobei er davon ausgeht, dass die meisten Christen vom wahren Glauben abgeirrt sind. Nichtchristen kommen in die Hölle, unorthodoxe Christen ebenfalls, Gibsons Frau Robyn Moore inbegriffen. Kurzum: Dieser Film erzählt alles über Mel Gibson, aber gar nichts über Jesus.

Ein realistischer Spielfilm über das Leben Jesu muss erst noch gemacht werden. Damit meine ich, dass bis jetzt niemand Jesus »bloß« als Menschen darstellen wollte, dessen »Wunder« – wenn sie den Naturgesetzen widersprechen – als »unmöglich« angesehen werden müssen; also ausradiert oder anders interpretiert werden müssen. Ein Film, der vollständig Rechenschaft ablegt über die politische Situation in Palästina zu Beginn unserer Zeitrechnung, als die Römer eine unerbittliche Besatzungsmacht waren. Ein Film, der Jesus als einen Mann schildert, der sich während seiner Predigerjahre stark veränderte. Der durch Erfolg und Misserfolg gezwungen wurde, seine Ideen anzupassen – nicht der Monolith, den die Evangelisten aus ihm machten: einen Mann, der vom ersten bis zum letzten Vers ihres Evangeliums derselbe bleibt.

Womöglich bin ich der Richtige für einen solchen Film. Kein Szenarienschreiber oder Regisseur ist so verrückt gewesen, die Materie so intensiv zu studieren. Aber ob dieser Film jemals kommt oder nicht, weiß ich nicht – und vorläufig ist dieses Buch ein guter Stellvertreter. Deshalb spielt das Wort »Film« in meiner Erörterung auch keine Rolle mehr, auch wenn ich noch einige Male auf Filmszenen zurückkomme. Doch bevor ich näher erkläre, wie ich Jesus sehe, will ich erst einmal die politische Situation zu seiner Zeit schildern.

Wer schon darüber Bescheid weiß, kann gleich zum nächsten Kapitel übergehen.

PALÄSTINA UNTER RÖMISCHER HERRSCHAFT

In Kurzfassung: Die Römer herrschten über Palästina,[53] das zum römischen Kaiserreich gehörte. Palästina war im Jahre 63 v. Chr. dem

Reich einverleibt worden, wodurch die hundertjährige Periode der jüdischen Unabhängigkeit beendet worden war. Indem die Römer einen jüdischen Vasallenkönig einsetzten, gaukelten sie den Juden eine gewisse Form von Autonomie vor. In Wirklichkeit war Herodes der Große – 37 v. Chr. vom römischen Senat zum König von Palästina ernannt – ein Strohmann der Besatzer und dem römischen Präfekten unterstellt.

Nach Herodes' Tod im Jahr 4 v. Chr. teilte Kaiser Augustus das Königreich unter dessen drei Söhne auf. Herodes Archelaus erhielt die Provinzen Samaria, Idumäa und Judäa, Herodes Philippus das Gebiet zwischen den Jordanquellen und Damaskus. Galiläa und Peräa fielen Herodes Antipas zu. Da Archelaus die in ihn gesetzten Erwartungen nicht erfüllte, kam sein Gebiet, vor allem Judäa und Jerusalem, unmittelbar unter römische Herrschaft.

Die Römer hatten dem jüdischen Volk gestattet, seine Religion weiterhin auszuüben; damit nahmen die Juden im Kaiserreich eine Sonderstellung ein. Die Besatzer ließen Herodes Antipas, der griechisch erzogen und daher weniger streng in der jüdischen Glaubenslehre war, in seinen Provinzen Galiläa und Peräa freie Hand unter der Bedingung, dass alles ruhig blieb und die Steuern an Rom gezahlt würden. Antipas gebrauchte seine Autonomie z. B., um Johannes den Täufer hinzurichten und ein Spionagenetz aufzubauen, sodass er schnell eingreifen konnte, wenn es irgendwo Unruhen gab. Die hohen Steuern, die er dem Volk auferlegte, verwendete er hauptsächlich für den Bau seiner opulenten Paläste, Amphitheater, Badehäuser und für andere Prestigeobjekte.

Im Judäa jener Zeit, der Provinz um Jerusalem, war der Wille des sogenannten Sanhedrin Gesetz (selbstverständlich immer unter der Aufsicht des römischen Präfekts). Dieser Hohe Rat bestand aus Sadduzäern und Pharisäern[54] unter der Leitung eines Hohepriesters. Sie hielten sich im Tempel von Jerusalem auf, und da im jüdischen Denken Politik und Religion Synonyme waren, erfüllte der Sanhedrin zugleich die Rolle der theologischen Aufsicht, des Gerichtshofs sowie des Parlaments. Die tatsächliche Führung der jüdischen Nation lag also in den Händen einer priesterlichen Aristokratie, versammelt im

Sanhedrin. Eine Elite besaß offenkundig alle Macht, denn wir wissen, dass das Amt des Hohepriesters viele Generationen hindurch in Händen derselben drei Familien blieb.

Jesus bekam es bekanntermaßen mit dem Hohepriester Josef Kajaphas zu tun, Schwiegersohn des einflussreichen Ex-Hohepriesters Hannas, der *Pater amilias*, dessen fünf Söhne auch alle Hohepriester wurden. Hannas bekleidete das Amt zehn Jahre lang und trat 15 n. Chr. zurück. Drei Jahre später wurde sein Schwiegersohn Josef Kajaphas Hohepriester, und er war es noch immer, als Jesus gekreuzigt wurde. Aber im Johannesevangelium steht,[55] Jesus wurde nach seiner Verhaftung erst zu Hannas geführt, bevor ihn die Römer zu Kajaphas und Pilatus brachten. Offensichtlich hatte Hannas durch seine guten Beziehungen zu den Römern noch große Macht im Hintergrund. Seine Familie behielt bis zum Jüdischen Krieg (66–70 n. Chr.) ihren Einfluss im Hohen Rat.

Es fällt schwer, all diese Hohepriester und ihre Gefolgschaft nicht als Kollaborateure zu sehen, die geschickt von ihrer Zusammenarbeit mit den Römern profitierten. Im Tempel von Jerusalem wurden enorme Geldsummen verdient. Er wurde nicht nur als gigantisches Schlachthaus benutzt, sondern der Tempel fungierte auch als Bank: Er war der sicherste Ort für die Geldaufbewahrung, das Fort Knox von Palästina. Aber während die priesterliche Elite gutes Geld verdiente, krepierte das Volk. Es ging unter unzähligen hohen Steuern gebückt – ein Hohepriester, der es wagte, darüber eine Bemerkung zu machen, wurde unmittelbar von den Römern ersetzt.

Josef Kajaphas hatte offenkundig kein Problem damit, mit den Römern zu kollaborieren, denn er konnte sich zwanzig Jahre in der Funktion des Hohepriesters halten, darunter die zehn Jahre, die mit der Regierung des Pontius Pilatus zusammenfielen, der als fünfter Vertreter Roms in Judäa von 26 bis 36 n. Chr. Präfekt[56] war. Pontius Pilatus war bestimmt nicht der Mann, wie er uns in den Evangelien gezeigt wird. Dort kommt er gut weg, seriös und human, ein Mann, dem es unangenehm war, dass er Jesus verurteilen musste. Das wurde alles von den Evangelisten erfunden, weil sie zeigen wollten, dass Pilatus sehr wohl wusste, dass Jesus unschuldig war – aber leider von den abscheulichen »Juden« gezwungen wurde, ihn zu kreuzigen.

Es ist klar, warum die Evangelisten das so darstellten. Als sich die christlichen Gemeinden innerhalb des Römischen Reiches zu entwickeln begannen und hart verfolgt wurden, war es natürlich viel besser, zu verkündigen, dass der römische Präfekt Jesus für unschuldig gehalten hatte. Besser als die unangenehme Wirklichkeit, dass Jesus als Terrorist auf *Befehl* desselben Präfekts gekreuzigt worden war!

In Wirklichkeit übte Pontius Pilatus eine Schreckensherrschaft aus. Er ließ ständig ohne jeden Prozess Menschen töten, wie man z. B. bei Philo von Alexandrien lesen kann.[57] Der beschreibt ihn als »korrupt, unhöflich, habsüchtig und grausam«. Offenkundig drangsalierte er die palästinensische Bevölkerung andauernd. Wie bereits erwähnt, beschlagnahmte er das Geld aus dem Tempel für den Bau eines Aquädukts. Außerdem ließ er Statuen von Kaiser Tiberius durch die Straßen von Jerusalem führen, was nach der jüdischen Lehre streng verboten war.[58]

Schließlich wurde Pontius Pilatus' brutales Auftreten sogar dem kaiserlichen Hof zu bunt. Josephus berichtet,[59] dass der Präfekt nach Rom gerufen wurde, um sich zu verantworten, und seines Amtes enthoben wurde, nachdem er ein Blutbad unter einer Gruppe von Samaritern angerichtet hatte, die sich auf ihrem heiligen Berg Garizim versammelt hatten. Danach verschwindet Pontius Pilatus aus den Geschichtsbüchern. Augenscheinlich wurde er verbannt; er entkam seiner Hinrichtung nur, weil Kaiser Tiberius gerade in dem Moment starb. Dieser Pontius Pilatus, von dem selbst die Römer fanden, dass er die Rechte der Bevölkerung immer wieder mit Füßen trat, ist also derselbe Mann, mit dem die jüdischen Machthaber bereitwillig zehn Jahre zusammenarbeiteten.

Oder, wenn man einen Vergleich ziehen will mit der Situation in den Niederlanden im Zweiten Weltkrieg: Dann entsprach Pontius Pilatus in etwa Arthur Seyß-Inquart und Kajaphas war »sein« Mussert.

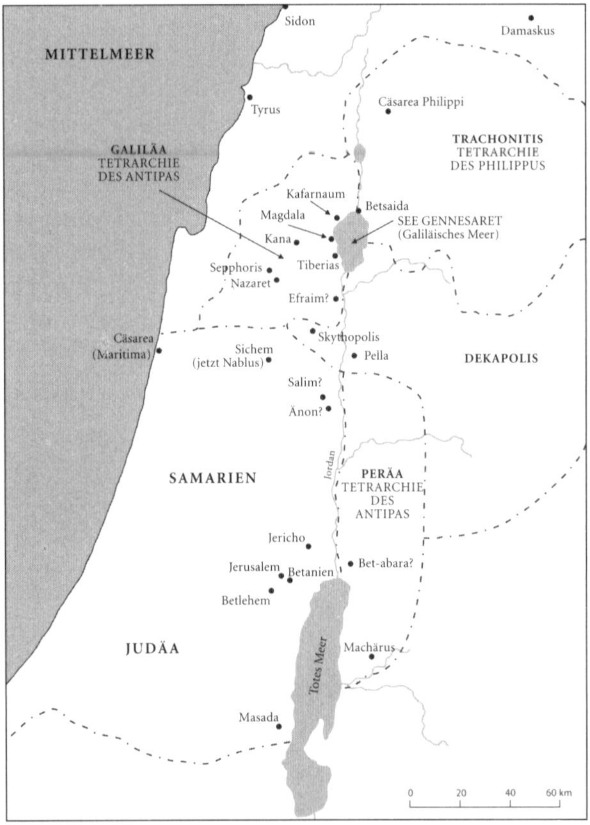

Bild 1 – Palästina zur Zeit Jesu

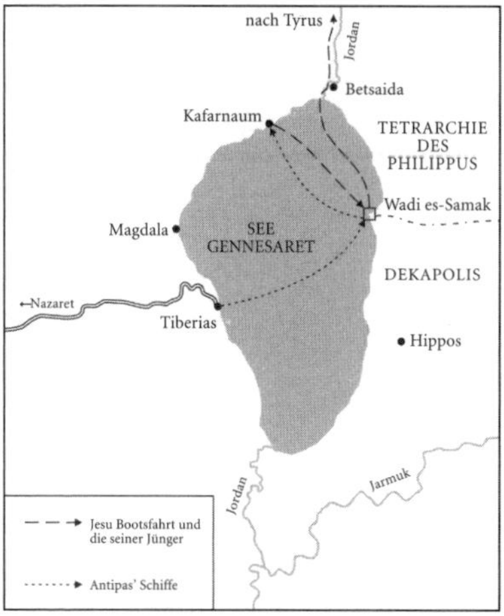

Bild 2 – Die Bootsfahrt Jesu und seiner Jünger auf dem See Gennesaret vor und nach dem »Aufstand« (der Brotvermehrung) und die Routen der Schiffe des Antipas, als sie Jesus am nächsten Morgen zu verhaften suchten.

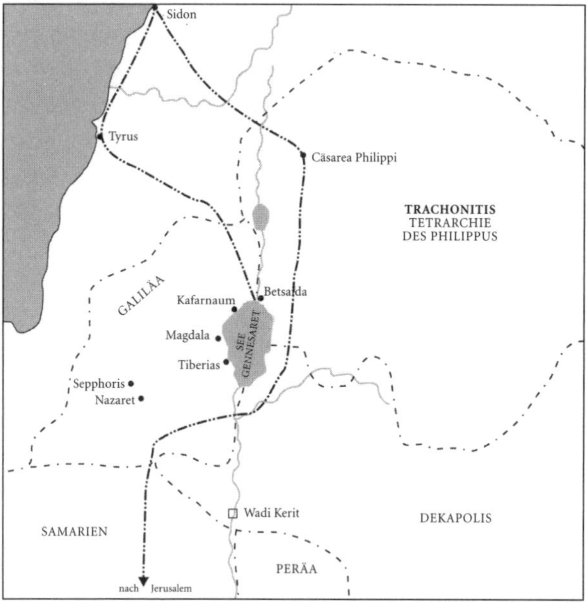

Bild 3 – Jesu beinahe kreisförmige Fluchtroute vom Wadi es-Samak nach Jerusalem.

2

JESU EMPFÄNGNIS UND JUGENDJAHRE

MARIA VON NAZARET

Nackte Füße baumeln an einem Balken. Nägel werden in einen Fersenknochen geschlagen. Gekreisch. Die Kamera schwenkt nach oben: Ein nackter Mann wird sichtbar, er ist gekreuzigt. Wir zoomen aus. Wir sehen, dass nicht nur ein, sondern drei Männer gekreuzigt worden sind. Die Kamera fährt nach hinten, und wir zählen zehn Personen, unter ihnen Frauen, allesamt nackt. Schließlich sehen wir zweihundert Menschen an ebenso vielen Kreuzen hängen, den kurvenreichen Weg entlang, der nach Sepphoris führt. Die Stadt brennt. Römische Soldaten bringen Männer, Frauen und Kinder aus der Stadt, sie sollen Sklaven werden. Wir sind in Galiläa, im Jahr 4 v. Chr.

So müsste nach Ansicht John Dominic Crossans,[1] einem der meistgelesenen amerikanischen Theologen und zugleich prominentes Mitglied des *Jesus-Seminars*, ein Film über Jesus beginnen. Ich selbst möchte folgende Szene hinzufügen:

Wir begeben uns ins Zentrum von Sepphoris. Römische Soldaten plündern und vergewaltigen. Eine junge, jüdische Frau, nicht älter als sechzehn, eine Frau, deren Familie auf brutale Weise ermordet wurde, versteckt sich in einem Haus. Sie wird von einem Soldaten entdeckt. Er vergewaltigt das Mädchen, sie heißt Maria.

Die Idee, dass Jesu Empfängnis das Ergebnis einer Vergewaltigung gewesen sei, stammt von Jane Schaberg, die vor fast zwanzig Jahren ihr

Buch *Illegitimacy of Jesus: A Feminist Theological Interpretation of the Infancy Narratives* publizierte. Wegen dieser Behauptung wurde Schaberg damals eine Briefbombe zugeschickt, aber möglicherweise ist ihre Ansicht richtig.[2]

Als ich ihr Buch las, kam mir der Gedanke, dass eine solche Empfängnis sehr gut während des Aufstands von Sepphoris stattgefunden haben könnte. Aus historischen Quellen wissen wir, dass unmittelbar nach dem Tod König Herodes' des Großen – der unter der Oberhoheit der Römer über Palästina herrschte – überall Aufstände losbrachen. Einer der Brandherde war Sepphoris, das etwa sechs Kilometer von Nazaret entfernt lag. Ein gewisser Judas[3] war hier der Anführer des Aufstands. Varus, der Gesandte aus Syrien, schickte einige Legionen unter der Befehlsgewalt seines Sohnes nach Galiläa aufs Land. Sie schlugen den Aufstand nieder und steckten Sepphoris in Brand, kreuzigten Rebellen und verschleppten die Bevölkerung. An einem solchen Versammlungsort gewalttätiger böser Geister ist Vergewaltigung bestimmt nicht auszuschließen.

Im obigen Filmprolog habe ich Crossans und Schabergs Sicht mit meiner eigenen Vorstellung kombiniert. Beim *close-up* des nackten Mannes am Kreuz denkt der Zuschauer noch: Ah, das ist Jesus. Der *craneshot* schwenkt nach oben und dann weiter nach hinten. Dort hängen noch einmal zwei Menschen am Kreuz, und der Zuschauer denkt: Ja, das stimmt, so steht es in der Bibel. Aber nur wenig später sieht er zehn. Dann zweihundert. Der Zuschauer versteht: Ach, das war doch nicht Jesus, es muss sich um etwas anderes handeln. Dann schwenkt die Kamera zur Seite und man sieht das brennende Sepphoris. Dort kommt es zur (un)glückseligen Begegnung zwischen Maria und dem römischen Soldaten, und dann ein *hard cut*: Zack! – hinüber zu Jesus als Dreißigjährigem.

Genug vom Film. Schaberg hält sich in ihrem Buch auch die Option offen, dass Marias Schwangerschaft das Ergebnis eines Techtelmechtels gewesen sein könnte oder – wenn Maria schon mit Josef verheiratet war – eines Ehebruchs. In einigen heidnischen und jüdischen Quellen[4] aus dem 2. und 3. Jahrhundert wird der Name eines römischen Soldaten erwähnt, der Jesus gezeugt haben soll: Pantera oder Panthera. Ob dem eine historische Bedeutung zukommt, ist zu bezweifeln,[5] aber der Name Pantera wurde zu jener Zeit tatsächlich verwendet. Im Jahr 1859 wurde in Deutschland ein Grabstein eines römischen Soldaten namens Pantera gefunden.[6] Aus der Inschrift geht hervor, dass er in der Ersten Kohorte der Bogenschützen gedient hatte. Ist es mehr als Zufall, dass gerade diese Kohorte zu dem Heer gehörte, das Varus im Jahr 4 v. Chr. nach Sepphoris schickte, um den Aufstand niederzuschlagen?[7]

Jesus – ein Bastardsohn? Schon möglich.[8] Auch im Neuen Testament wird suggeriert, dass etwas mit seiner Herkunft nicht »stimmte«. Im Johannesevangelium[9] wird eine Konfrontation zwischen einigen Pharisäern und Jesus beschrieben. Sie, die selbst ernannten Nachkommen Abrahams, wollen Jesus mundtot machen, sie beschuldigen ihn der Blasphemie. Der Streit ufert aus, und dann schreien sie: »*Wir* stammen *nicht* aus einem Ehebruch!«[10] Das kann darauf hinweisen, dass Gerüchte kursierten, Jesus sei ein uneheliches Kind.[11]

Es gibt noch weitere Anspielungen darauf. Am Anfang seines Evangeliums berichtet Matthäus sehr genau, wie Jesu Stammbaum aussieht. Er ist zum größten Teil erfunden und soll Jesus vor allem in direkter Linie zu einem Nachkommen König Davids machen. Schaberg weist darauf hin, dass in dem Stammbaum auffällig viele Frauen vorkommen, die eine »lockere Moralvorstellung« hatten. Matthäus nennt Tamar, Rahab, Rut und Batseba. Diesen »jüdischen Heldinnen« ist gemeinsam, dass sie Ehebrecherinnen waren und/oder freien Sexualverkehr hatten. Im Alten Testament steht, wie Tamar sich als Hure vermummte, um ihren Schwiegervater Juda zu verführen.[12] Rahab ist eine Prostituierte, die in Jericho an der Stadtmauer wohnte. Die Witwe Rut bietet sich dem betrunkenen Boas an, um gut unterzukommen, und Batseba ist zwar die Frau des Offiziers Urija, geht aber dennoch mit König David ins Bett.[13]

Schaberg vermutet, dass dies ein Versuch des Evangelisten ist, die außereheliche Geburt Jesu zu beschönigen, weil die Nennung der vier illustren Frauen in Jesu Stammbaum tatsächlich verdeutlicht: Ach, in seiner Familiengeschichte gab es hin und wieder »unsittliches« Verhalten von Frauen, folglich ist es nicht so schlimm, dass Jesus ein Bastardsohn ist. Das könnte man dann christliche *damage control* nennen.[14]

Der Theorie, Jesus sei ein Bastard, widerspricht, dass in älteren Quellen – im Markusevangelium und in den Paulusbriefen – keine derartigen Andeutungen zu finden sind. Markus berichtet neutral, dass Jesus Marias Sohn war und Geschwister hatte.[15] Er nennt die Namen der Brüder: Jakobus, Joses, Judas und Simon,[16] die Namen der Schwestern hingegen lässt er weg. Was mit der Tatsache zu tun hat, dass in jener Zeit Frauen in etwa das gleiche Ansehen hatten wie eine Ziege: Ihre Namen haben es nicht bis ins Evangelium geschafft. Nichtsdestoweniger: Markus sieht Jesus einfach als *eines* von mindestens sieben Kindern einer Familie.

Und Paulus[17] schreibt, dass Jesus »geboren von einer Frau und dem Gesetz unterstellt [war]«. Mit »geboren von einer Frau« betont er Jesu Menschsein: Er kam genauso auf die Welt wie wir alle. Der Zusatz »und dem Gesetz unterstellt« scheint das Gerede, dass Jesus »illegitim« sei, zu entkräften.

Matthäus und Lukas geben vor, mehr zu wissen. Beide Evangelisten erzählen uns, dass Maria das Kind nicht von einem Mann empfangen hatte – nicht einmal von Josef –, sondern vom Heiligen Geist.

Bei Matthäus ist zu lesen: »Maria, seine [Jesu] Mutter, war mit Josef verlobt; noch bevor sie zusammengekommen waren [d. h., dass sie noch keinen Sex mit ihm hatte], zeigte sich, dass sie ein Kind erwartete – durch das Wirken des Heiligen Geistes. Josef, ihr Mann, der gerecht war und sie nicht bloßstellen wollte, beschloss, sich in aller Stille von ihr zu trennen.« Aus dem Nachfolgenden wird deutlich, dass Josef seine Absicht ändert, als ihm im Traum ein Engel erscheint, der ihm mitteilt, das Kind sei durch den Heiligen Geist erweckt. Josef akzeptiert diese Erklärung und beschließt, Maria nicht zu verstoßen: »Josef nahm seine Frau zu sich. Er erkannte sie aber nicht [hatte keine sexuelle Beziehung], bis sie ihren Sohn gebar.«[18]

In Lukas' Version schickt Gott den Engel Gabriel zu Maria, der ihr verkündet, sie werde schwanger und werde einen Sohn gebären. Maria reagiert erstaunt: »Wie soll das geschehen, da ich keinen Mann erkenne?« Gabriel antwortet ihr, der Heilige Geist werde sie wie ein Schatten (be)decken, und auf diese Art und Weise werde sie schwanger werden. Der Engel fordert sie auf, zu ihrer Verwandten Elisabet zu reisen, die ebenfalls schwanger ist – schon seit sechs Monaten –, aber in ihrem Fall von ihrem Mann, dem Priester Zacharias. Der Text geht weiter mit den Worten: »Nach einigen Tagen machte sich Maria auf den Weg und eilte *(meta spoudès)* in eine Stadt im Bergland von Judäa.« Als sie ins Haus der Elisabet eintrat und sie begrüßte, »hüpfte das Kind [von Elisabet] in ihrem Leib«. Dieses Baby ist der spätere Johannes der Täufer. Maria bleibt drei Monate dort und kehrt dann nach Nazaret zurück.[19]

Wie bereits zuvor angemerkt: Eine Empfängnis »durch den Heiligen Geist« ist nicht möglich. Übrigens, wenn ein solches Wunder wirklich stattgefunden hätte, verstehe ich nicht, dass Jesu Familie sich später, als Jesus Dämonen austreibt, *gegen* ihn wendet im Glauben, er sei verrückt geworden, und ihn mit Gewalt nach Nazaret zurückzubringen versucht.[20] Auch der Unglauben der Brüder Jesu, der im Johannesevangelium betont wird,[21] ist unverständlich, wenn sie über das Wunder bei der Empfängnis Jesu informiert gewesen wären.

Später werde ich die Behauptung aufstellen, dass die Evangelisten häufig »unmögliche« Wunder verwenden, um damit ihnen unangenehme Dinge, die sie in ihren Quellen vorfanden, zu »übertünchen«. In diesem Fall ist das Wunder einer »Schwangerschaft durch den Heiligen Geist« erfunden worden, um zu vertuschen, dass etwas mit Marias Schwangerschaft »nicht stimmte«. Schaberg[22] interpretiert die große »Eile«, in der Maria ins Bergland von Judäa abreist, als einen Hinweis darauf, dass Maria »beunruhigt und entsetzt über ihre Schwangerschaft war – was auf Gewalt und/oder Angst« bei der Empfängnis hindeute.

Hinter Marias Besuch bei Elisabet muss man ohnehin ein großes Fragezeichen setzen. Dass ausgerechnet eine Verwandte Marias die Mutter Johannes des Täufers sein soll, ist zweifelsfrei eine Konstruktion von Lukas selbst – nur hier, nirgendwo sonst ist in den Evangelien von einer Verwandtschaft zwischen Jesus und dem Täufer die Rede.[23] Im Gegenteil. Mit Nachdruck legt der vierte Evangelist dem Täufer folgende Sätze in den Mund: »Auch ich kannte ihn [Jesus] nicht; … Auch ich kannte ihn [noch immer] nicht.«[24]

Genau wie die Geschichte vom Baby Johannes, das in Elisabets Bauch »hüpft«, als Baby Jesus (in Marias Bauch) in seine Nähe kommt, wurde die Verwandtschaft zwischen Jesus und dem Täufer von Lukas erfunden, um die Verbindung zwischen den beiden späteren Predigern zu intensivieren. Damit will der Evangelist beweisen, dass sich alles nach Gottes Plan vollzog.

Dennoch meine ich, dass die merkwürdigen Worte »Maria eilt« auf einen historischen Kern zurückgehen, der Lukas' Erzählung zugrunde liegt, nämlich dass die historische Maria durch Vergewaltigung, Ehebruch oder ein Techtelmechtel schwanger geworden war. Nach ungefähr sechs Monaten, als der Bauch sichtbar wurde, reiste Maria in großer Eile ins Bergland von Judäa, wo sie sich – eventuell bei einem Familienmitglied – drei Monate lang verbarg, bis das Kind, Jesus, geboren war. Schließlich kehrte sie nach Nazaret zurück.

Lukas verändert diese Geschichte. Die »unerwünschte Schwangerschaft« unterschlägt er, wohingegen er die Verwandtschaftsbeziehung zwischen Jesus und dem Täufer darin unterbringt. Danach verteilt er die brauchbaren Elemente auf *zwei* Personen: Maria und Elisabet. Erstere wird nun vom Heiligen Geist geschwängert, eilt aber noch immer ins Bergland von Judäa, wo sie drei Monate verbringt – der zweiten Person, der Verwandten, die in den Bergen wohnt, wird eine sechsmonatige Schwangerschaft angedichtet, die zur Geburt von Johannes dem Täufer führt.

Es gibt noch eine andere, sympathischere Theorie: *Josef* habe Maria schon vor der bereits geplanten Hochzeit geschwängert.[25] Jesus sei dann, nachdem die Ehe vollzogen war, »zu früh« geboren worden. Diese »Schande« sei der Anlass zu den Gerüchten um Jesu Empfängnis gewesen, die in jüdischen und heidnischen Kreisen kursierten. Aber ich finde es unwahrscheinlich, dass dieses Schwangerwerden vor der Hochzeit in einer landwirtschaftlich geprägten Gemeinschaft wie Galiläa als Skandal empfunden wurde. So etwas wird oft genug vorgekommen sein, damals und in den Jahrhunderten danach. Es führte immerhin zu der Gewissheit, dass die Frau Kinder kriegen *konnte* – was in einem Familienbetrieb von existenzieller Bedeutung war.

Wie auch immer man es betrachtet, ich glaube, wir können davon ausgehen, dass Josef »ein rechtschaffener Mensch« war. Wenn Maria schon seine Verlobte – oder sogar seine Frau – war, als sie vergewaltigt wurde, so hat er sie nicht verstoßen. Und wenn er ihr erst begegnete, nachdem dies geschehen oder sie mit einem anderen im Bett gewesen war, hatte er offenbar auch damit kein Problem.[26] Vielleicht ist Josef auch schon früh in Jesu Leben gestorben: Jesus wird meist »der Sohn von Maria« genannt.[27] Man kann spekulieren, dass Jesus seinen Vater Josef sehr gern hatte, denn wenn Jesus über Gott spricht, nennt er ihn immer liebevoll *abba*, was »Papa« oder im Englischen das sanfte *daddy* bedeutet. Hätte Jesus eine unerfreuliche Beziehung zu Josef gehabt, wäre es ihm schwergefallen, Gott mit so einem Kosenamen anzusprechen.

VOM VATER AUF DEN SOHN

Über Jesu Jugendjahre ist nichts bekannt; in den Evangelien beginnt seine Lebensgeschichte erst mit seinem Besuch bei Johannes dem Täufer. Matthäus und Lukas bieten zwar noch etwas anekdotisches Material über Jesus an,[28] aber das ist alles erfunden – genau wie die unsinnige Folklore in einigen apokryphen Evangelien. So tötet der junge Jesus (nach dem *Kindheitsevangelium von Thomas*) seinen kleinen Freund, als dieser unglücklich gegen ihn plumpst, und die Leute, die das kritisieren, werden sofort mit Blindheit bestraft.

Der erwachsene Jesus war nach Markus ein Zimmermann.[29] Matthäus[30] findet dies offensichtlich zu normal und macht daraus »Sohn eines Zimmermanns«. Aber es ist durchaus anzunehmen, dass Jesus in seiner Jugend das Zimmermannshandwerk erlernte, wie seine Brüder auch, und dass die Brüder nach dem Tod des Vaters den Betrieb übernahmen: Josef & Söhne sozusagen. Es könnte ein florierender Betrieb gewesen sein: Immerhin gab es genügend Arbeit, weil das nahe gelegene Sepphoris, eine Fußstunde von Nazaret entfernt, nach der Zerstörung wieder vollständig aufgebaut wurde.

Jesus war also ein Zimmermann, vielleicht noch mehr als das. Im Griechischen steht *tektōn* – das kann einfach »Zimmermann« heißen, aber das Wort beinhaltet auch, dass jemand mit Holz oder Stein arbeitet oder sogar Metall bearbeitet. Es kann sich also um jemanden handeln, der Stühle und Tische aus Holz anfertigt, aber auch um einen Zimmermann, der an Stadtmauern, Palästen, Amphitheatern oder

Schiffen mitbaut. Diese Fähigkeiten kamen damals sehr gelegen, als Herodes Antipas, als Nachfolger seines Vaters in Galiläa, Sepphoris zu seiner Hauptstadt machte. Er ließ die Stadt nach hellenistischem Vorbild errichten, einschließlich einer Zitadelle und anderen Befestigungsanlagen, rituellen Badehäusern und einem Amphitheater.

Falls Jesus dort arbeitete, könnte er mit der hellenistischen Kultur in Kontakt gekommen sein. Es wurde sogar spekuliert, er habe dort Theatervorstellungen besucht. Schon möglich. In einem Film hingegen sehe ich Jesus lieber auf einem hohen Gerüst an einem Palast oder Verwaltungsgebäude für Herodes Antipas mitbauen. Von seinem hohen Standpunkt konnte er gut ins Amphitheater schauen und die Akteure bei der Arbeit beobachten. Sepphoris wurde um das Jahr 19 fertig, Jesus war damals ungefähr 24 Jahre alt. Folglich hätte er dort schon seit seiner Jugendzeit arbeiten können.

Man kann sich z. B. fragen, ob Jesu wehmütiger Ausruf über die Stadt Jerusalem, »Wie oft wollte ich deine Kinder um mich sammeln, so wie eine Henne ihre Küken unter ihre Flügel nimmt«,[31] aus seiner Kenntnis des griechischen Theaters herrührt. Es gibt nämlich eine sehr ähnliche Passage bei Euripides' *Troerinnen*.[32] Als Troja zerstört ist, sagt Hekabe, früher Königin, nun Sklavin: »Lasst uns um Troja weinen. Wie eine Henne ihre Küken versammelt, werde ich euch vorangehen in einem Lied der Trübsal.«[33]

Man kann das noch weiter ausmalen, indem man annimmt, dass Jesus in Sepphoris auch mit der griechischen Philosophie der Zyniker in Kontakt gekommen ist. Griechische Zyniker gab es schon seit einigen Jahrhunderten, Diogenes, der in einer Tonne lebte, ist am bekanntesten. Sie betrachteten Reichtum, irdischen Besitz und Luxus als verwerflich, für sie zählte nur das sokratische »Wissen ist Weisheit«.

Innerhalb der amerikanischen Theologie gibt es eine Strömung, stark vertreten im *Jesus-Seminar*, die Jesus mehr oder weniger als »jüdischen Zyniker« betrachtet, als einen Lehrer, der Weisheit verkündete, aber nicht an ein radikales Eingreifen Gottes in die Geschichte Israels glaubte. Ich gehe hier jedoch davon aus, dass Jesus fest davon überzeugt war, das Königreich Gottes werde in Kürze in die Realität »durchbrechen«.

Ich komme noch einmal kurz auf Jesu Tätigkeiten in Sepphoris zurück. Es ist schon möglich, dass er, dessen Muttersprache Aramäisch war, dabei ein (»Pidgin«-)Griechisch aufgeschnappt hat. Einige Jesusworte im Neuen Testament werden »besser«, wenn man sie ins Aramäische zurückübersetzt, aber nicht immer. Es wäre also theoretisch möglich, dass Jesus sowohl Griechisch als auch Aramäisch sprechen konnte. Robert W. Funk, der Begründer des *Jesus-Seminars*, glaubte, dass Jesus tatsächlich zweisprachig war.

Denkbar ist auch, dass Jesus zwar als Zimmermann anfing, sich aber in eine führende Position hocharbeiten konnte, die wir heutzutage als »Polier« bezeichnen würden. Dass er Führungsqualitäten besaß und auch zur Führung bereit war, können wir den Evangelien entnehmen. Er organisierte zuerst eine Kerngruppe von zwölf Männern, die später, so Lukas, auf 72 erweitert wurde.[34] Sie wanderten durch Israel, nicht nur um das Kommen des Gottesreiches zu verkünden und Kranke zu heilen, sondern auch um Jesus vorher anzukündigen, wenn er von Dorf zu Dorf zog: eine Art PR-Vorhut. Auf diese Weise legte er in etwa anderthalb Jahren die Basis für eine Bewegung, die nun schon zweitausend Jahre überspannt.

Es ist naheliegend, dass er sein Organisationstalent auch bei seiner Arbeit als Zimmermann genutzt haben wird, und es ist sehr gut möglich, dass er zum Unternehmer, Aufseher oder Bauführer aufstieg, in Sepphoris oder später in Tiberias. Um 20 n. Chr. beschloss Herodes Antipas nämlich, die Hauptstadt seines Reiches von Sepphoris an den See Gennesaret zu verlegen und dort an der Westküste die Stadt Tiberias in monumentaler Weise zu errichten. Ich erachte es nicht als unmöglich, dass Jesus, der vielleicht den Betrieb seines Vaters übernommen hatte, als Bauführer große Projekte in Sepphoris und Tiberias betreut hat.

Die Frage, die sich dann stellt, lautet: War Jesus wirklich so arm, wie er gewöhnlich dargestellt wird?

Darauf komme ich im folgenden Kapitel zurück.

3

JOHANNES DER TÄUFER UND JESUS

IN DER LEHRE BEIM TÄUFER

Theologen gehen davon aus, dass zwei Gegebenheiten aus Jesu Leben historisch gesichert sind: Er wurde von Johannes dem Täufer getauft, und er wurde unter der Herrschaft von Pontius Pilatus in Judäa gekreuzigt.

Dass diese Taufe wirklich vorgenommen wurde, kann man aus den verschiedenen Versionen der Evangelien schließen. Je später sie geschrieben wurden, desto stärker bemühen sich die Evangelisten, die Taufe *verschwinden zu lassen*. Im ältesten Evangelium, dem von Markus, wird noch unverblümt berichtet: »In jenen Tagen kam Jesus aus Nazaret in Galiläa und ließ sich von Johannes im Jordan[1] taufen« – eine Taufe, die Markus als »Umkehr und Taufe zur Vergebung der Sünden« bezeichnet.[2] Im Allgemeinen wird angenommen, dass diese Sätze um das Jahr 70 n. Chr. geschrieben wurden.

Matthäus, der ungefähr fünfzehn bis zwanzig Jahre später schreibt und das Markusevangelium als eine seiner Quellen benutzt, tut sich mit Markus' Bericht bereits schwer. Warum sollte sich der »Sohn Gottes«[3] – der selbstverständlich ohne Sünde ist – von Johannes taufen lassen müssen, einem Vorläufer des ihm weit überlegenen Jesus? Johannes brauchte Jesus nur anzukündigen, er ist nicht mehr als ein Bote, »er soll den Weg bahnen« für Jesus, wie Markus den Propheten Jesaja zu zitieren glaubt.[4]

Folglich *korrigiert* Matthäus Markus und schreibt: »Zu dieser Zeit kam Jesus von Galiläa an den Jordan zu Johannes, um sich von ihm taufen zu lassen. Johannes aber wollte es nicht zulassen und sagte zu ihm: Ich müsste von dir getauft werden, und du kommst zu mir? Jesus antwortete ihm [Johannes]: Lass es nur zu! Denn nur so können wir die Gerechtigkeit (die Gott fordert) ganz erfüllen.«[5] Johannes gibt darauf Jesu Wunsch nach und tauft ihn. Das ist christliche Übermalung.[6] Aber es verdeutlicht, dass sogar in den Jahren 80 bis 90 n. Chr. noch weithin bekannt war, dass Jesus ursprünglich von Johannes getauft worden war, ein Ereignis, das Matthäus nicht zu unterschlagen wagte.

Lukas löst das Problem ein wenig anders. Er informiert uns erst über Johannes, der hier[7] ebenfalls »Umkehr und Taufe zur Vergebung der Sünden« verkündigt und sie vollzieht. Jesus wird nicht erwähnt. Dann berichtet Lukas,[8] dass Johannes von Herodes Antipas ins Gefängnis geworfen wird, und erst danach, fast beiläufig, heißt es, »ließ auch Jesus sich taufen. Und während er betete …« Die Beziehung Jesus/Johannes ist geschickt vertuscht: Johannes ist schon im Gefängnis, und Jesu Taufe wird abstrahiert zu »ließ sich taufen«, also ohne den Ausführenden der Taufe zu nennen.

Der Evangelist Johannes, der vermutlich um 100 n. Chr. sein Evangelium verfasste, geht schließlich – etwa siebzig Jahre nach Jesu Tod – zu radikalem *spin* über: Er erwähnt nicht einmal mehr Jesu Taufe. Wohl aber stellt er ihn in die Umgebung des Täufers am Jordan, und er beschreibt auch, dass Jesus auf Johannes zugeht. Aber die Taufe erwähnt er nicht. Der Täufer sagt nur: »Seht, das Lamm Gottes, das die Sünde der Welt hinwegnimmt«[9] – usw.

Nun ja, ich bin der Ansicht, dass Jesus etwa um 28 bis 30 n. Chr. von Johannes dem Täufer im Wasser des Jordans untergetaucht wurde. Im griechischen Ursprungstext heißt Johannes der Täufer eigentlich der »Untertaucher«: weil er die Menschen eigenhändig unter Wasser tauchte.[10] Wenn Jesus sich taufen ließ, bedeutet das natürlich auch, dass er sich – in diesem Augenblick – ganz mit Johannes' Visionen identifizierte.

Was wissen wir darüber?

In den Evangelien wird Johannes als Asket und Prophet beschrieben. Er lebt in der Wüste von Heuschrecken (wahrscheinlich über Feuer gebraten) und wildem Honig, er trägt einen Mantel aus Kamelhaut, zusammengehalten von einem ledernen Gürtel: die typische Kleidung eines Propheten. Er richtet sich im Besonderen an das jüdische Volk[11] und kündigt ihm den *Dies Irae* an. In naher Zukunft wird Gott mit allen Sündern aufräumen: »Schon ist die Axt an die Wurzel der Bäume gelegt; jeder Baum, der keine gute Frucht hervorbringt, wird umgehauen und ins Feuer geworfen.«[12]

Johannes kündigt auch jemanden an, der noch kommen muss, und der »ist stärker als ich; ich bin es nicht wert, mich zu bücken, um ihm die Schuhe aufzuschnüren. Ich habe euch nur mit Wasser getauft, er aber wird euch mit dem Heiligen Geist taufen.«[13]

Bei Matthäus steht hier: »... Er wird euch mit dem Heiligen Geist und mit Feuer taufen.«[14] Ohne es beweisen zu können, glaube ich dennoch, dass der ursprüngliche Text hieß: »aber er wird euch mit Feuer taufen«, weil dies in größerem Gegensatz zu Johannes' Taufe »mit Wasser« steht.

Die Evangelisten suggerieren allesamt, dass Johannes mit der Person, die »stärker als ich« ist, Jesus meinte. Markus und Matthäus tun dies, indem sie sofort nach diesen Worten des Täufers zu Jesus hinüberwechseln, der sich zur Taufe bei Johannes meldet. Aber dann war ein Jesus, der »mit Feuer« taufen würde, sicherlich nicht so anziehend, eher beängstigend. Also veränderte Markus (aber eher wahrscheinlich ein späterer Redakteur) »mit Feuer« in das angenehmer und christlich klingende »mit dem Heiligen Geist«. Matthäus hatte wahrscheinlich zu großen Respekt vor dem originalen »mit Feuer« und wagte es nicht, es zu unterschlagen, daher fügte er einfach den »Heiligen Geist« hinzu.

Aber wen oder was auch immer Johannes für die Rolle des »Stärkeren« im Sinn hatte, es war gewiss nicht Jesus. Das haben erst die christlichen Gemeinden und ihre Evangelisten daraus gemacht. Nicht nur Markus teilt mit,[15] dass der Täufer über Jesus im Zweifel war; in meiner späteren Analyse der Verse 3,22-26 aus dem Johannesevangelium werde ich aufzeigen, dass Johannes der Täufer sich mit Jesus überwarf.

Einige Theologen haben die Schlussfolgerung gezogen, dass der Täufer mit dem »Stärkeren« Gott selbst meinte. Aber das Bild von Johannes, der sich nicht zu bücken wagt, um Gottes Schuhe aufzuschnüren, ist schon merkwürdig und macht Gott viel zu menschlich. Zutreffender erscheint, dass Johannes der Täufer an einen »von Gott Bevollmächtigten« dachte, eine mögliche Messiasfigur. Sie würde in Kürze auf der Erde erscheinen, um die »Guten« von den »Schlechten« zu scheiden. Johannes verwendet dafür eine Metapher: »Er hat seine Worfschaufel[16] in der Hand; er wird seine Tenne [Palästina] fegen und seinen Weizen [die »Guten«] in die Scheune sammeln; aber die Spreu [die »Schlechten«] wird er verbrennen mit unauslöschlichem Feuer.«

Johannes knüpft hier an die alttestamentlichen Propheten an, die den *Dies Irae*, den Tag, an dem Gott die Menschen richten wird, schon Jahrhunderte zuvor beschrieben hatten – wobei sie sich vor allem am Untergang der »Schlechten« ergötzen. Ich werde einige Beispiele nennen, es gibt zu viele, um sie alle aufzuführen.

– »Schreit auf, denn der Tag des Herrn ist nahe; er kommt wie eine zerstörende Macht vom Allmächtigen ... voll Grausamkeit, Grimm und glühendem Zorn; dann macht er die Erde zur Wüste und die Sünder vertilgt er ... Dann bestrafe ich [Gott] den Erdkreis für seine Verbrechen und die Bösen für ihre Vergehen ... Dann wird der Himmel erzittern und die Erde beginnt an ihrem Ort zu wanken ... Man sticht jeden nieder, dem man begegnet; wen man zu fassen bekommt, der fällt unter dem Schwert. Vor ihren Augen werden ihre Kinder zerschmettert, ihre Häuser geplündert, ihre Frauen geschändet [vergewaltigt]«, so schreibt Jesaja.[17]

– Amos nennt ihn »einen Tag der Finsternis«. »Es ist, wie wenn jemand einem Löwen entflieht und ihn dann ein Bär überfällt; kommt er nach Hause und stützt sich mit der Hand auf die Mauer, dann beißt ihn eine Schlange.«[18]

Andere Propheten schreiben: »Ein Tag des Zorns ist jener Tag, ein Tag der Not und Bedrängnis, ein Tag des Krachens und Berstens, ein Tag des Dunkels und der Finsternis«.[19] »Er lässt ihren Körper verfaulen, noch während sie auf den Füßen stehen; die Augen verfaulen ihnen in den Augenhöhlen und die Zunge im Mund.«[20] Siehe auch Joel, Ezechiel und Maleachi.[21]

Der »Tag des Herrn« ist ihrer Ansicht nach nicht gerade fröhlich, und der neue Prophet, Johannes der Täufer, behauptet auch nichts anderes mit seiner Vorhersage eines gnadenlosen Abschlachtens, wobei all die Spreu (die Gottlosen, Schurken etc.) ins Feuer geworfen und nur ein kleiner Rest des jüdischen Volkes überleben wird.

Dann kommt die Krux: Um zu diesem Rest zu gehören, ist es absolut notwendig, *von Johannes getauft zu werden*. Dieser Johannes hatte also ein ziemlich aufgeblasenes Ego: Nur wenn ihr von mir »untergetaucht« werdet, könnt ihr gerettet werden. Absurd, besonders wenn man bedenkt, dass dieser Tag des Herrn nie gekommen ist, weder zur Zeit des Johannes noch in den zwanzig Jahrhunderten danach.

Aber wenn Jesus sich von jenem Egotripper taufen ließ, muss er davon überzeugt gewesen sein, dass Johannes recht hatte: Der *Dies Irae* stand vor der Tür. Durch diese Taufe hoffte Jesus zu der Gruppe zu gehören, die den schrecklichen Tag überleben würde. Zum Taufritual des Untertauchens gehörte auch die Umkehr. Alle Getauften mussten – ich nehme an öffentlich – ihre Sünden bekennen. Also auch Jesus. Er musste beichten, welche Sünden er bis dahin begangen hatte. Daraus können wir folgern, dass Jesus sich selbst als einen sündigen Menschen betrachtete, und durch seine Taufe machte er deutlich, dass er sich bessern wollte.

Welche Sünden es waren, lässt sich nicht mehr in Erfahrung bringen. Vielleicht war er jemand, der zu den Huren ging,[22] denn später stellt sich heraus, dass er gern Huren zu den gemeinsamen Mahlzeiten einlud. Jesus hat auch gesagt: »Zöllner und Dirnen gelangen eher in das Reich Gottes als ihr.«[23]

Oder wenn Jesus ein »Bauführer« in Sepphoris war, könnte ihm bewusst gewesen sein, dass er sich auf Kosten der – schlecht bezahlten – Arbeiter (Bauhandwerker) bereichert hatte. Man denke an die merkwürdige Stelle im zweiten Korintherbrief, wo Paulus die Gemeinde anspornt, anderen Gemeinden großzügige Geschenke zu senden, und dann fortfährt: »Denn ihr wisst, was Jesus Christus, unser Herr, in seiner Liebe getan hat: Er, der reich war, wurde euretwegen arm.«[24] Was in diesem Kontext bedeuten könnte, dass er sein Geld verschenkt hat, vielleicht schon unmittelbar nach seiner Taufe.

Auch wenn uns das Johannesevangelium Jesu Taufe vorenthält, so bietet es uns doch andere Informationen, die wir bei den Synoptikern nicht finden. In 1,35–44 lesen wir, dass Jesus während seiner Zeit beim Täufer dort dem Jünger Andreas begegnet. Jesus nimmt ihn und einen anderen Jünger mit dahin, »wo er sich aufhält«, vermutlich eine improvisierte Hütte am Jordanufer.[25] Die zwei Männer bleiben an jenem Abend bei ihm, und am nächsten Tag bringt Andreas auch seinen Bruder Simon mit zu Jesus – der ihm sofort den Beinamen Kephas gibt, was »Fels« bedeutet: Petrus[26] also. Zum Schluss, wieder einen Tag später, trifft Jesus dort auch Philippus, der ebenfalls Jesu Jünger wird. Der Evangelist fügt hinzu, dass diese drei Männer alle aus Betsaida am See Gennesaret stammten, einem kleinen Fischerort an der Nordseite des Sees.[27]

In jener Periode seines Lebens betrachtete sich Jesus als Jünger des Täufers und – eine kurze Zeit lang – bewunderte er ihn sehr: »Wahrlich, ich sage euch: Unter allen, die von einer Frau geboren sind, ist keiner aufgetreten, der größer ist als Johannes der Täufer.«[28] Zu den Leuten, die zum Jordan kamen, um sich taufen zu lassen (oder zu den Vertretern der priesterlichen Aristokratie aus Jerusalem, die Johannes bespitzelten), sagt Jesus: »Was seid ihr hinausgegangen in die Wüste zu sehen? Wolltet ihr ein Rohr sehen, das der Wind hin und her weht?[29] Oder was seid ihr hinausgegangen zu sehen? Wolltet ihr einen Menschen in weichen Kleidern sehen? Siehe, die weiche Kleider tragen, sind in den Häusern der Könige. Oder was seid ihr hinausgegangen zu sehen? Wolltet ihr einen Propheten sehen? Ja, ich sage euch: Er ist mehr als ein Prophet.«[30]

ADVOKAT DES TÄUFERS

Jesus identifizierte sich völlig mit Johannes' makabren Zukunftserwartungen, und aus dieser Sicht müssen wir meines Erachtens auch die sogenannte Tempelreinigung sehen. Es wird den Leser vielleicht wundern, dass ich die »Reinigung« hier bereits zur Sprache bringe, denn alle drei Synoptiker schildern dieses Ereignis erst im letzten Teil ihres Evangeliums[31] – ungefähr eine Woche vor Jesu Kreuzigung. Merkwürdigerweise bringt der Evangelist Johannes diese »Reinigung« ganz zu *Anfang*[32], als Jesus gerade erst begonnen hat zu predigen. Hier handelt es sich schon um sehr unterschiedliche Auffassungen, und es stellt sich die Frage: Welcher Chronologie gebührt der Vorzug?

Zuerst möchte ich erklären, vor welchem Hintergrund sich die »Reinigung« abspielte. Im Tempel befanden sich zahlreiche Kaufleute, die Opfertiere verkauften (Ziegen, Schafe, aber auch Tauben). Zu den großen Festen kamen Juden aus allen Gegenden zum Tempel und kauften dort ein Tier, um es Gott zu opfern – in der Erwartung, Gott würde ihnen als Lohn dafür die Sünden vergeben. Da nur mit einer einzigen Münzsorte bezahlt werden durfte, mussten viele dort ihr Geld wechseln: Deshalb befanden sich dort auch Geldwechsler.

Obwohl die Evangelisten diese Szene an zwei völlig verschiedenen Stellen schildern, ist ihre Beschreibung dessen, was dort geschah, ungefähr gleichlautend. Jesus kommt in den Tempel und fängt an, die Viehverkäufer zu verjagen (Nach Johannes' Schilderung macht er dafür aus Stricken eine kleine Peitsche). Dann kippt er die Tische der Geldwechsler um, wirft die Münzen in der Gegend herum und tritt die Stühle der Taubenverkäufer ebenfalls um.

Die meisten Kommentatoren geben der Reihenfolge der Synoptiker den Vorzug.[33] Aber der Wunsch ist hier der Vater des Gedankens, der Wunsch, dem Publikum von heute zu erklären, warum ein »pazifistischer Mann« – denn so wird Jesus heutzutage präsentiert: eher ein Philosoph, Prophet oder jüdischer Zyniker als ein Revolutionär – von den Römern verhaftet und gekreuzigt wird. Da kommt die Szene im Tempel, in der sich Jesus aggressiv verhält, gerade recht. Sie verschafft uns, gerade im richtigen Moment, einen natürlichen Grund, warum die Behörden gegen Jesus einschritten. Erst kürzlich hat E. P. Sanders in seinem Buch *Jesus and Judaism* (1985) erneut behauptet, dass Jesu Auftreten im Tempel als Grund angesehen werden muss, weshalb die Obrigkeit beschloss, ihn zu verhaften. Das wurde ohne weitere Diskussion von den meisten Theologen als »wahr« übernommen.

Ich glaube, dass sie das verkehrt sehen[34] und sich von ihrem Verlangen, eine stimmige, dramatische Geschichte zu erzählen, verleiten lassen, wobei wir doch wissen, dass das Leben chaotisch ist und sich selten an eine feste Dramaturgie hält. In Wirklichkeit versuchen wir Schriftsteller, Szenarienschreiber und Journalisten die Realität umzuformen zu einer dramaturgisch schönen, spannenden und unterhaltsamen Geschichte – damit haben die Synoptiker damals schon begonnen.

Markus traf die dramaturgische Wahl, seine Geschichte auf einen einzigen Besuch Jesu in Jerusalem zuzuspitzen, der diesem dann zum Verhängnis wird. Lukas und Matthäus sind ihm einfach dabei gefolgt. Auf diese Weise findet sich bei *allen drei* Synoptikern nur ein einziger Besuch in Jerusalem, und daher musste die Tempelreinigung automatisch darin vorkommen, sie hatten keine Alternative.[35]

Johannes berichtet dagegen von mindestens *fünf* Besuchen Jesu in Jerusalem.[36] Dieser Evangelist hatte also die Wahl zwischen fünf »Besuchen«, in denen er die Tempelreinigung unterbringen konnte.

Die amerikanische Theologin P. Frederiksen wies darauf hin,[36] dass das Johannesevangelium theologisch komponiert ist, *nicht dramaturgisch*. Johannes bemüht sich nicht darum, eine »spannende« Geschichte zu erzählen, er hat kein Interesse am Dramenaufbau einer griechischen Tragödie. Bei Johannes besteht Jesus schon seit Anbeginn der »Schöpfung«, er ist dann noch »bei Gott«. Dann, etwa vier Jahre vor Beginn unserer Zeitrechnung, steigt Jesus zur Erde hinab, »das wahre Licht, das jeden Menschen erleuchtet, kam in die Welt.«[37] Er nimmt einen menschlichen Körper an, er verrichtet sein Werk auf Erden, wie der Vater ihm aufgetragen hat, und dann – bei der von Gott auferlegten Kreuzigung – legt er seinen Körper wieder ab und kehrt zu Gott zurück.

Im Johannesevangelium tut Jesus alles aus freien Stücken, Umstände spielen keine Rolle mehr, er hat alle Geschehnisse vollständig unter Kontrolle, ohne Schmerz, ohne Mühe: »Niemand entreißt es [das Leben] mir, sondern ich gebe es aus freiem Willen hin. Ich habe Macht, es hinzugeben, und ich habe Macht, es wieder zu nehmen. Diesen Auftrag habe ich von meinem Vater empfangen.«[39]

Hier also kein »Drama«, keine Zuspitzung auf den einen schicksalhaften Besuch in Jerusalem (den Begriff »Schicksal« gibt es natürlich nicht bei Johannes). Kurz gesagt, *kein* dramaturgischer *spin* der Ereignisse. Das ist meines Erachtens ein guter Grund, um die fünf – etwas chaotischen – Besuche in Jerusalem als historisch zu akzeptieren. Johannes fand das antidramaturgische Chaos einfach nicht wichtig genug, um es anzupassen, ihm ging es um die Theologie, nicht um die Dramaturgie. Wenn also Johannes die Tempelreinigung an den Anfang seines Evangeliums setzt, ist der einfache Grund dafür, dass seine Informationen so lauteten.[40]

Es gibt noch ein anderes Argument, um die Tempelreinigung als Anfang von Jesu Predigerleben zu sehen. Direkt nach seinem Einschreiten gegen die Händler von Opfertieren und die Geldwechsler lesen wir im Johannesevangelium, dass »Juden« Jesus fragen: »Welches Zeichen lässt du uns sehen als Beweis, dass du dies tun darfst?«[41] – Sie fragen nach Jesu Vollmacht. Auch bei Markus[42] tun sie das sofort nach der Tempelreinigung:[43] »Mit welchem Recht tust du das alles? Wer hat dir die *Vollmacht* gegeben, das zu tun?« Da verweist Jesus auf Johannes den Täufer mit einer Gegenfrage: »Stammte die Taufe des Johannes vom Himmel oder von den Menschen?«[44]

Bei den Synoptikern findet diese Diskussion an Jesu Lebensende statt, ungefähr eine Woche vor der Kreuzigung. Inzwischen ist ein Jahr verstrichen, seit Jesus sich mit dem Täufer überwarf. In jenem Jahr hat Jesus durchgängig seine *eigene* Sicht, das Kommen des Gottesreiches, gepredigt. Dann versteht man nicht wirklich, warum er in der obigen Diskussion noch an den Täufer referiert.

Die Frage »Stammte die Taufe des Johannes vom Himmel oder von den Menschen?« klingt viel natürlicher in der Zeit, in der Jesus noch stark vom Täufer beeinflusst war. Also zu Beginn seiner Karriere, sofort nachdem er von Johannes getauft worden war. Wenn die Frage tatsächlich von einer Konfrontation unmittelbar nach Jesu Tempelreinigung herrührte, dann muss man diese Aktion auch kurze Zeit nach der Taufe platzieren.[45]

Noch etwas anderes widerspricht der Chronologie der Synoptiker. Nachdem Jesus die Leute aus dem Tempel getrieben hat, kann er noch wenigstens eine Woche lang, so die drei Evangelisten, weiter im Tempel predigen – ohne dass jemand etwas gegen ihn unternimmt. Schon 1907 stellte Johannes Weiß – meiner Meinung nach zu Recht – die These auf, dass allein deshalb die Chronologie des Johannes zu bevorzugen sei. Nach Weiß ist es unvorstellbar, dass Jesus in der letzten Woche, in der er predigte, so im Tempel auftreten konnte, wie es die Synoptiker schildern – gerade in dem Moment, von dem wir annehmen müssen, dass die Kontroversen (zwischen Jesus und seinen Feinden) am heftigsten waren: »… kurz nach dem messianischen Einzug, wäre die Tempelpolizei dem argwöhnisch Beobachteten sicherlich in den Arm gefallen.«[46]

Im Laufe meiner Analyse (siehe Kapitel 8) wird dieses Argument noch weiter zugespitzt. Da werde ich behaupten, dass sich Jesus – genau in der Zeit, in der Markus die Tempelreinigung stattfinden lässt – *auf der Flucht befand* und von den Behörden gesucht wurde. In Wirklichkeit ist er da bereits in Abwesenheit zum Tode verurteilt. Dass Jesus dann noch eine solche Aktion im Tempel durchführen konnte, ist höchst unwahrscheinlich.

Im Weiteren gehe ich davon aus, dass die Tempelreinigung in einer Periode stattfand, die sich an Jesu Taufe durch Johannes anschloss – also nicht in einem Zeitraum, der mit Jesu Tod endet. Zuvor merkte ich schon an, dass Jesus bei Johannes dem Täufer einige Freunde gefunden hatte: Petrus, Andreas, Philippus und einen gewissen Nataniel, von dem wir später kaum noch etwas hören. Ich denke, Jesus ist mit diesem Grüppchen und vielleicht noch einigen anderen nach Jerusalem gezogen (anlässlich eines Festtages?) – denn es ist schwer vorstellbar, dass er ganz allein all die Tische und Stühle umgeworfen haben soll. Möglicherweise erfolgte die Tempelreinigung gemeinsam durch die gesamte Gruppe (eine Schar aufgeschossener, »extremistischer Jugendlicher«), und Jesus war damals nicht wirklich der Anführer. Aber da er später doch zum Anführer wurde, schrieb man ihm diese Aktion ganz zu.

Vielleicht schwingt hier im Hintergrund noch ein Ausspruch von Maleachi mit, dem letzten Propheten des Alten Testaments, der nicht nur schrieb: »Seht, ich sende meinen Boten; er soll den Weg für mich bahnen«, sondern hinzufügte: »Dann kommt plötzlich zu seinem Tempel der Herr, den ihr sucht.«[47] Wenn Jesus den »Boten« mit dem Täufer identifizierte, kann sein Auftritt im Tempel als eine weitere Vorbereitung für »das Kommen des Herrn« angesehen werden – oder das Kommen des vom Täufer angekündigten »Stärkeren«.

Fast jeder Theologe hat die Frage gestellt, was Jesus mit dem Umwerfen der Tische und Stühle genau bezweckte. In der Chronologie des Johannesevangeliums – der ich folge – interpretiere ich Jesu Handlung folgendermaßen:

Im Denken des Täufers war der ganze Tempel – mitsamt allen Opfern und Priestern – veraltet. Die Opfer halfen nicht mehr, der Tempel war überflüssig geworden. Es gab nur noch eine einzige Möglichkeit, dem sich schnell nähernden *Dies Irae* zu entkommen: sich von Johannes taufen zu lassen. Wenn Jesus und seine Freunde noch ganz unter Johannes' Einfluss standen, dann konnte das Umstürzen der Geldwechslertische und das Verjagen der Opfertiere nur *einen* Sinn haben: Geld wechseln und Opfer bringen waren nutzlos geworden. *Nichts* von dem, was im Tempel geschah, konnte einem noch helfen, Gottes Zorn zu entrinnen. Die einzig mögliche Rettung bestand darin, sich aus dem Staube zu machen, zum Jordan zu gehen und sich von Johannes taufen zu lassen. Nur dann hatte man noch die Chance, Gottes Strafe zu entrinnen, obwohl auch das nicht sicher war.

Jesu Standpunkt war ungewöhnlich radikal, und er ging in seinem Auftreten tatsächlich einen – politischen – Schritt weiter als sein Mentor Johannes. Dieser hatte sich an den Jordan zurückgezogen, weit entfernt von den Städten, aber Jesus hatte gerade die Metropole der damaligen Zeit, Jerusalem, aufgesucht und dort die Obrigkeit mit seiner Tempelaktion herausgefordert. Seine Botschaft an alle, die im Tempel arbeiteten, Levit,[48] Priester oder Hohepriester, lautete: Ihr seid überflüssig geworden, Gott benötigt euch nicht mehr.

Dies im Mittelpunkt der mit den Römern kollaborierenden und davon profitierenden jüdischen Macht – dem Tempel – aggressiv auszutragen war sehr gewagt und lebensgefährlich. Jesus konnte dies auch nur ungestraft tun, indem er so schnell wie möglich die Stadt wieder verließ – sonst wäre er zweifellos verhaftet worden. Ich glaube, dass die ganze Aktion auch nur ein paar Minuten dauerte, sodass die Obrigkeit keine Zeit hatte einzugreifen und Jesus mit seinen Freunden rasch wieder in der tausendköpfigen Menge untertauchen konnte.

Jesus hatte da noch den Vorteil, dass ihn niemand kannte und der Täufer viele Sympathisanten unter der jüdischen Bevölkerung hatte. Wen Jesus dort auch vor den Kopf stieß, es muss sicherlich auch Juden gegeben haben, die ihn wegen seiner Handlung bewunderten, und es ist genauso sicher, dass Gerüchte darüber die Runde machen würden.[49]

BRUCH MIT DEM TÄUFER

Ich meine, dass Jesu Selbstvertrauen durch seine Tempelreinigung enormen Auftrieb erhielt und dass dies zu der merkwürdigen – und schlecht beobachteten – Szene führte, die der Evangelist Johannes in 3,22-26 beschreibt und die folgendermaßen lautet: »Danach kam Jesus mit seinen Jüngern in das Land Judäa und blieb dort eine Weile mit ihnen und taufte. Johannes aber taufte auch noch in Änon, nahe bei Salim, denn es war da viel Wasser; und sie kamen und ließen sich taufen. Denn Johannes war noch nicht ins Gefängnis geworfen. Da erhob sich ein Streit zwischen den Jüngern des Johannes und einem Juden[50] über die Reinigung.[51] Und sie kamen zu Johannes und sprachen zu ihm: Meister, der bei dir war jenseits des Jordans, von dem du Zeugnis gegeben hast, siehe, der tauft, und jedermann kommt zu ihm.«

Es ist auffällig, dass am Anfang der Passage der Ort, an dem Johannes tauft, genau erwähnt wird, Änon bei Salim, im Gegensatz zu der vagen Beschreibung von Jesu Taufort, »die Gegend um Judäa«. Das lässt vermuten, dass der ursprüngliche Bericht, auf dem die obigen Verse basieren, nicht aus einer christlichen Tradition kommt, sondern aus einer Tradition, die in der »Gemeinde des Johannes« entstand. Auch die genaue Beschreibung der Reaktion seiner Jünger deutet in diese Richtung.

C. H. Dodd erachtet es dann auch als »höchst wahrscheinlich, dass wir es hier mit einer Tradition zu tun haben aus einer Zeit, bevor sich der [christliche] Kanon formte … ein unerwartetes Stückchen echter Information […], ein übrig gebliebenes Fragment, fast einzigartig im Neuen Testament, das besonders am Werk Johannes des Täufers interessiert war als einer Reformbewegung innerhalb des Judentums, unabhängig vom Christentum«.[52]

R. Brown schließt sich an; auch er denkt, die Verse geben »uns verlässliche Informationen über Jesu frühere Jahre, Material, das nicht von den Synoptikern bewahrt wurde, aber das Dodd korrekterweise als sehr alt charakterisiert […], Fragmente, die [insbesondere] über Johannes den Täufer gingen.«[53]

Ich gehe nun etwas genauer auf jene Verse ein: »Danach ging Jesus mit seinen Jüngern in das Gebiet von Judäa«, schreibt der Evangelist. Da er zuvor angibt, dass sich Jesus in Jerusalem aufhält, ist vermutlich gemeint, dass er von Jerusalem nach Judäa aufs Land ging. Und dann fängt er dort plötzlich *auch* an zu taufen. Das kommt höchst unerwartet: Johannes, Jesu Lehrmeister, hatte ein *einzigartiges* Ritual erfunden, das einmalige »Untertauchen«, wobei er selbst die Menschen unter Wasser tauchte. Durch das Untertauchen, das nur von ihm vollzogen werden konnte, erhob Johannes den Anspruch, dem Getauften eine Chance zu bieten, den nahenden *Dies Irae* zu überleben. Als Jesus nun *aus eigenem Antrieb* selbst zu taufen begann, unterminierte er damit die Sonderstellung, die Johannes für sich geschaffen hatte. Was Jesus tat, würden wir heute als Plagiat bezeichnen, er »stiehlt« Johannes' Taufe. Man könnte es sogar als eine feindliche Übernahme betrachten.

Dass diese »Übernahme« beim Täufer und seinen Jüngern das Blut in Wallung bringen musste, ist verständlich. Der Evangelist Johannes – oder eventuell ein späterer Redakteur – bemüht sich, diesen »bösen Streich« so gut wie möglich zu beseitigen. Er schreibt: »Eines Tages kam es zwischen den Jüngern des Johannes und einem ›Juden‹ zu einer Auseinandersetzung über die Reinigungsvorschriften.« Das griechische Wort *zètèsis*, das meist mit »Uneinigkeit« übersetzt wird, bedeutet jedoch auch »Streit«. Aber warum wird hier auf einmal ein »Streit über die *Reinigungsvorschriften*« erwähnt? Im Text vorher wird *nirgends* über »Reinigung« gesprochen, wohl aber über die Tatsache, dass Jesus auch zu taufen beginnt. Es ist naheliegend, dass der Streit *darüber* ging und der Redakteur ihn vertuschte, indem er das Wort »Taufe« durch »Reinigung« ersetzte.

Und in demselben Vers: Wer ist der »Jude«, der hier plötzlich auftaucht? Was geht uns – als Leser – auf einmal diese merkwürdige Figur an? Selbstverständlich gehört das auch zur *Verschleierungstaktik*. Ursprünglich muss dort gestanden haben: »Es entstand ein Streit über die Taufe zwischen einigen Jüngern des Johannes und denen von Jesus«, oder direkter: »... zwischen einigen Jüngern von Johannes und von Jesus.« Diese Versionen wurden in den Jahren 1887 und 1898 von O. Holtzmann bzw. W. Baldensperger vorgeschlagen.[54]

Es ist interessant, dass in einem flämischen Manuskript aus dem 13. Jahrhundert, einer Übersetzung[55] des *Diatessaron* von Tatian,[56] der Kern des Konflikts schärfer beschrieben wird. Nach diesem Text ging es darum »welche [Taufe] besser war, die Taufe von Jesus oder die von Jan Baptist. Da kamen Jan Baptists Jünger zu ihrem Meister und griffen Jesus wegen seiner Taufe an und beklagten sich bei ihrem Meister und sagten ...« – usw.[57]

Jedenfalls scheint mir klar zu sein, dass die Johannesjünger dahinterkamen, dass Jesus seine eigene Version vom Taufritual ihres Lehrmeisters erstellt hatte, sich darüber erbosten und zum Täufer eilten, um sich zu beklagen: »Siehe, der tauft, und jedermann kommt zu ihm.« Kommentatoren legten den Akzent überwiegend auf den zweiten Teil dieses Verses: »alle gehen zu ihm« –, was sie dann ohne Weiteres negieren konnten, weil es nur den Neid der Johannesjünger beschrieb. Da der Täufer bloß ein Vorläufer Jesu war, konnte der Neid dann als ungerechtfertigt beiseitegeschoben werden.

Aber gerade der *erste* Teil des Verses ist meines Erachtens am wichtigsten: »Siehe, der tauft.« Das bedeutet: »Schau mal, dieser Mistkerl von Jesus, der hat die Kaltschnäuzigkeit *(Chuzpe)*, auch zu taufen!«[58] Die Feindseligkeit von Johannes' Jüngern ist mit Händen zu greifen. 1885 schrieb F. Godet darüber: »... Jesus scheint das einzigartige [Ritual], das sein Vorgänger [Johannes] erfunden hat, zu missbrauchen und versucht ihn in den Schatten zu stellen.«[59]

Für die meisten Theologen ist es unannehmbar, eine unangenehme Seite Jesu zu akzeptieren, wie aus ihren Kommentaren zu dieser Passage hervorgeht. Sie bemühen sich alle zu suggerieren, Jesus habe Johannes nur »helfen« wollen, als er selbst zu taufen begann:

– B. Meyer: »Jesus wirkte als Täufer in Zusammenarbeit mit Johannes, er hatte sich mit Johannes zusammengetan.«[60]

– E. Schillebeeckx: »Ob Jesus selbst Johannesjünger gewesen ist und als solcher als Assistent auch taufte oder zumindest neben Johannes auch Tauftätigkeit ausgeübt hat … lässt sich historisch nicht feststellen.«

– C. H. Dodd: »Das Einzige, was Jesus (in diesem Augenblick) tun konnte, war, die Arbeit des Täufers zu unterstützen.«

– R. Webb: »Jesus, in Zusammenarbeit und als Gefährte bei Johannes' Aktivitäten, müssen wir vielleicht als die rechte Hand oder Schützling des Johannes ansehen. Jesus arbeitete sozusagen unter Johannes' Schutzschirm.«

John P. Meier[61] ist bereit zu akzeptieren, dass Jesus »Johannes *anscheinend* imitierte«. Meier versteht auch, dass die Johannesjünger Jesus einer »verachtenswerten Undankbarkeit« gegenüber seinem Mentor beschuldigten, weil Jesus, »indem er (auch) taufte, Johannes sozusagen den Erfolg weggeschnappt hatte«. Aber Meier fügt schnell hinzu, dass es keinen einzigen Beweis gebe, dass Johannes und Jesus Feinde waren und auseinandergingen – und dass man Jesus gewiss nicht als einen Abtrünnigen betrachten oder als Fahnenflüchtigen beschuldigen dürfe. Aber das ist genau, was M. Goguel[62] im Jahr 1933 schrieb. »Nachdem Jesus Johannes den Rücken zugekehrt hatte, sah Johannes ihn nur noch als *einen unverlässlichen Jünger und fast Abtrünnigen.*« Das fasst den Konflikt gut zusammen.

Ich kann noch einen mildernden Umstand für Jesu Verhalten ins Feld führen. Nach seiner heftigen Aktion im Tempel flüchtete er wahrscheinlich an den Jordan zurück, an den Ort, an dem Johannes ihn getauft hatte.[63] Aber nach der Schrift war der Täufer bereits nach »Änon, in der Nähe von Salim« abgereist. Das lag vermutlich in Samarien, etwa sieben Kilometer südöstlich von Sichem.[64] Es ist sehr gut möglich, dass – gerade durch Jesu Auftreten im Tempel, wo er die Menschen aufrief, zum Jordan zu gehen, um sich taufen zu lassen – viele zur ursprünglichen Taufstelle gegangen waren und Johannes nicht mehr dort antrafen, wohingegen Jesus sich wohl dort aufhielt. Dann wäre es nicht so erstaunlich, wenn Jesus den Leuten gesagt hätte: »Ich taufe euch eben in Johannes' Namen«[65] – Jesu Ego war nach der Tempelreinigung groß genug, um dies als eine natürliche Entwicklung anzusehen.

Auch im Johannesevangelium selbst wird der Versuch unternommen, Jesu Verhalten zu beschönigen, und zwar in dem Fragment, in dem Jesus bei der Hochzeit zu Kana Wasser in Wein verwandelt.[66] Der Evangelist bezeichnet dies als Jesu »erstes Zeichen«, aber in Wirklichkeit handelt es sich um eine Abwandlung der Dionysosfeste aus den Apollotempeln in Andros und Teos, wo auch Wasser in Wein verwandelt wurde[67] – selbstverständlich durch Gauklertricks der Priester.

In Vers 2,6 werden einige Gefäße genannt, die für das jüdische Reinigungsritual *(katharismos)* gebraucht wurden, und in 2,9 kommt der Bräutigam *(numphios)* zur Sprache, als ein Sklave »Wasser, das zu Wein geworden war«, zu ihm bringt. Die Kombination dieser zwei Worte »Reinigung/Bräutigam« in ein und demselben Fragment kommt bei Johannes noch einmal an anderer Stelle vor, und zwar in den Versen über den Streit zwischen Johannes und Jesus.[68] Und auch *nur* dort. In Vers 25 finden wir das Wort *katharismos*/Reinigung und in Vers 29 *numphios*/Bräutigam.

Diese merkwürdige Koinzidenz brachte M.-É. Boismard[69] auf die Idee, dass die Hochzeit zu Kana »verwandt« sein könne mit dem Streit zwischen Johannes und Jesus – in dem Sinne, dass das Wesentliche des unmöglichen Weinwunders apologetischer[70] Natur war. Jesus wird dadurch für sein unschönes Verhalten Johannes gegenüber – als er auch zu taufen begann – entschuldigt; denn der Sklave, der dem Bräutigam das Wasser reicht, das in Wein verwandelt ist, sagt: »Jeder setzt zuerst den guten Wein vor und erst, wenn die Gäste zu viel getrunken haben, den weniger guten. Du jedoch hast den guten Wein bis jetzt zurückgehalten.«[71] Das heißt: Johannes der Täufer war der erste Wein, normalerweise der »gute«, aber in diesem speziellen Fall war der letzte Wein – also Jesus – der beste.

Ich habe nun folgende Chronologie festgelegt: Jesus wird von Johannes im Jordan getauft. Er bleibt dort einige Zeit und freundet sich unter anderem mit Petrus und Andreas an. Mit einer kleinen Gruppe geht er nach Jerusalem und verursacht dort im Tempel einen Aufruhr. Nach Jesu Auffassung hat der Tempel seine Bedeutung verloren; will man »Gottes Rache« entkommen, muss man sich von Johannes taufen lassen. Wieder zurück am Jordan, setzt Jesus sein eigenes Ritual der einmaligen Taufe ein – was zu einem heftigen Konflikt mit dem Täufer und dessen Jüngern führt.

4

JESU PREDIGT ÜBER DAS KÖNIGREICH GOTTES

EINLEITUNG

Ich glaube, alle Theologen sind sich darüber einig, dass Jesus über das Königreich Gottes gepredigt hat. Aber nachdem er gekreuzigt worden und gemäß der Überlieferung wieder »auferstanden« war – da wurde gerade die *Auferstehung* zum zentralen Element des Christentums. Sie »bewies«, dass Jesus der Sohn Gottes war und sein Tod eine definitive Erlösung der Menschen von ihren Sünden bewirkt hatte (selbstverständlich nur der Christen): Jesus hatte Gott wieder mit den Menschen versöhnt. Dadurch wurde der »Verkünder« (von Gottes Königreich), wie oft behauptet wurde, zur *Verkündigung* gemacht.

Dieser Prozess ist bereits bei Paulus deutlich zu erkennen, der kaum ein Interesse am Königreich Gottes hat. Er führt jedoch sehr genau auf, wer nie dorthin gelangen wird: »Weder Unzüchtige noch Götzendiener, weder Ehebrecher noch Lustknaben noch Knabenschänder noch Diebe noch Habgierige, keine Trinker, keine Lästerer, keine Räuber werden das Reich Gottes erben.«[1] Aber er fügt gleich mit großer Entschiedenheit hinzu: »Fleisch und Blut können das Reich Gottes nicht erben; das Vergängliche erbt nicht das Unvergängliche.«[2] Dies im *Widerspruch* zum historischen Jesus – wie wir im Weiteren sehen werden.

Wie ich bereits sagte, richtet Paulus seine ganze theologische Aufmerksamkeit auf Kreuzigung und Auferstehung. Nur *das* ist Paulus wichtig. Er zitiert in seinen Briefen kaum »Worte« des historischen Jesus. Entweder kannte er sie nicht, oder er maß ihnen keinerlei Bedeutung bei. Die Entwicklung des christlichen Denkens hat sich auch größtenteils in diese Richtung bewegt, wobei Jesus schließlich in die unbegreifliche, göttliche Dreieinigkeit aufgenommen wurde.

Erst gegen Ende des 19. Jahrhunderts richtete Johannes Weiß wiederum seine Aufmerksamkeit auf Jesu eigentliche Verkündigung in einem Buch, das ich jedem zu lesen empfehle: *Die Predigt Jesu vom Reiche Gottes*. Jesu Predigt über das Königreich Gottes ist ein zentraler Bestandteil der synoptischen Evangelien. Wenn man sie liest, fällt auf, dass Jesus *sehr viel* über das Königreich Gottes sagte, aber fast *nichts* über seine Auferstehung oder seinen Status als »Sohn Gottes«. Deshalb denke ich, dass der Kern von Jesu öffentlichem Wirken auf Erden im christlichen Denken beseitigt wurde.

Eine wichtige Ursache für unser »Vergessen« der Botschaft Jesu vom kommenden Gottesreich ist sicherlich die Tatsache, dass es nie eingetroffen ist. Alles, was Jesus erwartete, die Utopie, auf die sich alle seine Worte, Gleichnisse und Parabeln bezogen, ist nie Wirklichkeit geworden. Es ist daher logisch, dass die entstehende christliche Kirche diese *falsche* Sicht Jesu so gut wie möglich vertuschte und an ihre Stelle die Auferstehung setzte, die nach Ansicht der Kirche sehr wohl stattgefunden hatte.

Da es mir in meinem Buch um den *Menschen* Jesus geht, finde ich es wichtig, dieses Königreich Gottes »in Ehren wiederherzustellen«; im Hinterkopf die Frage: Hat das noch Bedeutung für uns, anno 2009? Eine Bedeutung, die das falsche Konzept von »Auferstehung« überflüssig macht?

BERUFUNG IN DER WÜSTE

Im vorigen Kapitel zeigte ich, dass Jesus, indem er taufte, in Konflikt mit Johannes dem Täufer geraten war. Aber bevor sich die beiden bekämpfen konnten, wurde Johannes durch Truppen des Herodes Antipas verhaftet und auf die Königsburg Machärus gebracht (heute Mukawir), in den Hügeln beim Toten Meer gelegen.

Diese geografische Angabe steht nicht in den Evangelien, sondern bei Flavius Josephus, der auch den *Grund* für die Verhaftung des Johannes nennt. Antipas fürchtete, »das Ansehen des Mannes, dessen Rat allgemein befolgt zu werden schien,[3] möchte das Volk [die Juden] zum Aufruhr treiben«. Sozusagen in einem *pre-emptive strike* – wie George W. Bush das nannte – beschloss Antipas, Johannes aus dem Weg zu räumen.

Als Jesus von der Verhaftung des Täufers erfuhr, muss er begriffen haben, dass er Antipas' nächstes Opfer sein könnte. Jesus hatte gerade seine eigene Taufbewegung begründet, die, wenn wir dem Johannesevangelium Glauben schenken dürfen,[4] sogar erfolgreicher war als die des Täufers. Und tatsächlich heißt es in dem Evangelium, dass Jesus sofort nach dem Konflikt mit dem Täufer »Judäa verließ«,[5] während Matthäus schreibt: »Als Jesus hörte, dass man Johannes ins Gefängnis geworfen hatte, zog er sich nach Galiläa zurück.«[6]

Bei alldem habe ich absichtlich ein Ereignis unterschlagen, das Markus in Kapitel 1 Vers 12f. beschreibt. Nachdem Jesus von Johannes getauft worden war, »trieb ihn der Geist in die Wüste; und er war in der Wüste vierzig Tage und wurde versucht von dem Satan«. Nach Markus wurde der Täufer erst *danach* verhaftet.[7]

Ich glaube, dass es in Wirklichkeit umgekehrt war. Als Jesus gehört hatte, dass der Täufer verhaftet worden war, *floh* er in die Wüste (und seine Freunde Petrus und Andreas gingen enttäuscht nach Galiläa zurück). Die »vierzig Tage« sind symbolisch zu verstehen: Mose führte sein Volk innerhalb einer Zeitspanne von vierzig Jahren aus Ägypten ins gelobte Land Israel, und derselbe Mose verweilte auch vierzig Tage lang auf dem Berg Sinai, bevor er die zwei Steintafeln mit den Zehn Geboten empfing, »auf die der Finger Gottes geschrieben hatte«.[8]

Dort in der Wüste, in der sengenden Hitze und mit wenig Nahrung (vielleicht eine Diät von Heuschrecken und wildem Honig, wie sie auch der Täufer gegessen hatte) wird Jesus zweifellos »versucht« worden sein. Er musste nicht allein mit der Möglichkeit rechnen, auch von Antipas verhaftet zu werden, sondern musste auch Klarheit gewinnen, wie er mit der Tatsache umgehen sollte, dass der Verkünder des *Dies Irae* gerade ins Gefängnis geworfen worden war. Hatte es der Täufer falsch gesehen? Würde *kein* »Tag der Rache« kommen?

Es ist unmöglich herauszufinden, was genau sich in Jesu Geist in der Wüste abgespielt hat, Markus schreibt nichts darüber. Matthäus und Lukas geben jedoch vor zu wissen, wie Jesus vom Satan versucht wurde.

Auf drei Arten:

– Zum ersten Mal erscheint der Satan Jesus in dem Augenblick, als er in der Wüste Hunger leidet. Satan sagt: »Wenn du Gottes Sohn bist, so befiehl, dass aus diesen Steinen Brot wird.« Jesus geht nicht darauf ein, sondern entgegnet: »Der Mensch lebt nicht nur von Brot, sondern von jedem Wort, das aus Gottes Mund kommt« – ein Zitat aus Deuteronomium.[9]

Merkwürdigerweise ist er später bereit, ohne Weiteres fünf Brote in *Hunderte* von Broten zu »vermehren« und damit fünftausend Menschen zu speisen.[10] Diesen Widerspruch hat auch Papst Benedikt XVI. gesehen,[11] und er löst ihn so: Jene Tausende von Menschen waren auf der Suche nach Gott (mittels Jesus), und deshalb durfte *dieses* Brotwunder *doch* geschehen. Benedikt vergisst dabei aber, dass die Menschen keineswegs »auf der Suche nach Gott waren«, sondern dass sie Jesus gerade zu einem (weltlichen) »König« machen wollten, vermutlich um durch einen Aufstand das Königshaus Davids wieder aufzurichten – wie wir im Johannesevangelium[12] lesen können. Darauf komme ich im 6. Kapitel noch einmal zurück.

– Als zweite Versuchung nimmt Satan Jesus mit auf das Tempeldach in Jerusalem und sagt: »Wenn du Gottes Sohn bist, so stürz dich hinab; denn es heißt in der Schrift: Seinen Engeln befiehlt er, dich auf ihren Händen zu tragen.«[13] Auch dagegen wendet sich Jesus, er zitiert wiederum Deuteronomium:[14] »Ihr sollt den Herrn, euren Gott, nicht auf die Probe stellen.«

Ich glaube, Matthäus und Lukas verweisen hier auf eine Prüfung, die Jesus noch *bevorstand*, ein Jahr später. In Kapitel 6 werde ich zeigen, dass Jesus monatelang von den Behörden gesucht wurde, aber einer Verhaftung entging, indem er jeweils rechtzeitig flüchten konnte. Obige

Versuchung scheint eine solche Situation zu paraphrasieren – wobei Jesu Standpunkt ist: »Setz dich nicht unnötig einer Gefahr aus.« Das ist genau das, was Jesus nach Meinung des Kirchenvaters Cyprian[15] seinen Anhängern riet: bei Verfolgung zu flüchten. Cyprian fügt noch hinzu: »Er [Jesus] tat das selbst auch.«[16] Das haben wir bereits gesehen. Als der Täufer verhaftet wird, macht sich Jesus aus dem Staub, er »weicht aus«. Das wird ein durchgängiges Verhaltensmuster in seinem letzten Lebensjahr sein. Bis es schiefgeht und er gefasst und getötet wird.

– Die dritte Versuchung: Satan legt Jesus unter der Bedingung, dass der ihn anbetet, alle Königreiche der Welt zu Füßen, damit er über sie herrsche. Jesus weist dies zurück: »Den Herrn, deinen Gott, sollst du fürchten; ihm sollst du dienen, bei seinem Namen sollst du schwören.«[17]

Auch hier, meine ich, haben wir es mit einer Prüfung zu tun, die noch kommen muss. Als Jesus als erfolgreicher Exorzist auftritt und der Täufer schon enthauptet ist, wollen die Leute ihn zu ihrem Anführer machen, ja, ihn sogar zum davidischen »König« erheben.[18] Kurzum, die Versuchungen treffen eine Aussage über etwas, das Jesus noch bevorsteht. Sie geben keine Auskunft darüber, was in der Wüste mit ihm geschah.[19]

Dennoch scheint sich dort in der Einsamkeit eine gewaltige Umkehr in Jesu Denken vollzogen zu haben. Lag der Akzent anfänglich – als Folge der Verkündigung des Täufers – auf dem schrecklichen »Tag der Rache«, so wird er jetzt auf das wohltuende Kommen des Gottesreiches verschoben. An die Stelle von Gewalttätigkeit und beinahe völliger Zerstörung trat ein Evangelium der Hoffnung, ein *eu-aggelion*: eine frohe Botschaft. Lukas erzählt uns zwar einfach, »Jesus kehrte, erfüllt von der Kraft des Geistes, nach Galiläa zurück«,[20] aber ich denke, wir dürfen nicht unterschätzen, wie heftig Jesu emotionales Erleben während seines Aufenthalts in der Wüste gewesen sein dürfte. In religiöser Terminologie ausgedrückt: Jesus wurde in der Wüste von Gott »berufen«, um dessen Wort und Wahrheit zu verkünden. Damit begann für ihn ein ganz neues Leben: Der Zimmermann/Bauführer wurde »von Gott gezwungen«, Prophet zu werden. Das muss eine äußerst schockierende Erfahrung gewesen sein.

Einige Propheten aus dem Alten Testament haben den überwältigenden Eindruck, den so eine Berufung auf sie machte, in Worte gefasst.[21] So schreibt Ezechiel: »Da legte sich die Hand Gottes, des Herrn, auf mich. Und ich sah eine Gestalt, die wie ein Mann aussah. Unterhalb von dem, was wie seine Hüften aussah, war Feuer [...]. Er [diese Gestalt] streckte etwas aus, das wie eine Hand aussah, und packte mich an meinen Haaren. Und der Geist hob mich empor zwischen Erde und Himmel.«[22] Auch Jesaja wird von Gott »in Verzückung gebracht«.[23]

Die Erfahrungen waren sehr körperlich. Ezechiel berichtet: »Ich ging dahin, mit bitterem und grollendem Herzen, und die Hand des Herrn lag schwer auf mir [...] und ich saß dort sieben Tage lang verstört mitten unter ihnen.«[24] Als Daniel Visionen hat, fällt er bewusstlos zu Boden, das ganze Blut weicht aus seinem Gesicht, er ist tagelang krank.[25] Jesaja notiert: »Darum zittert mein ganzer Leib, Krämpfe befallen mich wie die Wehen eine gebärende Frau. [...] Mein Herz pocht wild, mich schüttelt ein Schauder. Das ersehnte Dunkel des Abends macht der Herr für mich zum Schrecken.«[26]

Propheten hörten Geräusche, hatten Visionen: Bilder wurden auf ihr inneres Auge geworfen, fielen auseinander, neue kamen zum Vorschein. Wellen von Visionen brachen mit lautem Getöse über sie herein, Angst und Schmerz folgten. Gott ließ sie keinen Augenblick in Ruhe, bis zur völligen Erschöpfung. Ich glaube, wir müssen Jesu »Versuchungen« in der Wüste[27] in diesem Rahmen sehen und dass sich daraus das Bild vom Königreich Gottes formte, eine Vision, die *auf* ihn geworfen wurde und die er zu transformieren wusste und dann in seinen Parabeln und Gleichnissen sowie in der Bergpredigt ausdrückte.[28]

Von Rad zufolge beschäftigten sich »Propheten mit Ereignissen, die jeden Moment eintreffen konnten, an Ort und Stelle«[29] (d. h.: in Israel). Es ist also ganz natürlich, dass Jesus, als er nach Galiläa zurückkehrt, verkündet: »Die Zeit ist erfüllt, das Reich Gottes ist nahe.«[30] Ob Jesus das genau so gesagt hat, ist unklar, eher scheint es eine Zusammenfassung zu sein, die Markus aus der mündlichen Überlieferung herausgefiltert hat.

Der Satz wirft jedenfalls einige Fragen auf: Wie sieht Jesus »Gott«? Was versteht er unter dem »Königreich Gottes«? Wie sieht es aus? Und wenn es »nahe« ist, *wann* kommt es denn? In diesem Kapitel gehe ich auf die ersten zwei Fragen näher ein, die letzte Frage wird im nächsten Kapitel behandelt.

GOTT

Nach Jesu Aussage ist Gott *gut* – Jesus sagt: »Warum nennst du mich gut? Niemand ist gut außer Gott, dem Einen.«[31] Dieser Gott teilt unparteiisch Wohltaten aus, »denn er lässt seine Sonne aufgehen über Bösen und Guten, und er lässt regnen über Gerechte und Ungerechte.«[32] Gott ist allwissend: »Verkauft man nicht fünf Spatzen für ein paar Pfennig? Und doch vergisst Gott nicht einen von ihnen. Bei euch aber sind sogar die Haare auf dem Kopf alle gezählt. Fürchtet euch nicht! Ihr seid mehr wert als viele Spatzen.«[33]

Letzteres impliziert, dass sich Gott intensiv um einen kümmert, ein Gedanke, der in folgender Textstelle noch weiter ausgearbeitet ist: »Seht euch die Vögel des Himmels an: Sie säen nicht, sie ernten nicht und sammeln keine Vorräte in Scheunen; euer himmlischer Vater ernährt sie. Seid ihr nicht viel mehr wert als sie?«[34]

Man braucht sich auch nicht um seine Kleidung zu sorgen: »Lernt von den Lilien, die auf dem Feld wachsen: Sie arbeiten nicht und spinnen nicht. Doch ich sage euch: Selbst Salomo war in all seiner Pracht nicht gekleidet wie eine von ihnen. Wenn aber Gott schon das Gras so prächtig kleidet, das heute auf dem Feld steht und morgen ins Feuer geworfen wird, wie viel mehr dann euch, ihr Kleingläubigen!«[35]

Verallgemeinert: »Macht euch also keine Sorgen und fragt nicht[36]: Was sollen wir essen?[37] Was sollen wir anziehen?«,[38] denn Gott kennt die innersten Gedanken. »Du aber geh in deine Kammer, wenn du betest, und schließ die Tür zu; dann bete zu deinem Vater, der im Verborgenen ist. Dein Vater, der auch das Verborgene sieht, wird es dir vergelten, […] denn euer Vater weiß, was ihr braucht, noch ehe ihr ihn bittet.«[39]

Zusammenfassung: Die ganze Natur, einschließlich des Menschen, wird von Gott erhalten und begleitet.[40] Es geschieht nichts, ohne dass Gott es weiß, sogar unsere Gedanken sind ihm bekannt. Er sorgt dafür, dass wir ernährt und gekleidet werden. Wir können ihm völlig vertrauen, er wird dafür sorgen, dass es uns an nichts fehlt. Wenn wir etwas nötig haben, können wir Ihn darum bitten.

Das wird noch deutlicher, wenn wir die Anweisungen betrachten, die Jesus seinen Jünger gibt, als er sie aussendet, um in Galiläa die gute Nachricht[41] zu verkünden. Er verlangt von ihnen, »außer einem Wanderstab nichts auf den Weg mitzunehmen, kein Brot, keine Vorratstasche, kein Geld im Gürtel«. Sie dürfen zwar Sandalen tragen, aber kein zweites Hemd mitnehmen.[42] Jesus zwingt seine Jünger, sich ganz auf Gott zu verlassen. Es wirkt wie ein Training, das er ihnen auferlegt – damit sie verstehen, dass dies Vertrauen auf Gott eine Realität ist, auf die sie absolut bauen können. Gott wird für sie sorgen, wann und wo auch immer.

DIE PARABELN

Was Jesus mit dem »*Königreich* Gottes« meinte, kommt in den Parabeln, die er ersann, am besten zum Ausdruck. Ich werde auf vier von ihnen näher eingehen.

Früher wurden die Parabeln vor allem als Allegorien oder Metaphern verstanden, z. B. die Parabel vom »verlorenen Sohn« – sie wurde als Bild eines christlichen Gottes gesehen, eines barmherzigen Gottes, der den Sündern ihre Schuld vergibt. Auf diese Weise hat man viele Jahrhunderte hindurch die meisten Parabeln gedeutet, manchmal bis zur Unsinnigkeit. Es hieß immer: Mit *diesem* ist *jenes* gemeint, dies steht für das. Damit die Beweisführung stimmte, wurden ganze Systeme konstruiert.

Um 1900 gab es eine Strömung, die die Parabeln wörtlich interpretierte, *ohne* metaphorische Bedeutung. Ihr Initiator war der zuvor bereits erwähnte Theologe D. Adolf Jülicher, dessen Buch *Die Gleichnisreden Jesu* von 1899 den Anstoß dazu gab, die Parabeln in dem Sinne zu verstehen, der heute mit *word event* bezeichnet wird. Die Geschichte lässt einen etwas *erleben*, man wird irgendwohin mitgenommen, vorausgesetzt, dass man als Zuhörer mit den Emotionen mitgehen, sich ihnen total überlassen möchte. Insbesondere soll man sie nicht zu *deuten* versuchen, Jesus erzählte diese Geschichten gewiss nicht als eine Bildsprache für »Gottes Mitleid«.

Was er für seine Zuhörer zu erreichen suchte, war, ihnen »ein Fenster zu öffnen« zum Königreich Gottes, ihnen einen Blick auf dieses Königreich zu gönnen, wenn auch nur für die Dauer eines Wimpernschlags: Wie würde es sein, durch dieses Fenster zu treten? Gelingt es einem, die Geschichte im wörtlichsten Sinne zu erleben, in dem sie erzählt wird, dann passiert etwas mit einem: Für einen winzigen Augenblick wird das Königreich Gottes *sichtbar*, ja beinah greifbar. Ich finde, dass Jesus dies mit seinen Parabeln sagen wollte, und ich werde das an einigen Beispielen aufzeigen.

Der verlorene Sohn (Lukas 15,11-32)

Ein Junge will in die weite Welt hinausziehen, *fort* von seiner Familie. Er träumt vom fernen Ausland, irgendwo in der Diaspora am Mittelmeer – in der heutigen Zeit würden wir sagen: Amerika. Er fragt seinen Vater, ob er bereits jetzt sein späteres Erbteil erhalten könne: Er hat offensichtlich die Absicht, nie mehr zurückzukommen. Der Vater ist einverstanden.[43]

Der junge Mann macht sich auf die Reise und kommt im fremden Land an. Dort lebt er in Saus und Braus und verprasst das Geld bei den Huren. In kürzester Zeit hat er keinen roten Heller mehr. Gerade da bricht eine Hungersnot herein. Mittellos und damit ohne Nahrung versucht er einen Job zu finden, aber der einzige, der ihm angeboten wird, ist der eines Schweinehüters: für einen Juden das Niedrigste des Niedrigen – Schweine waren sehr »unrein«. Zudem verdient er dort so wenig, dass er vor Hunger fast umkommt. Er sehnt sich danach, das Schweinefutter essen zu dürfen. Doch sogar das wird ihm verweigert. Da kommt er geschockt zur Einsicht.

Der Junge beschließt, nach Hause zurückzukehren. Er will seinem Vater bekennen, dass er aus seinem Leben einen Saustall gemacht hat und nicht mehr wert ist, sein Sohn zu sein. Er hofft jedoch, dass er im Betrieb seines Vaters als Tagelöhner arbeiten darf. Er reist zurück nach Palästina.

Sein Vater sieht ihn schon von Weitem kommen, es hat beinahe etwas Hellseherisches an sich. Der Vater weiß inzwischen, dass sein

Sohn sein ganzes Geld verprasst hat, und man erwartet, dass er ihn kühl empfängt und etwas sagt wie: »Du bist ein Nichtsnutz, du hast dich schändlich aufgeführt, du kannst erst einmal in der kleinen Hütte am Rande des Gutes wohnen, und dann habe ich noch ein paar stupide Arbeiten für dich. Danach schauen wir mal. Tschüss!«

Aber in der Parabel geht es anders zu, und genau dort öffnet sich das »Fenster« zum Königreich Gottes. Jener Vater läuft auf den Jungen zu, fällt ihm um den Hals und küsst ihn. Er sagt dann zu den Knechten: »Holt schnell das beste Gewand und zieht es ihm an, steckt ihm einen Ring an die Hand und zieht ihm Schuhe an. Bringt das Mastkalb her und schlachtet es; wir wollen essen und fröhlich sein. Denn mein Sohn war tot und lebt wieder.«[44]

Was der Sohn auch Schlimmes angestellt hat, der Vater übergeht es und überschüttet ihn mit Gunstbeweisen: Er »läuft auf ihn zu« – was sich für einen älteren jüdischen Mann nicht ziemte –, und er »fällt ihm um den Hals«, wodurch er seinen Sohn daran hindert, vor ihm zu knien (um seine Füße oder seine Hand zu küssen). »Küsst ihn«: im Griechischen heißt es, er küsst ihn *mehrmals* wie eine Mutter ihr Baby.[45] Zieht ihm das »beste Gewand« an: Im Griechischen steht wörtlich »das erste Gewand«, das wichtigste Gewand – das dem Vater zusteht. »Steckt ihm einen Ring an die Hand«: den Siegelring der Familie. Gebt ihm »Schuhe«: Offenbar ist der junge Mann barfuß wie ein Sklave – sie trugen keine Schuhe. Zudem lässt der Vater das »Mastkalb« holen, um es zu schlachten: Das Kalb wurde für besondere, festliche Anlässe gemästet, zu denen alle eingeladen wurden, um es gemeinsam aufzuessen.

Die Reaktion des Vaters auf die Rückkehr seines »verlorenen« Sohnes ist ganz anders als erwartet und übertrieben. Er zeigt nicht ein *bisschen* Mitleid, nein, es ist eine Anhäufung von Gnadenbeweisen, eine maximale Verkehrung unserer Erwartungen. Mit jeder weiteren Gabe führt Jesus seine Zuhörerschaft Schritt für Schritt auf das »Fenster«[46] zu, das auf das Königreich Gottes ausgerichtet ist. *Das* ist der Kern von Jesu Parabeln: Dem Zuhörer/Leser wird ein Blick in das Königreich Gottes gewährt.

In Wirklichkeit geht die Parabel noch weiter, das letzte Stück handelt von der Reaktion des *älteren* Bruders auf das Vorhergehende. Als jener von seiner »Feldarbeit« nach Hause kommt, erfährt er von einem Diener, was alles geschehen ist. Er wird wütend auf seinen Vater, wirft ihm vor, dass er in all den Jahren (in denen der jüngere Sohn im Ausland gewesen ist), für *ihn* nie etwas Besonderes getan habe: Immer habe er hart für seinen Vater gearbeitet, immer sei er gehorsam gewesen und habe getan, was der Vater ihm auftrug, »mir aber hast du nie auch nur einen Ziegenbock geschenkt, damit ich mit meinen Freunden ein Fest feiern konnte. Kaum aber ist der hier gekommen, dein Sohn, der dein Vermögen mit Dirnen durchgebracht hat, da hast du für ihn das Mastkalb geschlachtet.«

Nach dem dichten und großartigen ersten Stück ist dies eine Antiklimax.[47] Wenn wir uns so verhalten wie beim ersten Teil der Parabel, d. h., in der Geschichte »aufgehen«, dann ist sie banal. Die Reaktion des älteren Sohnes ist verständlich: Er ist eifersüchtig und böse. Die einzige Möglichkeit, etwas mehr Tiefe hineinzubringen, besteht darin, den älteren Sohn mit den Leuten zu identifizieren, die an Jesu Verhalten Anstoß nahmen, an seiner Bereitschaft, den Sündern (Huren und Zöllnern) zu vergeben und sich sogar mit ihnen an einen Tisch zu setzen. Dadurch wird der jüngere Sohn mit den Sündern gleichgesetzt und dieser zweite Teil auf einmal zu einer Allegorie. Wie bereits zuvor dargelegt wurde, komponiert Jesus seine Parabeln jedoch nicht auf diese Weise.

Deshalb glaube ich, dass der zweite Teil der Parabel von Lukas ersonnen wurde.[48] Dieser Teil ist auch schlecht und inkonsequent konstruiert. Das kann man an Vers 25 sehen, als der ältere Bruder vom Feld heimkehrt, Musik hört und merkt, dass getanzt wird. Aber Musik und Tanz gehörten immer ans *Ende* der Mahlzeit, wenn das Kalb bereits aufgegessen war. Das heißt, der Vater hätte sich nicht einmal die Mühe gemacht, seinen älteren Sohn über die Rückkehr seines jüngeren Bruders zu informieren, schlimmer noch: ihn nicht einmal zum Fest eingeladen. Das steht in völligem Gegensatz zum Edelmut des Vaters im ersten Teil der Parabel. Der talentierte Erzähler, der Jesus ohne Zweifel war, hätte nie solch einen groben Schnitzer gemacht.

Die Arbeiter im Weinberg (Matthäus 20,1–16)
Ein Mann hat einen Weinberg. Eines Tages entscheidet er, dass es Zeit ist für die Ernte: Die Trauben müssen gelesen werden. Der Weinbauer geht zu Beginn des zwölfstündigen Arbeitstages, um 6 Uhr am Morgen, zum Markt, wo die Tagelöhner gewöhnlich voller Hoffnung auf Arbeit warten. Er verpflichtet ein paar und einigt sich mit ihnen auf den Lohn, einen Denar[49] für den ganzen Tag. Aber drei Stunden später (also um 9 Uhr morgens) merkt er, dass die Arbeit nicht rechtzeitig fertig wird, er hat zu wenig Arbeiter.

Er geht zum Markt zurück und verpflichtet zusätzliche Arbeitskräfte; er verspricht ihnen »gerechten« Lohn. Wiederum drei Stunden später, es ist nun 12 Uhr Mittag, sieht er, dass es noch immer zu langsam geht. Er verpflichtet noch einmal Arbeiter auf dem Markt. Das Gleiche tut er um 3 Uhr am Nachmittag und sogar noch einmal um 5 Uhr: Die Arbeit muss unter allen Umständen fertig werden. Um 6 Uhr ist der Arbeitstag zu Ende. Die Geschichte geht davon aus, dass die Arbeit getan ist und nun die Bezahlung erfolgt. Alle stehen in der Reihe; die Arbeiter, die zwölf Stunden gearbeitet haben, stehen vorn, hinten die Arbeiter der letzten Stunde (der sogenannten elften Stunde), die also nur *eine* Stunde gearbeitet haben.

Die Arbeiter der ersten Stunde – sie haben in der sengenden Hitze den ganzen Tag über geschuftet – bekommen den vereinbarten Lohn: einen Denar. Alles erscheint normal. Aber das ändert sich, als die Arbeiter, die erst um 9 Uhr angefangen haben, bezahlt werden. Der Gutsbesitzer hatte ihnen einen »gerechten Lohn« versprochen – man würde erwarten, dass sie ein Viertel weniger erhalten als die Arbeiter der ersten Stunde, also ¾ Denar. So geht es eben nicht, und hier »bricht« wiederum das Königreich Gottes herein: Auch *sie* erhalten einen Denar! Und schrittweise führt uns Jesus näher ans »Fenster« heran: Auch die Arbeiter, die erst um 12 Uhr begannen, bekommen einen Denar. Das Gleiche gilt für diejenigen, die um 3 Uhr am Nachmittag anfingen, ja sogar die Arbeiter, die nur *eine* Stunde arbeiteten, auch sie bekommen *einen* Denar.

Wiederum werden die Erwartungen nicht erfüllt: Fast alle Arbeiter werden mehr oder weniger für die Arbeit belohnt, die sie *nicht* getan haben. Für Jesu Zuhörerschaft muss es schwierig gewesen sein, das zu akzeptieren. Sie arbeiteten auch zum Stundenlohn oder Stückpreis, und sie empfanden die großzügige Entlohnung als sehr unredlich.

Aber, so sagt Jesus, im Königreich Gottes gibt es »*keinen* Lohn entsprechend der Arbeit«, da geht es *anders* zu. Und darüber kann man sich als normaler Mensch fürchterlich aufregen. Das geschieht auch in der Parabel. Die Arbeiter der ersten Stunde, die also zwölfmal so lange gearbeitet haben wie jene der letzten Stunde, werden wütend: »Wir haben vom frühen Morgen bis zum späten Abend geschuftet, den ganzen Tag über in der grellen Sonne, und die da haben nur eine Stunde gearbeitet, dazu noch in der kühlen Abendluft! Wenn sie einen Denar bekommen, dann haben wir wenigstens ein Anrecht auf zwölf Denare; sonst ist das nicht fair.«

Aber der Weingutbesitzer antwortet scharf: »Guter Mann, dir geschieht doch kein Unrecht. Hast du nicht einen Denar mit mir vereinbart? Den bekommst du doch auch! Darf ich mit meinem Geld nicht tun, was ich will? Oder bist du neidisch, weil ich den anderen gegenüber gütig bin?«

In dieser Parabel öffnet Jesus nochmals das »Fenster«, das uns einen Blick ins Königreich Gottes vergönnt; das Verhalten des Weinbergbesitzers korrespondiert mit dem des Vaters aus dem »Verlorenen Sohn«. Aber Jesus erzählt uns auch, dass das Königreich Gottes als *anstoßerregend* empfunden werden wird und wir uns darüber ärgern werden.[50] Für Jesus ist das Königreich Gottes eine Welt, in der andere Maßstäbe gelten. Es stellt unser menschliches Denken auf den Kopf, sogar unser Gefühl für Ethik gerät ins Wanken. Robert W. Funk, der Begründer des *Jesus-Seminars*, schließt aus den Parabeln, dass das Durchkreuzen des alltäglichen Denkens gerade der Kern dieses Königreichs ist. Dem möchte ich hinzufügen: Jesus war sich sehr wohl bewusst, dass er durch seine Predigt über dieses Königreich Gottes das religiöse Denken seiner Zeit *herausforderte*, und er ist dieser Konfrontation in keiner Weise aus dem Weg gegangen. Dass er damit immer stärkere Aggressionen weckte, kann nicht verwundern.

Der bibelfeste Leser hat vielleicht gemerkt, dass ich die Parabel beim Nacherzählen verändert habe. Als Matthäus die Auszahlung der Arbeiter beschreibt, ist die Reihenfolge, nach der die Arbeiter ihr Geld erhalten, genau umgekehrt. Zuerst werden die Arbeiter der »elften« Stunde nach vorn gerufen, also diejenigen, die nur *eine* Stunde arbeiteten. Sie erhalten dann sofort als Erste 1 Denar. Dann macht Matthäus einen *jumpcut*, d. h., er springt zu den Arbeitern der ersten Stunde hinüber, die nach zwölfstündiger Arbeit vortraten und »glaubten, mehr zu bekommen«.

Dieser Vers stimmt nicht: Matthäus unterschlug, dass die Arbeiter der neunten, der sechsten und dritten Stunde inzwischen (der *jumpcut*!) auch bezahlt wurden, jeder erhielt 1 Denar. Folglich konnten sich die Arbeiter der ersten Stunde, als sie endlich bezahlt wurden, an ihren fünf Fingern abzählen, dass sie ebenso viel bekommen würden. Matthäus schummelt nicht nur, auch seine Dramaturgie ist schlecht. Er gibt den »Clou« der Geschichte unmittelbar preis, schon bei Beginn der Auszahlung. Bei *meiner* Art der Erzählung wird dieser Clou erst allmählich deutlich, Schritt für Schritt wird man von Jesus zum »Fenster« geführt, und das Königreich Gottes wird enthüllt.

Außerdem wird in Matthäus' Version unterstellt, dass der Besitzer ein außerordentlich unangenehmer Mann sei, der absichtlich die Leute, die am längsten gearbeitet haben, am längsten auf ihr Geld warten lässt: ein ekliger Sadist.[51] Ich kann mir nicht vorstellen, dass Jesus dies meinte, denn es steht wiederum im Gegensatz zur Edelmütigkeit der Hauptperson (gegenüber den anderen Arbeitern). Deshalb glaube ich, dass meine Reihenfolge der Auszahlung die ursprüngliche ist und dass Matthäus sie veränderte, um die Parabel an Jesu Ausspruch anzupassen: »So werden die Letzten die Ersten sein und die Ersten die Letzten.« Wenn man dies nachliest, erkennt man, dass Matthäus diesen Satz an den Anfang *und* das Ende der Parabel stellte.[52] Bloß aus diesem – kindischen – Grund reihte Matthäus die Arbeiter der *ersten* Stunde bei der Bezahlung hinten an, damit sie als *Letzte* bezahlt werden konnten.[53]

Warum sollte Matthäus so etwas getan haben? Das hat einen politischen Grund. Indem Matthäus den letzten Teil der Parabel – die Bezahlung – »andersherum« erzählte, konnte er zeigen, dass hochgestellte Persönlichkeiten des jüdischen Volkes, die »Ersten« also, als »Letzte« ins Königreich Gottes gelangen würden. Bei der Parusie –

dem Augenblick, in dem Jesus auf die Erde zurückkäme – müssten sie hinten in der Reihe stehen. Die Strafe dafür, dass sie Jesus verworfen hatten.

Um Jesu Parabel in den Dienst dieser stümperhaften Metapher zu stellen, zögerte Matthäus nicht, den eleganten dramaturgischen Aufbau zu ruinieren.

Der barmherzige Samariter (Lukas 10,30–37)
Ein (jüdischer) Mann befindet sich auf dem Weg, der von Jerusalem nach Jericho hinabführt, ein Weg, der als ausgesprochen gefährlich galt. Er wird dann auch von Räubern überfallen, die ihn zusammenschlagen und ihm alles abnehmen, sogar seine Kleider. Sie lassen ihn nackt und halb tot auf dem Weg liegen.

Zufällig kommt ein jüdischer Priester den Weg entlang, als er aber den Schwerverletzten sieht, schlägt er einen großen Bogen um ihn – er will nichts mit ihm zu tun haben. Danach kommt ein Levit[54] vorbei, ein Tempeldiener, und auch er geht im Bogen um das Opfer herum. Beide dachten wahrscheinlich: ein nackter Kerl, wir können nicht einmal sehen, ob er Jude ist oder nicht, also besser liegen lassen.

Da kommt ein dritter Mann vorbei. Er ist ein Samariter, der von den damaligen Juden als Feind betrachtet wurde. Als er den Unglücklichen sieht, geht er sofort auf ihn zu. Er versorgt seine Wunden mit Öl, verbindet sie und gibt ihm Wein zu trinken, damit er zu Kräften kommt. Dann setzt er ihn auf sein eigenes Reittier, damit der Mann nicht zu laufen braucht. Er bringt ihn zu einer Herberge und sorgt weiter für ihn. Bei seiner Abreise am nächsten Morgen gibt er dem Wirt zwei Denare und sagt: »Sorge für ihn, und wenn du mehr für ihn brauchst, werde ich es dir bezahlen, wenn ich wiederkomme.«

Uns sagt die politische Konnotation des Wortes »Samariter« nicht mehr viel, aber man lese die Parabel noch einmal, wenn ich sie in unsere Zeit transponiere. Statt »Samariter« müsste es »Palästinenser« heißen, und unter »Priester« könnte man sich einen orthodoxen Juden vorstellen, bei »Levit« jemanden aus der israelischen Regierung. Die beiden Letzteren machen also einen Bogen um den halb toten, jüdischen Mann. Aber dann kommt ein Palästinenser des Weges und häuft – wie beim »verlorenen Sohn« – alle nur erdenklichen Wohltaten auf den Juden. Eine derartige Geschichte wäre auch heute schockierend.

Immerhin hat der Samariter keinen einzigen Grund, dem Verwundeten zu helfen; die Juden waren damals genauso große Feinde der Samariter wie heute der Palästinenser. Aber der Samariter gibt dem verwundeten Mann alles und verlangt dafür keine Gegenleistung. Diese Parabel muss Jesu Zuhörer enorm schockiert haben – sie durchlebten sicherlich eine Flut widersprüchlicher Emotionen. Jesus lässt alle Stereotypen fallen und macht auf einmal den Samariter zum *good guy* und die zwei Juden zu Bösewichten. Das ist eine provozierende Umkehrung.

Betrachtet man die Parabel nur oberflächlich, so könnte man feststellen, dass es sich hier – in Bezug auf das »Fenster« zum Königreich Gottes – bloß um eine Verdoppelung des »Verlorenen Sohnes« handelt. Aber dabei verliert man aus den Augen, dass Jesus hier das Alte Testament paraphrasiert, und zwar die Passage aus den Chroniken.[55] K. Kastner und J. Orth[56] erkannten im Jahr 1914, dass der »Barmherzige Samariter« Parallelen damit aufweist.

Dies ist in Kurzform, was die Chroniken berichten. Um 550–500 v. Chr. wurde das südliche Heer von Judäa vom nördlichen Heer Samariens vernichtend geschlagen. Dem Text zufolge, der gewiss stark übertreibt, nahmen die Samariter einige Hunderttausend Juden gefangen. Als sie sie in die Gefangenschaft nach Samarien bringen wollen, erhebt ein Prophet in ihrer Mitte seine Stimme: »Lasst die Gefangenen frei! Gott hat uns ja schon den Sieg geschenkt, und ihr habt bereits unzählige Juden niedergemetzelt. Schickt die Gefangenen zurück nach Judäa.« Die Heerführer, die »Prinzen von Samarien«, befolgen den Rat: »Sie bekleideten alle, die nackt waren, aus der Beute und versahen sie mit Gewändern und Schuhen. Sie gaben ihnen zu essen und zu trinken, salbten die Schwachen unter ihnen und setzten sie auf Esel. So brachten sie die Gefangenen in die Palmenstadt Jericho in die Nähe ihrer Stammesbrüder. Sie selbst kehrten nach Samarien zurück.«

Die Parallelen mit Jesu Parabel sind offensichtlich: Die Opfer sind Juden, der samaritanische Feind wird zum Wohltäter, der die (gefangenen) Juden mit Wohltaten überhäuft und sie danach in ihr eigenes Stammesgebiet, nach Jericho, zurückbringt.

Gewiss sah Jesus in dieser Passage über die edelmütigen Prinzen aus Samarien ein Beispiel menschlichen Verhaltens, das mit seinen Vorstellungen vom Königreich Gottes übereinstimmte. Auch wenn er in seiner eigenen Parabel das edelmütige Verhalten besonders akzentuiert, so fällt doch vor allem der *Unterschied* zu der Stelle aus der Chronik auf: der Kontrast zwischen dem Verhalten des Samariters und dem des Priesters bzw. des Leviten.

Dies ist ein *neues* Element, das Jesus selbst hinzufügte, die beiden jüdisch-religiösen Charaktere hat *er* sich ausgedacht. Auf diese Weise wird deutlich, dass es nicht nur Jesu Absicht war, uns (wiederum) ein »Fenster« zum Königreich Gottes zu öffnen, sondern auch – und vielleicht noch mehr – zu zeigen, wie weit die jüdische Priesterkaste von diesem Königreich *entfernt* war. Die Parabel ist ein *Angriff* auf diese Kaste. Jesus behauptet: Der Samariter befindet sich dem Königreich Gottes näher als ihr. Oder zugespitzt formuliert: Der Feind, der Samariter, ist *im* Königreich, aber ihr, die geistlichen Leiter des jüdischen Volkes, steht *draußen.*

Einige bedeutende amerikanische Theologen wie R. W. Funk, B. Brandon Scott und C. W. Hedrick verstehen die Parabel anders. Sie gehen von Jesu Absicht aus, dass wir uns mit dem Opfer *identifizieren* und die Handlungen der drei anderen Figuren, Priester, Levit und Samariter, aus der Sicht des Opfers miterleben.

Brandon Scott schreibt: »Wenn wir *in* der Parabel bleiben wollen, um auf diese Weise eine neue Welt kennenzulernen, haben wir keine andere Wahl, als uns mit dem Opfer zu identifizieren.«[57] Auch Funk denkt, Jesus beabsichtigte dies: »Die Parabel suggeriert [...], dass wir eins werden mit dem Opfer.«[58] Genauso Hedrick: »Der Zuhörer/Leser ist tatsächlich gezwungen, sich mit dem namenlosen Mann, der am Wegesrand liegt, zu identifizieren. [...] Der Zuhörer/Leser erlebt das [Geschehen] aus der Perspektive des Verwundeten, er hat keine andere Wahl, als sich mit dem verwundeten Mann zu identifizieren.«[59] Ihrer Meinung nach wollte Jesus, dass wir selbst zum Opfer würden und uns *eins* mit ihm fühlten, und dann das »Wunder« erleben, dass gerade der Feind derjenige ist, der Mitleid zeigt.

Ich meine, sie sehen das falsch: Jesus wollte gar nicht, dass wir uns mit dem Opfer identifizieren. Jesus komponiert nach Brechts Art, er beobachtet aus der Ferne die Geschehnisse in seinen Parabeln und berichtet dann, was zu sehen oder zu hören ist. Mit Nachdruck darf behauptet werden: Er *vermeidet* gerade Identifikation. In der Parabel vom »Verlorenen Sohn« schildert er z. B. die Wiedervereinigung von Vater und Sohn *nicht* aus der Perspektive des Sohnes, nein, die Geschichte springt genau an diesem Punkt plötzlich vom Sohn zum Vater und beschreibt lediglich dessen Handlungen und Worte. Sogar die Reaktion des Sohnes auf den Edelmut des Vaters lässt Jesus weg. Und beim »Barmherzigen Samariter« kann man sich – in Filmtermini – eine Kamera vorstellen, die mitten auf dem Weg steht, etwa zehn Meter vom Opfer entfernt. Sie legt die gesamte Szene aus diesem Blickwinkel fest. Genau wie ein *long shot* in einem alten Chaplin-Zweiakter, man denke an *Easy Street* oder *The Cure*. So erzählt Jesus seine Parabel!

Die Notwendigkeit einer Identifikation ist eine amerikanische *Idée fixe*, besonders in Filmen spielt sie eine wichtige Rolle. Durch die Identifizierung mit dem Schauspieler der Hauptrolle soll der Zuschauer in die Geschichte »hineingesogen« werden. Jesus vermeidet die Identifikation, er hält Abstand, er beobachtet. Im Übrigen ist in dieser Parabel die Identifikation mit dem Opfer auch *unsinnig*. Denn der Mann, der auf dem Weg liegt, ist halb tot. Und wie Jülicher schon vor einem Jahrhundert bemerkte: »Wie kann dieser Halbtote alle Details der Geschichte wahrnehmen?«[60] Nachdem der Mann zusammengeschlagen wurde, hat er natürlich *nichts* mehr gemerkt – und nach Brecht kann die Identifikation des Zuschauers mit der Hauptperson nie weiter gehen als bis zu dem, was die betreffende Person selbst erfahren kann.[61] In der Parabel wird kein einziger Versuch unternommen zu zeigen, dass das Opfer weiß, was um es herum passiert. Tatsächlich schenkt Jesus dem Opfer gar keine Aufmerksamkeit, *ihm* geht es um die drei Männer, die vorübergehen, und darum, wie unterschiedlich sie handeln, als sie mit dem Halbtoten konfrontiert werden.

Die meisten Parabeln Jesu müssen losgelöst von ihrem Kontext gelesen werden, weil die Evangelisten sie dort platzierten, wo es ihnen am besten passte. Aber im Falle des »Barmherzigen Samariters« möchte ich dennoch den Zusammenhang betrachten.

Kurz vor der Parabel steht bei Lukas, dass ein Gesetzeslehrer Jesus fragte, wie er (der Lehrer) das ewige Leben erwerben könne. Jesus verweist darauf, was im Gesetz geschrieben steht: »Du sollst den Herrn, deinen Gott, lieben mit ganzem Herzen und ganzer Seele, mit all deiner Kraft und all deinen Gedanken, und: Deinen Nächsten sollst du lieben wie dich selbst.« Daraufhin stellt der Gesetzeslehrer eine neue Frage: »Wer ist mein Nächster?« Als Antwort erzählt Jesus dann die Parabel vom »barmherzigen Samariter«.

Auch Markus berichtet von einem solchen Gespräch.[62] Hier spricht Jesus mit einem *Schrift*gelehrten[63], der herausfinden will, ob Jesus das wichtigste Gebot kennt. Dieser antwortet: »Du sollst den Herrn, deinen Gott, lieben …« usw. Der Schriftgelehrte stimmt Jesus zu, fügt aber noch hinzu, dass Gott zu lieben und seinen Nächsten mehr wert sei als »alle Brandopfer und anderen Opfer«.

Lukas, dessen Text hier zum größten Teil auf Markus zurückgeht, lässt diesen Zusatz jedoch weg. Er bricht den Markustext sofort ab, nachdem Jesus gesagt hat: »und deinen Nächsten sollst du lieben wie dich selbst«. Lukas sagt »Nächster«, um einen Übergang zum Gleichnis vom »barmherzigen Samariter« herzustellen, das er hier in Markus' Text »einschiebt«. Er setzt seinen Text nämlich mit einer Frage fort, die er sich selbst ausgedacht hat: »Wer ist mein Nächster?«, und legt sie dem Gesetzeslehrer in den Mund. Dann folgt die Parabel.

Lukas' Trick ist leicht zu durchschauen: Frage (»Wer ist mein Nächster?«) und Antwort (die Parabel) stimmen nicht miteinander überein. Das Gleichnis beschreibt jedenfalls nicht, wen man als seinen »Nächsten« *betrachten* muss, sondern wie man sich als »Nächster« *verhalten* muss.[64] Lukas weiß sehr wohl, dass Frage und Antwort nicht zueinanderpassen. Deshalb lässt er Jesus am Ende der Parabel die Frage neu formulieren: »Wer von diesen dreien hat sich als der Nächste dessen erwiesen, der von den Räubern überfallen wurde?«[65]

Indem er die Parabel ausdrücklich in den Kontext von »Wer ist mein Nächster« stellt, macht Lukas daraus eine Sittenlehre und entkräftet damit Jesu Absicht – den Zuhörer in das Königreich Gottes zu geleiten und zugleich scharfe Kritik an der Priesterkaste zu üben. Deshalb streicht Lukas auch Markus' Vers 12,33, in dem der Schriftgelehrte behauptet, Gott »mit ganzem Herzen, ganzem Verstand und ganzer Kraft zu lieben und den Nächsten zu lieben wie sich selbst, ist weit mehr als alle Brandopfer und anderen Opfer«. Das konnte immerhin als versteckte Kritik am Tempel verstanden werden.

Lukas *reduziert* die Parabel, er will damit die christliche Nächstenliebe, vor allem das Mitgefühl, das *Mit-leiden* betonen. Das Wort »Mitleiden« verwendet er auch in seinem Text: Als der Samariter den verwundeten Mann sieht, wird er »von Mitleid ergriffen« *(esplangchnisthè).*

Aber das Wort stand ursprünglich nicht dort. Wie gesagt: Jesus beschreibt immer die Handlungen, das *Verhalten* der Charaktere in seinen Parabeln. Manchmal verwendet er einen inneren Dialog, um den Plot voranzutreiben (wie im »Verlorenen Sohn«, als dieser zur Besinnung kommt und beschließt, zu seinem Vater zurückzukehren), aber er beschreibt nie die Gefühle seiner Charaktere von außen.[66]

Da man die Taten, die der Samariter setzt, um dem Verwundeten zu helfen, sehr wohl sehen kann, aber »Mitleid haben« *nicht*, nehme ich an, dass Lukas Letzteres an die Parabel angefügt hat. Genau wie er das beim »Verlorenen Sohn« tat. Auch dort steht »er hatte Mitleid mit ihm«,[67] als der Vater seinen jüngeren Sohn von Weitem kommen sieht.

Am Ende legt Lukas nochmals die Betonung auf »Mitleid«. Als Jesus das Gleichnis erzählt hat und den Gesetzeslehrer fragt, wer von den dreien sich als »Nächster« erwiesen hat, antwortet dieser: »Der, der barmherzig an ihm gehandelt hat.« Aber darum ging es Jesus nicht. Er wollte seine Zuhörer einen Schein vom Königreich Gottes erhaschen lassen – und gleichzeitig die priesterliche Elite wegen ihrer Herzlosigkeit anklagen.

Wenn denn Jesus am Ende der Parabel eine Frage gestellt hat, dann ist es folgende gewesen: »Wer von den dreien befindet sich dem Königreich Gottes am nächsten?« Markus scheint in diese Richtung zu weisen. Als der Schriftgelehrte behauptet, »Gott lieben aus ganzem Herzen [...] und den Nächsten lieben wie sich selbst, das ist mehr als alle Brandopfer und anderen Opfer«, da fügt Jesus noch hinzu: »Du bist nicht fern vom Reich Gottes.«

Der unehrliche Verwalter (Lukas 16,1–15)
Ein reicher Mann hat einen Verwalter, jemanden, der seinen Betrieb leitet. Der wird beschuldigt, den Besitz des reichen Mannes zu verschleudern. Der Reiche ruft den Verwalter zu sich und fordert ihn auf, ihm die Kassenbücher auszuhändigen. Dem Verwalter wird bewusst, dass er der Dumme ist. Er hat betrogen, und wenn der reiche Mann gleich in die Bücher schaut, kommt sein Betrug ans Licht. Der Verwalter gerät in Panik. Bald ist er seine gute Stellung los und wird vor Hunger umkommen. Für schwere körperliche Arbeit ist er zu schwach und zum Betteln zu stolz. Was tun?

Er hat eine Eingebung: noch mehr Betrug! Schnell geht er zu allen Schuldnern des reichen Mannes und ändert ihre Verträge. Er vermindert ihre Schulden um 50 bis 80 Prozent; das kann er tun, weil er offiziell noch immer im Namen des reichen Mannes handelt. Was ist sein Ziel? Der Verwalter rechnet damit, dass er – wenn er entlassen ist – eine Menge neuer Freunde hat, die ihn gern zum Essen einladen und ihm weiterhelfen werden.

Tatsächlich wird er *stante pede* entlassen, nachdem er die Kassenbücher übergeben hat. Der reiche Mann kommt natürlich auch dahinter, was der Verwalter sich im letzten Moment noch geleistet hat. Aber anstatt dass der Reiche noch ärgerlicher wird, *lobt* er den Verwalter. Nach dem Motto: Nun ja, das hast du prima gemacht!

Über die Auslegung der Parabel wurde schon immer viel diskutiert, gerade wegen dieses letzten Satzes – der reiche Mann »*lobte* die Klugheit des unehrlichen Verwalters«. Analog zum Eigentümer des Weinbergs oder dem Vater des »verlorenen Sohnes« wurde immer unterstellt, dass Jesus mit dem reichen Mann ein Gottesbild meinte. Die Frage ist nur: Wie kann Gott den betrügerischen Verwalter nun loben?!

Heutzutage versuchen Theologen dieses Problem zu lösen, indem sie den Verwalter als einen Schlaumeier ansehen, einen Schelm, eine

Till-Eulenspiegel-Figur. So schreibt C. H. Dodd: »Dieser Mann war zwar ein Schelm, aber er hatte wenigstens die Fähigkeit, in der Krisensituation eine realistische und praktikable Lösung zu finden.«[69] J. Jeremias lobt »das kluge und resolute Verhalten des Verwalters, als er von einer Katastrophe bedroht wird«,[70] und T. W. Manson zieht den Schluss: »Dies ist ein Betrüger, aber ein genialer Betrüger; der Verwalter ist ein Schurke, aber ein schrecklich kluger Schurke.«[71]

Die ganze Eulenspiegel-Idee wurde in den vergangenen Jahren von verschiedenen Theologen weiter ausgearbeitet. Auch D. O. Via[72] und der schon früher erwähnte B. Brandon Scott[73] sehen in dem Verwalter eine pikareske Figur, den Helden eines Schelmenromans. Als Publikum möchte man am liebsten auf seiner Seite stehen – er tut zwar ganz falsche Dinge, aber man denkt dennoch: Das hat der Mann ganz gut hingekriegt.

Nach Brandon Scott ist es wiederum Jesu Absicht, dass wir uns mit dem Verwalter identifizieren und Sympathie für ihn hegen. Man beginnt mitzudenken mit ihm. Als er dann noch im allerletzten Moment eine gute Lösung findet, ist man als Zuhörer froh darüber. Das geht wohl zulasten des reichen Mannes, na ja, der hat Geld genug – und inzwischen hat sich unser Verwalter doch ganz nett aus der Klemme befreit. Die Parabel wird oft als Jesu Rat an seine Jünger ausgelegt, damit sie in den schwierigen Situationen, in die sie zweifellos als »Christen« im Römischen Reich geraten würden, einen kühlen Kopf bewahren und angemessen reagieren, offensichtlich ohne irgendwelche Gewissensbisse. Manchmal wird auch unterstellt, dass Jesus in Anbetracht seiner sonst »schwereren Parabeln« hier einmal einen lockeren Ton anschlagen wollte.

Aber meiner Meinung nach stimmt die Auffassung vom Verwalter als einem pfiffigen Betrüger insgesamt nicht. Um das zu verstehen, müssen wir den ersten Satz der Parabel betrachten: »Ein reicher Mann hatte einen Verwalter.« Fast alle Parabeln Jesu beginnen mit den Worten »Ein Mann«. Der erste Satz vom »Verlorenen Sohn« lautet z. B.: »Ein Mann hatte zwei Söhne«; und »Der barmherzige Samariter« beginnt: »Ein Mann ging von Jerusalem nach Jericho hinab.«

Auffällig ist, dass es drei Ausnahmen gibt, bei denen das Wort

»reich« hinzugefügt wurde. Neben dem »unehrlichen Verwalter« gibt es die Parabeln vom »reichen Narren«[74] und vom »reichen Mann und dem armen Lazarus«[75]. Die erste fängt an: »Auf den Feldern eines reichen Mannes stand eine gute Ernte«, die zweite beginnt »Es war ein reicher Mann«.

Im »Reichen Narren« geht es um einen Mann, der äußerst zufrieden ist mit seinem Reichtum, den er angesammelt hat. Dann sagt Gott zu ihm: »Du Narr, noch diese Nacht wird man dein Leben von dir zurückfordern. Wem wird dann all das gehören, was du angehäuft hast?«[76] – mit anderen Worten: Heute Nacht noch bist du dran, und was hast du dann von deinem Besitz?

In »Der reiche Mann und der arme Lazarus« geht es um einen reichen Mann, der herrlich und in Freuden lebte, und einen armen Schlucker namens Lazarus (übrigens nicht derselbe, den Jesus erweckt haben soll). Der arme Mann ist von Geschwüren übersät und leidet Hunger. Schließlich sterben beide. Der Reiche kommt in die Hölle und muss im Höllenfeuer schmoren. Der Arme kommt in den Himmel, wo Abraham ihn pflegt. Der reiche Mann schreit: »Vater Abraham, ... er [Lazarus] soll wenigstens die Spitze seines Fingers ins Wasser tauchen und mir die Zunge kühlen, denn ich leide große Qual in diesem Feuer.« Aber das ist ihm nicht vergönnt.

Es wird deutlich, dass es reichen Menschen in Jesu Parabeln am Ende schlecht ergeht. Das stimmt natürlich mit Jesu Auffassung überein: »Eher geht ein Kamel durch ein Nadelöhr, als dass ein Reicher in das Reich Gottes gelangt.«[77] Mit dieser Übertreibung macht Jesus klar, dass es für einen reichen Mann *unmöglich* ist, Gottes Königreich zu erlangen: »reicher Mann« hat einen ausgesprochen negativen Beiklang.

Wenn also der Anfang des »Unehrlichen Verwalters« lautet »Es war ein reicher Mann«, dann meint Jesus, dass dieser Mann ein Schurke ist, jemand, der nie in das Königreich Gottes gelangen wird, jemand, der zum Höllenfeuer verdammt ist. Nach Jesu Auffassung konnte zur damaligen Zeit nur jemand reich sein, wenn er zur herrschenden Klasse gehörte und sein Kapital durch Ausbeutung und Unterdrückung erworben hatte.[78] Ergo: Im »Unehrlichen Verwalter« ist der reiche Mann ein *schlechter* Mensch. Und sein Verwalter ist um kein Haar besser. Er schwindelt, und als er erkennt, dass er ertappt wird, nutzt er seine letzten Stunden als Verwalter, um noch mehr zu schwindeln.

Zum Schluss noch die Schuldner, deren Schulden der Verwalter erheblich senkt. Wie müssen wir sie sehen? Sie werden von Theologen fast immer als unschuldige Mitläufer betrachtet, aber das bezweifle ich. Sie wissen, dass der Verwalter einen schlechten Ruf hat und unter Betrugsverdacht steht. Außerdem kommt er noch einmal mit einem bedenklichen Vorschlag zu ihnen. Offenbar hat keiner der Schuldner damit ein Problem, sie nehmen die Verminderung ihrer Schulden nur allzu gern an. Theologen haben dies abgeschwächt, indem sie behaupteten: »Ach, der Verwalter wird wohl etwas gesagt haben wie: ›Ich habe mit dem reichen Mann gesprochen und dafür gesorgt, dass ihr einen Teil eurer Schulden erlassen bekommt‹, und die Schuldner haben das geglaubt.«

Wenn Jesus das wirklich meinte, hätte er bestimmt erzählt, dass der Verwalter sich dieser Ausrede bediente. Aber das steht nirgendwo. Im Gegenteil, da steht, dass der Verwalter zu den Schuldnern sagt: »Nimm deinen Schuldschein, setze dich und schreibe *geschwind* …« (es folgt die unrechtmäßige Reduzierung der Schuld). Geschwind, geschwind: Es ist klar, dass etwas verheimlicht werden muss, und die Schuldner konnten sich an fünf Fingern abzählen, dass der Verwalter irgendeinen Schurkenstreich ausheckte.

So besehen, sind *alle* Personen im »Unehrlichen Verwalter« Schurken: der reiche Mann, der Verwalter und auch die Schuldner. Anstelle eines charmanten, pikaresken Schelms sehe ich in dieser Parabel etwas ganz anderes. Ich glaube, Jesus lässt uns hier einen Blick auf das Königreich *Satans* werfen. Dies ist das dunkle Spiegelbild vom »Verlorenen Sohn« und dem »Barmherzigen Samariter«, die uns beide einen Blick ins Königreich Gottes gönnten. Im »Unehrlichen Verwalter« wird das Leben in der Alltagswelt porträtiert, in der der eine Schurke noch schlimmer ist als der andere und wo jeder sich mit Gaunereien über Wasser hält. Deshalb, und nur deshalb *lobt* der reiche Mann den betrügerischen Verwalter: Du bist ein tüchtiger Kerl, du wirst es weit bringen in der Welt, d. h. im Königreich Satans. Der große Schurke hat Respekt vor dem kleinen Schurken. Für diese Welt gilt Jesu Aussage: »Wer die Welt erkannt hat, hat einen Leichnam gefunden.«[79]

Das ist meine Interpretation dieser Parabel, und die stelle ich der Auslegung durch die zuvor genannten Theologen[80] gegenüber. Um die Sache deutlicher zu sehen, wollen wir die »netten Schelme, pfiffigen Schurken« von heute einmal genauer unter die Lupe nehmen. Würden wir uns – analog zu den Auffassungen der oben genannten Theologen über den Verwalter – gern mit den heutigen Eulenspiegeln identifizieren? Finden wir sie »nett«? Können wir »Respekt« für sie aufbringen? Nehmen wir einmal als Beispiel die amerikanische Enron Corporation. Die Personen, die dort an der Spitze standen, die CEO's und andere, haben das Unternehmen geschädigt, indem sie den Aktienkurs künstlich in die Höhe getrieben hatten. Sie taten dies, indem sie nicht vorhandene Gewinne von Tochterunternehmen in ihren Bilanzen aufführten. Als sie sahen, dass das schiefging und schon bald herauskommen würde, verkauften sie schnell ihre Enron-Anteile. Die Gewinne waren enorm. Spitzenmanager Kenneth Lay schnappte sich auf diese Weise etwa 100 Millionen Dollar, sein Kollege Lou Pai sogar 350 Millionen und ihr Helfer Jeffrey Skilling rund 67 Millionen Dollar. In der Zwischenzeit *verboten* sie ihren Arbeitnehmern, die auch Anteile besaßen, diese zu verkaufen. Es war der Pensionsfonds dieser Leute, und als sie endlich doch die Erlaubnis zum Verkauf bekamen, war der Wert der Aktien in den Keller gefallen bis auf den Wert von Altpapier, auf 0,61 Dollar pro Aktie.

Man könnte sagen: Nun ja, das haben die Topmanager von Enron verflixt schlau und listig angepackt. Zuerst hatten sie jahrelang betrogen, und schließlich, als es schiefging, schafften sie es, sich noch schnell gigantisch zu bereichern. Mit den Worten der oben genannten Theologen über den Verwalter: »Ein höchst genialer Betrug, Schelme – ja, aber doch sehr tüchtige Schelme: Männer, die in kürzester Zeit eine realistische und pragmatische Lösung fanden, als sich eine Krise anbahnte.«

Würde man von der Enron-Spitze auch sagen: »Ha, welch netter Schurkenstreich, was für pikareske Schelme, was für tolle Kerle«? Ich glaube, niemand mit nur einem bisschen Gespür für Gerechtigkeit würde das so sehen. Aber US-Vizepräsident Dick Cheney hatte offensichtlich kein Problem damit. Er hat sich stets geweigert, die Protokolle der Energiebesprechungen, die er bei Enron führte, zu veröffentlichen.[81] In Analogie zur Parabel: *Er* ist der reiche Mann, der die Verwalter von Enron lobt.

Die ganze Enron-Geschichte führt uns in eine Welt, in der Gott abwesend ist, genau wie im »Unehrlichen Verwalter«. Das ist der satanische Gegensatz zu Gottes Königreich, in das Jesus uns zuvor in der Parabel vom »verlorenen Sohn« und im Beispiel vom »barmherzigen Samariter« einführte.

Nochmals: Jesus meinte mit seinen Parabeln nicht mehr als das, was wörtlich dort steht. Er beschreibt ein gewisses »Verhalten in der Welt«. Der Vater des verlorenen Sohnes, der Besitzer des Weinbergs, der Samariter, sie benehmen sich alle auf eine bestimmte Weise, und eben dieses *Verhalten* ist das Königreich Gottes. Jesus erwartete, dass – sobald dieses Königreich Wirklichkeit würde, wenn Gott die Welt regierte – Gottes Geist »über uns käme« und wir uns dann genauso verhielten. Mit den Worten des Propheten Joel: »Danach aber wird es geschehen, dass ich meinen Geist ausgieße über alles Fleisch.«[82]

Dass Jesus diese Erwartung hegte, ist anno 2009 schwer zu verstehen, und auch eine Identifikation damit erscheint uns eigentlich unmöglich. Aber vor zweitausend Jahren hatten die Menschen eine andere Weltsicht, man glaubte Dinge, die wir heutzutage als Science-Fiction abtäten. Dass Jesus nicht der Einzige war, der damals »unmögliche« Erwartungen hatte, geht aus den Paulusbriefen hervor. Etwa zwanzig Jahre nach Jesu Tod erwartete Paulus nicht so sehr das Kommen des Gottesreiches, sondern Jesu (baldige) Wiederkehr auf Erden. Fest überzeugt davon, dass er so lange leben würde, bis Jesus »zurückgekehrt« wäre, schreibt er: »Denn der Herr selber wird vom Himmel herabkommen, wenn der Befehl ergeht, der Erzengel ruft und die Posaune Gottes erschallt. Zuerst werden die in Christus Verstorbenen auferstehen; dann werden wir, die Lebenden, die noch übrig sind, zugleich mit ihnen auf den Wolken in die Luft entrückt, dem Herrn entgegen.«[83]

Wir wissen heute, dass Jesus nicht wiederkehrte. Auch die Erwartung, die Jesus selbst hatte, das Königreich Gottes werde hereinbrechen, wurde Lügen gestraft. Jesus war jedoch tief im Innersten davon überzeugt, dass es wirklich – und bald – geschehen würde. Damit seine Zuhörer davon ebenso durchdrungen würden, verwies er auf die Natur, wo er den Beweis zu finden glaubte, dass das Kommen dieses Königreichs eine *Selbstverständlichkeit* war.

DIE GLEICHNISSE

– »Mit dem Reich Gottes ist es so, wie wenn ein Mann Samen auf seinen Acker sät; dann schläft er und steht wieder auf, es wird Nacht und wird Tag, der Samen keimt und wächst, und der Mann weiß nicht, wie. Die Erde bringt von selbst ihre Frucht, zuerst den Halm, dann die Ähre, dann das volle Korn in der Ähre.« [84]
– »Es [das Königreich] gleicht einem Senfkorn. Dieses ist das Kleinste[85] von allen Samenkörnern. Ist es aber gesät, dann geht es auf und wird größer als alle anderen Gewächse und treibt große Zweige[86] (sodass in seinem Schatten die Vögel des Himmels nisten können[87]).«
– »Es [das Königreich Gottes] ist einem Sauerteige gleich, welchen ein Weib nahm und (ver)barg ihn unter drei Scheffel Mehl[88], bis dass es ganz sauer ward.«[89]

In allen drei Gleichnissen weist Jesus auf die für ihn (und für fast jeden in jener Zeit) geheimnisvollen Kräfte hin, die in der Natur verborgen sind. So wie der Samen von selbst, ohne jegliches Zutun des Menschen, zu einem vollen Kornhalm wird. Wie das kleinste Saatkorn zu einer großen Pflanze wachsen kann – etwa drei Meter hoch. Wie ein kleines bisschen Sauerteig fünfzig Pfund Teig zu lockerem Brot aufgehen lässt.

Das sind »Wunder«, die jeder aus eigener Anschauung kannte, sicherlich auf dem Land, wo Jesus predigte. *Wie* die Wunder geschahen, wusste man nicht (»er weiß nicht wie«). Gott sorgte dafür, dass die Erde, die Natur, sie aus sich selbst hervorbrachte. Wir müssen realisieren, dass vor zweitausend Jahren diese »Naturkräfte« noch nicht verstanden wurden und dass auch Jesus sie nicht erklären konnte, er hatte nicht die wissenschaftlichen Kenntnisse unserer Zeit. Damit wir begreifen, was Jesus mit diesen Gleichnissen meinte, müssen wir unsere heutigen wissenschaftlichen Erkenntnisse vergessen und zurückgehen zu einer sehr primären Erfahrung, in der die Wirkung der Natur als großes Mysterium und Wunder erlebt wird.

Der Gebrauch des Wortes »Gleichnisse« ist einigermaßen irreführend. Jesus meint nicht, dass die *Elemente* dieser drei »Erzählungen« ganz genau mit den Aspekten des Gottesreiches übereinstimmen. Der Sauerteig muss nicht mit »dem Evangelium, das gepredigt wird«, identifiziert werden, ebenso wenig sind die ausgewachsene Senfpflanze oder das aufgegangene Brot Metaphern für das Königreich Gottes.

Nein, man muss die Geschichten in ihrer Totalität als wundersame Ereignisse lesen, die auf Erden geschehen.[90] Auf die gleiche wundersame Weise wird Gott zu Werke gehen, wenn das Königreich Gottes auf Erden errichtet wird. Das ist für Jesus eine absolute Gewissheit, eine Gewissheit, die auf seinen Beobachtungen der Natur basiert: Aus dem Samen wächst ganz gewiss ein Getreidehalm, das Brot wird immer durch Sauerteig aufgehen, der winzige Senfsamen wird, wie auch immer, zu einer großen, drei Meter hohen Pflanze.

Genau so müssen wir uns das Kommen des Königreichs vorstellen. Es mag unscheinbar beginnen, aber es wird sich zu etwas Gewaltigem auswachsen, es wird sich über alles erstrecken, die ganze Wirklichkeit wird davon durchdrungen werden. Das Tun und Lassen des Menschen vermag nur wenig Einfluss darauf zu nehmen – er steht auf und geht zu Bett, hat aber kaum Anteil daran. Das Königreich setzt sich ausschließlich durch *Gottes* Zutun durch. Diese Gleichnisse zeugen von Jesu enormem Optimismus: Letztendlich wird das Königreich Gottes auf Erden errichtet sein, als eine selbstständige Tat Gottes.[91]

Es ist in Mode gekommen, die *Subversivität* dieser Gleichnisse zu betonen. Jesus habe absichtlich das Königreich Gottes als ein umstürzlerisches Geschehen geschildert. Um auch nur ein Beispiel zu nennen: Beim Gleichnis vom Sauerteig verwendet er drei *negative* Elemente, um die Ankunft des Königreichs zu beschreiben. Der *Sauerteig* wird als unrein angesehen; eine *Frau* war negativ, weil sie viel weniger wert war als ein Mann und außerdem noch menstruierte (sehr unrein!), und das Verb *kruptein* bedeutet »verstecken/verbergen« (ich übersetzte es mit »sie barg«).

Nach dieser Interpretation vergleicht Jesus das Königreich Gottes mit etwas durch und durch Korruptem. Denn statt der positiven Wörter »rein, Mann, öffentlich« verwendet er »unrein, Frau, verborgen«. Daher muss Jesu Gleichnis als eine Herausforderung angesehen werden. Das Königreich Gottes ist etwas, das entgegen allen Erwartungen Realität wird, etwas, das sich in der »Vermummung des Verderbens« offenbaren wird.[92]

Aber ist es das, was Jesus wirklich meinte? Wiederum habe ich den Eindruck, dass diese neue Sicht hauptsächlich interessant ist, weil sie »anders« ist – aber nicht besser. Jesus gewann seine Parabeln und Gleichnisse aus der Beobachtung des täglichen Lebens um sich herum. Er wird als Kind zweifelsohne gesehen haben, wie seine Mutter den Sauerteig unterknetete,[93] darüber ein nasses Tuch breitete und ihn so ein Weilchen stehen ließ, während sie weiter im Haushalt arbeitete. Dann, einige Stunden später, würde sie das Tuch wegnehmen und – o Wunder – das Brot war »aufgegangen«.

Das ist die eigentliche Geschichte, die Jesus uns erzählt. Daher ist es naheliegend, dass Jesus eine Frau zur Hauptperson wählt, denn Männer erledigten keine derartigen Arbeiten. Auch wenn der Sauerteig als unrein galt, das Ergebnis der Frauenarbeit war, dass auf einmal lockeres, schmackhaftes Brot auf dem Tisch stand statt des viel weniger leckeren, ungesäuerten Brotes. Jülicher[94] hat schon darauf hingewiesen, dass das Verb *kruptein* in alttestamentlichen Texten auch »gut wegtun, aufbewahren« bedeutet.[95] Damit werden die sogenannten negativen Elemente zu etwas ganz Natürlichem und Positivem zurückgebracht, und ich glaube, dass meine simple Sicht des Gleichnisses der forcierten »Verderben«-Version vorzuziehen ist.

Jesu Ankündigung von Gottes Königreich und seine sichere Überzeugung, dass es hereinbrechen werde, liegen auch den Versprechungen der sogenannten »Bergpredigt« zugrunde.[96] Bei Lukas hält Jesus diese Rede jedoch auf einem *Feld*.[97] Da unter Theologen im Allgemeinen davon ausgegangen wird, dass die »Feldpredigt« authentischer ist als die »Bergpredigt«, gehe ich von Lukas aus. Jesus sagt dort: »Selig, ihr Armen, denn euch gehört das Reich Gottes. Selig, die ihr jetzt hungert, denn ihr werdet satt werden. Selig, die ihr jetzt weint, denn ihr werdet lachen.«[98]

Diese Versprechungen geben an, dass das Königreich Gottes *bald* hereinbrechen wird. Jesus hat sicherlich nicht gemeint, dass diese Versprechen erst in zwanzig- oder dreißigtausend Jahren in Erfüllung gehen würden,[99] es waren keine Versprechungen für die ferne Zukunft.[100] Wer seiner Zuhörer wäre überhaupt daran interessiert gewesen? Die Leute, zu denen er sprach, waren wirklich arm und hungrig und häufig auch verzweifelt. Es wäre pure Volksverhöhnung gewesen, wäre er nicht davon überzeugt gewesen, dass das Hereinbrechen des Königreichs unmittelbar bevorstand und sich seine Versprechen bewahrheiten würden. Die Frage, die noch offen ist, lautet: Wann genau würde das Königreich Gottes kommen, wie »nahe« war es?

5

JESUS DER EXORZIST

Im dualistischen Denken jener Zeit wirkte neben Gott noch eine andere Kraft im Kosmos: Satan, im Neuen Testament auch Beelzebul genannt.[1] Zwar leitete *Gott* den ganzen Kosmos – also auch die Erde –, aber Satan widersetzte sich ihm und sabotierte unaufhörlich seine Absichten. Der kosmische Streit, der im Himmel zwischen beiden ausgefochten[2] wurde, spiegelte sich in allem, was auf Erden geschah. Da gab es Streit zwischen den Menschen (von Gott geschaffen) und den *Dämonen* (den Abgesandten Satans). Man erachtete die Dämonen als völlig real, es waren lebende Wesen: Sie attackierten Menschen, indem sie sich bei ihnen »einnisteten« und von ihrem Körper Besitz ergriffen. Alle geistigen und körperlichen Erkrankungen waren Folgen dieses »Besessenseins« von Dämonen.

Jemand, den wir heutzutage wahrscheinlich als Epileptiker bezeichnen würden, wurde früher als von einem Dämon »besessen« betrachtet, der dieser Person Krämpfe verursachte, sie auf den Boden warf, Schaum vor den Mund treten ließ und sie bewusstlos machte. Ein Leprakranker war vom Lepradämon »besessen«, der seine Haut schädigte oder die Finger auffraß; ein Tauber war das Opfer eines Taubheitsdämons, der sein Gehör angegriffen hatte.

Damit die Menschen genesen konnten, musste der Dämon »hinausgeworfen« werden (im Griechischen *ekballein*), er musste sozusagen aus dem Körper des Patienten gezogen und in die Flucht geschlagen werden. Das war die Aufgabe des Exorzisten, des Teufelsbanners, von denen mehrere zur Zeit Jesu in Palästina umherzogen.[3]

Das »Hinauswerfen« geschah häufig in Verbindung mit magischen Ritualen und folgte eigenen Gesetzen. So war es z. B. sehr wichtig, dass der Exorzist den *Namen* des Dämons feststellte. Wenn er den kannte, konnte er den Dämon anreden.[4] Dadurch gewann er Macht über ihn und konnte ihn angreifen und austreiben. Aber der Dämon verfügte über ein Verteidigungssystem: Wenn »er« den Namen des *Exorzisten* kannte, dann verringerte dies dessen Macht – was die Austreibung viel schwieriger gestaltete.[5]

Theologen der unterschiedlichsten Richtungen stimmen gegenwärtig darin überein, dass Jesus ein Exorzist war und auch von seinen Zeitgenossen als solcher angesehen wurde, was auch immer jene sonst über ihn dachten: dass er ein Schwindler war, ein Handlanger Satans, ein Prophet oder Aufrührer oder sogar der Messias.[6] Jesus verdankte seine Bekanntheit vor allem seinen erfolgreichen Exorzismen, *deshalb* kamen die Menschen zu ihm: Sie wollten von ihren Leiden geheilt werden und baten Jesus, den jeweiligen Dämon auszutreiben.

Nun stellt sich die Frage, *wie* und *wann* Jesus ein Exorzist geworden ist und ob wir die Austreibung der Dämonen mit seinen Predigten über das Königreich Gottes in Beziehung setzen können.

DER ERSTE EXORZISMUS

Wir sind davon ausgegangen, dass Jesus nach der Verhaftung des Täufers in die Wüste geflohen war und dort die utopische Vision vom Gottesreich empfing. Kurze Zeit später kehrte er »in der Kraft des Heiligen Geistes« nach Galiläa zurück und begann zu predigen, dass »Gottes Königreich nahe ist«. Wenn wir der Markus-Chronologie folgen, kam er nicht nach Nazaret[7] zurück, sondern ging nach Kafarnaum, einem Fischerdorf am nordwestlichen Ufer des Galiläischen Meeres (See Gennesaret). Es handelte sich nicht nur um ein größeres Dorf als Nazaret, es war auch weniger provinziell, weil es an der Grenze zwischen Galiläa und Gaulanitis[8] lag, wo es als Zollstelle fungierte. Die bedeutende Handelsstraße *Via Maris*, von Damaskus nach Cäsarea Maritima (am Mittelmeer), führte ebenfalls hierdurch.

Es gab noch einen anderen Grund für Jesus, nach Kafarnaum zu gehen: Er wollte den Kontakt zu den Freunden wieder aufnehmen, die er beim Täufer gefunden hatte, vor allem zu Petrus und dessen Bruder Andreas sowie zu Philippus. Wahrscheinlich wohnte Petrus in Kafarnaum (Archäologen glauben, das Haus des Petrus gefunden zu haben[9]) oder im Dorf Betsaida, ein paar Kilometer weiter östlich.[10] Noch zwei weitere Brüder, Johannes und Jakobus, die die Söhne des Zebedäus genannt werden, kommen aus dieser Gegend. Markus zufolge[11] hatten diese beiden einen eigenen Fischereibetrieb – groß genug, um Knechte zu beschäftigen. Wir wissen nicht, ob Jesus sie bereits aus der Zeit beim Täufer kannte oder ob Petrus sie ihm in Kafarnaum vorgestellt hatte.[12]

Ich glaube, dass Jesus zuerst diesen fünf Männern[13] seine Vision vom Königreich Gottes, »das nahe ist«, dargelegt hat. Nach der unerwarteten und enttäuschenden Festnahme des Täufers wird der unbändige Optimismus, den Jesus ausstrahlte, ganz gewiss auf das Grüppchen Eindruck gemacht haben. Aber ich denke, etwas anderes hat sie dazu bewogen, sich Jesus anzuschließen, ihm zu »folgen«, wie es im Evangelium heißt: die Exorzismen, die – vielleicht einige Monate nachdem Jesus mit dem Predigen begonnen hatte – plötzlich geschahen.

Der erste Exorzismus, über den in den Evangelien berichtet wird, findet sich bei Markus 1,21–28, als Jesus mit seinen Freunden in die Synagoge von Kafarnaum geht und dort über das Königreich Gottes predigt. »In ihrer Synagoge saß ein Mann, der von einem unreinen Geist besessen war. Der begann zu schreien: Was haben wir mit dir zu tun, Jesus von Nazaret? Bist du gekommen, um uns ins Verderben zu stürzen? Ich weiß, wer du bist: der Heilige Gottes. Da befahl ihm Jesus: Schweig[14] und verlass ihn! Der unreine Geist zerrte den Mann hin und her und verließ ihn mit lautem Geschrei.«

Dieser »Exorzismus in der Synagoge« wird von Theologen häufig als irrelevant erachtet, sie werten ihn eher als ein *Beispiel*, um zu zeigen, was Jesus im Wesentlichen bei seinen Austreibungen tat, und nicht als ein spezielles Ereignis.

Ich habe das schon immer seltsam gefunden. Man sollte erwarten, dass sich dieses Geschehen beim ersten Mal, als Petrus und die anderen solch eine Dämonenaustreibung miterlebten, in ihre Erinnerung *einbrannte* und dass sie später, nach Jesu Tod, darüber gesprochen hätten, sinngemäß »Weißt du noch, das erste Mal, als wir in der Synagoge waren?« et cetera.[15] Das wäre eine Geschichte, die man immer wieder erzählen konnte, jedem, und logischerweise hätte dann auch Markus die Geschichte kennen müssen und sie im Evangelium an die Stelle platziert, wo sie hingehörte: an den Anfang von Jesu Karriere als Exorzist. Also, ich gehe davon aus, dass dieser »Exorzismus in der Synagoge« ein besonderes Ereignis war, wobei Jesus zum ersten Mal einen Dämon austrieb. Deshalb möchte ich den Text näher betrachten.

Zuerst richte ich meine Aufmerksamkeit auf das, was jener Mann Jesus zuschrie: »Was haben wir mit dir zu tun, Jesus von Nazaret? Bist du gekommen, um uns ins Verderben zu stürzen?«[16] Es gibt natürlich keine Garantie dafür, dass diese Worte authentisch sind, angesichts der Tatsache, dass sie erst rund dreißig Jahre später von Markus aufgezeichnet wurden. Und selbst wenn die Berichterstattung über dieses Ereignis auf der Beschreibung eines der Anwesenden fußt, sagen wir einmal des Petrus, dann muss immer noch bezweifelt werden, ob sein Gedächtnis die Worte so genau reproduzieren konnte – und sie in der mündlichen Überlieferung nicht verformt wurden. Aber dies ist der Satz, den Markus niederschrieb, und zumindest gibt er wieder, was Markus glaubte, das damals geschehen sei.[17]

In Markus' Gedankenwelt muss das Wörtchen »wir« in dem Satz »Was haben *wir* mit dir zu tun« verstanden werden als »wir, das Heer der Dämonen«. Dies schreit also nicht der *Mann*, sondern der Dämon, der in ihm haust. Er gebraucht auch den Verteidigungsmechanismus, den ich vorhin beschrieben habe: Er *kennt* den Namen des Exorzisten und benennt ihn: »Jesus von Nazaret, ich weiß, wer du bist: der Heilige Gottes« (1,24). Dass der Dämon (in Wirklichkeit der Mann selbst) übernatürliche Kenntnis von Jesu Status gehabt hätte, ist nicht möglich, »du bist der Heilige Gottes«, das hat Markus erfunden. Aber dass der Mann/Dämon Jesus identifizieren konnte, braucht uns nicht zu verwundern.

Man kann Vers 24 auch anders verstehen. Zuerst erkennt man darin ein Stück Fremdenhass: Jesus kam aus Nazaret und nicht aus Kafarnaum; wer nicht aus dem eigenen Dorf kam, dem war nicht zu trauen. Was wir heute zwischen einzelnen Ländern wahrnehmen,

Misstrauen des eigenen Landes (sprich: der Niederlande) gegenüber Menschen aus einem anderen Land (sprich: Marokko), war bereits damals zwischen einzelnen Dörfern üblich. Eigentlich schreit der Mann Jesus an: »Was machst du hier, du gehörst nicht hierher, du bist nicht von hier! Geh zurück zu deiner Familie in Nazaret.«

Ich erinnere daran, dass in meiner Chronologie (und in der des Johannesevangeliums) Jesus nach seiner Taufe mit Freunden nach Jerusalem gegangen war und dort einen Aufruhr im Tempel verursacht hatte, indem er die Opfertiere fortjagte und die Tische der Geldwechsler umwarf. Dieser Vorfall *muss* Aufmerksamkeit auf ihn gelenkt haben, und es ist sehr gut möglich, dass einige Wochen (Monate?) später in Kafarnaum bekannt geworden war, wie »schändlich« sich Jesus in Jerusalem betragen hatte. Dass sich dieser Mann in der Synagoge von Jesus fernhalten wollte und ihn sogar angriff, hat meines Erachtens etwas damit zu tun.

Da Kafarnaum als Zollstelle fungierte, waren dort römische Soldaten stationiert. Der Mann in der Synagoge kann realisiert haben, dass Jesu »aufrührerisches« Gerede über ein neues Königreich einen Angriff auf die Römerherrschaft implizierte. Dann riefe der Mann eigentlich: »Ich kenne dich schon, du hast den Tempel in Jerusalem völlig durcheinandergewirbelt! Du bist Jesus von Nazaret, und jetzt erzählst du uns schöne Geschichten, und anschließend haben wir den Ärger am Hals, denn dann schnappen sich die Römer als Vergeltung die vornehmsten Bürger von Kafarnaum, legen sie in Fesseln oder stechen sie sofort nieder.« Mit anderen Worten: »Hau endlich ab, und zwar so schnell wie möglich.«

Ich glaube, dass der Mann, in einem Anfall totaler Raserei, äußerst laut geschrien hat, was Jesus für dämonisches Verhalten hielt. Er ging mit ebenso starker charismatischer Aggression dagegen an: »Schweig! Dämon, verlass ihn!« Vielleicht hat er den Mann sogar gepackt und hin und her geschüttelt. Plötzlich stürzt der Mann zuckend zu Boden, gibt einen lauten Schrei von sich und wird still.

Heute würde man sagen, der Mann bekam als *Folge* der Konfrontation mit Jesus einen schweren epileptischen Anfall, der fürchterlich anzusehen war. Das war offenbar sehr schockierend für die Anwesenden in der Synagoge. Markus schreibt, dass sie »verstört waren«, und er legt ihnen folgende Worte in den Mund: »Was hat das zu bedeuten? Hier wird mit Vollmacht eine ganz neue Lehre verkündet. Sogar die unreinen Geister gehorchen seinem Befehl.«

Aber nicht nur für die Umstehenden, ich denke, auch für *Jesus* war die Szene schockierend. Und erst einmal wusste er nicht, was er davon halten sollte: Er war »verstört« über seinen eigenen Erfolg. Jesu Nichtverstehen kommt in einem der nachfolgenden Verse zum Ausdruck: »In aller Frühe, als es noch dunkel war, stand er auf und ging an einen einsamen Ort, um zu beten.«[18]

Wenn man das Markusevangelium durchliest, merkt man, dass der Evangelist bloß drei Mal berichtet, dass Jesus betet – das erste Mal eben nach dem Exorzismus in der Synagoge. Das zweite Gebet findet nach der »Brotvermehrung« statt und das dritte in Getsemani, am Vorabend seiner Kreuzigung. Später werden wir sehen, dass die letzten beiden Gebete von Momenten großer Unsicherheit und einer existenziellen Krise Jesu zeugen. Das legt den Schluss nahe, dass Jesus das erste Gebet ebenfalls in einem solchen Augenblick sprach und nach dem ersten Exorzismus versuchte, das unerwartete und heftige Geschehen zu deuten. Die Interpretation, zu der er schließlich fand, werden wir später in diesem Kapitel besprechen.

Ich folge zuerst noch Markus' Erzählfaden. Als Petrus und die anderen am Morgen aufwachen, vermissen sie Jesus und suchen ihn. Als sie ihn schließlich finden, sagt er: »Lasst uns anderswohin gehen, in die benachbarten Dörfer, damit ich auch dort predige; denn dazu bin ich gekommen.« Das tun sie »und er zog durch ganz Galiläa … und trieb die Dämonen aus«.

EIN SCHNAUBENDER JESUS?

Fünf Verse weiter, in 1,40-43, beschreibt Markus nochmals einen Exorzismus.[19] Da geht es um einen Mann, der an Lepra leidet, im Griechischen steht, er ist ein *lepros*, ein Aussätziger.[20] Man ist im Zweifel, ob hier »echte« Lepra gemeint ist (also die Krankheit Hansens) oder eine Hautkrankheit wie Psoriasis. Jedenfalls geht der Mann auf Jesus zu und fleht ihn um Hilfe an. Da lesen wir in den meisten Manuskripten: »Jesus hatte Mitleid mit ihm; er streckte die Hand aus, berührte ihn und sagte: Ich will es – werde rein. Im gleichen Augenblick verschwand der Aussatz, und der Mann war rein. Jesus schickte ihn (sofort) weg und schärfte ihm ein …«

Wenn man das so liest, klingt es ganz normal: Jesus braucht den Mann bloß zu berühren, sagt zwei Worte, und der Mann ist geheilt. Für Gottes Sohn doch kein Kunststück, oder? Aber der Schein trügt. Im griechischen Ursprungstext der bekanntesten Manuskripte steht in Vers 41 das Wort *splangnistheis*, was »von Mitleid berührt« heißt. Doch in einem einzigen wichtigen Manuskript, dem *Codex Bezae Calabriensis*, findet sich ein anderes griechisches Wort: *orgistheis*, und das bedeutet »in Zorn entbrannt« – und das ist auch in einigen lateinischen Manuskripten bewahrt geblieben als *iratus*.[21] Welcher Text ist nun der ursprüngliche, welchem Codex müssen wir den Vorzug geben? Hat ein Redakteur das Wort *splangnistheis* in *orgistheis* verwandelt oder umgekehrt?

Theologen suchen dann nach der »schwierigen« Lesart. Damit meinen sie: Wenn einige Codices an einem bestimmten Punkt voneinander abweichen, muss man gerade *dem* Text den Vorzug geben, der am schwersten zu verstehen ist.[22] In unserem Fall haben wir eine große Zahl von Codices[23], in denen das Wort *splangnistheis* steht (Mitleid habend/er hatte Mitleid), und daneben den *Codex Bezae*, in dem sich dort *orgistheis* findet (in Zorn entbrannt/er wurde böse). Die Wahl besteht also zwischen einem Text, in dem behauptet wird, Jesus habe Mitleid mit dem Aussätzigen gehabt, oder einem Text, in dem er auf den Mann böse wird.

Letzteres erscheint sehr seltsam, fast unverständlich. Warum sollte der friedliebende Jesus auf einen Kranken böse werden? Wohingegen es durchaus verständlich ist, dass er Mitleid mit ihm bekam. Aber genau *deshalb* bevorzugen Theologen die »schwierige Lesart«, also *orgistheis*, »in Zorn entbrannt«. Es gibt nämlich keinen einzigen Grund, weshalb ein Redakteur die leichtere Lesart »er hatte Mitleid« wissentlich in die schwierigere, unangenehme, befremdliche Variante, »er wurde böse«, ändern sollte. Umgekehrt schon: Hätte dort gestanden, Jesus wurde böse, dann ist es verständlich, dass ein Redakteur daran

Anstoß nahm und es in etwas Netteres und Annehmbareres verwandelte: »Jesus bekam Mitleid.«

Da ist noch etwas. Wenn man die gleiche Szene bei Matthäus und Lukas liest, sieht man, dass Markus' Satz »er hatte Mitleid«, genau wie »er wurde böse«, von beiden Evangelisten weggelassen wurde, als sie Markus kopierten. Das ist allerdings ein weiteres Argument, um sich dafür zu entscheiden, dass es ursprünglich bei Markus »er wurde böse« geheißen hatte. Denn hätte dort gestanden »er bekam Mitleid«, so gäbe es keinen Grund für Matthäus und Lukas, dies wegzulassen – beide Evangelisten erzählen uns wiederholt: »Jesus wurde von Mitleid ergriffen«. Anders ist es mit dem Text »er wurde böse«, denn der passte nicht zur Vorstellung, die Matthäus und Lukas von Jesus hatten: Er wurde niemals böse, er würde sich nicht zu solch banalem, menschlichem Verhalten erniedrigen.

Warum Jesus böse wurde, darauf komme ich anschließend zurück. Zuvor möchte ich noch Vers 43 betrachten, in dem er den Mann fortschickt: »Und Jesus drohte ihm und trieb ihn alsbald von sich.«[24] So wird die Stelle meistens übersetzt – auch in der NBV[25] – aber das steht dort eigentlich nicht. Das griechische Wort, das Markus verwendet und das hier mit »drohen« übersetzt wurde, ist *embrimèsamenos.*[26] Und das bedeutet eher »brüllend, knurrend, schnaubend«. So übersetzt der Altphilologe Mr. Straat[27] den Satz mit »Aber zugleich jagte Jesus ihn [den geheilten Leprakranken] schnaubend weg«.

Aber *wen* schickt Jesus eigentlich weg? Warum sollte Jesus diesen Mann schnaubend wegjagen – wo er den Unglücklichen gerade erst geheilt hat?

Was hat der Mann ihm angetan, dass Jesus so mit ihm umspringt?

Die Szene stimmt nicht. Ursprünglich muss da etwas anderes gestanden haben, und das wurde 1901 von K. L. Schmidt[28] erkannt, aber von fast allen anderen Theologen *ver*kannt. Natürlich treibt der schnaubende Jesus nicht den Mann weg, sondern den *Dämon*, der in dem Mann haust: den Lepradämon. Das stimmt auch mit dem griechischen Wort *ekballein* überein, hier übersetzt mit »wegjagen, wegschicken« – dasselbe Verb, das die Evangelisten für die Austreibung eines Dämons aus dem Körper eines Besessenen verwenden.

Was ursprünglich bei Markus oder in seiner Quelle gestanden haben muss, ist Folgendes: »Und zornentbrannt streckte er seine Hand aus und hielt ihn [den Leprakranken] fest. Und schnaubend warf er den Dämon hinaus.« Jesu Zorn ist also nicht gegen den Mann gerichtet, sondern gegen den Lepradämon, der in dem Mann haust. Das oben erwähnte Wort *embrimèsamenos* drückt nach C. Bonner[29] aus, dass sich Jesus zuerst selbst auflud, bis es zu einem Ausbruch von Geknurr, Gebrüll und Geschnaub kam – auf diese Weise entstand die »Inspiration des Wunderdoktors« –, und danach den Dämon hinauswarf.[30]

Das war natürlich ein Schauspiel. Ein schnaubender Jesus, vielleicht sogar mit Schaum vor dem Mund, der den Mann kräftig anpackt und den Dämon knurrend und schnaubend hinauswirft. Uns ist ein Bild Jesu in ekstatischer Hysterie unangenehm, die Kirche hat diesen Aspekt immer unterschlagen – die Evangelisten selbst fingen schon damit an. Aber in Wirklichkeit waren diese Exorzismen meines Erachtens äußerst aggressiv. Von beiden Seiten sozusagen: einerseits kreischende Dämonen, andererseits ein schnaubender, knurrender, brüllender Jesus. Die Zuschauer werden mit Erstaunen, sogar Entsetzen diese Konfrontation verfolgt haben: ein fast körperlicher Kampf unter schrecklichem Geschrei, wobei Jesus den Dämon mit enormer charismatischer Gewalt unter Beschuss nahm.[31]

Wenn ich diese Szene verfilmte, stünde sie in starkem Kontrast zu der Pasolinis in seinem Film *Das 1. Evangelium – Matthäus*. Dort zeigt uns der Regisseur zuerst ein *close-up* eines von Lepra angefressenen Gesichts. In einem *countershot* berührt Jesus den Mann ganz leicht. Dann sofort ein *hard cut*: wiederum das Gesicht dieses Mannes, aber nun vollständig geheilt. Um den Übergang aufzufangen, stülpt Pasolini Bachs *Matthäuspassion* darüber. Eine einzige Gebärde Jesu, unterstützt von Bach: Im Bruchteil einer Sekunde ist die Lepra verschwunden!

In Wirklichkeit war Jesu Verhalten bei den Exorzismen jedoch so extrem, dass seine Familie glaubte, er sei verrückt geworden. Markus zufolge kamen seine Mutter und seine Brüder aus Nazaret nach Kafarnaum, um ihn »aufzugreifen«.[32] Das griechische Verb ist hier *kratein*, und das verwendet Markus auch in zwei anderen Passagen[33] – aber dort meint er »festnehmen«. Folglich heißt es, dass Jesu Familie ihn *notfalls mit Gewalt* nach Hause schaffen wollte. Notabene: Matthäus und Lukas lassen diese Szene weg, als sie Markus kopieren. Für sie war es unerträglich, dass Jesu Mutter und Brüder glaubten, Jesus sei verrückt geworden, und ihn deshalb aufgreifen wollten.

Auch die Schriftgelehrten, die aus Jerusalem kommen, urteilen, Jesu Verhalten sei »des Teufels«: »Er ist von Beelzebul[34] besessen; mithilfe des Anführers der Dämonen [Satan] treibt er die Dämonen aus.« Sie finden Jesus noch schlimmer als Johannes den Täufer, von dem gesagt wurde, er sei »von einem Dämon besessen«[35] – Jesus war vom *Ober*dämon besessen.[36]

Matthäus und Lukas fanden es völlig unannehmbar, dass Jesus[37] körperlich so tobte. Sie haben alles, was damit in Zusammenhang stand, ohne Pardon aus Markus' Text gestrichen. Ich gebe ein paar Beispiele dafür:

– Im Markusevangelium heilt Jesus einen Blinden: »Er nahm den Blinden bei der Hand, führte ihn vor das Dorf hinaus, bestrich seine Augen mit Speichel, legte ihm die Hände auf.«[38] Matthäus und Lukas lassen die gesamte Szene weg: *zu* körperlich mit der fiesen Spucke.[39]

– Jesus heilt einen Taubstummen. Er nimmt ihn zuerst beiseite und sondert ihn so von der Menschenmenge ab. Dann steht da: »Er legte ihm die Finger in die Ohren und berührte dann die Zunge des Mannes mit Speichel; danach blickte er zum Himmel auf, seufzte [knurrte] und sagte zu dem Taubstummen: *Effata!* d. h. Öffne dich! Sogleich öffneten sich seine Ohren, seine Zunge wurde von ihrer Fessel befreit und er konnte richtig reden.«[40] Matthäus und Lukas haben auch diese Szene unterschlagen.

– Jesus erweckt die tote Tochter des Jaïrus wieder zum Leben. Bevor er damit anfangen kann, »trieb[41] (er) sie alle [die Trauernden, die im Haus waren] hinaus.« Lukas lässt Jesu heftige Aktion weg,[42] während Matthäus sich des Passivs bedient: »Als aber das Volk hinausgetrieben war«, sodass es nicht mehr klar ist, dass Jesus derjenige ist, der sie »hinaustreibt«.[43]

Hier begegnet uns also ein ganz anderer als ein träumerischer Jesus, der seine Augen devot zum Himmel erhebt. Das ist ein äußerst aggressiver Jesus, der Körperlichkeit nicht scheut und die Dämonen hinaus*prügelt*.[44] Ein anderer Jesus als der Mann, den wir nach zweitausend Jahren aus ihm gemacht haben, für uns beinahe ein Fremder. Ich führe noch ein letztes Beispiel an, um zu demonstrieren, dass sich Jesu Vorstellungen stark von unseren heutigen unterschieden.

EIN LOCH IM DACH

Hier geht es um Markus 2,1–12. Jesus ist durch Galiläa gezogen und kommt nach Kafarnaum zurück, wo er laut Matthäus eine Wohnung hatte.[45] Die Leute hören, dass er zu Hause ist, und eilen zu ihm, um geheilt zu werden. Es sind so viele, dass sie nicht alle ins Haus passen und sich gegenseitig von der Tür wegdrängen. Da kommen vier Männer, die einen Gelähmten auf einer Bahre tragen. »Weil sie ihn aber wegen des Gedränges[46] nicht bis zu Jesus bringen konnten, brachen sie das Dach über ihm auf [die Dächer bestanden aus kleinen Baumstämmen und Stroh, vermischt mit Lehm] und ließen durch das Loch, das sie gemacht hatten, den Gelähmten auf seiner Tragbahre hinab.« Die Bahre kam sozusagen direkt vor Jesu Füßen herunter, der drinnen auf dem Boden saß. Der Text fährt fort: »Als Jesus ihren Glauben sah …«, worauf er den Mann heilt (d. h. er wirft den Lähmungsdämon hinaus).

Markus behandelt die Geschichte wie eine Moralepistel. Er will zeigen, wie intensiv diese vier Männer an Jesus glaubten. Sie machten sich die Mühe, den Lahmen mit einer Tragbahre und allem anderen auf das Dach hinaufzuziehen, es aufzubrechen und die Bahre Jesus vor die Füße sacken zu lassen. Er ist daraufhin so gerührt von ihrem Glauben, dass er den Mann heilt. Moral: Glaube, und du wirst geheilt werden. Doch man kann dieses Schauspiel auch ganz anders betrachten.

1925 schrieb die Theologin Hedwig Jahnow[47] einen Artikel, in dem sie auf Übereinstimmungen mit indischen Ritualen hinweist, die in jener Zeit bei Exorzismen verwendet wurden. Sie zitiert zwei Fälle,[48] in denen berichtet wird, wie ein Kranker von einem indischen Exorzisten behandelt werden muss. Vermutlich sitzt der Exorzist in einer Halle (eines Tempels?); die Instruktionen lauten: Nachdem die Halle gereinigt wurde, muss man das Stroh auf dem Dach beiseiteschieben und durch das (so gewonnene) Loch den kranken Jungen nach drinnen bringen und auf den Boden niederlassen, wo der indische Exorzist sitzt. Das ist genau dasselbe, was Markus beschrieb: Auch bei ihm wird ein Loch ins Dach gebrochen. Dadurch wird der Gelähmte nach drinnen gebracht und herabgelassen – vor die Füße eines jüdischen Exorzisten, Jesus.

Der Gedanke hinter dem indischen Ritual ist folgender: Der Dämon darf nicht wissen, wo die Tür ist. Wenn der Kranke durch ein Loch im Dach ins Innere gebracht wird, glaubt der (in ihm hausende Dämon), dass *dort* der Eingang ist. Wenn der Dämon vom Exorzisten ausgetrieben ist und durch das Loch im Dach flieht, kann er nicht mehr zu seinem Opfer zurückkehren – denn inzwischen wurde das Dach wieder gedeckt. Wahrscheinlich kannte auch Goethe diese Auffassung, denn im *Faust* lesen wir, dass Mephisto (der Oberdämon) sagt: »'s ist ein Gesetz der Teufel und Gespenster: Wo sie hereingeschlüpft, da müssen sie hinaus. Das erste [hineinkommen] steht uns [Geistern, Dämonen] frei, beim zweiten [wie herauskommen] sind wir Knechte.«[49]

Die Übereinstimmungen zwischen den Vorschriften des indischen Rituals und der Szene, die Markus beschreibt, sind frappierend. Ich denke, man kann daraus schließen, dass die vier Männer, die das Dach aufbrachen, um den Gelähmten hinunterzulassen, das *nicht* wegen des Gedränges an der Tür taten. Sie taten es, weil sie die Art und Weise kannten, wie man den Lähmungsdämon in die Irre führte.[50]

Markus verstand dieses Exorzismusritual nicht mehr, oder er fand es unangenehm, dass Jesus daran glaubte.[51] Deshalb erfand er, dass das Loch gemacht wurde, weil *das Gedränge an der Tür* die Männer daran hinderte, zu Jesus vorzudringen. Das hatte noch einen weiteren Vorteil: Er konnte zeigen, dass Jesus den Gelähmten nur heilte, weil die Träger der Bahre so stark an ihn glaubten.[52] Man behalte das »Gedränge an der Tür« im Gedächtnis – im Griechischen *dia ton ochlon*/wegen der Menge – ich komme im nächsten Kapitel noch einmal darauf zurück.

Zusammenfassung: Ich glaube, Jesus hat *selbst* die vier Männer instruiert, das Dach aufzubrechen. Das ist folglich ein primitiverer, naiverer Jesus als der, den wir uns später gemacht haben. Er war genauso im Denken seiner Zeit gefangen wie wir heute.

SCHICKSALHAFTE VERFÜHRUNG

Ich gehe noch einmal an den Kapitelanfang zurück, wo ich eine Frage unbeantwortet gelassen habe: Wie interpretierte Jesus seine Exorzismen? Wir haben gesehen, dass er sofort nach seinem ersten Exorzismus einen einsamen Ort aufsuchte, um zu beten. Ich denke, Jesus versuchte hier – in einem »Dialog« mit Gott, den er *Abba* nannte – die Bedeutung dieses »sensationellen« Ereignisses zu verstehen. In Lukas 11,20 finden wir einen Fingerzeig, zu welcher Einsicht Jesus kam. Dieser Vers, der als äußerst authentisch gilt, lautet: »Wenn ich aber die Dämonen durch den Finger Gottes austreibe, dann ist doch das Reich Gottes schon zu euch gekommen.«[53] Das bedeutet, Jesus betrachtete die Exorzismen als erste Anzeichen des sich entfaltenden Gottesreiches. Anders ausgedrückt: Die Exorzismen waren der *Beweis*, dass Gott dabei war, sein Reich auf Erden einzurichten!

Es scheint, als habe Jesus eine Zeit lang gezweifelt, ob seine Interpretation richtig war. Er beginnt seinen Satz mit »wenn«, wodurch ein Konditionalsatz eingeleitet wird: *Wenn* es wahr ist, dass ich durch den Finger Gottes Dämonen austreibe, dann ist es auch wahr, dass das Königreich Gottes zu euch gekommen ist. Jesus hält sich hier ein Hintertürchen offen, er *nimmt es an*, er ist sich noch nicht sicher.

Jesu Unsicherheit findet sich in einer anderen Passage ebenfalls wieder. Als Johannes der Täufer von Jesu Wundertaten hört,[54] sendet er seine eigenen Jünger aus, um Jesus zu fragen, ob er vielleicht der »Kommende« sei – über den er, der Täufer, gepredigt hatte. Als Antwort paraphrasiert Jesus Jesajatexte: »Geht und berichtet Johannes, was ihr hört und seht: Blinde sehen wieder und Lahme gehen; Aussätzige werden rein und Taube hören; Tote stehen auf und den Armen wird das Evangelium verkündet.«[55]

Jesus beantwortet damit Johannes' Frage »Bist du der, der kommen soll?« *nicht*. Er umgeht sie, indem er auf die Heilungen verweist, die von Jesaja vorhergesagt worden waren. Auch wenn er impliziert, das Königreich Gottes breche in diesem Moment herein, so fehlt doch die Entschiedenheit.

Aber je mehr erfolgreiche Exorzismen folgten, je mehr Menschen geheilt wurden – von Blindheit, Taubheit, Lepra, Lähmungen –, desto mehr begann Jesus daran zu glauben, dass das Königreich Gottes tatsächlich dabei war, auf Erden hereinzubrechen.

Das wird am deutlichsten im Lukasevangelium, am Anfang von Kapitel zehn. Dort[56] erzählt uns der Evangelist, dass Jesus – als sich seine Bewegung weiter über Galiläa ausbreitete – 72 Anhänger aussandte »in alle Städte und Ortschaften, in die er selbst gehen wollte«. Sie sollten überall erzählen: »Das Reich Gottes ist euch nahe« und dort die Kranken heilen, d. h. die Dämonen austreiben. Sobald diese 72 Männer von ihren Reisen zu Jesus zurückkehren, sind sie »voll Freude« und berichten: »Herr, sogar die Dämonen gehorchen uns, wenn wir deinen Namen aussprechen.« Jesus entgegnet darauf: »Ich sah den Satan wie einen Blitz vom Himmel fallen.«

Jesus hatte offenbar eine Vision gehabt, in der ihm »enthüllt« worden war, dass Gott seinen Gegenspieler, Satan, definitiv besiegt hatte. Satan war von Gott aus dem Himmel geworfen und herabgestürzt worden. Im Himmel war der Kampf nun entschieden, *dort* war Satans Macht für immer gebrochen. Da die Erde als Spiegelbild des Himmels angesehen wurde, musste dies notwendigerweise zu einer Niederlage der Dämonen auf Erden führen: Sie würden ihre Macht über die Menschen verlieren.

Das korrespondiert mit einem Satz im Vaterunser: »Dein Reich komme, wie im Himmel so auf Erden.« Jesus meint damit, dass im Himmel das Königreich Gottes bereits errichtet ist, Gott hat Satan *dort* besiegt. Nun folgt hier auf Erden der Kampf gegen die Dämonen. Auch er wird gewonnen werden, weil Satan seine Macht verloren hat und seine Handlanger nicht mehr unterstützen kann.

Letzteres drückt Jesus nach Markus so aus: »Es kann aber auch keiner in das Haus eines starken Mannes einbrechen und ihm den Hausrat rauben, wenn er den Mann nicht vorher fesselt; erst dann kann er sein Haus plündern.«[57] Der stärkere Mann ist Satan, der von Gott »gefesselt« wurde (notabene: nicht von Jesus). Nun kann Gott mit Jesu Hilfe das Haus Satans »plündern«. Oder: Jesus gebraucht »den Finger Gottes« (Gottes Macht), um die Dämonen auszutreiben. Mit jedem Dämon, der ausgetrieben wird, verliert das Reich der Dämonen an Boden, und letztendlich wird es vernichtet werden.

Die erfolgreichen Exorzismen führten dazu, dass Jesu Gedanken sich überstürzten. Was anfangs noch in eine nicht allzu ferne Zukunft projiziert war, wurde plötzlich akut: Das Königreich *war* schon angekommen und dabei, sich auf Erden einzurichten; die Exorzismen bewiesen es. In kürzester Zeit würde es sich in seiner Gänze über Palästina erstrecken.[58]

Alle Versprechungen, die Jesus gemacht hatte, würden erfüllt werden, auch Jesajas Verheißungen würden Wirklichkeit werden: »Dann werden die Augen der Blinden geöffnet, auch die Ohren der Tauben sind wieder offen. Dann springt der Lahme wie ein Hirsch, die Zunge des Stummen jauchzt auf« und »er beseitigt den Tod für immer. Gott, der Herr, wischt die Tränen ab von jedem Gesicht…«[59]

Dass Jesus dies alles innerhalb kürzester Zeit erwartete, können wir bei Matthäus 10,23 lesen. Als er – zu Beginn seines Predigens – seine zwölf Jünger aussendet, damit sie das Kommen des Königreichs ankündigen, sagt er zu ihnen: »Ihr werdet nicht zu Ende kommen mit den Städten Israels, bis das Königreich Gottes kommt.« Demnach spricht Jesus hier von einigen Monaten, vielleicht einem (halben) Jahr, so groß war Israel/Palästina nicht.

Ich muss hier gleich beichten, dass ich Matthäus' Text verändert habe. In den Manuskripten steht nicht »bis das Königreich Gottes kommt«, sondern »bis der Menschensohn kommt«. Das ist aber meines Erachtens nicht das, was Matthäus in seiner ursprünglichen Quelle vorfand. Als Matthäus schrieb, wusste er natürlich, dass das Königreich Gottes nicht gekommen war, aber dass der »Menschensohn« noch immer erwartet wurde (die zweite Ankunft Jesu, jetzt im »auferstandenen« Status). Also veränderte er »Königreich Gottes« in »Menschensohn«.

Dass er mit solch rigorosen Veränderungen keinerlei Probleme hatte, wird in Vers 16,28 deutlich. Dort steht nun: »Amen, ich sage euch: Von denen, die hier stehen, werden einige den Tod nicht erleiden, bis sie den *Menschensohn* in seiner königlichen Macht kommen sehen.« In diesem Fall kennen wir sehr wohl den ursprünglichen Text, denn der steht bei Markus: »Amen, ich sage euch: Von denen, die hier stehen, werden einige den Tod nicht erleiden, bis sie gesehen haben, dass das Reich Gottes in (seiner ganzen) Macht gekommen ist.«[60] Hier ist es klar, dass Matthäus »Königreich Gottes« in »Menschensohn« umgewandelt hat. Das spricht dafür, auch Matthäus 10,23 so zu lesen, wie ich oben vorgeschlagen habe.

Ich habe nun erklärt, was die Exorzismen für Jesus bedeuteten. Dem möchte ich hinzufügen, was ich selbst davon halte. Meiner Meinung nach hat Jesus wirklich Menschen von Blindheit, Taubheit und Lähmungserscheinungen geheilt, sogar bei Psoriasis erscheint mir das nicht unmöglich. Es gibt zu viele Berichte im Neuen Testament, die darauf verweisen, und es ist unwahrscheinlich, dass sie alle erfunden sind. Auch Jesu Reputation als Exorzist scheint festzustehen. Das spricht für die Annahme, dass tatsächlich etwas mit den besessenen Menschen geschah, wenn Jesus »ihren« Dämon unter Beschuss nahm.[61]

Echte Lepra, die Krankheit, die von Hansen entdeckt wurde, ist ein schwierigerer Fall. Man kann sie heutzutage durch eine Kombination von Dapson, Rifampicin und Clofazimin heilen, die den Krankheitsverlauf nach einer monatelangen Behandlung zum Stillstand bringen (nach einer einzigen Behandlung ist der Patient schon nicht mehr ansteckend). Diese Medikamente gab es natürlich vor zweitausend Jahren noch nicht.

Johannes Weiß schreibt: »Und selbst wenn man es für möglich halten wollte, dass er auf ›suggestivem‹ Wege den kranken Organismus so angeregt hätte, dass er imstande war, einen Heilungsprozess zu erleben, so ist doch ganz unvorstellbar, wie diese Heilung sich plötzlich oder auch nur rasch vollzogen habe.«[62] Jesus hätte dem Wunder mit seinen eigenen Augen nicht getraut, bei dem Finger und Nasen et cetera nach dem »Austreiben des Dämons« auf einmal anwüchsen.

Sogar eine abblätternde Haut wie bei der Psoriasis bräuchte Zeit, um zu gesunden.

Ich finde es jedoch nicht richtig, wenn Weiß Jesu Heilungen auf eine »psychologische Behandlung« beschränkt. Vielmehr denke ich, es gibt Stellen im Gehirn, die, sofern aktiviert, Stoffe absondern, die einen Heilungsprozess in Gang setzen – oder wenigstens beschleunigen können. Das Tragische ist nur, diese Heilungen *verleiteten* Jesus dazu, zu glauben, dass hier »der Finger Gottes« wirksam sei, und daran die Schlussfolgerung zu knüpfen, die Utopie vom Königreich Gottes – das sich Jesus in der Wüste offenbart hatte – sei dabei, Wirklichkeit zu werden.

Das war Jesu großer Irrtum: Die Exorzismen waren *nicht* »der Finger Gottes«; es war die charismatische Kraft seines *Glaubens* an die Nähe des Gottesreiches, die die Heilungen bewirkte. Genauso wenig war die Schlussfolgerung gerechtfertigt, dass die Exorzismen die Anfangsphase dieses Königreichs darstellten und noch viel mehr folgen würde. Wie wir in den nächsten Kapiteln sehen werden, geschah weiter *nichts*. Ganz im Gegenteil: Jesus sah sich von den Behörden verfolgt, erst von den Anhängern des Herodes Antipas, später vom Sanhedrin in Jerusalem, in enger Zusammenarbeit mit den Römern.

6

DIE FLUCHT JESU

Durch die erfolgreichen Exorzismen, die Öffentlichkeitskampagnen der »Zwölf« und später der 72 Jünger war es nicht zu verhindern, dass Herodes Antipas auf Jesus aufmerksam werden würde. Aus den Schriften des Josephus[1] wissen wir, dass Antipas' Vater – Herodes der Große – sich eines weitverzweigten Spionagenetzes bediente, das »sowohl in den Städten als auch auf den Durchgangsstraßen« im Auge behielt, wo sich Gruppen bildeten: Sie waren nämlich verboten[2] (vergleichbar mit der heutigen »widerrechtlichen Zusammenrottung«). Es liegt auf der Hand, dass sich sein Sohn Antipas einer ähnlichen Strategie bediente, um herauszufinden, wo Unruhen drohten – beispielsweise hatte er den Täufer verhaftet aus Furcht, dessen Predigten könnten zu Aufständen führen.

Obwohl die Evangelisten immer ihr Möglichstes tun, um zu zeigen, dass Jesus keine Bedrohung für das herrschende Regime darstellte,[3] lag die Sache in Wirklichkeit anders. Jemand, der den nahen Beginn des Königreich Gottes ankündigte, behauptete damit implizit, dass die bestehende weltliche Macht, das Römische Kaiserreich – und die jüdische Priesterkaste –, umgehend eliminiert werden würde.

Auch wenn die Römer und Antipas einen baldigen Eingriff Gottes in die Geschichte Israels zu Recht als unsinnig betrachteten, waren sie sich doch dessen bewusst, was die möglichen Folgen sein könnten, wenn eine begeisterte Menge mit voller Überzeugung daran glaubte – mit der Entwicklung dieses »Glaubens« nach der tatsächlichen bewaffneten Aktion befassen wir uns in Kapitel 9.

Bereits zu Anfang seines Evangeliums weist Markus auf die Gefahren hin, die Jesus drohen. Direkt im Anschluss an einen Exorzismus und ein Streitgespräch4 in der Synagoge lesen wir: »Da gingen die Pharisäer hinaus und fassten mit den Anhängern des Herodes den Beschluss, Jesus umzubringen.« Markus zufolge ist Jesus sich dieser Drohung bewusst, denn er warnt seine Jünger: »Gebt Acht, hütet euch vor dem Sauerteig der Pharisäer und dem Sauerteig des Herodes.«[5]

Ob die Pharisäer tatsächlich Jesus gegenüber so feindselig eingestellt waren, ist die Frage. Lukas[6] berichtet, dass ein Pharisäer Jesus zu sich nach Hause zum Essen einlädt. Später wird er von einigen Pharisäern sogar gewarnt: »Geh weg, verlass dieses Gebiet, denn Herodes [Antipas] will dich töten.«[7] Vermutlich hat Markus die zunehmende Feindseligkeit, die erst später zwischen Christen und Pharisäern entstand,[8] auf Jesu Zeit rückprojiziert.

Die eigentliche Bedrohung kam von Herodes Antipas. Die Synoptiker berichten, dass ihm zu Ohren gekommen war, ein Anhänger des Täufers habe erneut eine Reformbewegung gestartet, die – in Antipas' Augen – genauso »gefährlich« war wie die Johannes des Täufers.

In den Evangelien finden wir das in einer leicht gefilterten Form wieder.[9] Dort wird berichtet, dass Antipas »von Jesus gehört hatte« und sich seinetwegen Sorgen machte. Antipas soll gesagt haben: »Johannes, den ich enthaupten ließ, ist auferstanden [in der Gestalt Jesu]« – »übersetzt« bedeutet dieser Satz: Ich dachte, dass ich die Bewegung des Täufers ausgerottet hatte, doch jetzt ist eine neue erblüht. Lukas fügt hinzu, dass Antipas »eine Gelegenheit suchte, um ihn [Jesus] zu treffen.«[10] Wellhausen[11] geht davon aus, dass es sich dabei um eine Beschönigung handelt. Antipas' eigentlicher Wunsch steht in Lukas 13,31 – er wollte Jesus töten.

Natürlich müssen wir all diese »Informationen« der Evangelisten über Herodes Antipas' Denken und Handeln mit einem Fragezeichen versehen. Die Möglichkeit ist gering, dass jemand innerhalb der Bewegung Jesu wusste, was sich an Antipas' Hof abspielte – der einzige Hinweis findet sich in Lukas 8,3. Dort wird berichtet, dass eine gewisse Johanna die Jesusbewegung unterstützte. Sie war mit »dem Verwalter des Herodes [Antipas]« verheiratet. Über diesen Verwalter,

Chuza genannt, könnten Informationen über Antipas in Jesu Kreise gedrungen sein. Wahrscheinlicher ist jedoch, dass die »Information« über Antipas aus Markus' eigener Feder stammt. Er leitete sie aus der historischen Wirklichkeit ab, dass Jesus von Antipas verfolgt wurde und meist auf der Flucht war – hiermit wollen wir uns nun näher befassen.

GETARNTE FLUCHT

Aus zahlreichen Passagen des Johannesevangeliums geht hervor, dass Jesus bedroht wurde und fliehen musste,[12] die Synoptiker allerdings sind in dieser Hinsicht viel weniger explizit. Sie tun alles, um Jesu Flucht zu verschleiern, man trifft diese Textstellen höchstens in »verdeckter« Form an. Hierzu einige Beispiele.

In Vers 3,6 berichtet Markus, dass die »Pharisäer mit den Anhängern des Herodes beraten, um Jesus aus dem Weg zu räumen«. Im folgenden Vers »entweicht« Jesus mit seinen Jüngern an den See Gennesaret (das Galiläische Meer), aber große [Volks-]Mengen (aus verschiedenen Gegenden Palästinas) folgten ihm. Dann kommt der Satz: »Da sagte er zu seinen Jüngern, sie sollten ein Boot für ihn bereithalten, damit er von der Menge nicht zerquetscht werde.« Im Griechischen steht dort *dia ton ochlon thlibōsin*, wörtlich übersetzt bedeutet das »wegen der Menge, damit sie ihn nicht dränge«.

Dem Ausdruck *dia ton ochlon* sind wir schon einmal begegnet, nämlich bei einer Dämonenaustreibung Jesu: Vier Männer ziehen einen Gelähmten auf das Dach eines Hauses, brechen es auf und lassen die Trage mitsamt dem Kranken ins Hausinnere hinunter. Auch das geschah »wegen der Menge«, weil das Gedränge vor der Tür zu groß war, um mit dem Kranken ins Haus zu gelangen. Auf der Basis eines Vergleichs von Jahnow mit indischen Exorzismen war ich jedoch zu dem Schluss gekommen, dass Markus die drei Worte *dia ton ochlon* (wegen der Menge) erfunden hatte, um den ursprünglichen Grund, weswegen das Hausdach aufgebrochen worden war, zu verschleiern: Man wollte damit verhindern, dass der exorzierte Dämon wieder ins Hausinnere gelangte.

In seinem Evangelium verwendet Markus das Wort Menge/*ochlos* 37mal, den Ausdruck *dia ton ochlon*/wegen der Menge nur zweimal – bei der Exorzismusszene und hier im Falle des Bootes, das die Jünger bereithalten sollen. Deshalb denke ich, dass auch *dia ton ochlon* aus Vers 3,9 von Markus erfunden wurde, um etwas anderes zu verdecken. Aber was?

Der Vers Markus 3,7 beginnt mit: »Jesus entwich.« Das griechische Verb ist *anachōrein*, was beinahe immer »fliehen, zurückziehen« bedeutet, sowohl im klassischen Griechisch wie auch im Alten und Neuen Testament.[13] Jesus weicht daher aus/flieht, weil ihm *Gefahr* droht – im Kontext von Vers 3,6 ist damit die Bedrohung durch die Anhänger des Herodes gemeint. Am See Gennesaret angekommen, sagt er zu seinen Jüngern, dass sie ein Boot »für ihn bereithalten sollen«. Das griechische Verb lautet in diesem Falle *proskarterein*, was »auf etwas beharren« oder »stark verbunden sein mit« bedeutet, Bauer[14] übersetzt es mit »dauernd bedacht sein auf«. In Verbindung mit einem Boot ist das eher ungewöhnlich, die richtige Übersetzung sollte daher lauten: »um die ganze Zeit ein Boot für ihn bereitzuhalten«. Außerdem hat das Verb *thlibein* in dem Satz *dia ton ochlon thlibōsin* (um nicht durch die Menge in Bedrängnis zu geraten) auch eine figurative Bedeutung, »verfolgt werden, in die Enge getrieben werden«.[15] Dadurch entsteht bei mir der Eindruck, dass Jesus das Boot in Reichweite haben wollte, um jeden Moment *über den See fliehen zu können* – falls Soldaten von Herodes Antipas in die Nähe kommen sollten.

Ursprünglich lautete die Markus' Text zugrunde liegende Quelle wahrscheinlich so: »Die Anhänger des Herodes bereiteten einen Plan vor, mit dem sie Jesus aus dem Weg räumen konnten. Jesus jedoch zog sich zurück/floh zum See. Und er befahl seinen Jüngern, die ganze Zeit ein Boot für ihn bereitzuhalten, sodass sie [die Anhänger des Herodes] ihn nicht in Bedrängnis bringen konnten.«[16]

Die meisten Theologen haben jedoch große Mühe, die »Flucht« Jesu zu akzeptieren.

Einige Stimmen:

– Gnilka: »Der Rückzug (anachōrèsis) an das Meer ist als Rückzug in eine einsame Gegend gedacht. Ob er als Flucht vor den Mordplänen der Gegner konzipiert ist, ist zweifelhaft.« [17]

– Taylor: »Der Gedanke des ›Rückzugs‹ muss nicht zwangsläufig mit einer ›Flucht vor Gefahr‹ in Zusammenhang gebracht werden. Wahrscheinlicher ist, dass Markus nicht mehr zu sagen beabsichtigt, als dass Jesus sich von Städten und Synagogen abwendete, um seine Predigten unter freiem Himmel fortzusetzen.«

– Montefiore: »Das Wort ›zurückziehen‹ scheint zu implizieren, dass Jesus versucht, nutzlose Dispute mit seinen Gegnern zu vermeiden.«

– Loisy: »Es ist gewiss nicht Markus' Absicht, zu sagen, dass Jesus sich an den See zurückzog, um der Aktion der Pharisäer zu entgehen [...] seine Bewegungen weisen keinen Fluchtcharakter auf.«

– Lagrange: »Es gibt nicht den geringsten Hinweis, dass es sich um eine Flucht handelt.«

– Guelich: »Wenn Jesus sich mit seinen Jüngern zurückzieht, so bedeutet das lediglich, dass er einen neuen Ort aufsucht.«

Jesus war jedoch sehr wohl bereit zu fliehen, wenn Gefahr drohte – in dieser Hinsicht unterscheidet er sich nicht von Che Guevara oder selbst Osama bin Laden. Das wird umso deutlicher in Kapitel 6 des Markusevangeliums, das mit Kapitel 14 des Matthäusevangeliums übereinstimmt. Beide Kapitel berichten von der Exekution Johannes des Täufers durch Herodes Antipas.

APOSTEL?

Anlässlich eines Festmahls bei Herodes Antipas zeigt Salome, die Tochter seiner Frau aus einer früheren Ehe,[18] einen sehr verführerischen Tanz.[19] Antipas erregt der Tanz so sehr, dass er Salome zuruft: »Um was du mich auch bitten wirst, ich werde es dir geben bis zur Hälfte meines Reiches.« Salome, von ihrer Mutter angestiftet, entscheidet sich: »Ich will, dass du mir sofort den Kopf von Johannes dem Täufer auf einer Schale bringen lässt!« Antipas kann sich ihrer Bitte nicht entziehen und lässt den Täufer exekutieren.

J. D. Crossan verdeutlicht in seinem Buch *Jesus, a revolutionary portrait*, dass diese absurde Episode auf eine römische Gruselgeschichte zurückgeht, die bereits von Cicero, Livius und Seneca (dem Älteren) erwähnt wird. Ich möchte hier in Kurzfassung Livius' Version wiedergeben – die mindestens fünfzig Jahre vor Jesu Tod verfasst wurde (Livius starb 17 v. Chr.).

Der Senator Lucius Quinctius Flaminius war in eine Prostituierte verliebt. Bei einem Abendessen prahlte er vor der Frau, dass er Kriminelle stets sehr streng verfolge und bereits viele von ihnen in Ketten gelegt habe. Die Prostituierte bedauerte, dass sie noch nie eine Enthauptung miterlebt habe, und fragte, ob sie es einmal sehen dürfe. Flaminius ließ sofort einen Gefangenen bringen und schlug ihm – vor den Augen aller Gäste – den Kopf ab. Das ist die Basis der Geschichte, die Markus später in Vers 6,17–28 mit viel Fantasie bearbeitet hat. Josephus weiß nichts von dieser *horror story* aus dem römischen Altertum, er berichtet nur, dass Antipas Johannes hinrichten ließ.

Merkwürdigerweise erwähnt Markus mit keinem Wort, wie Jesus auf die Hinrichtung reagiert. Diese Information bekommen wir allerdings bei Matthäus: »Die Jünger des Johannes holten seinen Leichnam und begruben ihn. Dann gingen sie zu Jesus, und berichteten ihm alles. Als Jesus all das hörte, fuhr er mit dem Boot in eine einsame Gegend, um allein zu sein.«[20] Matthäus stellt eine Kausalverbindung her zwischen dem Bericht über Johannes' Tod und dem »Ausweichen« Jesu in eine einsame Gegend. Jesus begriff, dass er als Nächster von Antipas verhaftet und getötet werden würde. Daher floh er an einen Ort, der sich außerhalb von Antipas' Territorium befand.

Vergleichen wir dies nun mit Markus, Kapitel 6. Am Anfang des Kapitels[21] erzählt Markus, dass Jesus die zwölf Jünger auf eine Rundreise durch Galiläa schickt, damit sie überall »die frohe Botschaft« verkünden und Dämonen austreiben – dies haben wir bereits besprochen. Darauf folgt die Gruselszene mit Salomes Tanz und Johannes' Enthauptung. Die Szene endet mit: »Als die Jünger des Johannes das hörten, kamen sie, holten seinen Leichnam und legten ihn in ein Grab.« (6,29). Ohne Unterbrechung – und völlig abrupt – fährt Markus fort: »Die Apostel versammelten sich wieder bei Jesus [nach ihrer Reise] und berichteten ihm [Jesus] alles, was sie getan und gelehrt hatten.« Aber weshalb nennt er die Zwölf hier auf einmal Apostel? Das Wort wird von Markus nur in dieser Passage zweimal hintereinander verwendet, nirgendwo[22] sonst in seinem ganzen Evangelium, er nennt sie stets »die Zwölf« oder die »Jünger«.[23]

Lassen wir dies einen Moment beiseite und schauen wir uns Markus' folgenden Vers an: »Da sagte er [Jesus] zu ihnen [den Jüngern]: Kommt mit an einen einsamen[24] Ort, wo wir allein sind, und ruht ein wenig aus. Denn sie fanden nicht einmal Zeit zum Essen, so zahlreich waren die Leute, die da kamen und gingen.«[25] Bei Markus ist die Kausalverbindung zwischen der Exekution des Täufers und der Flucht Jesu völlig weggefallen. Von »Flucht« ist hier keine Rede: die Jünger gehen an einen »einsamen Ort« um *auszuruhen* …! Da das Wort »Apostel« auf eine redaktionelle Änderung hinweist, denke ich, dass Matthäus' Version in diesem Punkt ursprünglicher ist als die des Markus. Meiner Meinung nach ist Folgendes geschehen:

Als Matthäus ungefähr fünfzehn Jahre nach Markus sein Evangelium schrieb, hatte er eine Version von Markus vor sich liegen, die wie der Text lautete, den wir jetzt bei Matthäus 14,12f antreffen. Darin wurde eine Verbindung zwischen der Exekution von Johannes und Jesu Flucht an einen einsamen Ort hergestellt. Zu der Zeit, circa 85 n. Chr., waren die Verse von Markus und Matthäus noch identisch, weil Matthäus sie ganz einfach von Markus kopierte. Einige Jahre später jedoch, im 2. Jahrhundert n. Chr., hielt ein Redakteur von *Markus* diese Verbindung für zu gefährlich. Sie war ein Hinweis darauf, dass sich Jesus der politischen Folgen seiner Predigt und der Bedrohung durch Antipas voll und ganz bewusst war. Und so unterzog dieser Redakteur Markus' Text einer Veränderung.

Zuerst strich er die Verbindung zwischen Johannes' Exekution und Jesu Flucht, indem er die Jünger von Johannes – die Jesus die Nachricht von der Enthauptung des Täufers brachten – einfach in die Jünger Jesu umwandelte und sie Apostel nannte. Danach unterschlug er Jesu Flucht, indem er diesen zu seinen Jüngern sagen lässt: »Kommt mit an einen einsamen Ort, wo wir allein sind, und ruht ein wenig aus.« Um Glaubwürdigkeit bemüht, fügt er hinzu, dass es dort so lebhaft zuging, »dass sie nicht einmal Zeit zum Essen fanden« – eine ebenso schwache Entschuldigung wie das zuvor verwendete »wegen der Menge«.26 Auf diese Weise klang alles ganz unschuldig und machte den Text, in politischer Hinsicht, ungefährlich. Der Redakteur verriet jedoch seinen Eingriff in Markus' Text durch das Wort »Apostel«. Im 2. Jahrhundert hatte es sich bereits eingebürgert, sogar im Lukasevangelium27 stößt man wiederholt darauf. Der Redakteur realisierte jedoch nicht, dass Markus das Wort »Apostel« niemals verwendet hatte.

Im Matthäusevangelium ist also eine Version von Markus 14,12f. erhalten geblieben, die authentischer ist als das, was wir heute im Neuen Testament bei Markus antreffen. Darin steht, dass Jesus, direkt nachdem er die Nachricht vom Tod des Täufers erhalten hatte, von Kafarnaum aus »mit einem Boot in eine abgelegene/einsame Gegend fuhr, wo er allein sein konnte«.

Es gab noch einen weiteren Grund, weshalb es zu dem Zeitpunkt gefährlich war, länger in Kafarnaum zu bleiben. Die Bevölkerung reagierte zweifellos heftig auf Johannes' Exekution. Johannes wurde als Prophet angesehen, als ein Mann Gottes, der bei vielen Juden großen Eindruck hinterlassen hatte. Die Nachricht von seiner Hinrichtung wird Aufruhr verursacht und zu großer Wut und Unruhe innerhalb der Bevölkerung geführt haben. Um zu illustrieren, wie tief die Gefühle gingen: Sogar viele Jahre später, als Antipas' Armee in einem Feldzug gegen eines der Nachbarländer[28] völlig aufgerieben wurde, empfand die Bevölkerung dies als Strafe (Gottes) für Antipas' Enthauptung von Johannes.[29]

In Kafarnaum war nicht nur eine römische Armee-Einheit stationiert, das Dorf lag auch ganz in der Nähe von Tiberias, dem Machtzentrum des Antipas. Jesus wird sich darüber im Klaren gewesen sein, dass dies nicht der richtige Ort war, um Emotionen gegen Antipas' Regime zu schüren. Daraus ergibt sich sein sofortiger Entschluss, an einen »einsamen Ort« zu ziehen.

Die Frage, wo sich dieser »einsame Ort« befand, ist Gegenstand von Diskussionen. Manche Theologen vermuten dahinter die Westküste des Sees Gennesaret, in der Nähe von Tiberias. Mir erscheint das unwahrscheinlich. Warum sollte Jesus vor Antipas genau an den Ort fliehen, der so nahe an Tiberias lag – wo sich Antipas selbst meist aufhielt? Wahrscheinlicher ist, dass er die Ostküste des Sees wählte, eine bedeutend dünner besiedelte Gegend, wo ein »einsamer Ort« problemlos zu finden war. Außerdem befand er sich dort außerhalb von Antipas' Gebiet, sprich: entweder im Territorium von Philippus oder in der Dekapolis (einer Ansammlung von zehn Städten östlich des Sees Gennesaret). Die genaue *Grenze* dieser beiden Gebiete wäre wahrscheinlich am sichersten gewesen, da er von dort nach zwei Seiten hätte ausweichen können. Auf dieser Grenze liegt das Wadi es-Samak,[30] ein sich immer mehr verengendes Trockental, das hervorragende Verstecke bietet. Es mündet in eine große, grasbewachsene Ebene am Seeufer, die Berge befinden sich ganz in der Nähe. In der näheren Umgebung gab es keine Städte, Hippos lag sieben Kilometer weiter südlich.

Meiner Meinung nach machten Jesus und seine Jünger sich auf den Weg in dieses Wadi: Das war der »einsame Ort«, den sowohl Markus als auch Matthäus erwähnen. Die Evangelisten berichten ebenfalls, dass eine große Menge Jesus an diesen Ort folgte, Markus zufolge zu Fuß. Das bedeutet, dass sie in einer großen Kurve auf das Wadi zugingen und dort – merkwürdigerweise – *früher ankamen*[31] als Jesus, der mit seinem Boot den See in einer geraden Linie überqueren konnte.[32] Wenn die Information stimmt, lässt sich das nur damit erklären, dass die Menge früher als Jesus in Richtung Wadi *aufgebrochen* war. Das würde bedeuten, dass sie ihm nicht folgte, sondern an einen bereits verabredeten Ort ging.[33] Ich denke, dass Jesus die aufgeregte Menge selbst aus Kafarnaum weggeschickt und an einen Ort außerhalb von Antipas' Einzugsgebiet dirigiert hat. So konnte er einen direkten Zusammenstoß mit den Römern oder Antipas' Truppen vermeiden.

KEIN BROT, SONDERN FISCH

Wir kommen jetzt zum »Brotwunder« bzw. zur »wunderbaren Brotvermehrung«, eine Geschichte, die in den Evangelien *sechs Mal* erzählt wird: zweimal von Markus und Matthäus, einmal von Lukas und Johannes.[34] Die Doubletten[35] bei Markus und Matthäus sowie die Tatsache, dass alle vier Evangelisten das »Wunder« ausführlich behandeln, kann nur bedeuten, dass etwas – was auch immer dort geschehen ist – einen sehr großen Eindruck hinterlassen hat. Es folgt eine Zusammenfassung von Markus' erster Version.

In Vers 6, 35-44 berichtet der Evangelist, dass Jesus den Menschen »predigte« – zweifellos vom Königreich Gottes, aber stark beeinflusst von der Hinrichtung des Täufers (bei Matthäus praktiziert Jesus dort auch Krankenheilungen). Als der Abend hereinbricht, wird den Jüngern klar, dass sie nicht genug Nahrung für eine so große Gruppe haben. Jesus sagt: »Gebt ihr ihnen zu essen!« Die Jünger antworten: »Sollen wir weggehen, für zweihundert Denare Brot kaufen und es ihnen geben, damit sie zu essen haben?« Jesus sagt: »Wie viele Brote habt ihr? Geht und seht nach.« Sie schauen nach und sagen: »Fünf [Brote] und außerdem zwei Fische *(ichthus)*.«

Jesus teilt die Menge in Gruppen von Hundert und Fünfzig auf, die sich ins Gras setzen sollen. »Darauf nahm er die fünf Brote und die zwei Fische, blickte zum Himmel auf, sprach den Lobpreis, brach die Brote und gab sie den Jüngern, dass sie sie an die Leute austeilten. Auch die zwei Fische ließ er unter allen verteilen. Und alle aßen und wurden satt. Als die Jünger die Reste der Brote und auch der Fische einsammelten, wurden zwölf Körbe voll. Es waren fünftausend Männer, die von den Broten gegessen hatten.«

Dieses »Wunder« ist unmöglich. Jesus hat niemals fünf Brote in Hunderte Brote umgewandelt, er ist nicht Harry Potter. Obendrein ist die ganze Geschichte dem Alten Testament entlehnt, sie steht in 2 Könige 4, 42–44.

Das bewusste Fragment handelt von dem Propheten Elischa, dort steht: »Einmal kam ein Mann von Baal-Schalischa und brachte dem Gottesmann [Elischa] Brot von Erstlingsfrüchten, zwanzig Gerstenbrote, und frische Körner in einem Beutel. Elischa befahl seinem Diener: Gib es den Leuten zu essen! Doch dieser sagte: Wie soll ich das hundert Männern vorsetzen? Elischa aber sagte: Gib es den Leuten zu essen! Denn so spricht der Herr: Man wird essen und noch übrig lassen. Nun setzte er es ihnen vor; und sie aßen und ließen noch übrig, wie der Herr gesagt hatte.«

Für Christen ist Jesus natürlich eine noch viel »göttlichere« Figur als Elischa. Wenn Elischa es schafft, mit zwanzig Broten hundert Mann zu speisen, muss das Jesus mit fünf Broten und fünftausend Mann problemlos gelingen. In beiden Fällen haben wir es mit einem fiktiven Ereignis zu tun. Aber die Tatsache, dass diese Geschichte, wie gesagt, mindestens sechs Mal im Neuen Testament erzählt wird, wirft die Vermutung auf, dass dort im Wadi es-Samak sehr wohl etwas Besonderes geschehen sein muss. J.P. Meier geht davon aus, dass dort eine gemeinschaftliche Mahlzeit eingenommen wurde, die sich ins Gedächtnis der Teilnehmer eingeprägt hat.[36] Die Frage lautet natürlich: Wenn es kein »Wunder« war, was hat dann so einen Eindruck hinterlassen?

B.M.F. van Iersel[37] und J.P. Meier[38] haben darauf hingewiesen, dass die Evangelisten, je später sie ihre Texte niederschreiben, immer weniger Nachdruck auf die *Fische* legen, dafür aber die *Brote* umso mehr in den Vordergrund treten lassen – da Brot später zum Sakrament der Eucharistie gehörte.[39] In der ältesten Version (Markus 6, 37–44) werden die Worte »Fisch« und »Brot« noch gleich häufig verwendet (je vier Mal), in der zuletzt geschriebenen Version jedoch taucht »Fisch« nur zwei Mal auf, »Brot« dahingegen fünf Mal.[40] Der »Fisch« ist größtenteils aus dem ursprünglichen Text verschwunden.

Vor diesem Hintergrund ist es interessant, Markus' zweite Version der »Brotvermehrung« zu betrachten.[41] Dort werden die Fische in den ersten drei Versen *überhaupt nicht mehr* genannt. Jesus fragt seine Jünger direkt am Anfang: »Wie viele Brote habt ihr?« Die Antwort lautet in diesem Fall: »Sieben.« Alle setzen sich wieder, Jesus spricht ein Dankgebet, bricht die Brote und verteilt sie unter der Menge (hier viertausend Menschen). Erst nach diesem Geschehen steht dort abrupt: »Sie hatten auch noch ein paar Fische bei sich. Jesus segnete sie und ließ auch sie austeilen.«

Da der letzte Vers etwas ungelenk am restlichen Text baumelt, meint van Iersel, dass er erst später von einem Redakteur hinzugefügt worden sei. Dies würde allerdings der Tendenz widersprechen, derzufolge die »Fische« zum Verschwinden gebracht werden sollen (wie van Iersel selbst bemerkt). Meiner Meinung nach ist gerade der letzte Vers

(8,7) *ursprünglicher* als die vorangehenden (8, 4–6), aus denen die Fische bereits entfernt wurden. Das bedeutet: Vers 7 wurde nicht den Versen 4–6 hinzugefügt, sondern umgekehrt. Die älteste »Schicht« lautete: »Und sie hatten ein paar Fische. Und die segnete er und sagte, dass sie die verteilen sollten. Die Menschen aßen und wurden satt und sie hoben auf, was übrig blieb, sieben Körbe voll. Es waren ihrer viertausend.«

Ein zusätzliches Argument findet sich im ursprünglichen griechischen Text. Als Jesus in Vers 7 die Fische verteilt, spricht er einen Segen, *eulogèsas.* Als er in Vers 6 die Brote verteilt, spricht er ein Dankgebet, *eucharistèsas.* Das letzte griechische Wort weist bereits nachdrücklich auf das *später* in den christlichen Gemeinden entstandene Sakrament/Ritual der Eucharistie hin, das Wort *eulogèsas* aus Vers 7 jedoch *noch nicht.* Auch daraus lässt sich schlussfolgern, dass Vers 7 »älter« ist als Vers 6. Die ursprüngliche Quelle, die das Fundament für 8,4–9 bildete, handelt von der Verteilung der Fische, nicht der Brote.

Wenn die Fische im Laufe der Jahre[42] zugunsten der Brote immer mehr in den Hintergrund traten, kann man die Tendenz auch umgekehrt lesen: Was stand in den Quellen, bevor die Evangelisten die Geschichten aufschrieben, wie lautete die mündliche Überlieferung in den Jahren direkt nach Jesu Tod? Kurzum: Was *aßen* die Menschen im Wadi es-Samak?

Meiner Meinung nach fand am Ufer des Sees Gennesaret eine Mahlzeit statt, bei der es *Fisch* als »Hauptgericht« gab. John P. Meier kommt ebenfalls zu diesem Schluss, auch wenn er ihn – als vorsichtiger Katholik, der sich nicht mit dem Vatikan anlegen will – in einer Fußnote verbirgt: »Man bekommt den Eindruck, dass die Fische nur in der heutigen Version der Geschichte genannt werden, weil sie Teil der ursprünglichen Geschichte waren (und möglicherweise das *ursprüngliche historische*[43] Ereignis wiedergeben, sofern es überhaupt stattgefunden hat).«[44]

Dass eine große Menge (fünftausend wird übertrieben sein, fünfhundert klingt wahrscheinlicher) auf der Grasebene am Ufer des Sees mit Fisch gespeist werden konnte, ist glaubwürdig. Mindestens vier der Jünger Jesu waren Fischer: Petrus, Andreas, Johannes und Jakobus

– die beiden Letzteren betrieben sogar eine Fischerei. Die meisten Fischer an der nordwestlichen Seite des Sees kannten einander natürlich: der See Gennesaret ist klein,[45] [nicht viel größer als der Große Wannsee]. Wenn sie hinausfuhren, rückten sie einander ziemlich auf die Pelle, mit lautem Schreien wurde von Boot zu Boot weitergegeben, wo sich an diesem Tag der meiste Fisch befand. Diese Szenerie lässt sich nicht mit der Darstellung der Nordseefischer vergleichen, die Mesdag so packend in seinen Malereien abgebildet hat: Ihre »Botter« befuhren eine weit größere Wasserfläche.

Man versuche sich vorzustellen: Auf einer sonst unbewohnten Ebene tauchten auf einmal Hunderte von Menschen auf – das wird sicher die Aufmerksamkeit der Fischer erregt haben. Es wird nicht lange gedauert haben, bis sie wussten, was sich dort abspielte: eine Menge, entsetzt über die Exekution des Täufers, und ein charismatischer Prediger, früherer Schüler von Johannes, der das Königreich Gottes verkündigte. Und auch wenn Jesus es nicht so formuliert haben wird, das Eintreffen dieses Königreichs implizierte, dass Herodes Antipas – der Henker des Täufers – bald vernichtet werden würde.

Ich denke, dass die Fischer, in einem Ausdruck der Solidarität mit Petrus, Andreas, Jakobus und Johannes, ihre Netze ausgeworfen haben, um die Menge zu speisen. Da ein Großteil des Fischfangs »besteuert« war – auf ägyptischen Papyri[46] ist die Rede von 30 bis 40 Prozent – und an Antipas' Beamte (die so genannten Zöllner) abgegeben werden musste, kann die Gratisverteilung des Fangs als ein Akt des Widerstands der Fischer gegen Antipas gewertet werden.

Wenn man weiß, wie der Fischfang zu dieser Zeit vor sich ging, hat man sofort eine fantastische Filmszene vor Augen. Die Netze wurden zwischen die Boote gespannt, zwischen denen ca. zehn bis zwanzig Meter Abstand lag, sodass ein Halbkreis entstand. Dann fuhren andere Fischer auf die offene Seite des Halbkreises zu und begannen mit ihren Rudern auf das Wasser zu schlagen. Die Fische wurden dadurch in Richtung der Netze gescheucht und darin gefangen. Häufig war der Fang mit rhythmischen Gesängen verbunden, man denke (in diesem Zusammenhang) an den schönen Dokumentarfilm von Herman van der Horst aus dem Jahre 1951, *'t Schot is te boord (Let's Cast Our Nets)*. Man stelle sich diese Szenerie vor, kombiniert mit einer Predigt Jesu im (vom Gras) grün gefärbten Wadi – wobei er möglicherweise auch noch Dämonen austrieb. Dann kommt der Abend. Der »Fang des Tages« wird an Land gebracht, Jesus segnet die Nahrung, die Fische. Alle essen und werden satt. Und noch immer sind Fische übrig …

Schon allein das muss einen außerordentlichen Eindruck hinterlassen haben. Man darf nicht vergessen: es handelte sich um größtenteils arme und daher hungrige Menschen,[47] die in großem Umfang umsonst Essen ausgeteilt bekamen, während ihnen Jesus – zweifellos mit großer Überzeugungskraft – eine bessere Zukunft vorhersagte. »Selig seid ihr, die ihr hungert, denn ihr sollt satt werden.«[48]

AUFSTAND

Doch spielte noch ein anderes Element eine Rolle, das diesen Moment zu einem unvergesslichen Erlebnis für die Zuschauer machte. Nur im Johannesevangelium ist davon noch eine Spur zu finden, und zwar in Vers 6,15: »Da erkannte Jesus, dass sie kommen würden, um ihn mit Gewalt mitzunehmen und zum König zu machen. Daher zog er sich wieder auf den Berg zurück, er allein.«

Auf einmal fällt ein ganz anderes Licht auf die gemeinschaftliche Fischmahlzeit, die Verbindung zum Tod des Täufers wird sichtbar. Die Emotionen, die durch dessen Exekution hervorgerufen worden waren, die charismatische Predigt Jesu, der Überfluss an Nahrung, die auf einmal zur Verfügung stand, alle diese Elemente mündeten in eine gefährliche Euphorie: Es war der Anfang eines Aufstands. Die Menschen wollten Jesus zu ihrem Anführer machen, ihn zu einem (davidischen) König ausrufen, von dem erwartet wurde, dass er die römische Herrschaft beende. Die gemeinsame Mahlzeit weitete sich zu einer politischen Aktion aus – was die Anwendung von Gewalt impliziert.[49]

Erst unter diesem Gesichtspunkt fallen einige Eigentümlichkeiten in Markus' Text auf. Meist verwendet er für das Wort »Menschen« das griechische *anthrōpoi*. Hier steht jedoch in Vers 6,44 nachdrücklich *andres*,[50] Männer: »Es waren fünftausend Männer, die von den Broten gegessen hatten.« Dann teilt Jesus – so Markus – diese Männer in

Gruppen von je fünfzig und hundert ein, was auf eine militärische Operation verweist.[51] Jesus lässt die Männer auch »bei Tisch liegen«[52], ähnlich den Reichen bei einem römischen Bankett: Das lässt vermuten, dass er die gemeinschaftliche Mahlzeit als ein eschatologisches[53] Festmahl sah, als Vorboten des Königreichs Gottes, wo »Männer« den Platz der »Reichen« einnehmen würden (»Selig, ihr Armen, denn euch gehört das Reich Gottes«[54]). Auch nennt Markus die Menge »eine Herde Schafe ohne Hirten«, was im Alten Testament[55] auf eine Armee ohne General verweist, ein Volk ohne einen nationalen Führer oder ein Volk, das im Würgegriff bösartiger Herrscher steckt.

Dies hat H. Montefiore[56] vor einem halben Jahrhundert dazu gebracht, die »Brotvermehrung« als eine Metapher für ein historisches Ereignis zu sehen: den Auftakt zu einem Aufstand.[57] Obwohl sich die Historiker für diese Anregung nicht erkenntlich zeigten – immerhin wird Jesus dadurch zu einer politischen Figur, vielleicht sogar zum Revolutionär, Gott bewahre –, denke ich, dass Montefiore recht hat. Sein Gedanke passt gut zu Johannes 6,15, »dass sie gekommen waren, um ihn in ihre Gewalt zu bringen *(harpazein)* und zum König zu machen« und ebenfalls zu der unbändigen, euphorischen Atmosphäre, die ich zuvor skizzierte.

Auch R. Brown deutet die Reaktion der Menge als politisch und schreibt, dass der Auftritt Jesu »das Volk in einen flammenden Enthusiasmus versetzte, was die Gefahr eines Aufstands in sich trug.«[58] C. S. Mann beschreibt es als »eine geladene Stimmung«[59] und E. Bammel[60] ist der Meinung, dass Johannes' Tod der »direkte Anlass für öffentliche Unruhen war«.

Zu einem echten Aufstand kam es jedoch nicht, Jesus war (damals noch) nicht bereit, sich vom Enthusiasmus der Menge anstecken zu lassen und zu bewaffneter Gewalt überzugehen. Das »Hereinbrechen« des Königreichs Gottes musste von Gott selbst ausgehen. Bewaffnete Gewalt von »Männern«, die sich gegen das Regime stellen wollten, war in dem Moment für Jesus absolut verwerflich.

Es ist sehr gut möglich, dass sich sein kryptischer Ausspruch: »Seit den Tagen Johannes des Täufers bis heute wird dem Himmel-/Gottesreich Gewalt angetan; die Gewalttätigen reißen es [das Königreich] an sich«[61] auf diese Situation bezog. Tatsächlich ist das ursprüngliche Griechisch dynamischer: Dort steht nicht, dass sie *versuchen*, es zu ergreifen, sondern buchstäblich »die Gewalttätigen reißen es an sich«.[62] Das Verb ist *harpazein*, das auch bei dem Versuch verwendet wird, Jesus zu »ergreifen«, um ihn zum König zu machen. Der Vorwurf Jesu kann sich daher sehr gut auf die »Männer« bezogen haben, die im Wadi es-Samak bereitstanden, um das Königreich Gottes in einen gewalttätigen Aufstand zu verwandeln. Jesus war damals noch der festen Überzeugung, dass das Königreich nicht von Menschen verwirklicht werden könne. Selbst wenn er die Dämonen besiegte, die endgültige Erneuerung Israels musste von Gott bewerkstelligt werden.

Jesu Reaktionen auf den Versuch, ihn zum König von Israel zu krönen, verdeutlichen diese Haltung. Zuallererst *befiehlt*[63] er seinen Jüngern, sofort *(euthus)* wieder das Boot zu besteigen und wegzufahren, und das, während sich – so Johannes 6,18 – ein Sturm zusammenbraute[64] und der See »unruhig wurde«. Anscheinend hatten sich auch die Jünger von dem enormen Enthusiasmus der Menge anstecken lassen und waren bereit, sich dem drohenden Aufstand anzuschließen.

Man darf nicht vergessen, dass sich der frühere Zelot[65] Simon unter »den Zwölf« befand, ferner die Brüder Jakobus und Johannes, »die Donnersöhne« *(boanerges)*, wie Jesus sie nannte.[66] Keiner der drei wird eine Scheu vor Gewalt gehabt haben. Das wird bei Lukas ersichtlich – dort steht, dass die Brüder eine furchtbare Wut packte, als sie in einem Samariterdorf einmal unfreundlich empfangen wurden. Sie riefen Jesus sofort zu: »Herr, sollen wir befehlen, dass Feuer vom Himmel fällt und sie [die Samariter] vernichtet?«[67]

Aber als die Jünger wegfahren, ist Jesus nicht bei ihnen, er bleibt zurück und versucht, die Menge zur Vernunft zu bringen. Anscheinend erfolglos, denn er »floh *(pheugei)* danach auf den Berg, allein« – so steht es bei Johannes in dem wichtigen Manuskript Sinaiticus. Dies ist erneut eine »schwierige« Lesart, in den anderen Manuskripten steht »er zog sich zurück« *(anechōrèsin)*.[68] R. Brown denkt jedoch, dass die Annahme, »er floh«, historisch korrekt ist und es sich dabei um den ursprünglichen Text handelt. Da die Flucht beschämend für Jesus zu sein schien, änderte ein Redakteur – schon früh bei der Entstehung des Johannesevangeliums – diese Aussage in »er zog sich auf den Berg zurück«.[69]

Dort betet Jesus. Es ist – wie bereits besprochen – das zweite Gebet Jesu im Markusevangelium: ein Moment großer existenzieller Unsicherheit. Ein solcher wurde bereits an früherer Stelle mit der »Versuchung« in der Wüste symbolisiert, als der Teufel ihm alle Königreiche der Welt verspricht – unter der Bedingung, dass Jesus statt Gott den Teufel anbetet.

Im Wadi es-Samak bietet ihm die Menge das »Königtum über Israel« an, und Jesus steht vor der Entscheidung, ob er das Angebot annimmt. Der Folgen wird er sich zweifellos bewusst gewesen sein: ein Aufstand gegen die Römer, der blutig niedergeschlagen werden würde – wie es schon etwa dreißig Jahre zuvor in Sepphoris geschehen war, als sich Judas aus Galiläa erhob, direkt nach dem Tode Herodes' des Großen. In den Nachwirkungen des Aufstands war Jesus vielleicht sogar selbst gezeugt worden.

Oder würde Gott dieses Mal auf der Seite der Juden stehen? War es Gottes Wille, dass der Moment des Kampfes gekommen war, dass jetzt das römische Joch abgeworfen werden musste und auch konnte? In seinem Gebet zu Gott kam Jesus zu der Überzeugung, dass die Anwendung von Gewalt, die Gründung eines davidischen Königreichs verworfen werden musste. Die Evangelisten haben die politischen Implikationen dieser Ereignisse so weit wie möglich verschwinden lassen und sie mit dem Wunder der »Brotvermehrung« übermalt.

NOCH EIN UNMÖGLICHES WUNDER

Direkt im Anschluss berichtet Markus[70], dass sich die Jünger in ihrem Boot auf dem Weg nach Betsaida befinden. Es herrscht ein so starker Gegenwind (es muss *North by Northwest*[71] gewesen sein), dass sie kaum vorwärtskommen. Plötzlich sehen sie Jesus »zu ihnen kommen auf dem Wasser *(epi tès thalassès)*«. Sie bekommen einen furchtbaren Schreck, denken, dass sie einen Geist[72] sehen, schreien laut heraus, aber Jesus sagt: »Habt keine Angst« und steigt zu ihnen ins Boot. Und sofort flaut der Wind ab.

Matthäus legt sich noch mehr ins Zeug. Petrus ruft Jesus zu (als dieser noch über das Wasser geht): »Herr, wenn du es bist, so befiehl, dass ich auf dem Wasser zu dir komme.« Jesus sagt: »Komm!« Petrus steigt aus dem Boot, läuft einige Schritte über das Wasser, sackt durch die Oberfläche und ertrinkt um ein Haar. Jesus rettet ihn. Das Boot, jetzt mit Jesus an Bord, landet schließlich in oder bei Betsaida.[73]

Der Gang über das Wasser, sei er nun von Jesus oder von Petrus berichtet, ist natürlich Unsinn: So etwas ist unmöglich. Bultmann[74] weist darauf hin, dass in jenen Zeiten mehrere Geschichten im Umlauf waren, in denen Menschen übers Wasser gingen, Markus wird es wahrscheinlich davon kopiert haben.

Allerdings kann ich mir eine realistische Version vorstellen. Wenn die Jünger starken Gegenwind hatten, konnten sie ihr viereckiges Segel nicht verwenden. Sie mussten ein mit zwölf Mann besetztes Boot mit vier Rudern gegen die hohen Wellen rudern – der See Gennesaret war für Wellen von zwei, drei Meter Höhe bei schlechtem Wetter berüchtigt.[75] Der Wind und die Wellen werden das Boot unaufhörlich gegen das Ostufer gedrückt haben, es muss Schwerstarbeit gewesen sein, in das acht Kilometer weiter gelegene Betsaida zu gelangen.

Als sie Jesus sahen, war es »in der vierten Nachtwache«[76]. Johannes zufolge[77] waren sie in der ganzen Zeit nicht mehr als fünf Kilometer vorangekommen. Wenn Jesus nach seinem Gebet in nördlicher Richtung am Ufer entlanggegangen ist, konnte er das Boot leicht »eingeholt« haben. Die Jünger müssen sehr überrascht gewesen sein, als sie ihn plötzlich am Ufer erscheinen sahen.[78] So etwa könnte die historische Basis der Geschichte lauten, natürlich handelt es sich um reine Spekulation meinerseits. Aber die Frage stellt sich trotzdem: Warum hätte man diese (zufällige) Begegnung zu einem Wunder »umbauen« sollen? Was brachte Markus oder seine Quelle dazu, diese Begebenheit zu »übermalen«?

Daher erneut: Was musste verschwinden?

Laut Johannes war Jesus den Berg hinaufgeflohen. Nach einigen Stunden erreichte er mit seinen Jüngern Betsaida und zog, wie wir später sehen werden, in nördlicher Richtung weiter nach Tyrus und Sidon. Dass Jesus sich der Führerschaft des Aufstands entzogen hatte und geflohen war, musste für viele Mitglieder seiner enthusiastischen Gefolgschaft eine bittere Enttäuschung gewesen sein – möglicherweise wertete man diesen Schritt sogar als Feigheit. Johannes schreibt: »Daraufhin zogen sich viele Jünger zurück und wanderten nicht mehr mit ihm umher.«[79]

Ich denke, dass die Evangelisten Jesus über das Wasser gehen ließen, um den negativen Aspekt seines Handelns zu neutralisieren. Wenn das Weinwunder zu Kana den Konflikt zwischen dem Täufer und Jesus (als Letzterer auf eigene Faust zu taufen beginnt) zu rechtfertigen versucht, so soll der wundersame Gang über das Wasser die Flucht Jesu beschönigen – indem man ihr gegenüberstellt, dass er Gott war.

Man kann sogar argumentieren, dass die Evangelisten diese Art der Übermalung *immer* anwandten, sobald sie politisch gefährliche oder andere unangenehme Dinge kaschieren wollten. Dann wurde eine neue Schicht darübergelegt – bei der es sich stets um ein *unmögliches* Wunder handelte. Man stelle sich vor: Wenn Jesus ein uneheliches Kind war, breitete man das Wunder der Jungfrauengeburt darüber. Sein äußerst demütigender Tod wurde mit der Auferstehung weggewischt. Bei der »Verklärung« und der »Auferweckung« des Lazarus werden wir dem gleichen Muster begegnen.

DARF EIN HELD FLIEHEN?

Auch wenn sich Jesus dem drohenden Aufstand der »fünftausend Mann« entzogen hatte, dass das Treffen stattfand und ein Versuch unternommen worden war, Jesus zum König zu krönen, wird Antipas schnell erfahren haben. Schließlich liegt das Wadi es-Samak fast genau gegenüber von Tiberias, und wenn eine gemeinschaftliche Fischmahlzeit am gegenüberliegenden Seeufer gehalten wurde, werden dort Feuer entzündet worden sein, um den Fisch zu grillen – das muss man von Tiberias aus gesehen haben, das etwa zehn Kilometer entfernt lag. Und wie bereits gesagt: Antipas hatte überall Spione, wahrscheinlich auch in der Menge der 500(0). Antipas – oder sein Stellvertreter – wusste spätestens am nächsten Morgen, was sich am gegenüberliegenden Seeufer ereignet hatte.

Die merkwürdige Passage in Johannes 6,22–24 hat hiermit vielleicht etwas zu tun. Der Evangelist beginnt mit einem unverständlichen Vers: »Am nächsten Tag sah die Menge, die am anderen Ufer des Sees stand, dass kein anderes Boot mehr da war als eines, und dass Jesus nicht mit seinen Jüngern ins Boot gestiegen war, sondern dass die Jünger allein abgefahren waren.«

Wie konnte die Menge auf der anderen Seite – es müsste also das Westufer des Sees sein – *am nächsten Tag sehen,*[80] dass die Jünger am *vorherigen* Abend allein in einem Boot weggefahren waren und dass sich Jesus nicht unter ihnen befand? Was hat dieses eine Boot zu bedeuten, das dort noch zu liegen scheint? Und wer war die Menge, die »am anderen Ufer des Sees stand«? Es hat den Anschein, als sei der Text durch die Pfuscherei eines Redakteurs unverständlich geworden.

Dann schreibt der Evangelist: »Von Tiberias her kamen andere Boote in die Nähe des Ortes, wo sie (nach dem Dankgebet des Herrn) das Brot [die Fische] gegessen hatten. Als die Leute[81] sahen, dass weder Jesus noch seine Jünger dort waren, stiegen sie in die Boote, fuhren nach Kafarnaum und suchten Jesus.«[82] Wenn man das so liest, erscheint es völlig unschuldig, als hätten einige Menschen angefangen, sich für den Auftritt Jesu zu interessieren, und versucht, ihn wiederzufinden. Aber weshalb dann der schludrig umgearbeitete und dadurch jetzt unverständliche einleitende Vers 6,22? Was stand dort ursprünglich, bevor es der Evangelist oder sein Redakteur verschwinden ließen?

Ich unterstelle Folgendes: Im ursprünglichen Bericht konnte man lesen, dass Antipas am nächsten Morgen hörte, was »am anderen Ufer« des Sees geschehen war. Eine enthusiastische Menge (Männer!) hatte einen charismatischen Wundertäter zum König von Israel ausrufen wollen. Es sah nach dem Beginn einer Volksbewegung aus, die – in Antipas' Augen – nur als Aufstand gewertet werden konnte. Er schickte Boote und Soldaten zum Wadi es-Samak, um Jesus zu verhaften, vielleicht nahm er an, dass Jesus mit dem dort verbliebenen Boot wegfahren würde. Als sich jedoch an Ort und Stelle herausstellte, dass sich weder Jesus noch seine Jünger an diesem Seeufer befanden, schickte er seine Boote nach Kafarnaum – dem festen Aufenthaltsort Jesu –, um ihn dort festzunehmen.

Die Quelle, auf der die Verse 6,22–24 basieren, kann ungefähr so gelautet haben: »Am folgenden Tag vernahm Antipas, was sich auf der gegenüberliegenden Seite des Sees zugetragen hatte. Er hörte, dass die Jünger weggefahren waren, aber dass Jesus nicht unter ihnen war. Er sandte Boote aus Tiberias an das andere Ufer [in der Hoffnung, ihn dort zu verhaften]. Als sich zeigte, dass Jesus nicht mehr dort war, schickte er die Boote nach Kafarnaum.« Auch dort hatte Antipas kein Glück. Jesus war sich dessen bewusst, dass er – nach dem im Keim erstickten Aufstand – eine militärische Aktion von Antipas zu erwarten hatte. Darum entschloss er sich, mit seinen Jüngern weiter in nördliche Richtung zu fliehen.

Matthäus berichtet, dass Jesus sich »nach Tyrus und Sidon zurückzog«,[83] und Markus fügt hinzu: »Er ging in ein Haus, wollte aber, dass niemand davon erfuhr.«[84] Jesus floh also nicht nur aus Antipas' Territorium, er versuchte auch zu verhindern, dass sein nächster Aufenthaltsort bekannt werden würde. Jesus, der sich fortwährend auf der Flucht befindet und sich obendrein verborgen hält – für uns ist es ein seltsames Bild, es ist nicht heroisch: Helden fliehen nie, sie setzen sich immer mit aller Kraft zur Wehr. Aber vor ca. achtzehnhundert Jahren war Jesu Flucht in christlichen Kreisen völlig akzeptiert.

Den Kirchenvätern Cyprian und Origenes[85] zufolge lehrte Jesus seine Jünger, dass es *gut* sei, bei drohender Gefahr zu fliehen (wirf dich nicht grundlos vom Dach des Tempels – eine der »Versuchungen« in der Wüste). Cyprian schreibt: »Und darum hat der Herr [Jesus] uns befohlen, wegzugehen und zu fliehen, wenn wir verfolgt werden, und er hat uns gelehrt, dass es getan werden muss, und er hat es selbst auch getan.«[86]

Origenes zufolge lehrte Jesus, dass man »sich so weit wie möglich zurückziehe, wenn man verfolgt werde … wer das nicht tue, sei einfach dumm«.[87] In seinem bereits erwähnten Buch *Contra Celsum* zitiert Origenes den griechischen Philosophen Celsus, der (durch den Mund einer fiktiven Figur, »der Jude« genannt) Jesus anklagt: »Warum versteckst du dich aus Furcht und ziehst in Jammer und Elend herum?« Origenes erwidert: »Es ist nicht ›unmännlich‹, zu vermeiden, dass man sich Gefahren aussetzt, [es ist gerade richtig,] sich davor [vor den Gefahren] sorgfältig zu hüten.«[88] Im selben Buch schreibt

Origenes, Jesus handle so, »damit er nicht planlos und nicht zur Unzeit oder unvernünftig den Gefahren entgegengehe« – wiederum als Antwort auf Celsus' Beschuldigung, dass Jesus »sich (mit seinen Jüngern) hier und dort verstecke«.[89] Origenes ging auch davon aus, dass Matthäus 10,23 lautete: »Wenn sie euch in dieser Stadt verfolgen, so fliehet in die andere; und wenn sie euch auch in dieser verfolgen, so fliehet wieder in eine andere.«[90] Es erscheint mir offensichtlich, dass Jesu Strategie der Flucht und des Versteckens bei den ersten Christen gleichermaßen bekannt wie akzeptiert war. Möglicherweise bezieht sich Jesus selbst auf diese Fluchten, wenn er sagt: »Die Füchse haben ihre Höhlen und die Vögel ihre Nester; der Menschensohn [ich] aber hat [habe] keinen Ort, wo er sein Haupt hinlegen kann.«[91]

Nach dem abgebrochenen Aufstand im Wadi es-Samak flieht Jesus über den See nach Betsaida. In meiner Rekonstruktion wurde er von Antipas verfolgt, daher flüchtete Jesus mit seinen Jüngern weiter Richtung Norden, erst nach Tyrus (wo er ein Haus fand und eine Weile blieb), dann nach Sidon.[92] In diesem Fall sind die meisten Theologen sehr wohl bereit, die Ortswechsel als Flucht aus Antipas' Territorium und Machtbereich zu sehen:[93]

– Mann[94] sieht die »angespannte politische und religiöse Atmosphäre« als Grund für den Weggang Jesu aus Antipas' Gebiet;
– Burkitt sieht es als eine »politisch motivierte Bewegung«;
– Hoehner akzeptiert, nicht ohne Schwierigkeiten, dass »Antipas vielleicht der Grund für die schnelle Abreise Jesu aus Betsaida nach Cäsarea Philippi war«;
– Goguel schreibt: »Jesus geht heimlich in den fernen Norden, in die Gegend von Tyrus … nur um Galiläa hinter sich zu lassen … es hat den Anschein einer überhasteten Reise … er fühlt sich gehetzt«;
– Klausner: »Jesus war gezwungen … vor seinen Feinden zu fliehen«;
– Montefiore: »Der Grund [weshalb Jesus Antipas' Gebiet verließ] könnte seine Angst vor Antipas gewesen sein. Ursprünglich gab es [in Markus] möglicherweise einen Anhaltspunkt, dass, an diesem Punkt, das Leben Jesu in Gefahr war … [weil einem Redakteur die Angst Jesu unangenehm war,] wurde beschlossen, Antipas' Feindschaft aus Markus zu entfernen.«[95]

Jesus zieht weiter umher. Es ist nicht mehr möglich, seine genaue Route nachzuprüfen. Ich denke, dass er fast einen vollständigen Kreis gegangen ist: von Tyrus weiter in nördlicher Richtung nach Sidon und dann östlich an Cäsarea Philippi vorbei. Danach bog er nach Süden ab und durchquerte das Gebiet von Philippus,[96] passierte den See Gennesaret an der Ostseite und kam über die Dekapolis[97] in Samaria an.

Offenbar hat Jesus die Strecke seiner Rundreise so ausgewählt, dass er stets außerhalb des Machtbereichs von Herodes Antipas blieb. Dasselbe galt für sein nächstes Ziel, Jerusalem. Auch da hatte Antipas nichts zu sagen – Judäa stand unter direkter römischer Befehlsgewalt, hier des Pontius Pilatus. Im folgenden Kapitel möchte ich zeigen, dass Jesus Jerusalem als Ziel seiner Rundreise wählte, weil er zu der Überzeugung gelangt war, dass Gott sein Königreich dort in aller Vollständigkeit entfalten würde.

7

VERKLÄRUNG

EINLEITUNG

Dies ist ein guter Moment, um noch einmal meiner Überzeugung Ausdruck zu verleihen, dass Jesus häufiger nach Jerusalem gekommen war, im Gegensatz zu den Berichten der Synoptiker, dass er sich nur ein Mal in Jerusalem aufgehalten habe und im Laufe dieses Besuches verhaftet und gekreuzigt worden sei. Meiner Meinung nach ist von (mindestens) drei Reisen die Rede.[1] Wenn man die Synoptiker liest, muss man sich daher stets vergegenwärtigen, dass der – ihrer Meinung nach – einzige Besuch Jesu in Jerusalem in Wirklichkeit eine *Zusammenfügung* dreier verschiedener Besuche ist. Alles, was den synoptischen Texten zufolge in Jerusalem geschieht, muss in die Ereignisse während des ersten, zweiten und dritten Besuchs aufgeteilt werden.

In Kapitel 3 haben wir den ersten Besuch bereits besprochen. Jesus war damals noch Schüler des Täufers und verkündigte dessen Standpunkt in Jerusalem: Es hatte keinen Sinn mehr, im Tempel Opfer zu bringen, dafür war es zu spät. Die einzige Rettung der Menschen vor der kommenden furchtbaren Rache Gottes bestand darin, sich von Johannes im Jordan taufen zu lassen. Jesu Aktion im Tempel, bei der er die Tische der Geldwechsler umwirft, war eine Momentaufnahme seiner Sichtweise zu dieser Zeit.

Am Ende der »Rundreise«, die ich im letzten Absatz des vorherigen Kapitels beschrieben habe, beschließt Jesus, sich erneut auf den Weg nach Jerusalem zu machen – das ist sein *zweiter* Besuch. Mittlerweile war er zu der Überzeugung gelangt, dass sich das Königreich Gottes dort in äußerst kurzer Zeit vollständig entfalten würde. Diesen zweiten Besuch darf man daher nicht im Zeichen der Passionswoche sehen. Jesus ging nicht nach Jerusalem, weil er »wusste«, dass er dort sterben würde, nein, er ging nach Jerusalem, weil er dachte, *dass dort das Königreich Gottes hereinbrechen werde.*

Ich ordne den sogenannten »triumphalen Einzug« in Jerusalem[2] und die »Salbung« in Betanien[3] dem zweiten Besuch zu – später werden wir in diesem Kapitel noch darauf zurückkommen. Auch die heftigen Zusammenstöße zwischen Jesus und der priesterlichen Autokratie fallen in diese Periode, genauso wie die – nur bei Johannes erwähnten – Versuche, Jesus zu steinigen oder zu verhaften. Letztendlich zwingt die Feindschaft der Priesterkaste Jesus dazu, aus der Stadt zu fliehen – damit beschäftigen wir uns im nächsten Kapitel. Erst bei seinem *dritten Besuch, sechs Monate später*, wird Jesus kurz vor oder während[4] des Paschafestes im Olivengarten von Getsemani verhaftet und auf Golgota hingerichtet.

Merke: Die Synoptiker ordnen die Versammlung des Sanhedrin, die Jesus zum Tode verurteilt, den letzten 24 Stunden im Leben Jesu zu, direkt nach seiner Verhaftung. Johannes zufolge fand diese Versammlung jedoch viel früher statt,[5] nämlich bereits Monate vor der Festnahme. Bei ihm wird Jesus *in Abwesenheit* zum Tode verurteilt. Meiner Meinung nach ist Johannes' Chronologie die richtige, daher stufe ich die Versammlung des Sanhedrin zeitlich direkt nach seinem zweiten Besuch ein.[6]

DAS KÖNIGREICH GOTTES *JETZT*

In den vorherigen Kapiteln stellte ich die Behauptung auf, dass Jesus anfänglich verkündete, die Ankunft von Gottes Königreich stehe kurz bevor. Erst danach brachten ihn die Exorzismen auf den Gedanken, das »Hereinbrechen« dieses Königreiches habe bereits begonnen – und die Exorzismen seien Zeichen dieses Anfangs. Manch einer seiner Jünger wird sich danach gefragt haben: Wann hält das Königreich Gottes in seiner *Gänze* Einzug? Wann kommt der Moment, von dem alle Propheten geträumt haben? Wann wird die Zukunftsvision zum tatsächlichen Ereignis? Jesus war sich darüber im Klaren, dass niemand ungestraft an seinen Versprechen festhalten kann, wenn diese sich nicht irgendwann erfüllen.

Das zeigt sich am Beispiel des Gleichnisses »vom Feigenbaum«:

Ein Mann hat in seinem Weinberg einen Feigenbaum. Weil der Baum nach drei Jahren immer noch keine Frucht trägt, sagt er zu seinem Weingärtner: »Hau ihn um! Was soll er weiter dem Boden seine Kraft nehmen?« Doch der Weingärtner erwidert: »Herr, lass ihn dieses Jahr noch stehen; ich will den Boden um ihn herum aufgraben und düngen. Vielleicht trägt er doch noch Früchte; wenn nicht, dann lass ihn umhauen.«[7]

Mit diesem Gleichnis soll der Aufschub der Ankunft des Gottesreiches begreiflich gemacht werden. Den Menschen wird noch eine extra Frist eingeräumt, in der sie »Frucht tragen sollen«: Sie können sich Jesus noch anschließen. Danach folgt jedoch das unwiderrufliche Umhacken derjenigen,[8] die keine Frucht getragen haben.

Wie bei allen eschatologischen Prophezeiungen kommt jedoch irgendwann der Moment, da man behaupten muss, dass »es« geschehen wird. Auch Jesus war schließlich gezwungen, zu sagen, das Königreich Gottes stünde *jetzt wirklich* bevor – sonst riskierte er den Vertrauensverlust seiner Anhänger. Diese Stelle findet man bei Markus. In 14,25 sagt Jesus: »Amen,[9] ich sage euch [den Jüngern]: Ich werde nicht mehr von der Frucht des Weinstocks trinken bis zu dem Tag, an dem ich von Neuem daraus trinke im Reich Gottes.«[10] Bei Matthäus ist die Version identisch,[11] doch Lukas – dessen Text ich als den ursprünglichsten betrachte – formuliert es etwas anders: »Denn ich sage euch: Von nun an werde ich nicht mehr von der Frucht des Weinstocks trinken, bis das Reich Gottes gekommen ist.«[12]

Dieser Satz steht bei allen Synoptikern im Kontext mit dem Letzten Abendmahl,[13] sie sind der Meinung, dass Jesus dies am Vorabend seines Todes sagte. Für viele Theologen ist das die Bestätigung dafür, dass Jesus davon überzeugt war, er würde den nächsten Becher Wein *nach* seinem Tod im Gottesreich trinken. Bei diesem Abendmahl vollzieht er einige Handlungen,[14] die später zur Einsetzung der sogenannten Eucharistie geführt haben. Laut den Synoptikern und dem letzten Paulusbrief an die Korinther bricht Jesus erst das Brot und verteilt es unter seinen Jüngern mit den Worten: »Nehmet;[15] das ist mein Leib.«[16] Dann nimmt er seinen Becher mit (Rot-)Wein und lässt ihn mit den Worten herumgehen: »Das ist mein Blut, das Blut des Bundes, das für viele vergossen wird.«[17] Direkt im Anschluss, im *folgenden* Vers, sagt Jesus, dass er »nicht mehr von der Frucht des Weinstocks trinken werde bis zu dem Tag, da das Reich Gottes gekommen ist«.

Die Frage, ob das Letzte Abendmahl tatsächlich stattgefunden hat, lasse ich hier beiseite – darauf werde ich in Kapitel 9 zurückkommen. Es geht mir um Markus' *Wiedergabe* des Abendmahls.[18] Diese ist sehr merkwürdig. Erst erhebt Jesus den Wein, den seine Jünger trinken, zu einer Metapher für sein Blut, das (am folgenden Tag) vergossen werden wird. Direkt danach, im selben Atemzug, fügt er hinzu,[19] dass er ab jetzt abstinent leben und seinen nächsten Becher Wein erst – nach seinem Tod und der »Auferstehung« – im Gottesreich trinken wird.[20]

Abgesehen von der Trivialität, dass Jesus seine »Auferstehung« mit einem guten Glas Wein im Königreich Gottes zu feiern gedenkt,[21] ist es unglaubwürdig, dass Jesus jemals einen solch banalen Bezug hergestellt hat. Erst setzt er den Wein feierlich mit seinem Blut gleich, und eine Sekunde später reduziert er *denselben* Wein wieder auf ein schlichtes Getränk. Es ist daher sehr gerechtfertigt, was J. Schlosser[22] schreibt: »Meiner Meinung nach entsteht in Markus 14,23–25 ein schlechter Zusammenhang, da der Wein [nach der Eucharistie] erneut genannt wird, nachdem man ihn kurz zuvor zu [Jesu] Blut erhöht hatte.« Auch John P. Meier ist der Ansicht, dass sich das Trinken Jesu »von dem Gewächs des Weinstockes nach der feierlichen Identifikation des Weines mit seinem eigenen Blut merkwürdig anhört«.[23]

Jesus hat den Satz »Amen, ich sage euch: Ich werde nicht mehr von der Frucht des Weinstockes trinken bis zu dem Tag, da das Reich Gottes gekommen ist«[24] auf keinen Fall zum *selben* Anlass ausgesprochen, bei dem er die »Eucharistie einsetzte«, und ganz gewiss nicht am Vorabend seines Todes.[25] Das Wort ergibt meiner Meinung nach erst einen Sinn, wenn man es in den Kontext von der absoluten Überzeugung Jesu stellt, das Königreich Gottes stünde in all seiner Herrlichkeit in kürzester Zeit in Palästina bevor[26] und die Prophezeiungen des Alten Testaments würden sich erfüllen. Mit dem Versprechen, sich des Weines zu enthalten (den er Matthäus[27] zufolge gern bei den gemeinsamen Mahlzeiten trank), deutet Jesus seinen Jüngern an, dass der Ankunft dieses Königreichs nun ein zeitliches Limit gesetzt sei.[28]

Wie Jesus zu dieser festen Überzeugung kam, bleibt Spekulation, das Neue Testament sagt darüber beinahe nichts aus. Verständlicherweise: Die Evangelisten hatten gute Gründe, die utopische Erwartung Jesu so weit wie möglich verschwinden zu lassen – schlicht und ergreifend deshalb, weil das Königreich Gottes nie angekommen war. Zum Zeitpunkt der Niederschrift der Evangelien war die Hoffnung auf die Ankunft des Gottesreiches längst durch eine völlig andere ersetzt worden: Der »auferstandene« Jesus würde wieder auf die Erde *zurückkehren*. Dass sich diese Erwartung nach Jesu Tod relativ schnell verbreitete, können wir im Neuen Testament in den Briefen von Paulus und anderen nachlesen.[29] Dennoch gibt es einige Hinweise in den Evangelien, die suggerieren, dass es zumindest einen spezifischen *Moment* gab, in dem Jesus zu seiner »festen Überzeugung« kam.

Ich habe bereits hervorgehoben, dass Jesus, als die 72 von ihm entsandten Jünger sprudelnd vor Enthusiasmus zu ihm zurückkehrten, in einen *Jubelruf* ausbrach: »Ich sah den Satan wie einen Blitz vom Himmel fallen.« Dieser Ausspruch und der direkt darauf folgende: »Mir ist von meinem Vater alles übergeben worden«[30] könnten sich sehr gut auf oben genannten Moment beziehen.

Ich möchte noch auf einen Vers aus dem Johannesevangelium[31] eingehen, in dem Jesus sagt: »Jetzt wird Gericht gehalten über diese Welt; jetzt wird der Herrscher dieser Welt[32] hinausgeworfen werden.«[33] Mit »Herrscher dieser Welt« meint der Evangelist Satan.[34] Der Vers besagt, dass der Augenblick gekommen ist, jetzt auch – nachdem Jesus die Dämonen ausgetrieben hat – den größten Dämon, Satan selbst, aus der Welt zu entfernen. Womit der Weg für die definitive und vollständige Ankunft des Gottesreiches in Palästina/Israel geebnet wird.

Theologen möchten Johannes' Vers immer im Kontext des Todes

und der Auferstehung Jesu lesen, ich jedoch glaube, dass er sich eher auf den Moment bezieht, in dem Jesus sich des unmittelbaren Bevorstehens von Gottes Königreich bewusst wird.[35]

VERKLÄRUNG

In diesem Zusammenhang kann auch eine synoptische Passage relevant sein, die sogenannte Transfiguration oder auch: die Verklärung Christi.[36]

Jesus geht mit den drei Jüngern, die ihm am nächsten stehen, Petrus und den Brüdern Jakobus und Johannes, auf einen Berg. Dort verändert er seine äußere Gestalt, seine Kleider »wurden strahlend weiß, so weiß, wie sie auf Erden kein Bleicher machen kann«.[37] Dann erscheinen Mose und Elija neben Jesus. Als Petrus, tief beeindruckt von der Situation, den Vorschlag macht, auf dem Gipfel drei Zelte für Jesus, Mose und Elija aufzubauen, fällt der Schatten einer Wolke auf sie, und eine mahnende Stimme spricht aus dem Himmel: »Das [Jesus] ist mein geliebter Sohn; [nur] auf ihn sollt ihr hören.«[38]

Diese Szene wird von Theologen als Erscheinungsgeschichte des »auferstandenen« Jesus gesehen, ein Ereignis, das *nach* seinem Tode stattfand – und später auf seine Lebzeiten rückprojiziert wurde. Eine mögliche Sichtweise. Allerdings denke ich, dass diese Passage noch in einem anderen Licht betrachtet werden kann.

Das Wort »Zelte« (oder: Hütten – *skènai*) kann auf den Sukkot, das Laubhüttenfest, verweisen, das auf griechisch *skènopègia* heißt – die Zelte erinnern an die Wüstenwanderung, als die Juden aus Ägypten in das Gelobte Land (Israel) zogen und in Zelten leben mussten.[39] Der Sukkot fand im Monat Tischri statt, nach unserem heutigen Kalender wäre das von Mitte September bis Mitte Oktober.

Lukas' Beschreibung der Verklärung stimmt größtenteils mit Markus überein, bis auf einen auffälligen, zusätzlichen Satz: »Sie [Jesus, Mose und Elija] sprachen von seinem [Jesu] Ende, das sich zu Jerusalem erfüllen sollte.«[40] Das griechische Wort, das hier mit »Ende« übersetzt wird, ist *exodos*.[41] Meist wird es metaphorisch als »Ausgang aus dem Leben, sterben« gedeutet. In Verbindung mit dem Wort *plèroun*[42] (»vollenden«, aber auch »erfüllen«) liest sich der Satz so: »Mose und Elija sprechen mit Jesus über seinen Tod, über das Schicksal, das er in Jerusalem zu erfüllen hat.«

Die Wortwahl in diesem Vers ist jedoch mehrdeutig. *Exodos* kann man auch ganz schlicht mit »weggehen« übersetzen – das zweite Buch des Alten Testaments heißt *Exodos*, und damit ist der Auszug bzw. Weggang des jüdischen Volkes aus Ägypten nach Israel gemeint. *Plèroun* muss nicht zwangsläufig »erfüllen eines (von Gott auferlegten) Schicksals« bedeuten, es kann auch im Sinne von »vollenden, fertigstellen, füllen (z. B. ein Glas mit Wein füllen)« verwendet werden.

Ohne einen Beweis dafür zu haben, bin ich der Meinung, dass der Verklärung ein anderes Ereignis zugrunde liegt: Jesus war (im Gebet[43]) zu der Überzeugung gekommen, dass sich Gottes Versprechen über das bevorstehende Hereinbrechen seines Königreichs während des Laubhüttenfestes in Jerusalem »erfüllen« *(plèroun)* werde. Das war der Grund, weshalb sie nach Jerusalem abreisen mussten *(exodos)*.[44] Die Verklärung ist eine übernatürliche Übermalung dessen. Aber das letzte Wort hierzu ist noch nicht gesprochen, am Ende dieses Kapitels komme ich noch einmal darauf zurück.

Meine Spekulation, Jesus sei während des Sukkot nach Jerusalem gekommen, gewinnt an Grundlage, wenn man bei Johannes nachliest, wie die Einwohner reagieren, sobald er sich der Stadt nähert: »Da nahmen sie Palmzweige, zogen hinaus, um ihn [Jesus] zu empfangen, und riefen: Hosianna! Gesegnet sei er, der kommt im Namen des Herrn, der König Israels!«[45] Palmzweige sind bezeichnend für den Sukkot, da sie im September aus dem Jordantal geholt wurden,[46] um die Hütten (die *skènai*) damit zu bauen. Léon-Dufour schreibt: »Wir können mit Sicherheit sagen, dass Jesus Jerusalem während des Laubhüttenfestes besuchte«, Goguel denkt genauso.[47] Raymond Brown[48] nennt »die Theorie, nach der man den Einzug Jesu dem Laubhüttenfest statt dem Paschafest zuordnet, interessant, aber nicht beweisbar«. Und das stimmt: Ich kann es auch nicht »beweisen«. Aber der Zeitpunkt erscheint mir plausibler als der Anfang der Passionswoche: Der euphorische Tonfall dieser Szene passt viel besser zu den Erwartungen Jesu, dass sich das Königreich Gottes vollständig entfalten werde, als zu dem düsteren Gedanken an seinen nahen, grausigen Tod.

Um meine Sichtweise zusammenzufassen: Sechs Monate vor seinem Tod beschloss Jesus, zu Beginn des Laubhüttenfestes mit seinen Jüngern nach Jerusalem zu gehen, weil er dachte, dass sich dort das Königreich erfüllen werde. Gott hatte Satan zuvor aus dem Himmel verstoßen, nun sollte Satan vom Erdenreich vertrieben werden.

Mir ist klar, dass dies im Widerspruch zu dem steht, was Markus schreibt, als Jesus, auf der Durchreise von Sidon in Philippus' Gebiet, in die Nähe von Cäsarea Philippi kommt. In 8,27–33 lesen wir: »Unterwegs fragte er [Jesus] die Jünger: Für wen halten mich die Menschen? Sie sagten zu ihm: Einige für Johannes den Täufer, andere für Elija, wieder andere für sonst einen der Propheten. Da fragte er sie: Ihr aber, für wen haltet ihr mich? Simon Petrus antwortete ihm: Du bist der Messias![49] Doch er verbot ihnen, mit jemandem über ihn zu sprechen. Dann begann er, sie darüber zu belehren, der Menschensohn müsse vieles erleiden und von den Ältesten, den Hohepriestern und den Schriftgelehrten verworfen werden; er werde getötet, aber nach drei Tagen werde er auferstehen. Und er redete ganz offen darüber. Da nahm ihn Petrus beiseite und machte ihm heftige Vorwürfe. Jesus wandte sich um, sah seine Jünger an und wies Petrus mit den Worten zurecht: Weg mit dir, Satan, geh mir aus den Augen! Denn du hast nicht das im Sinn, was Gott will, sondern was die Menschen wollen.«

Jesus korrigiert hier scharf das Bild, das man damals vom Messias hatte: das Bild von einem politischen Kriegerkönig, »der die Römer aus dem Land treiben und das Königreich Davids wiederherstellen würde«.[50] Stattdessen behauptet Jesus, dass gerade er – auch wenn er der Messias ist – leiden und getötet werden muss, in Übereinstimmung mit dem »leidenden Knecht«, den Jesaja[51] beschreibt.

Die Historizität dieser ernsthaften Konfrontation zwischen Jesus und Petrus[52] ist kaum anzuzweifeln. Dass es der Fantasie der ersten Christen entstammt, Jesus habe seinen wichtigsten Jünger (den er wohlgemerkt als Begründer der Kirche einsetzte) »Satan« genannt, ist unwahrscheinlich. Aber Markus interpretiert diesen Konflikt auf eine ganz besondere Art. Ihm geht es darum, anzugeben, dass Jesus in Cäsarea Philippi zu der Überzeugung gelangte, er müsse nach Jerusalem gehen, um dort »zu leiden und zu sterben«.

Ich hatte ebenfalls die Behauptung aufgestellt, Jesus sei auf seiner »Rundreise« zu der Überzeugung gekommen, das Königreich Gottes werde sich während des Laubhüttenfestes in Jerusalem erfüllen – dass er sterben müsse, *stand ganz und gar nicht auf der Tagesordnung*. Im Gegenteil, man hoffte brennend auf ein großes Fest, die Erneuerung Israels würde jetzt stattfinden und das Königreich Gottes an die Stelle der römischen Herrscher und der Priesterkaste treten. Wenn ich recht habe, muss man daraus den Schluss ziehen, dass Markus den Vers – worin Jesus über Leiden, Tod und Auferstehung spricht[53] – selbst in den ursprünglichen Text »geschoben« hat und dass diese Worte nicht von Jesus gesprochen wurden – *zumindest nicht am Vorabend der zweiten Reise*. In diesem Fall muss man den Konflikt in Cäsarea Philippi auch ganz anders betrachten.

Viele Theologen gehen heutzutage davon aus, dass *alle*[54] Prophezeiungen Jesu über Leiden, Tod und Auferstehung *ex eventu* konstruiert wurden. Man hat sie erfunden, nachdem Jesus gekreuzigt und – gemäß den Aussagen seiner Jünger – wieder »von den Toten auferstanden« war. Zwar denke ich selbst anders darüber – meine Meinung werde ich in Kapitel 9 darlegen[55] –, aber aufgrund der oben genannten Argumentation[56] finde ich, dass die Verse, in denen Jesus seinen Tod und die darauf folgende Auferstehung verkündet, *hier* gestrichen werden müssen, es handelt sich um Markus' Redaktion. Gleiches gilt für den vorhergehenden Vers, »doch er verbot ihnen, mit jemandem über ihn zu sprechen«. Es ist Teil von Markus' theologischem Konstrukt, dem *Messiasgeheimnis*, das wir bereits in Kapitel 1 besprochen haben.[57] Wenn wir diesen Vers ebenfalls streichen, läuft der Text von Petrus' Ausspruch: »Du bist der Messias« direkt zu: »Jesus wandte sich um … und herrschte Petrus mit den Worten an: Weg mit dir, Satan, geh mir aus den Augen! Denn du hast nicht das im Sinn, was Gott will, sondern was die Menschen wollen.«

Nun zeigt sich, dass Jesus seinen Jünger Petrus nicht attackiert, weil er sich der Vorstellung widersetzt, der Messias müsse *leiden*, nein, Jesus attackiert ihn, weil der ihn als Messias *sieht*! Der Konflikt in Cäsarea hat also nichts mit der Passion Jesu zu tun. Somit ist der Widerspruch, auf den zuvor hingewiesen wurde, aufgehoben. Jesus geht nicht nach Jerusalem, um »zu leiden und zu sterben«.

Der heftige Widerstand Jesu gegen das Etikett »Messias«, mit dem Petrus ihn versehen will, liegt in der Verlängerung des missglückten Aufstandes im Wadi es-Samak – damals zog Jesus sich zurück, als die Volksmenge ihn zwingen wollte, »König« zu werden. Beim Konflikt in Cäsarea verweigert er sich erneut dem Prädikat »Messias« – weil man von dem Messias erwartete, dass dieser, *notfalls mit Gewalt*, das Königreich Gottes einführen würde. Zu diesem Zeitpunkt seines Lebens sieht Jesus sich selbst weder als »König« noch als »Messias«. Später wird sich jedoch herausstellen, dass Jesus seine Position innerhalb von Gottes Königreich revidierte.

SALBUNG IN BETANIEN UND EINZUG IN JERUSALEM

Ich möchte mich zunächst auf den bereits erwähnten »triumphalen Einzug in Jerusalem« konzentrieren. Es ist der zweite Besuch Jesu in der Stadt, irgendwann im September oder Oktober. Lukas schreibt: »Weil Jesus schon nahe bei Jerusalem war, meinten die Menschen, (die von all dem hörten,) das Reich Gottes werde sofort erscheinen.«[58] Die vier Evangelisten erzählen ungefähr die gleiche Geschichte.[59]

Von dem Dorf Betanien aus, das sich drei Kilometer von Jerusalem entfernt befindet, steigt Jesus mit seinen Jüngern den Ölberg hinunter. Zuvor war bereits angekündigt worden, dass »Jesus, der Prophet aus Nazaret in Galiläa«[60] im Anmarsch sei, denn Jesus hatte »Boten vor sich hergeschickt«.[61] Er setzt sich auf einen Esel, und den Synoptikern zufolge wird ihm – als sie sich den Toren der Stadt nähern – von Pilgern, die auch auf dem Weg nach Jerusalem sind, laut zugejubelt. Johannes behauptet hingegen, dass es sich um Einwohner Jerusalems handelt, die Jesus entgegenkommen.[62] Man begrüßt ihn mit Rufen wie: »Der König Israels! Gesegnet sei er, der da kommt im Namen des Herrn! Hosanna dem Sohn Davids![63] Gesegnet sei er, der da kommt, der König!« Die Menschen breiten ihre Kleider auf der Straße vor ihm aus, legen Blätterbüschel, die sie von den Feldern geholt haben, auf den Boden und streuen Palmzweige.

Ob der Esel als historische Tatsache betrachtet werden kann, ist umstritten. Markus kann sich die Szene ausgedacht haben, um sie an einen Text des Propheten Sacharja[64] anzupassen, auf den sich zwei andere Evangelisten, Johannes und Matthäus, ebenfalls teilweise berufen. Bei Johannes steht: »Siehe, dein König kommt; er sitzt auf dem Fohlen einer Eselin«[65], und Matthäus schreibt: »Siehe, dein König kommt zu dir. Er ist friedfertig und er reitet auf einer Eselin und auf einem Fohlen, dem Jungen eines Lasttiers.«[66] Wie Jesus, Matthäus' Bericht zufolge, auf zwei Tieren gleichzeitig reiten soll, ist unklar.

Die Evangelisten sind der Meinung, dass Jesus sich den Esel selbst besorgt hat.[67] Das ist denkbar: Vielleicht sah er den Einzug nach Jerusalem als eine Art *performance act*, um seine »demütige, friedfertige Ankunft« in scharfen Gegensatz zu Pontius Pilatus zu stellen. Dieser ritt bei jedem wichtigen jüdischen Fest auf einem *Pferd* in die Stadt ein, im Gefolge einige Hundert bewaffnete Soldaten. Als Filmszene könnte ich mir sogar vorstellen, dass Jesus seinen Einzug so organisierte, um ihn zeitgleich mit Pilatus stattfinden zu lassen. Der römische Präfekt kam aus Cäsarea Maritima und ritt durch ein Tor an der Westseite nach Jerusalem hinein. Jesus würde *gleichzeitig*, vom Ölberg kommend, über ein Tor an der Ostseite die Stadt betreten.

Aber abgesehen vom Esel: Ich denke, dass eine zuverlässige historische Grundlage für den Einzug existiert, allerdings sollte man es mit der Zahl der Menschen, die Jesus zujubelten, nicht übertreiben. Wahrscheinlich waren es nicht mehr als Hundert. Dass dabei tatsächlich etwas vom »kommenden Königreich unseres Vaters David«[68] geschrien wurde oder man Jesus als »König Israels«[69] zujubelte, ist sehr gut möglich. Jesus wurde schließlich aufgrund der Beschuldigung gekreuzigt, er habe sich als »König der Juden« ausgegeben – der Text stand auf dem Holzschild, das über Jesu Kopf ans Kreuz genagelt war.[70]

Es sei vorläufig dahingestellt, was Jesus selbst von der Königswürde hielt. Zumindest suggeriert oben Stehendes, dass einige seiner Jünger ihn als zukünftigen König Israels sahen, und die Römer meinten, Jesus beanspruche diese Königswürde für sich.

Drei Evangelisten – Markus, Matthäus und Johannes – rücken auch ein anderes auffälliges Ereignis in den direkten Zusammenhang von Jesu Einzug nach Jerusalem: die »Salbung«. Ich möchte zeigen, dass auch die Salbung von der Erwartung der Jünger Jesu zeugt, die Ankunft von Gottes Königreich stünde kurz bevor.

Viele Kommentatoren gehen heute davon aus, dass die »Salbung« ein unabhängiges Erzählelement darstellt, dessen Kontext zu der Zeit, als die Evangelisten mit der Niederschrift begannen (mindestens vierzig Jahre nach Jesu Tod), schon lange verloren gegangen war. Deshalb fügten sie es dort in ihre Evangelien ein, wo es am besten passte. Bei Markus und Matthäus steht sie[71] »zwei Tage vor dem Pascha- und dem Fest der Ungesäuerten Brote« (also einen ganzen Tag vor der Verhaftung Jesu). Bei Lukas findet man die Salbung *fünfzehn* Kapitel vor der Passionswoche,[72] wohingegen Johannes sie wiederum kurz vor den Einzug nach Jerusalem stellt.[73]

Die Geschichte geht folgendermaßen, ich zitiere zuerst die Version von Markus und Matthäus.

– Am Tag vor Pascha stattet Jesus dem Haus von »Simon dem Aussätzigen« in Betanien, das sich in der Nähe von Jerusalem befindet, einen Besuch ab. Jesus liegt beim Abendessen zu Tisch, da erscheint eine Frau mit einem »Alabastergefäß voll echtem, kostbarem Nardenöl. Sie zerbricht es [den Hals des Gefäßes] und gießt das Öl über sein Haupt.«

Manche der Anwesenden (bei Matthäus die »Jünger«) halten das für Verschwendung: »Man hätte das Geld den Armen geben können.« Aber Jesus ergreift Partei für die Frau, »sie hat ein gutes Werk an mir getan … sie hat im Voraus meinen Leib für das Begräbnis gesalbt.«

– Johannes beschreibt eine ähnliche Szene, die auch in Betanien stattfindet, allerdings kommt »Simon der Aussätzige« nicht darin vor. Er nennt drei andere Personen, die Schwestern Maria und Marta und Lazarus. Maria »nahm ein Pfund echtes, kostbares Nardenöl, salbte Jesus die Füße und trocknete sie mit ihrem Haar. Das Haus wurde vom Duft des Öls erfüllt.« Hier ist es Judas Iskariot, der sich über die Verschwendung beschwert. Auch in diesem Fall verteidigt Jesus die

Frau, Maria, und sagt: »Lass sie, damit sie es für den Tag meines Begräbnisses tue.«

– Lukas nennt den Namen der Frau nicht, er schreibt allerdings, dass sie eine »Sünderin« war (gemeint ist: Prostituierte). Diese Frau hat ebenfalls ein »Alabastergefäß voll wohlriechendem Öl« und salbt die Füße Jesu.[74] Über ein Begräbnis wird jedoch nichts gesagt. Die Namen von Maria und Marta sind Lukas bekannt, er nennt die Schwestern jedoch in einem völlig anderen Kontext, nämlich als Jesus bei ihnen isst,[75] drei Kapitel nach der Salbung. Maria sitzt Jesus zu Füßen und hört ihm zu. Marta kümmert sich um das Essen und wird böse auf ihre Schwester, weil sie ihr nicht hilft. Jesus ergreift Partei für Maria: »Marta, du machst dir viele Sorgen und Mühen. Aber nur eines ist notwendig [will sagen: meinen Worten zuzuhören]. Maria hat das Bessere gewählt.«

Es ist unmöglich, festzulegen, welche dieser Versionen am authentischsten ist. Die Tatsache, dass sowohl Lukas als auch Johannes Maria und Marta kennen, kann ein Hinweis darauf sein, dass die beiden Schwestern wirklich existierten und Anhängerinnen Jesu waren. Dann besteht die Möglichkeit, dass Markus sie unterschlagen hat. Vielleicht waren sie noch am Leben, als Markus schrieb, vielleicht wollte er die beiden Frauen, wenn sie leidenschaftliche Anhängerinnen gewesen waren, nicht in Gefahr bringen. Markus kann »Simon den Aussätzigen« eingeführt haben, um die Obrigkeiten auf eine falsche Spur zu locken (nach einem Aussätzigen würden sie nicht so bald suchen). Aus demselben Grund hat Lukas die Schwestern von der Salbungsgeschichte gelöst und an eine andere Stelle gesetzt. Johannes, der um 100 n. Chr. schrieb, war sich offensichtlich sicher, dass die Schwestern gestorben waren und er daher ruhig die Namen verwenden konnte. Aber das ist alles Spekulation.

Meiner Meinung nach können wir davon ausgehen, dass solch eine Salbung stattgefunden hat, wer auch immer sie ausführte. Über das Wann möchte ich präzisere Angaben machen: Ich siedle die Salbung bei der zweiten Reise an, kurz bevor Jesus mit seinen Jüngern in Jerusalem eintrifft. Diese Angabe basiert auf dem Johannesevangelium.

Am Anfang von Kapitel 11 steht: »Ein Mann war krank, Lazarus aus Betanien, dem Dorf, in dem Maria und ihre Schwester Martha wohnten. Maria ist die, die den Herrn mit Öl gesalbt und seine Füße mit ihrem Haar abgetrocknet hat; deren Bruder Lazarus war krank.«[76]

Merkwürdigerweise werden die Schwestern hier mit einem Hinweis auf die »Salbung« vorgestellt, die im heutigen Johannesevangelium erst im *folgenden Kapitel* beschrieben wird. Dies lässt annehmen, dass die Salbungsgeschichte ursprünglich vor Kapitel 11 stand, nicht danach. Ein Redakteur hat sie nach hinten verschoben, um die Reihenfolge mit Markus und Matthäus in Einklang zu bringen, bei denen die Szene direkt vor dem Letzten Abendmahl steht.[77] Weil Johannes »Einzug und Salbung« aneinanderkoppelte, wurde der Einzug gewissermaßen an die Stelle »mitgezogen«, an der er sich jetzt befindet. Wenn ich daher die Arbeit des Redakteurs ungeschehen mache, schieben sich »Salbung und Einzug« zurück nach vorn und landen vor Kapitel 11. Da der Einzug, meiner Rekonstruktion zufolge, der zweiten Reise Jesu nach Jerusalem zugeordnet werden kann, findet sich auch die Salbung dort wieder, vermutlich am Vorabend des Einzugs.

Der Einzug hatte jedoch nichts mit Jesu Todeserwartung zu tun. Im Gegenteil, er ist Ausdruck seiner Hoffnung, das Königreich Gottes werde jeden Moment hereinbrechen. Daher kann die Salbung unmöglich vor Jesu *Begräbnis* stattgefunden haben, so hat es Markus konstruiert, der sie zwei Tage vor Jesu Tod einordnete.[78]

Ich denke, dass es sich in Wirklichkeit um eine »Salbung zum König« handelte: Die Teilnehmer des Rituals sahen Jesus als einen messianischen König.[79] Vielleicht dachten sie dabei an eine Passage aus dem alttestamentarischen Buch 2 der Könige.[80] Dort schickt der Prophet Elias einen seiner Schüler zu Jehu, um diesem einen Krug mit Öl über den Kopf zu gießen und dabei die Worte zu sprechen: »So spricht der Herr: Ich salbe dich zum König über Israel.«

Der Beschreibung der Evangelisten zufolge scheint Jesus dieses Ritual vollständig zu akzeptieren. Er nimmt die ausführende Frau sogar in Schutz, als sie von den Jüngern kritisiert wird. Meiner Ansicht nach zeigt sich darin die Billigung der Tatsache, dass sie ihn als König betrachten. Auch während des Einzugs nimmt Jesus den Jubel der Menge – »König von Israel« etc. – hin. Lukas[81] geht noch einen Schritt weiter. Bei ihm sind es die Jünger, die rufen: »Gesegnet sei der König, der kommt im Namen des Herrn.« Ein paar Pharisäer, die sich in der Menge befinden, sagen zu Jesus: »Meister, bring deine Jünger zum Schweigen!« Woraufhin Jesus antwortet: »Ich sage euch: Wenn sie schweigen, werden es die Steine schreien.«

Diese idiotische Übertreibung stammt natürlich aus Lukas' eigener Feder. Auch die Beschreibungen der anderen Evangelisten sind stilisiert, dort werden keine historischen Tatsachen wiedergegeben. Auffälligerweise steht jedoch nirgends, dass Jesus, als er sah, wie die Menge reagierte, sofort nach Betanien zurückzukehren beschloss.[82] Jesus scheint sich den Jubel der Menge gefallen zu lassen. Man vergleiche die Situation mit der »Brotvermehrung«, wo Jesus auf einen Berg flüchtet, als die Menschen ihn zum König krönen wollen. Man vergleiche sie ebenfalls mit dem Disput bei Cäsarea Philippi, wo er Petrus von sich wegjagt, weil dieser ihn Messias nennt.

Die Diskrepanz geht noch weiter. Ich möchte auf einen Ausspruch Jesu in Quelle Q hinweisen. Bei Matthäus[83] verspricht er seinen Jüngern: »… werdet ihr, die ihr mir nachgefolgt seid, auf zwölf Thronen sitzen und die zwölf Stämme Israels richten.« Und bei Lukas – weniger authentisch: »Ihr sollt in meinem Reich mit mir an meinem Tisch essen und trinken, und ihr sollt auf Thronen sitzen und die zwölf Stämme Israels richten.«[84]

Viele Theologen akzeptieren dieses Wort nicht als einen echten Ausspruch Jesu. Die Vorstellung entbehrt jeder Coolness: Jesus auf einem Thron und seine Jünger, sechs links, sechs rechts an seiner Seite auf jeweils eigenen Thronen. Und alle miteinander sollen sie dann auch noch über die zwölf Stämme Israels Recht sprechen – von denen zu Jesu Zeit nur noch zwei übrig waren.[85] Das klingt schlichtweg albern. Daher wird meist angenommen, der Ausspruch gehe auf den »auferstandenen Christus« zurück, d. h. es handelt sich um ein Produkt der frühchristlichen Kirche.

Ich dagegen bin sehr wohl der Überzeugung, dass dieses Wort von Jesus stammt, und zwar aus der Zeit, als er dachte, das Königreich Gottes[86] stehe vor der Tür. G. Lüdemann[87] geht ebenfalls davon aus, seiner Meinung nach verdeutlicht dieser Satz, dass »Jesus ein Jude seiner Zeit war, der, wie viele andere, an die Restauration der zwölf Stämme Israels glaubte«. Und wie Lüdemann zu Recht bemerkt: Wenn die zwölf Jünger auf zwölf Thronen saßen, impliziert das, dass sich Jesus in der Mitte befand, gewissermaßen auf dem Hauptthron.

Mit anderen Worten: Beim Hereinbrechen von Gottes Königreich sah Jesus für sich eine zentrale Rolle voraus.[88]

Dies schließt an einen Vers von Markus[89] an, in dem die Brüder Jakobus und Johannes Jesus fragen, ob sie – sobald Jesus »in seiner Herrlichkeit« herrscht – auf den besten Plätzen am Tisch sitzen dürfen, zu seiner Rechten und zu seiner Linken. Jesus weist in diesem Fall nicht das Konzept zurück, dass sein Platz anscheinend *in der Mitte* sein werde er behauptet lediglich, er sei nicht derjenige, der über die Sitzverteilung zu entscheiden habe: »dort werden diejenigen sitzen, für die diese Plätze bestimmt sind.«[90]

Auch wenn Jesus sich nicht als Messias empfand, so doch mindestens als Gottes Stellvertreter, ein »*lieu-tenant*«.[91] Dies bedeutet, dass er in der Periode zwischen Petrus' »Geständnis« bei Cäsarea Philippi und dem Einzug in Jerusalem seine Ansicht geändert hat. Sah er sich erst hauptsächlich als »Verkünder« der guten Nachricht, dass das Königreich Gottes bevorstehe, so betrachtete er sich jetzt – bei seinem zweiten Besuch – als Mittelpunkt dieses Königreichs.[92]

Obwohl dieser Standpunkt lange Zeit bei liberalen Theologen keine Gnade finden konnte, hat sich diese Situation in den letzten zwanzig Jahren verändert. J.H. Charlesworth beispielsweise – der über einen Großteil seiner theologischen Karriere hinweg betonte, Jesus habe sich selbst lediglich als »Boten« gesehen – hat seine Position stark gewandelt: »Wir können nicht länger davon ausgehen, dass wir es in seinen [Jesu] Worten über das Königreich Gottes nur mit der

Botschaft und in keiner Weise mit [der Position des] Boten zu tun haben. Als Bote erhebt Jesus sehr wohl Anspruch darauf, dass er eine Rolle im Gottesreich spielen wird [...] in einer gewissen Weise hat er sich selbst als messianische Figur begriffen.«[93]

In der Geisteshaltung Jesu war, nach Cäsarea Philippi, ein tief greifender Prozess im Gange. Hatte er anfänglich noch das Prädikat »Messias« oder »König«, mit dem ihn die Volksmenge oder seine Jünger versehen wollten, heftig von sich gewiesen, so ließ er sich in den Monaten nach Cäsarea zu dem Gedanken verleiten, er werde beim Hereinbrechen von Gottes Königreich darin eine Hauptrolle spielen und als solcher Gottes Stellvertreter auf Erden werden.

ERNEUT: DIE VERKLÄRUNG

Ich denke deshalb, dass wir aus der Verklärung mehr herauslesen müssen, als ich bisher beschrieben habe. Liegt in dieser Szene vielleicht das Fundament für den totalen Umschwung in Jesu Denken?

Dann ist das Hauptthema nicht so sehr, dass die *drei Jünger* Jesus auf einmal »anders« sahen (weißes Gewand, strahlendes Licht), es ist Jesu Sichtweise *seiner selbst*, die sich veränderte – die Transfiguration, die Verklärung betraf seine eigene Person: Jesus selbst wurde ein anderer Mensch. Auch wenn er zuvor nachdrücklich behauptet hatte, er sei nicht der Messias, auf den die Juden schon jahrhundertelang warteten – »Weg mit dir, Satan, geh mir aus den Augen!« –, jetzt, ein paar Monate später, war er zu einer anderen Anschauung gelangt, und zwar, dass er, wenn das Gottesreich gekommen sei, eine wichtige Rolle, wenn nicht sogar die Hauptrolle spielen würde.

Markus zufolge ertönt bei der Verklärung aus dem Himmel der Satz: »Das ist mein geliebter Sohn, auf ihn sollt ihr hören.« Dies beinhaltet: Die beiden größten Propheten des Alten Testaments, Mose und Elija, werden zur Seite gedrängt, sie verschwinden buchstäblich,[94] und nur Jesus bleibt zurück. Alles dreht sich jetzt um ihn, er allein ist Gottes »geliebter Sohn«, Mose und Elija tun nichts mehr zur Sache. Laut Markus konstatiert Jesus im Anschluss nachdrücklich, dass die »Rückkehr« des Elija, die man vor der Ankunft des Messias erwartete, bereits stattgefunden habe: Johannes der Täufer sei der wiedergekehrte Elijas, den man ermordet habe, »wie von ihm geschrieben stand.«[95] Ob Jesus das wirklich gesagt hat, ist unklar, in jedem Fall sieht Markus das so.

Man merke: Dies bedeutete *nicht*, dass Jesus selbst das Hereinbrechen von Gottes Königreich bewerkstelligen würde, die Restauration Israels konnte nur von Gott kommen. Jesus sah sich auch nicht als Feldherrenkönig, ähnlich David, er würde nicht als militanter Messias die Besatzermacht zerstören – Gott würde das tun. Doch wenn das erst geschehen war, dann würde Jesus die Hauptrolle in diesem Königreich spielen, umringt von seinen Jüngern, die auf zwölf Thronen sitzen.

All das schließt eng an die »Psalmen Salomos« an.[96] Sie entstanden wahrscheinlich in der Mitte des Jahrhunderts vor unserer Zeitrechnung und zeichnen ein detailliertes Bild der messianischen Erwartungen. Der Messias selbst wird als »Sohn Davids« identifiziert, der ein ewig dauerndes Reich Gottes begründen wird. Obwohl er als Gottes Stellvertreter auftritt, ist er nicht »übernatürlich«. Er regiert mit Weisheit, Gerechtigkeit, Barmherzigkeit und Macht und wird die früheren Stämme Israels in Ehren wiederherstellen. Dem Autor (oder den Autoren) dieser Psalmen zufolge wird Gott innerhalb kürzester Zeit in das Geschehen auf Erden eingreifen, die Endzeit wird beginnen, wobei Israel völlig unter die Kontrolle Gottes gelangt. Sünder sollen vernichtet, die Gerechten geehrt und – sofern gestorben – zum Leben erweckt werden.

Dem Messias kommt hier eine Hauptrolle zu, er ist eine königliche Gestalt, ein Nachkomme Davids. Um das Gottesreich in Israel und im Rest der Welt sichtbar zu machen, wird er dafür sorgen, dass die heidnischen Besatzer aus dem Heiligen Land vertrieben werden. Er ist eine politische Figur, aber kein Kriegsherr, die Quelle seiner Macht ist spiritueller Natur. Obwohl Gott faktisch regiert, ist der »Herr Messias« sein Stellvertreter auf Erden.

Manches kommt so dicht an Jesu eigene Erwartungen und die Rolle, die er für sich selbst reserviert zu haben scheint, heran, dass man sich nur schwer vorstellen kann, er habe sich anlässlich seines zweiten Besuchs in Jerusalem *nicht* als Messias gesehen.[97]

Zum Schluss: Da die Verklärung erneut als ein »unmögliches« Wunder charakterisiert werden kann, stellt sich die Frage, welche Wirklichkeit – die ihnen anscheinend nicht gefiel – von den Evangelisten übermalt wurde. Meiner Meinung nach geht es um Folgendes: Zu der Zeit, als sie ihre Evangelien schrieben, war klar, dass das Königreich Gottes, auf das Jesus gehofft hatte, nie eingetroffen war. Jesus hatte also, zeit seines Lebens, nie die beabsichtigte »Hauptrolle« gespielt. Im Gegenteil: Er war, fast beiläufig, zu Tode gekommen. Um diese Desillusion verschwinden zu lassen, wurde die Erwartung Jesu, *zu Lebzeiten* eine Hauptrolle im Gottesreich zu spielen, von den Evangelisten unterschlagen und mit der Verklärung übermalt – worin der »auferstandene« Jesus doch noch die Hauptrolle zugeteilt bekommt.

In unserer Zeit erscheint diese Erwartung Jesu genauso naiv wie die, dass Gott *überhaupt* ein Königreich auf Erden errichten wird. Dennoch müssen wir akzeptieren, dass es sich um denselben Mann handelt, der sich die prächtigen Parabeln und intelligenten Gleichnisse ausdachte und eine völlig neue Ethik einführte. Jesus ist genauso widersprüchlich wie Vincent van Gogh, dessen beeindruckende Malereien seine Sicht des Gottesreiches zeigten und der gleichzeitig Gauguin mit einem Rasiermesser verfolgte[98] – mit dem er später sein eigenes Ohrläppchen abschnitt, das er einer Prostituierten schenkte.

8

KONFRONTATION

Während des Laubhüttenfestes war Jesus mit seinen Jüngern in Jerusalem erschienen. Johannes zufolge befand er sich dort[1] zum Zeitpunkt des Lichterfestes, *Chanukka*, noch immer.[2] Während der dazwischenliegenden drei Monate wohnte Jesus nicht in der Stadt, sondern in dem bereits erwähnten Dorf Betanien, einen halbstündigen Fußmarsch von Jerusalem entfernt. Dort hatte man ihn zum König gesalbt, und dort begann der »Einzug« nach Jerusalem, bei dem man ihm als »König von Israel« zujubelte. Die Evangelisten berichten, dass Jesus in dieser Zeit täglich in den Tempel kam und dort heftige Streitgespräche mit Priestern, Schriftgelehrten und »Juden« führte.[3] Markus betont jedoch, dass Jesus jede Nacht nach Betanien zurückkehrte.[4]

In diesen drei Monaten verstärkte sich die Feindschaft der Priesterklasse und der Bewohner Jerusalems gegenüber Jesus. Die der Letzteren wird von Johannes wiederholt in Worte gefasst.[5] Erst erklärte man Jesus für verrückt und schimpfte ihn als »Besessenen« oder »Samariter«.[6] Dann versuchen »die Juden« ihn zu fassen, sie planen, ihn zu steinigen,[7] schließlich auch zu töten.[8] Es waren nicht nur Jesu messianische Ansprüche, die diese Feindschaft hervorriefen. Genauso war es seine provozierende Wortwahl, mit der er das bestehende Regime attackierte.

Heutzutage ist es Mode, zu zeigen, dass Jesus wirklich ein »Jude« war, dass er die Thora[9] respektierte und sie keineswegs angriff, sondern sich völlig innerhalb der Grenzen des damaligen jüdischen

Denkens bewegte. Das glaube ich überhaupt nicht, meiner Meinung nach resultiert diese Interpretation von Jesu Denken und Handeln entweder aus einer unangebrachten Angst der christlichen Theologen, als antisemitisch betrachtet zu werden, oder aus dem Wunsch jüdischer Theologen, Jesus »einzugliedern«. Aber Jesus attackierte sehr wohl die bestehende religiöse und gesellschaftliche Ordnung seiner Zeitgenossen. Dies hat schon vor über hundert Jahren Nietzsche bemerkt, der vor allem die Schärfe der Worte Jesu betont:

»Es war ein Aufstand gegen die Hierarchie der Gesellschaft ... gegen die Kaste, das Privilegium, die Ordnung, die Formel [...] das *Nein* gesprochen gegen alles, was Priester und Theologe war [...] [es war] ein Angriff auf den tiefsten Volksinstinkt, den zähesten Volkes-Lebenswillen, der je auf Erden da gewesen ist, [...] mit einer Sprache, falls den Evangelien zu trauen wäre, die auch heute[10] noch nach Sibirien führen würde – [er war] ein politischer Verbrecher ... Dies brachte ihn ans Kreuz: Der Beweis dafür ist die Aufschrift des Kreuzes. Er starb für *seine*[11] *Schuld*, – es fehlt jeder Grund dafür, sooft es auch behauptet wird, dass er für die Schuld anderer starb.«[12]

Was ist das für eine »Sprache, die jemanden auch heute noch nach Sibirien führen würde«? Dafür kann ich einige Beispiele nennen:

– Am Sabbat war nur eine minimale Anzahl Handlungen gestattet. Jesus nahm darauf keine Rücksicht, auch am Ruhetag führte er Exorzismen durch. Manchmal scheint es, als täte er das absichtlich.[13] Er verteidigt seine Handlungen mit einem Wort, das zweifellos authentisch ist: »Der Sabbat ist für den Menschen da, nicht der Mensch für den Sabbat. Deshalb ist der Menschensohn Herr auch über den Sabbat.«[14] Der Begriff »Menschensohn« ist umstritten. Im Aramäischen, das Jesus sprach, braucht es nicht mehr zu bedeuten als »ich«. Aber es kann auch heißen, dass Jesus sich hier als Vertreter Gottes sieht. In diesem Falle sagt er: »Am Sabbat kann ich tun und lassen, was *ich* (als Stellvertreter Gottes) will.« Mit diesem Standpunkt wird er sich in Jerusalem wenig Freunde gemacht haben.

– Es war Brauch, sich vor der Mahlzeit die Hände zu waschen,[15] um zu vermeiden, dass das Essen – das man damals mit den Händen aß – durch den Schmutz, der an den Fingern klebte, »unrein« wurde. Jesus und seine Jünger waschen sich nicht die Hände. Als sie deshalb von Pharisäern und Schriftgelehrten angegriffen werden, behauptet Jesus: »Nichts, was von außen in den Menschen *hinein*kommt, kann ihn unrein machen, sondern was aus dem Menschen *heraus*kommt [will sagen, die Worte, die aus seinem Mund kommen], das macht ihn unrein.«[16] Jesus verdeutlicht später: »Denn es geht nicht in sein Herz, sondern in den Bauch[17] und von dort in die Grube.«[18] Jesus zufolge gibt es keine »unreine« Nahrung. Um die gängige jüdische Auffassung, manche Speisen wie Schweinefleisch und bestimmte Krustentiere dürften nicht gegessen werden, weil sie unrein seien, schert Jesus sich einen Dreck.

Matthäus beschäftigt sich noch näher mit dem Thema Waschen. Auch Schüsseln und Becher, in denen Nahrungsmittel und Getränke serviert wurden, mussten vor Beginn der Mahlzeit sauber sein. Aber von Gesetzesgelehrten war festgelegt worden, »dass ein verunreinigter Becher wieder rein wurde, wenn man nur die äußere Seite mit Wasser abwusch und die innere mit einem Tuch abwischte.«[19] Jesus verweist auf diesen Standpunkt, als er gegen die Schriftgelehrten und Pharisäer wettert, die er der »Raubgier und Maßlosigkeit« bezichtigt: »Ihr Heuchler,[20] die ihr die Becher und Schüsseln außen reinigt, innen aber sind sie voller Raub und Gier. Du blinder Pharisäer, reinige zuerst das Innere des Bechers, damit auch das Äußere rein wird.«[21]

– Jesus verwirft den alttestamentarischen Standpunkt »Auge um Auge, Zahn um Zahn« und stellt ihm gegenüber: »Ich aber sage euch: Liebt eure Feinde … Leistet dem Bösen keinen Widerstand, sondern: wenn dich jemand auf deine rechte Backe schlägt, dem biete die andere auch dar.«[22]

Damals – wie heute – ein »unmöglicher« Vorschlag.

– Die Jünger Johannes des Täufers und die Pharisäer fasteten regelmäßig, Jesus und seine Jünger taten das nicht. Im Gegenteil, sie organisierten fortwährend gemeinsame Mahlzeiten, bei denen ordentlich gegessen und getrunken wurde – in einer Weise, dass Jesus von seinen Feinden »Fresser und Weinsäufer« genannt wurde.[23] Als man ihm vorwirft, dass seine Jünger (und er selbst) nicht fasten, meint Jesus: »Wie können die Hochzeitsgäste[24] fasten, wenn der Bräutigam bei ihnen ist?«[25]

Jesus sieht sich nicht *selbst* in der Rolle des Bräutigams. Man muss diesen Ausspruch vor dem Hintergrund Jesajas verstehen, der die »Erlösung« Israels als eine Hochzeit zwischen Gott und Israel darstellt.[26] Für Jesus kommt »der Bräutigam« dem Königreich Gottes gleich, das in seinen Exorzismen sichtbar geworden ist. Jetzt darf gefeiert werden, man braucht nicht mehr zu fasten. Die gemeinsamen Mahlzeiten waren ein Vorbote des großen messianischen Festmahls, das Gott für diejenigen vorbereitet hatte, die – zusammen mit Jesus – das Königreich in naher Zukunft betreten würden. Wie Jesu Zeitgenossen dieses Wort auch interpretiert haben mögen, auf jeden Fall war es eine radikale Ablehnung des Fastens.

– Jesus schließt reiche Menschen aus dem kommenden Gottesreich aus: »Wie schwer ist es für reiche Menschen, in das Reich Gottes zu kommen. Eher geht ein Kamel durch ein Nadelöhr, als dass ein Reicher in das Reich Gottes gelangt.«[27] Mit anderen Worten: Es ist unmöglich. Das Wort stößt sogar heute noch auf großen Widerstand, und daher versuchte so mancher Christ, eine Deutung zu erdenken, die den Kern abmildert. Aber die Authentizität dieses Wortes ist über jeden Zweifel erhaben: Die Hyperbel vom Kamel, dass durch ein Nadelöhr gehen muss, ist typisch für Jesus, es ist seine »höchsteigene Stimme«, *ipsissima vox*.

– Das Begraben der Eltern war für jedes Kind eine teure Pflicht. Matthäus[28] berichtet von einem jungen Mann, dessen Vater gerade verstorben ist. Der junge Mann will ein Jünger Jesu werden und ihn begleiten. Er fragt Jesus, ob er erst seinen Vater begraben dürfe. Jesus antwortet: »Folge mir [direkt] nach; lass die Toten ihre Toten begraben.« Jesu zufolge »leben« nur die Menschen, die ihm folgen, sie sind auf dem Weg in das Reich Gottes. Diejenigen, die zurückbleiben, sind bereits »tot«. Die Beerdigung des Vaters hat keine Priorität mehr.

– Die Familie wurde als der Eckpfeiler der jüdischen Gesellschaft gesehen. Aber Jesus sagt: »Wenn jemand zu mir kommt und nicht Vater und Mutter, Frau und Kinder, Brüder und Schwestern, ja sogar sein Leben gering achtet, dann kann er nicht mein Jünger sein.«[29] Jesus verlangt, dass seine Jünger alle Familienbande kappen.

Er behauptet weiter: »Meint ihr, ich sei gekommen, um Frieden auf Erden zu bringen? Nein, sage ich euch, nicht Frieden, sondern Spaltung. Denn von nun an wird es so sein: Wenn fünf Menschen im gleichen Haus leben, wird Zwietracht herrschen: Drei werden gegen zwei stehen und zwei gegen drei, der Vater gegen den Sohn und der Sohn gegen den Vater, die Mutter gegen die Tochter und die Tochter gegen die Mutter, die Schwiegermutter gegen ihre Schwiegertochter und die Schwiegertochter gegen die Schwiegermutter.«[30]

– Über die Schriftgelehrten und Priester sagt Jesus: »Alles, was sie tun, tun sie nur, damit die Menschen es sehen: Sie machen ihre Gebetsriemen breit und die Quasten an ihren Gewändern lang [damit sie stärker auffallen], bei jedem Festmahl möchten sie den Ehrenplatz und in der Synagoge die vordersten Plätze haben, und auf den Straßen und Plätzen lassen sie sich gern grüßen und von den Leuten Rabbi (Meister) nennen.«[31] Direkt beschimpft er sie: »Ihr seid wie die Gräber, die außen weiß angestrichen sind und schön aussehen; innen aber sind sie voll Knochen, Schmutz und Verwesung.«[32]

– Zu den gemeinschaftlichen Mahlzeiten werden auch Zöllner und Prostituierte eingeladen. Die »Ältesten des Volkes und Priester« stören sich daran, dass Jesus mit »Sündern« an einem Tisch sitzt. Jesus kontert: »Zöllner und Dirnen gelangen eher in das Reich Gottes als ihr.«[33]

– Anhand einer kunstvollen Hyperbel rechnet Jesus gekonnt mit der auf ihn gerichteten Kritik ab: »Warum siehst du den Splitter im Auge deines Bruders, aber den Balken in deinem Auge bemerkst du nicht? (...) Du Heuchler! Zieh zuerst den Balken aus deinem Auge, dann kannst du versuchen, den Splitter aus dem Auge deines Bruders herauszuziehen.«[34]

– Jeder Einwohner Palästinas war verpflichtet, Steuern an den römischen Kaiser zu zahlen. Für viele Juden war das problematisch, weil es im Prinzip nur einen Herrscher über Israel gab, nämlich Gott. Darum bezahlte jeder (nach Vermögen) Tempelsteuer, ferner wurde ein prozentualer Anteil des Ernteertrags an die Priesterkaste abgeführt. Dass zudem noch Steuern an den Kaiser bezahlt werden mussten, erregte allgemein Unwillen.[35]

Markus berichtet, dass »einige Pharisäer und Anhänger des Herodes« versuchen, Jesus mit der Fangfrage in die Enge zu treiben, ob sie diese Steuer bezahlen müssen. Verneint Jesus die Frage, bekommt er Probleme mit den Römern, bejaht er sie, steht er vor seinen Landsmännern als Schwächling da.

Markus' Geschichte geht weiter: »Jesus sagte: Bringt mir einen Denar, ich will ihn sehen.[36] Man brachte ihm [eine Münze]. Da fragte er sie: Wessen Bild und Aufschrift ist das? Sie antworteten ihm: des Kaisers. Da sagte Jesus zu ihnen: So gebt dem Kaiser, was dem Kaiser gehört, und Gott, was Gott gehört.«[37]

Kommentatoren erklären dies meist folgendermaßen: Jesus akzeptiert das römische Steuersystem, weist aber darauf hin, dass es noch einen anderen »Herrscher« gibt – Gott, dem auch gedient werden muss. Diese Auslegung, eine Art Trennung von Staat und Kirche, passt natürlich ausgezeichnet zu unserem christlich-kapitalistischen System. Ich glaube jedoch nicht, dass Jesus das meinte.

Man stelle sich die Situation als (Film-)Szene vor: Bei der Frage: »Wessen Bild ist das?« hält Jesus die Münze – die er selbstverständlich kennt – vor den Männern hoch. Auf die Antwort: »Des Kaisers« wirft er sie ihnen sofort zurück und meint bissig: »Gebt sie dem Kaiser dann zurück.« Mit anderen Worten: Gebt dem Kaiser seine »Sachen« zurück, die Münzen gehören ihm. Warum stecken sie in euren Taschen? Mit den kaiserlichen Münzen soll man nichts zu schaffen haben wollen, wenn man damit herumläuft, erniedrigt man sich selbst. Konzentriert euch auf die Ankunft des Gottesreiches, nur das kann eure Rettung sein.

Alle oben stehenden Zitate sind die Worte eines Rebellen. Eines Mannes, der gekommen ist, um »Feuer auf die Erde zu werfen und dies zu hüten, bis es lodert«.[38] Jesus wendet sich von der priesterlichen Autokratie ab, er unterminiert die Thora, stellt ihr neue Standpunkte gegenüber. Er sagt: »Niemand füllt neuen [jungen] Wein in alte Schläuche. Sonst zerreißt der [junge] Wein die Schläuche ... Neuer Wein gehört in neue Schläuche.«[39] Er verkündigt die Ankunft des Königreichs Gottes, meint aber damit auch den schnellen Zusammenbruch der römischen Macht und das Verschwinden der kollaborierenden Priesterkaste.

Hier steht ein Prophet, der eine Machtposition im kommenden Gottesreich beansprucht. Der sich die Macht aneignet, um die existierende jüdische Lehre radikal zu verändern und durch seine eigene Sicht zu ersetzen. In der völligen Überzeugung, im Recht zu sein, macht er seine Gegner zur Schnecke. Daher kann man sich leicht vorstellen, dass viele Juden – vor allem diejenigen, die sich in Machtpositionen befanden – eine gewaltige Wut auf ihn bekamen und anfingen, ihn zu hassen.

Das Resultat war offene Feindschaft.

IN ABWESENHEIT VERURTEILT

Es scheint, als habe Jesus bei seinem Einzug in Jerusalem gewiss auf die Sympathien eines Großteils der Bevölkerung zählen können. Diese Position wurde jedoch verwundbar, als seine Erwartung des nahen Königreichs Gottes unerfüllt blieb – in den ganzen drei Monaten ließ *Abba* nichts von sich hören. Der Enthusiasmus, den der Prophet anfangs hervorgerufen hatte, schwand. Der von Jesus selbst unterstellte messianische Anspruch wurde öffentlich in Zweifel gezogen: »Da umringten ihn die Juden und fragten ihn: Wie lange willst du uns noch hinhalten? Wenn du der Messias bist, dann sag es uns offen!«[40]

Schließlich beschlossen die Obrigkeiten, gegen Jesus vorzugehen. Um diese Handlungen von einem juristischen Standpunkt aus zu begreifen, stütze ich mich auf eine Analyse von E. Bickermann aus 1986: *Utilitas Crucis*.[41] Merkwürdigerweise hat dieser Artikel bei Theologen wenig Aufmerksamkeit gefunden, bis auf eine Ausnahme: Rudolf Bultmann, der wichtigste Theologe des 20. Jahrhunderts. In seinem *Evangelium des Johannes* zitiert er diesen Artikel wiederholt[42] und pflichtet Bickermann bei.

Zuverlässige Informationen über die rechtliche Situation in Palästina zu Jesu Zeiten haben wir nicht. Jedoch finden sich recht gute Angaben über die Lage in Ägypten, das – wie Judäa – unter direkter römischer Autorität stand.[43] In der Hoffnung, dass die Unterschiede zwischen Palästina und Ägypten nicht zu groß waren, betrachte ich zuerst das siebte Kapitel des Johannesevangeliums. Dort steht, dass »die Hohepriester[44] Gerichtsdiener ausschickten, um ihn [Jesus] festnehmen zu lassen«.[45] Das bedeutet: Sie haben einen »Fahndungs- und Vorführungsbefehl«[46] bei sich. Jesus wird *vorgeladen*. Die Diener werden ihn – notfalls mit Gewalt – vor den Hohen Rat[47] zerren. Dort fände die Untersuchung des Auftretens und der Aussprüche Jesu statt, die sogenannte *zètèsis*, daraufhin würden Anklageerhebung und Urteilsspruch folgen.

So weit kommt es nicht, den Dienern gelingt es nicht, Jesus zu ergreifen. Zum Ärger der Priester kommen sie mit leeren Händen zurück.[48] Das bedeutet, dass Jesus – der anscheinend vor der bevorstehenden Aktion gewarnt worden war – sich beizeiten aus dem Staub machen konnte und in die Wüste floh.[49] Dass jemand ihn hatte warnen können, ist keine große Überraschung. Johannes zufolge war einer von Jesu Schülern – nicht einer der Zwölf – mit einem Hohepriester bekannt.[50]

Aus den ägyptischen Edikten, die gefunden wurden, geht hervor, dass es den sogenannten *prographè* nach sich zog, wenn man einer Vorladung nicht nachkam – einen Antrag auf Strafverfolgung, ein gerichtliches Prozedere, das von der *Schuld* des Verdächtigen ausging. Ein Beispiel findet sich im »Brief von Paulinus an seinen Sohn Heron«.[51] Anscheinend hat der Sohn etwas verbrochen und der Vater gebietet ihm, so schnell wie möglich nach Hause zu kommen, da sonst ein Antrag auf Strafverfolgung gegen den Sohn gestellt werden würde – die *prographè*. Wörtlich schreibt der Vater: »Der Magistrat wäre schon früher zur Verfolgung geschritten, wenn ich ihm nicht versprochen hätte, dass du heute [vor Gericht] erscheinen wirst.« Und in den *Papyri Oslocnses*[52] werden zwei Diebe beschrieben, die flüchten, nachdem sie einen Weinberg geplündert haben. Auch in diesem Fall erlässt der Magistrat den Befehl zur Strafverfolgung der beiden Männer, »die verdächtigt werden und von denen wir nicht wissen, wo sie sich befinden«. Wenn sich die Diebe nicht aus freien Stücken melden, werden sie für »vogelfrei erklärt«, für schuldig befunden und in Abwesenheit verurteilt.

Die Situation, in der Jesus sich befand, stimmt hiermit überein: Er hat sich der Vorladung entzogen und ist aus Jerusalem geflüchtet. Damit ist er zum »Flüchtigen« geworden und für »vogelfrei erklärt«.[53] In Kapitel 11 des Johannesevangeliums[54] steht auch, dass »die Hohepriester den Sanhedrin zusammenriefen«, um über den Fall Jesus zu beraten. Auf dieser Zusammenkunft spricht Kajaphas, den – zweifellos *un*historischen – Satz, dass es »besser ist, wenn ein einzelner Mensch für das Volk stirbt, als wenn das ganze Volk zugrunde geht«. Im Wesentlichen kann es jedoch zutreffen. Die Hohepriester fürchteten Repressalien der Römer wegen Jesu Auftritt in Jerusalem und der messianischen Begeisterung, die er – für wie kurz auch immer – beim Volk ausgelöst hatte.

Der Sanhedrin verurteilt[55] Jesus in Abwesenheit zum Tode: »Von dem Tage an war es für sie beschlossen, ihn zu töten. Jesus aber ging nicht mehr frei umher unter den Juden.«[56] Das griechische Wort für »war beschlossen« lautet *ebouleusanto*, was mit »sie nahmen den Beschluss an« oder »sie nahmen einen Antrag an« übersetzt werden muss. Mit anderen Worten: Es war *nicht* notwendig, Jesus festzunehmen, um ihn zu verurteilen, man *hatte ihn* bereits verurteilt. Er musste festgenommen werden, um *hingerichtet* zu werden.[57] Auch die Synoptiker berichten von einer Gerichtsversammlung. Bei Markus und Matthäus findet sie nachts statt, unverzüglich nach Jesu Verhaftung in Getsemani: »Die Hohepriester, Ältesten und Schriftgelehrten hatten sich versammelt.«[58] Das ist unglaubwürdig: Wie bekam man mitten in der Nacht all diese Leute zusammengetrommelt?[59] Erneut spielt hier eine Rolle, dass Markus alle Ereignisse in Jerusalem aus der einen – der letzten – Woche von Jesu Leben komprimieren musste: Das war sein dramaturgisches Konzept.

Johannes' Bericht[60] ist plausibler. Bei ihm findet die Gerichtsversammlung in Abwesenheit Jesu statt, schon Monate vor seinem Tod.[61] Lukas zufolge beschuldigt man Jesus, sich als messianischer König ausgegeben zu haben, das Volk aufzuhetzen und zu täuschen[62] und es gleichzeitig anzustiften, keine Steuern an den Kaiser zu zahlen.[63] Dies stimmt mit meiner Rekonstruktion überein und passt zu der Beschuldigung,[64] die auf dem Schild am Kreuz, dem *Titulus*, festgenagelt war und derzufolge sich Jesus als »König der Juden« ausgab.[65]

Unter diesem Gesichtspunkt ist es logisch, dass Johannes in seinem Evangelium – nach Jesu Flucht und der darauf folgenden Gerichtsverhandlung – berichtet,[66] die Hohepriester hätten »Befehl gegeben: Wenn jemand weiß, wo er [Jesus] ist, soll er's anzeigen, damit sie ihn ergreifen könnten.«[67] Wohlgemerkt: die griechischen Worte für »Befehl geben« – *didonai entolas* – sind spezifische juristische Termini und bedeuten ungefähr »einen Befehl ausstellen«.[68] Celsus bestätigt dieses Prozedere: »Wenn es jemanden in eurer Umgebung gibt, der sich verbirgt und stets sein Versteck wechselt [um der Verhaftung zu entgehen], dann muss diese Person verfolgt und mit der Hinrichtung gestraft werden.«[69]

Wir wissen auch, dass die Obrigkeiten – auf jeden Fall in Ägypten – einen sogenannten *mènusis* ausstellten.[70] Das war ein »Fahndungsplakat«, auf dem der Name und eine Beschreibung des Flüchtigen standen, dazu die gerichtliche Anklage – die *aitia* – sowie die Höhe der Belohnung für jeden, der ihn anzeigte. Auf einem Papyrus, das im Louvre aufbewahrt wird,[71] steht beispielsweise zu lesen: »Am 25. des Monats Epiphi ist ein Sklave von Aristogenes entflohen. Sein Name ist Hermon, aus Nilius. Ein Syrer von Herkunft, ungefähr achtzehn Jahre alt. Durchschnittliche Größe, gerade Beine, Grübchen am Kinn, Warze links von der Nase und eine Tätowierung am rechten Handgelenk. Wer ihn zurückbringt, bekommt zwei kupferne Talente.«

Information dieser Art hing häufig an Anschlagwänden,[72] die unter anderem an den Stadttoren aufgestellt waren. Angesichts der ganzen rechtlichen Situation war es jetzt lebensgefährlich für Jesus, sich in (der Umgebung von) Jerusalem zu zeigen. Ich wiederhole einen Vers aus dem Johannesevangelium: »Jesus aber ging nicht mehr frei umher unter den Juden.«[73] Aber wie wir im folgenden Kapitel sehen werden, entschloss sich Jesus doch, wieder in Richtung Jerusalem zu gehen.

9

LAZARUS WIRD GETÖTET

DIE GESCHICHTE

In Kapitel 11 seines Evangeliums beschreibt Johannes Lazarus' »Auferweckung vom Tode«. Es ist eine der am brillantesten geschriebenen Szenen, die wir im Neuen Testament vorfinden, sowohl was die Dramaturgie als auch was die Emotion betrifft. Meiner Ansicht nach erreicht die Geschichte ihren Höhepunkt gerade nicht mit der »Auferweckung« (die unmöglich ist und daher nie geschehen sein kann), sondern mit einem Vers,[1] der lautet: »Da weinte Jesus.«

Zugleich ist es einer der faszinierendsten und historisch ungreifbarsten Teile des Neuen Testaments. Viele Kommentatoren haben versucht, eine »ursprüngliche Geschichte« darin wiederzufinden, aber eigentlich ist ihnen das nie richtig gelungen. Was früher einmal dort gestanden haben mag, ist durch vielfaches Umschreiben unter den Tisch gefallen. Ich kann nur mithilfe von *Spekulation* versuchen, eine logische Geschichte herauszuschälen.

Eine kurze Wiederholung: Entsprechend der Chronologie, die ich in den vorigen Kapiteln aufgestellt habe, kam Jesus während des Laubhüttenfestes zum zweiten Mal nach Jerusalem. Auf die Salbung in Betanien folgt der Einzug in die Stadt. Jesus ist zu diesem Zeitpunkt der festen Überzeugung, dass das Königreich Gottes dort in naher Zukunft hereinbrechen wird. Während seines Aufenthalts in Jerusalem wird er jedoch zunehmend mit Feindseligkeiten vonseiten der Obrigkeit und der Bevölkerung konfrontiert. Nicht nur wegen seiner Äußerungen, sondern hauptsächlich weil er meint, wenn das Königreich Gottes anbricht, darin eine zentrale Position einzunehmen.

Das Gottesreich kommt jedoch nicht. Stattdessen beschließen die Obrigkeiten, Jesus vorzuladen. Bevor es dazu kommt, flieht er aus der Stadt in die Wüste. Trotzdem findet in Jerusalem eine Zusammenkunft des Sanhedrin statt, um ein Urteil über Jesus zu fällen. Er wird beschuldigt, sich als König von Israel aufzuspielen, und wird in Abwesenheit verurteilt.

Dieser Zeitspanne ordne ich die Geschichte über Lazarus[2] zu. Im Johannesevangelium wird er als »der Mann, den du [Jesus] lieb hast«[3], eingeführt. Der Evangelist nimmt an, dass Lazarus zwei Schwestern hat, Maria und Marta. Sie lassen Jesus (der sich irgendwo in der Wüste versteckt hält) die Nachricht zukommen, dass ihr Bruder krank ist. Anfangs reagiert Jesus nicht darauf: »Er blieb noch zwei Tage an dem Ort, wo er war.« Dann macht er sich dennoch auf den Weg nach Betanien, wo die Familie des Lazarus wohnt: »Lasst uns wieder nach Judäa gehen.«

Einige Jünger, die sich anscheinend auch bei Jesus in dessen Versteck befinden, raten ihm zu Recht davon ab: »Rabbi, eben noch wollten dich die Juden steinigen,[4] und du willst wieder dorthin?«[5] Aber Jesus hat seinen Entschluss gefasst. Der Jünger Thomas pflichtet ihm jetzt bei: »Lasst uns mit ihm gehen, um mit ihm[6] zu sterben.«[7] Ab hier verschwinden die Jünger jedoch vollständig aus der Geschichte – Jesus macht sich, dem Text des Evangeliums zufolge, allein auf den Weg in Richtung Jerusalem.

In der Nähe von Betanien angekommen – das sich bei Jerusalem befindet –, betritt er das Dorf jedoch *nicht.*[8] Johannes berichtet auch, dass Marta ihrer Schwester Maria *heimlich*[9] erzählt, dass Jesus sich in der Nähe aufhält. Offenbar möchte Jesus vermeiden, dass seine Ankunft in Betanien bekannt wird, er muss mit Verrat rechnen,[10] was, nach meiner Rekonstruktion, verständlich ist. Schließlich wurde nach ihm »gefahndet« und man hätte ihn – im Falle seiner Entdeckung – unverzüglich verhaftet und exekutiert.

Johannes fährt fort: »Als Jesus ankam, fand er Lazarus schon vier Tage im Grab liegen.«[11] Es wird nicht klar, von wem genau Jesus das erfährt, aber als er Maria trifft, ist er tief erschüttert. Erneut wird hier das Verb *embrimaomai* verwendet, dem wir bereits bei der Austreibung des Lepradämons begegnet sind: Es beschreibt eine Art Knurren oder Brüllen, einen Ausdruck der Raserei, wenn jemand von einer Welle der Emotion überwältigt wird.[12] Und der Evangelist fügt dem noch ein anderes »heftiges« Wort hinzu, *etaraxen*: Jesus ist innerlich sehr erschüttert, er bebt. Dann bricht er in Schluchzen aus. Als er bei Lazarus' Grab ankommt, nennt Johannes nochmals das Verb *embrimaomai.*[13] Dann folgt das Wunder von Lazarus' »Auferweckung«, bei dem wir uns nicht lange aufzuhalten brauchen, da es nie stattgefunden hat. Jesus ruft: »Lazarus, komm heraus!«, und dieser erscheint, »seine Füße und Hände waren mit Binden umwickelt«,[14] aus dem Grab.[15] Die Obrigkeiten erschrecken so vor diesem »Wunder«, dass sie in aller Eile den Entschluss fassen, dieser gefährliche Wundertäter müsse getötet werden.[16]

Das wirft Fragen auf: Wenn wir diese unmögliche »Auferweckung« streichen, was kann dann das historische Ereignis gewesen sein, das dieser Geschichte zugrunde lag, und inwieweit hat es mit der feindlichen Haltung der Obrigkeiten zu tun? Zurück zu den beiden Schwestern und Lazarus. Die ersten drei Verse des Kapitels lauten: »Ein Mann war krank, Lazarus aus Betanien, dem Dorf Marias und ihrer Schwester Marta (1). Maria aber war es, die den Herrn mit Salböl gesalbt und seine Füße mit ihrem Haar getrocknet hatte. Deren Bruder Lazarus war krank (2). Da sandten die Schwestern zu Jesus und ließen ihm sagen: Herr, siehe, der, den du lieb hast, liegt krank.(3)«

Ich habe bereits angegeben, dass Vers 1 – in dem das Dorf Betanien durch den Hinweis verdeutlicht wird, dass Maria und ihre Schwester Marta dort wohnen – nicht wirklich stimmig ist. Denn in dem Evangelium, wie wir es heute kennen, tauchen die beiden Frauen erst im folgenden Kapitel auf, nämlich bei der Salbung. Das kann nur bedeuten, dass die Salbung ursprünglich vor Kapitel 11 stand, also vor der Lazarus-Passage.

Vers 2 wird im Allgemeinen als redaktionelle Hinzufügung betrachtet. Dies lässt sich aus dem Wort »der Herr« *(kurios)* schließen. Johannes verwendet dieses Wort nur als Anrede in den Dialogen, wie beispielsweise hier in Vers 3. Die »christologischen« Titel tauchen aber nie in seinem beschreibenden Text auf. Bultmann[17] zieht daraus den Schluss, dass die Hinzufügung von einem »kirchlichen Redakteur« stammt. Der ursprüngliche Text[18] muss daher gelautet haben: »Es war jemand krank, Lazarus aus Betanien, dem Dorf von Maria und ihrer Schwester Marta. Die Schwestern sandten zu Jesus: ›Herr, siehe, der Mann, den du lieb hast,[19] ist krank.‹« Man beachte, dass nun nicht mehr behauptet wird, Lazarus sei ein Bruder von Maria und Marta.

ZWEI TAGE NICHTSTUN

Jesu Reaktion auf diese Nachricht ist merkwürdig: Erst tut er gar nichts – »er blieb noch zwei Tage, wo er war«.[20] Warum wird das von dem Evangelisten so präzisiert? Manche Theologen erklären das folgendermaßen: Jesus wollte warten, bis Lazarus wirklich tot war, damit er das große Wunder der »Auferweckung« vollbringen konnte, zur Erbauung »der Juden«. Das ist eine der übelsten theologischen Argumentationen, die ich je gehört habe: jemanden absichtlich sterben zu lassen, um ihn danach wieder – auf spektakuläre Weise – zum Leben zu erwecken.

Leider ist es der Evangelist selbst, der die Theologen zu dieser abscheulichen Sichtweise inspiriert hat. Johannes lässt Jesus in Vers 11,4 sagen: »Diese Krankheit [von Lazarus] ist nicht zum Tode, sondern zur Verherrlichung Gottes, damit der Sohn Gottes dadurch verherrlicht werde.« Zehn Verse später sagt Jesus, als er auf übernatürliche Weise plötzlich weiß, dass Lazarus bereits gestorben ist: »Lazarus ist gestorben; und ich bin froh um euretwillen, dass ich nicht da gewesen bin, damit ihr glaubt.« Hätte Jesus diese Worte tatsächlich gesprochen, würde man ihn ohne Weiteres als verabscheuungswürdig bezeichnen. Aber natürlich hat dieses Zeichen grenzenloser Hartherzigkeit überhaupt nichts mit dem Mann zu tun, der uns die Gleichnisse vom »barmherzigen Samariter« und vom »verlorenen Sohn« gab.

Andere Theologen behaupten, dem Denken dieser Zeit entsprechend sei ein Mensch erst nach drei Tagen wirklich tot gewesen. Wenn Jesus sich an einem Ort verborgen hielt, der einen Tag Fußmarsch von Jerusalem entfernt war,[21] musste man die beiden Tage Aufenthalt dazurechnen. Ansonsten wäre Jesus »zu früh« bei Lazarus' Grab erschienen, ungefähr zwei Tage, nachdem dieser gestorben war. Dann hätten die Leute sagen können, dass Lazarus nur scheintot gewesen sei, und es wäre natürlich kein richtiges Wunder gewesen.

Gegen diese These spricht, dass Jesus bei den Synoptikern auch Tote auferweckt: die Tochter des Jaïrus,[22] den jungen Mann in Naïn[23] und – wenn das *Geheime Markusevangelium* keine Fälschung ist – den »jungen Mann in Betanien«[24] (eine stark verkürzte Fassung der Auferweckung des Lazarus aus dem Johannesevangelium). Bei keinem dieser Wunder kümmert die Evangelisten die Anzahl der Tage, die diese Menschen schon tot sind – im Fall der Tochter des Jaïrus war das Mädchen gerade erst gestorben.[25]

Das ist der Grund, weshalb ich die »zwei Tage« Nichtstun von Jesus lieber auf eine andere Art betrachten möchte. Meiner Rekonstruktion zufolge befindet er sich in dem Moment auf der Flucht. Eine Reise nach Betanien, in die Nähe Jerusalems, war äußerst riskant, und Jesus musste damit rechnen, erkannt und angezeigt zu werden. Wie fühlte er sich in dieser Periode? Schließlich hatte erst– nur ein paar Monate zuvor – die utopische Erwartung bestanden, das Königreich Gottes werde hereinbrechen. Das geschah nicht, und stattdessen wurde Jesus »verfolgt«, er musste aus Jerusalem fliehen und wurde in Abwesenheit zum Tode verurteilt.

Dieser totale *reversal of fortune* zog zweifellos eine Krise in Jesu Denken nach sich. Er sah sich mit dem konfrontiert, was Heidegger[26] unseren *ureigenen Tod* nannte – nicht den Tod anderer, nicht unser Tod in einer fernen Zukunft, nein, unser Tod in diesem Moment, von heute auf morgen. Und während dieser existenziellen Krise kam Jesus meiner Ansicht nach zu dem Schluss, dass Gott seinen Tod *wollte*.

Für Jesus war schließlich alles ein »Zeichen«. Die erfolgreichen Exorzismen hatte er als Hinweis auf Gottes nahendes, ja, sogar bereits gegenwärtiges Königreich gesehen. Daher konnte er die unerwarteten politischen Entwicklungen, die zu seiner Flucht und dem Todesurteil geführt hatten, auch nur als Zeichen deuten. Gottes Pläne mit ihm hatten sich geändert. Gott hatte beschlossen, die Ankunft seines Reiches zu verschieben, und stattdessen Jesu Tod befohlen.

Nur indem er die historischen/politischen Entwicklungen zu Gottes »Willen« erklärte, konnte Jesus seinen Glauben aufrechterhalten. Nur indem er seine Verurteilung zum Tode als Tat Gottes sah, konnte Jesus vor sich selbst – und seinen Jüngern! – weiterhin vertreten, dass sein felsenfester Glaube, das Königreich Gottes werde sich in naher Zukunft über Israel ausbreiten, durch die Tatsachen Lügen gestraft worden war. Gott hatte einen neuen Weg vorgezeichnet, der unwiderruflich zu seiner Hinrichtung führen würde.

Darum ist es sehr gut möglich, dass die verschiedenen Todesprognosen, die Jesus bei Markus ausspricht, auf eine historische Realität zurückgehen. Wie bereits bemerkt, argumentieren die meisten Theologen heutzutage, dass diese Prophezeiungen erst nach Jesu Tod *erfunden*, dass sie *ex eventu* geschrieben wurden, aus einer späteren Perspektive heraus, als man wusste, dass Jesus gekreuzigt worden war. Die Prophezeiungen sind dann christlicher *spin*. Durch diese Einfügungen versuchen die Evangelisten zu beweisen, dass Jesus nicht von den Ereignissen überrumpelt wurde, die zu seinem Tod führten, sondern dass er wusste, dass er sterben musste, und dies akzeptiert hatte.

Ich sehe das anders. Ich denke, dass Jesus wirklich ein paar Wochen lang glaubte, dass er sterben müsse und sterben würde, und dass er darüber mit seinen Jüngern gesprochen hat. Markus schreibt: »Und er redete ganz offen darüber«,[27] in einem späteren Kapitel bei demselben Evangelisten fragt Jesus seine Jünger: »Könnt ihr den Kelch [des Todes] trinken, den ich trinke, oder die Taufe [die Hinrichtung] auf euch nehmen, die ich auf mich nehme?«[28] – ein Hinweis darauf, dass Jesus sich seines »notwendigen« Todes bewusst war.

Merke: Die politische Realität beinhaltete, dass er *bereits zum Tode verurteilt war* und deshalb gesucht wurde. Dass er Gefahr lief, verhaftet und hingerichtet zu werden, gewiss in Judäa, kann Jesus nicht entgangen sein. Es war nichts weiter als eine klare Einschätzung der Realität, wie sie auch Saddam Hussein vorhersehen konnte, als er sich bei der amerikanischen Invasion in den Irak versteckte. Diese »unvermeidliche« Realität formte Jesus allerdings[29] in einen göttlichen Beschluss um: Gott *wünschte* seinen Tod. Auf diese Art blieb Jesus gewissermaßen Herr über sein eigenes Schicksal.

Ich denke, dass sich Jesu Krise zuspitzte, als die Schwestern Maria und Martha ihm von Lazarus' »Krankheit« berichteten, und dass die »zwei Tage Nichtstun« damit zusammenhängen. Um dies verständlich zu machen, möchte ich etwas einbringen, das ich nicht beweisen kann, es ist reine Spekulation, dessen bin ich mir bewusst. Aber ich glaube *trotzdem*, dass es sich so zugetragen hat, im Falle eines Films würde ich keinen Moment zögern, es auf diese Weise bildlich darzustellen. Mein Vorschlag ist Folgender: Die Information, die Jesus von den Schwestern Maria und Martha bekam, lautete nicht, »der, den du lieb hast, ist krank«,[30] sondern »der, den du lieb hast, wurde *gefangen genommen*«[31] – oder auch: »wurde verhaftet«.

JESU ENTSCHEIDUNG

Um meinen Vorschlag plausibel zu machen, muss ich erst hervorheben, was Johannes über diesen Lazarus berichtet. Wir wissen bereits, dass er in Betanien wohnte und dass die Schwestern Maria und Marta ihn gut kannten. Es wurde auch erwähnt, dass zu Ehren Jesu im Dorf eine Mahlzeit bereitet wurde, bei der – Johannes zufolge[32] – sowohl Lazarus als auch die beiden Schwestern anwesend waren. Bei diesem Anlass salbte Maria die Füße Jesu »mit echtem kostbaren Nardenöl«, ein Ereignis, das zu einem Zeitpunkt stattfand, als Jesus noch von dem bevorstehenden Hereinbrechen von Gottes Königreich überzeugt war. Die Synoptiker geben an, dass der Ort Betanien in derselben Periode für Jesus nicht unwichtig war. Er und seine Jünger verbrachten dort die Nacht und gingen am folgenden Tag nach Jerusalem. Der »triumphale Einzug« begann in Betanien, ferner siedelt Lukas die sogenannte Himmelfahrt dort an.[33]

Allerdings steht bei Johannes im zwölften Kapitel direkt nach der Salbung ein merkwürdiger Satz: »Viele Juden hatten erfahren, dass Jesus dort war [im Haus von Lazarus und der Schwestern], und sie kamen, jedoch nicht nur um Jesu willen, sondern auch um Lazarus zu sehen, den er von den Toten auferweckt hatte. Die Hohepriester aber beschlossen,[34] *auch Lazarus zu töten*, weil viele Juden seinetwegen hingingen und an Jesus glaubten.«[35]

Der *Codex Bezae* formuliert die Verse freilich etwas anders – dort steht: »Eine große Menge Juden hörte, dass er [Jesus] da war, und sie gingen nicht wegen Jesus, sondern um Lazarus zu sehen, den Jesus von den Toten auferweckt hatte. Die Hohepriester beschlossen, auch Lazarus zu töten, weil viele Juden seinetwegen an Jesus glaubten.«

Der aufmerksame Leser stellt fest, dass bei diesem Codex im ersten Satz zwei Wörter fehlen, die in den anderen Manuskripten stehen: »nur« und »auch«. Der *Codex Bezae* behauptet also: » … nicht wegen Jesus, sondern um Lazarus zu sehen …«, wohingegen in den anderen Manuskripten steht: »… nicht nur um Jesu willen, sondern auch um Lazarus zu sehen …«[36]

Die beiden Worte »nur« und »auch« machen einen großen Unterschied. Der *Bezae* betont, dass die Juden speziell gekommen sind, um Lazarus zu sehen und nicht Jesus, wohingegen in anderen Manuskripten das Interesse zwischen Jesus und Lazarus aufgeteilt wird. Weil eine *Hinzufügung* dieser beiden Worte (um die Wichtigkeit Jesu hervorzuheben) durch einen Redakteur nachvollziehbarer ist als ihre *Streichung*, gehe ich davon aus, dass der ursprüngliche Text im *Codex Bezae* steht.

Da eine »Auferweckung von den Toten« (nach vier Tagen!) unmöglich ist, sind die Worte »[Lazarus,] den er von den Toten auferweckt hatte« fiktiv. Wenn man sie streicht, sagen die erwähnten *Bezae*-Verse schlichtweg aus, dass »eine große Menge Juden« außerordentliches Interesse an Lazarus hatte, *als er noch am Leben war*. Und dass der Sanhedrin zu einem bestimmten Zeitpunkt beschloss, Lazarus zu töten.

Ich vermute, dass Lazarus ein sehr ergebener Jünger Jesu war, der nicht zu der Zwölfergruppe gehörte, aber – genau wie Jesus – ein Schüler des Täufers gewesen war. Als Anführer der Jesusbewegung in Judäa hatte er Jesus und dessen Jüngern sein Haus in Betanien zur Verfügung gestellt. Von dort aus waren die »Salbung« und der »triumphale Einzug« nach Jerusalem organisiert worden. Dies würde erklären, warum das Dorf Betanien einen so auffälligen Platz in den Evangelien einnimmt. Was Kafarnaum für Galiläa gewesen war, das war Betanien für Judäa. In diesen Tagen fungierte es vermutlich als Treffpunkt für die aufkeimende Jesusbewegung außerhalb Galiläas.

Wir haben bereits erörtert, dass der Sanhedrin – um Dezember herum – den Versuch unternahm, Jesus zu verhaften, was aufgrund von dessen Flucht aus der Stadt in die Wüste missglückte. Falls Lazarus eine Hauptrolle sowohl bei der Organisation der Salbung als auch des Einzugs zukam, falls er erfolgreich die Idee promotete, dass Jesus als »Messias« oder »König der Juden« angesehen werden musste, ist es logisch, dass der Sanhedrin beschloss, ihn – Lazarus – gefangen zu nehmen, nachdem ihnen Jesus entwischt war. Genauso logisch war der nächste Schritt, das Geheimnis von Jesu Unterschlupf aus ihm herauszubekommen – letztendlich ging es ihnen um Jesus.

Verhöre (damals wie heute) sind häufig[37] mit Folter verbunden. Ein gutes Beispiel findet sich bei der Verhaftung des Bischofs Polykarp[38] im 2. Jahrhundert n. Chr. Nachdem dieser aus seinem Haus geflohen ist, wird einer seiner dort verbliebenen Diener so lange von den Obrigkeiten gefoltert, bis er ihnen verrät, wohin Polykarp geflüchtet war.[39]

Es ist sehr gut möglich, dass Lazarus gefoltert wurde, um ihn zu zwingen, Jesu Versteck zu verraten. Der Hilferuf der Schwestern, dass »der Mann, den du lieb hast«, gefangen genommen worden sei, bekam bei Jesus die Funktion eines Katalysators, der in eine tiefe Krise führte. Er sah sich vor eine furchtbare Entscheidung gestellt. Sollte er sich stellen, um das Leiden Lazarus' zu beenden, oder sollte er an einen anderen Ort fliehen? Er konnte ja davon ausgehen, dass Lazarus schließlich »singen« würde.[40] Jesus war bereits zu einem früheren Zeitpunkt – aufgrund von »Zeichen« – zu dem Schluss gekommen, dass Gott seinen Tod wünschte. Die Nachricht von Lazarus' Verhaftung war das nächste »Zeichen«: Damit legte Gott den Moment seines Todes fest. Jesus hatte keine andere Wahl, als sich den Behörden zu stellen. Er war gezwungen, seinem eigenen Tod jetzt und direkt ins Auge zu sehen: »Ich muss mit einer Taufe getauft werden und wie sehr werde ich gequält,[41] bis sie vollzogen ist.«[42]

Die Angst, die ihn mit dieser Erkenntnis übermannte, muss überwältigend gewesen sein. Jesus suchte zweifellos Zuflucht in Gebeten zu Gott – wie bereits vorher beim Beginn der Exorzismen und dem drohenden Aufstand, der als »Brotvermehrung« beschrieben wird. In seinem »Gespräch« mit Gott muss Jesus einen fürchterlichen inneren

Kampf ausgefochten haben. Im Brief an die Hebräer[43] lesen wir: »Als er auf Erden lebte, hat er mit lautem Schreien und unter Tränen Gebete und Bitten vor den [Gott] gebracht, der ihn aus dem Tod retten konnte.«[44]

Der Leser wird an diesem Punkt einwerfen: das Gebet, das Flehen fand doch in Getsemani statt, etwas außerhalb von Jerusalem, am Vorabend von Jesu Tod? Tatsächlich haben die Synoptiker das berühmte Gebet an diese Stelle gesetzt. Um die Erinnerung aufzufrischen: Markus schreibt, dass Jesus »Furcht und Angst ergriff und er zu ihnen [Petrus, Johannes und Jakobus] sagte: Meine Seele ist zu Tode betrübt. Bleibt hier und wacht! Und er ging ein Stück weiter, warf sich auf die Erde nieder und betete, dass die Stunde, wenn möglich, an ihm vorübergehe. Er sprach: *Abba*, Vater, alles ist dir möglich. Nimm diesen Kelch von mir. Aber nicht, was ich will, sondern was du willst (soll geschehen).«[45]

Doch in dem Brief an die Hebräer ist das sehr emotionale Gebet *nicht* mit der Getsemani-Szene verbunden, und Raymond Brown hat – mit aus diesem Grund – daraus den Schluss gezogen, dass die christliche Tradition »keine präzisen Angaben enthalte, *wann und wo* Jesus betete, um vor der drohenden Hinrichtung gerettet zu werden. Die Evangelisten – oder ihre eventuellen Vorgänger –, die das Gebet schließlich ja irgendwo einsortieren mussten, stellten es an den für sie bestmöglichen Ort.«[46] Damit *löst* Brown das »Gebet in Getsemani« sowohl vom Ort Getsemani als auch von Jesu Verhaftung in Getsemani, die dort stattgefunden haben soll.

Dass das Gebet ursprünglich nicht mit Getsemani verbunden war, sieht man auch im Johannesevangelium. Jesus geht an dem Abend vor seinem Tod zwar in einen Olivengarten im Kidrontal, aber von einem Gebet ist nicht die Rede. Reste eines solchen Gebetes tauchen bei Johannes dagegen an einer ganz anderen Stelle auf – als Jesus sich in der *Wüste* versteckt: »Jetzt ist meine Seele erschüttert.[47] Was soll ich sagen? Vater, rette mich aus dieser Stunde? Aber deshalb bin ich in diese Stunde gekommen.«[48] Ein weiteres Fragment könnte sein: »Nach diesen Worten war Jesus im Innersten erschüttert.«[49] Aber dann befindet er sich in dem Haus, wo das Letzte Abendmahl stattfindet (den Synoptikern zufolge in Jerusalem), nicht im Olivengarten von Getsemani. M. Dibelius folgert daher auch, dass »die Meinung annehmbar ist, Jesus habe einmal, vor der Passion [d. h. Monate vor seiner Exekution], einen Seelenkampf durchfochten und aus diesem Kampf heraus gebetet«.[50]

An welcher Stelle die Evangelisten die glühenden Gebete Jesu zu Gott einfügten, ist völlig willkürlich. Und wenn meine Spekulation stimmt, dass Lazarus nicht »krank«, sondern gefangen genommen worden war, fühle ich mich berechtigt, Jesu Flehen zu Gott, das ihn »aus dem Tod retten könne«, *während der beiden Tage des Zögerns einzuordnen*, bevor er sich auf den Weg zu Lazarus machte.[51] Das waren nämlich die Tage, an denen sich Jesus »mit Jammern und Weinen« durch seine erste Krise kämpfte und *Abba* anflehte, den Kelch [des Todes] von ihm zu nehmen. Einige Jünger Jesu waren Zeuge dessen und somit in der Lage, später davon zu berichten. Bei der Szene in Getsemani war das unmöglich – dort *schliefen* die Jünger, während Jesus seinen Seelenkampf durchlitt.

Letztendlich konnte Jesus die Krise überwinden und sich mit Gottes Willen abfinden. Wenn sein Wort »Es gibt keine größere Liebe, als wenn einer sein Leben für seine Freunde hingibt«[52] authentisch ist, erkennt man darin die Motivation für den Entschluss, in Richtung Jerusalem[53] aufzubrechen. Er würde sich den Obrigkeiten stellen, um seinen Freund Lazarus vor weiteren Folterungen zu bewahren. Jesus war der Ansicht, dass dies mit Gottes Plan, ihn sterben zu lassen, übereinstimmte.[54]

Ob er dabei an Kreuzigung dachte, ist zu bezweifeln, Steinigung lag eher im Bereich des Möglichen. Das Brechen des Brotes beim Letzten Abendmahl – »dies ist mein Leib« – weist stärker darauf hin.[55] Dass Jesus jemals auf seine »Auferstehung« angespielt hat, ist unwahrscheinlich. Das wurde von den Evangelisten selbst hinzugefügt, hier tatsächlich *ex eventu*, aber erdacht anhand eines Ereignisses, das in Wirklichkeit nie stattgefunden hatte.

Es ist unklar, ob Jesus in dem rasch nahenden Tod eine »kosmischere« Singgebung hat finden können als nur die Beendigung von Lazarus' Leiden. Im Johannesevangelium steht ein Wort Jesu, dass vielleicht authentisch[56] ist: »Wenn das Weizenkorn nicht in die Erde fällt und stirbt, bleibt es allein [nur ein einzelnes Weizenkorn]; wenn es aber stirbt, bringt es reiche Frucht.« Vielleicht hat Jesus seinem Tod nicht mehr Wert beigemessen als eben diesen.

Oder dachte er, dass sein Tod das Königreich Gottes nachträglich näherbringen würde? Man könnte folgendermaßen argumentieren: Jesus sah sich selbst in einer zentralen Position beim Zustandekommen des Gottesreiches, *seine* Exorzismen hatten das Reich initiiert. Er war Gottes Werkzeug im Kampf gegen die Dämonen, er schlug sie mithilfe des »Fingers Gottes«. Als die definitive Ankunft des Gottesreiches ausbleibt, verlagert Jesus zwar seine Ambitionen, behält aber seine zentrale Rolle: *Ich* muss sterben, *mein* Tod ist notwendig für Gottes Plan.

Aber selbst dann ist es die Frage, ob Jesus wusste, *auf welche Art* sein Tod zu diesem Gottesreich beitragen konnte. Trotzdem hat er sich in dem Moment bedingungslos Gottes »Handeln« anvertraut – und zwar ohne den Sinn zu begreifen.[57] Das spricht aus Jesu Worten beim Letzten Abendmahl, einem Mahl, das nicht am Vorabend von Jesu Tod stattfand, sondern hier in der Wüste, direkt nachdem Jesus seine Krise überwunden hatte. Ich werde erklären, warum ich das so sehe.

EUCHARISTISCHE WORTE

Neueste Studien[58] haben plausibel gemacht, dass die kurze Passage, in der Jesus die sogenannte Eucharistie einführt, ursprünglich *kein* Bestandteil der Passionsgeschichte war. Um es kurz zu verdeutlichen: Markus beschreibt,[59] wie Jesus beim Letzten Abendmahl – das den Synoptikern zufolge am Vorabend von Jesu Kreuzigung stattfand – das Brot bricht, es unter seinen Jüngern verteilt und sagt: »Nehmt, das ist mein Leib.« Sie essen das Brot. Dann lässt er sie alle aus demselben, mit Rotwein gefüllten Kelch trinken und sagt: »Das ist mein Blut, das Blut des Bundes, das für viele vergossen wird.« Aus diesen beiden Handlungen hat die Kirche später die Eucharistie entwickelt.

Diese Handlungen und Worte werden zum ersten Mal in einem Brief von Paulus[60] an die christliche Gemeinde in Korinth mit dem letzten Abend von Jesu Leben in Zusammenhang gebracht: »… Jesus, der Herr, nahm in der Nacht, in der er [seinen Feinden] ausgeliefert wurde, Brot, sprach das Dankgebet, brach das Brot und sagte: Das ist mein Leib für euch. Tut dies [das Brechen und Teilen des Brotes] zu meinem Gedächtnis. Ebenso nahm er nach dem Mahl den Kelch und sprach: Dieser Kelch ist der Neue Bund in meinem Blut. Tut dies, sooft ihr daraus trinkt, zu meinem Gedächtnis.«

Jeder einzelne Synoptiker hat dies auf seine Weise verarbeitet, nur bei Johannes steht nichts darüber. Wie kommt Paulus an seine Informationen über den letzten Abend, woher weiß er, dass Jesus die (»eucharistischen«) Worte genau zu diesem Anlass gesprochen hat? Paulus erklärt am Anfang des oben genannten Verses: »*Denn ich habe vom Herrn empfangen*, was ich euch [der Gemeinde in Korinth] dann überliefert habe: Jesus, der Herr, nahm in der Nacht, in der er ausgeliefert wurde« etc. Das soll bedeuten, dass Paulus die Information *direkt von Jesus selbst*[61] empfangen hat (im griechischen heißt es *parelabon apo tou kuriou*, »empfangen von dem Herrn«).

Man muss sich allerdings bewusst sein, dass Paulus Jesus nie leibhaftig getroffen hat – Jesus war ihm »erschienen«, vermutlich ein oder zwei Jahre nach dessen Exekution. Jesus hat also in einer Vision zu Paulus gesprochen (auf dem Weg nach Damaskus, möglicherweise auch später). Mit anderen Worten: Paulus hat seine Information über Jesu letzte Nacht von der Geisterscheinung Jesu »empfangen«. Weltlicher ausgedrückt: Die Information wurde von Paulus' eigenem Unterbewusstsein erfunden.

Es ist eine logische Annahme, dass Paulus vorher – als er die Christen noch verfolgt hatte oder während seiner Gespräche mit Petrus[62] – gehört hatte, dass Jesus »in der Nacht ausgeliefert« worden war. Wahrscheinlich wusste er auch von einer mündlichen Überlieferung, in der die eucharistischen Worte Jesu enthalten waren. Ich bin daher der Meinung, dass die einzige Information, die Paulus von Jesu Geist »empfing« – also das Einzige, das Paulus selbst in seinem Kopf konstruiert hatte –, beinhaltete, dass die Worte *am Abend vor der Kreuzigung* gesprochen wurden.

O. Cullmann[63] hat auf die Schwierigkeit hingewiesen, die überströmende Freude, die die ersten christlichen Gemeinden miteinander teilten – »sie brachen in ihren Häusern das Brot und hielten miteinander Mahl in Freude und Einfalt des Herzens« –[64], mit den düsteren Worten in Einklang zu bringen, die Jesus bei seinem letzten Mahl über das Brechen des Brotes und das Trinken des Weines – »mein Leib« und »mein Blut« – gesprochen haben soll. Cullmann betrachtet die festlichen Mahlzeiten der ersten Gemeinden als eine Fortsetzung der freudigen Mahlzeiten, die Jesus mit seinen Jüngern teilte, als sie alle in der Hoffnung lebten, das Hereinbrechen von Gottes Königreich stünde kurz bevor und die Mahlzeiten seien Vorboten des großen messianischen Festmahls.

Darum behauptet Cullmann, Paulus selbst sei auf den »verwegenen Gedanken« gekommen, die freudigen Mahlzeiten der ersten Christen mit dem letzten Mahl Jesu zu verbinden, »über dem der Schatten des Todes liegt«. Es war der »auferstandene Christus« aus Paulus' eigenem – von Jesu Blut besessenem – Verstand, der ihm einflüsterte, die festlichen Mahlzeiten der ersten Christen in den Schatten des Kreuzes zu stellen.[65] Die Worte Jesu über Leib und Blut wurden aus theologischen Gründen *von Paulus mit dem Abend von Jesu Verhaftung verknüpft.*

Wenn aber Jesus die Worte *nicht* an diesem Abend gesprochen hat, wann dann? Es muss einen Anlass gegeben haben, an dem er dachte, dass er in Kürze sterben werde. Im Zusammenhang mit meiner Interpretation der Lazarus-Passage liegt es auf der Hand, die Worte dort einzuordnen, und zwar *nachdem* Jesus seine tiefe Krise überwunden hat.

Als Jesus schließlich nach zwei Tagen und Nächten unvorstellbar schweren geistigen Leides seinen »notwendigen Tod« akzeptiert hatte, hielt er mit den anwesenden Jüngern eine gemeinsame Mahlzeit ab, wobei er seine Schüler bat – nach seinem Tod –, seiner zu gedenken, jedes Mal, wenn sie bei einer Mahlzeit das Brot brechen und den Wein trinken würden.

Die menschliche Größe Jesu tritt an keiner anderen Stelle in den Evangelien deutlicher hervor als bei dieser Mahlzeit, wo er dem Tod ins Auge sieht, sich damit abgefunden hat und seine Freunde bittet, ihn nicht zu vergessen.

Danach macht Jesus sich auf den Weg nach Betanien, offenbar allein. Von den Jüngern hören wir nichts mehr, sie verschwinden aus der Geschichte – zugleich mit dem Element der »Gefahr«, auf das sie hingewiesen hatten: »Eben noch wollten dich die Juden steinigen / Dann lasst uns mit ihm gehen, um mit ihm zu sterben.«[66] Deshalb denkt E. Bammel, dass die Tradition, auf die sich diese Verse stützen, hier abbrach oder teilweise eliminiert wurde.[67] Er betrachtet die Verse – die die tödliche Gefahr andeuten, in der Jesus sich befand – als höchst authentisch, er vergleicht sie mit »einem Granitbrocken aus dem Tertiär«. Auch Wellhausen[68] sieht die Verse als Teil eines originalen Basistextes, der ansonsten verloren gegangen ist.

Vielleicht gibt es hier einen Anknüpfungspunkt zu Vers 10,32 des Markusevangeliums: »Sie waren aber auf dem Wege hinauf nach Jerusalem und Jesus ging ihnen voran; und sie entsetzten sich; die ihm aber nachfolgten, fürchteten sich.« Das soll bedeuten, dass Jesus ihnen möglicherweise vorausreiste, ich meine, um *Kilometer* voraus. Wenn er auf dem Weg nach Judäa war, an einen Ort nahe Jerusalem, dann sind die Gefühle der Jünger logisch: Auch Markus stellt ihre Angst in den Kontext von Jesu Überzeugung, dass er getötet werden wird.[69]

Als Jesus jedoch in Betanien ankommt und außerhalb des Dorfes »heimlich« Maria trifft, verläuft alles anders, als er gedacht hat. Maria erzählt ihm, dass Lazarus bereits tot ist, hingerichtet oder an den Folgen der Folter gestorben. Dass Jesus »vor Wut schnaubt« und emotional zusammenbricht, ist verständlich. Nicht nur ist sein geliebter Freund tot,[70] von seinen Gegnern ermordet, sondern auf einmal gibt es auch keinen einzigen Grund mehr, warum er sich stellen sollte. Ergo: Es war nie Gottes Plan gewesen, dass er sterben musste.

Aus einem säkularen Denken heraus müssen wir – leider – davon ausgehen, dass Gott sich auf keinerlei Weise in Jesu Schicksal einmischte noch in das politische Bestreben seiner Gegner. Wenn so etwas wie »Gott« existiert, scheint es eher, als sei es diesem Gott unmöglich, in unsere Realität einzugreifen oder sich zumindest in unsere Existenz zu vertiefen (aber ich hoffe, dass ich unrecht habe).

Jesu Folgerung, dass Gott seinen Tod als notwendig erachtete, war ein genauso großer *Trugschluss* wie seine erste Folgerung, die Exorzismen hätten das Königreich Gottes initiiert:[71] Das »Zeichen«, das Jesus meinte, erkannt zu haben, hatte es nie gegeben. Sobald er sich dessen bewusst wird, erlebt er einen völligen Zusammenbruch, der sich in beinahe tierischen Reaktionen wie Knurren, Schnauben und Heulen äußert. Nach dem, was Bammel als »Blitzbesuch« in Betanien bezeichnet, flieht Jesus zurück in die Wüste.[72] Was nun? Was ist Gottes Wille?

In all diesem Geschehen spielt eine traurige Ironie mit: Aus der Perspektive Jesu schien sein Gebet – »*Abba*, alles ist dir möglich, nimm diesen Kelch von mir« – doch erhört worden zu sein. Es gab jetzt keinen Grund mehr, sich zu stellen, er musste nicht sterben.

EIN SCHWERT KAUFEN

Um einen Eindruck davon zu bekommen, in welche Richtung Jesu Denken sich ab diesem Punkt entwickelte, möchte ich auf zwei Verse in Kapitel 22 des Lukasevangeliums hinweisen. Jesus fragt seine Jünger: »Als ich euch ohne Geldbeutel aussandte, ohne Vorratstasche und ohne Schuhe, habt ihr da etwa Not gelitten? Sie antworteten: Nein. Da sagte er: Jetzt aber soll der, der einen Geldbeutel hat, ihn mitnehmen und ebenso die Tasche. *Und wer kein Schwert hat, muss seinen Mantel* (imation) *verkaufen und sich [ein Schwert] anschaffen.*«[73]

Den Mantel verkaufen, das ist ein extremer Auftrag. Die *imation* war das warme Überkleid, das um den Körper gewickelt wurde. Dieses Kleidungsstück war im israelischen Winter absolut notwendig, da es dort ordentlich kalt werden kann (man denke an Petrus, der sich am Feuer im Innenhof von Hannas' Palast wärmt, nachdem Jesus verhaftet wurde – und das war etwa im März/April). Mit dem Wort vom Kauf eines Schwertes betont Jesus nachdrücklich, dass er sich des *Widerspruchs* in seinem Auftrag im Vergleich zu früheren Aussprüchen durchaus bewusst ist: Er hat seine Meinung geändert. Früher sandte er seine Jünger ohne irgendeinen »Schutz« aus (um das nahende Gottesreich anzukündigen und Dämonen auszutreiben), in der Überzeugung, dass Gott sich ihrer annehmen würde (»Seht euch die Vögel des Himmels an: Sie säen nicht, sie ernten nicht … ; euer himmlischer Vater ernährt sie«). Aber jetzt rät er ihnen ab, ihr Schicksal in Gottes Hände zu legen, er *befiehlt* ihnen dagegen, sich Waffen zuzulegen.

Hat Jesus das wirklich so gesagt? Theologen liegen diese Worte schwer im Magen. Der Auftrag, sich zu bewaffnen, lässt sich am einfachsten mit der Behauptung rechtfertigen, dass Jesus selbst diese Worte nie ausgesprochen hat, sondern dass sie von Lukas hinzugefügt wurden, um zu erklären, woher die Schwerter bei Jesu Verhaftung kamen. Man hat ebenfalls unterstellt, dass Lukas die Worte Jesus in den Mund gelegt hat, weil sie sich gut auf die Situation der ersten Christengemeinden anwenden ließen, die von den Römern rigoros verfolgt wurden.

Aber dieses Wort ist in seiner scharfen Kürze so »typisch Jesus« (seine *ipsissima vox*), dass die meisten Kommentatoren davon ausgehen, dass es tatsächlich von ihm stammt. J. A. Fitzmyer[74] zufolge ist Jesu Befehl aus seinem Kontext herausgelöst, datiert aber aus einer Zeit lange bevor Lukas sein Evangelium schrieb. Auch R. Brown schreibt: »Die meisten Theologen denken, dass Lukas hier aus einer älteren Quelle schöpfte, die ursprünglich nichts mit der Passion zu tun hatte.«[75]

Weiterhin könnte man behaupten, dass Jesu Auftrag, Schwerter zu kaufen, nur für die Periode nach seinem Tod gedacht war – weil er sich dessen bewusst war, dass seine Jünger großen Gefahren entgegengingen (einige der Schüler wurden tatsächlich ermordet). Aber auch das ist unwahrscheinlich, weil wir wissen – und darauf werden wir gleich zurückkommen –, dass bei Jesu Verhaftung tatsächlich mit Schwertern gekämpft wurde. Ich gehe deshalb davon aus, dass Jesus in der Tat seinen Jüngern befohlen hat, sich mit Schwertern zu bewaffnen – eventuell weil er »zu denken schien, dass er bewaffneten Schutzes gegenüber seinen Landsmännern bedurfte«,[76] oder weil er »sich vor einem Hinterhalt schützen wollte, den die Priester vorbereitet hatten«.[77] Zumindest wird »eine Feindschaft zwischen den Jüngern und ihren Landsmännern« unterstellt.[78]

Natürlich ist die »Anschaffung von Schwertern« etwas völlig anderes als Jesu vorheriger Standpunkt, den er mit Worten wie »wenn dich jemand auf die rechte Backe schlägt, halte ihm dann die linke hin« vertrat, und steht in komplettem Gegensatz zu »alle, die zum Schwert greifen, werden durch das Schwert umkommen.«[79] Albert Schweitzer und R. Eisler[80] glauben daher, dass Jesus seinen Befehl *sicher nicht* in der Periode ausgesprochen hat, während der er noch dachte, das Königreich Gottes stünde kurz bevor und habe sich bereits teilweise in den erfolgreichen Exorzismen offenbart.

Lukas stuft Jesu Ausspruch beim Letzten Abendmahl – will sagen, als Element der Passion – ein. Wir haben jedoch bereits gesehen, dass das Letzte Abendmahl nicht in die Passion gehört, es wurde, um mit den Worten von M. Myllykoski zu sprechen, »eingeschoben«. Weiter oben in diesem Kapitel habe ich einen Zusammenhang zwischen diesem Abendmahl und der Lazarus-Passage konstruiert, ebenso wenig glaube ich aber, dass Jesus die Worte über »ein Schwert kaufen« in dieser Situation gesagt hat. Damals wollte er sich den Obrigkeiten in Jerusalem stellen, um Lazarus' Leiden (Folter) ein Ende zu machen.

Es bleibt die Frage: Wann hat Jesus diese Worte gesprochen?

RADIKALISIERUNG

Am Grab seines getöteten Freundes Lazarus wurde Jesus nachdrücklich mit der Grausamkeit der imperialistischen römischen bzw. jüdischen Regierung konfrontiert. Ich habe bereits darauf hingewiesen, dass die griechischen Worte, die der Evangelist Johannes hier zur Beschreibung von Jesu Gemütszustand verwendet, außerordentlich heftig sind. Die neue Übersetzung der Nederlands Bijbelgenootschap [Anm. d. Übers.: Niederländischen Bibelgesellschaft] von 2004 ist schwach. Dort steht, dass Jesus »sich ärgerte und tief bewegt war« – ich übersetzte dieses Stück bereits mit »[Jesus] schnaubte vor Wut und zitterte«.[81]

Jesu Wut richtete sich gegen die Obrigkeiten, jüdisch oder römisch. Das Zittern jedoch entstand, wie ich glaube, aus der Erkenntnis heraus, dass er sich – erneut – geirrt hatte. Lazarus' Verhaftung war *kein* Zeichen gewesen, Gott hatte sich *nicht* an Jesus gewandt, es hatte nie einen göttlichen Beschluss über seinen Tod gegeben. Jesus war sich selbst überlassen. Er war gezwungen, der harten Realität als Mensch – und nur als Mensch – ins Auge zu blicken. Gott schwieg. 1931 schrieb R. Eisler,[82] dass Jesus, »einer undurchdringlichen himmlischen Stille gegenüberstehend, selbstständig den Entschluss fasste, nicht länger zu warten [...] es war für Jesus eine tragische Notwendigkeit, seinen vorherigen Standpunkt ›keinen Widerstand bieten‹ zu revidieren. Er musste jetzt akzeptieren, dass das Gottesreich nur durch bewaffneten Kampf zustande kommen konnte.«

Ich teile Eislers Ansicht und denke, dass Jesus in den Wochen direkt nach Lazarus' Tod zur Anwendung von Gewalt überging. Es erscheint als ein gewaltiger Sprung – vom friedliebenden Propheten zu einem militanten Mann, der seinen Anhängern befiehlt, Schwerter zu kaufen. Ein paar Monate zuvor war Jesus noch davor zurückgeschreckt, die Rolle des Anführers eines Aufstands anzunehmen: als sich – direkt nach der Hinrichtung Johannes des Täufers – eine große Menschenmenge an der Ostküste des Sees Gennesaret versammelte und ihn zum König machen wollte. Ihm war klar, dass dies direkt zu einer bewaffneten Konfrontation mit Herodes Antipas führen würde.

Jesus ging in diesem Moment noch davon aus, dass sich das Königreich Gottes einzig und allein durch eine selbstständige Tat Gottes offenbaren konnte und nicht durch eine (bewaffnete) Aktion von Menschen. Ich habe bereits erklärt, dass sich das Wort »die Gewalttätigen reißen das Himmelreich an sich«[83] vermutlich hierauf bezog. Das bedeutet, dass sich in Jesu Denken nach seiner Flucht aus Jerusalem und Lazarus' Tod eine große Veränderung vollzogen hatte, die Gewaltanwendung für ihn *akzeptabel* gemacht hatte.[84]

Man bemerke, dass es mehr Worte Jesu gibt, die auf Gewaltanwendung verweisen. Laut Matthäus 10,34 hat Jesus gesagt: »Denkt nicht, ich sei gekommen, um Frieden auf die Erde zu bringen. Ich bin nicht gekommen, um Frieden zu bringen, sondern das Schwert.«[85] Und im Thomasevangelium spricht Jesus in Logion 98: »Das Königreich des Vaters gleicht einem Mann, der eine mächtige Person[86] töten wollte. Er zog das Schwert in seinem Haus und stieß es in die Wand, um herauszufinden, ob seine Hand stark genug wäre. Dann tötete er den Mächtigen.«

Wir dürfen auch nicht vergessen, dass mindestens einer der zwölf Jünger ein »Zelot« war: Simon.[87] Er war der Anwendung von Gewalt ohnehin nicht abgeneigt: Die Zeloten waren diejenigen, die die römische Macht stürzen wollten und schließlich den – für das jüdische Volk verhängnisvollen – Aufstand im Jahre 66 n. Chr. anzettelten.

Man beachte: Markus und Matthäus versuchen zu unterschlagen, dass Simon ein Zelot war – sie schreiben »Simon Kananäus«.[88] Inzwischen wissen wir aber, dass dies wahrscheinlich mit einem aramäischen Wort *(qan'an)* übereinstimmt, das letztlich auch »Zelot« bedeutet (in Kapitel 11 werde ich zeigen, dass man noch einen anderen Jünger Jesu als »Zeloten« betrachtete). Auch der Spitzname »Donnersöhne«, den Jesus, Markus zufolge,[89] den Brüdern Jakobus und Johannes gab, deutet in eine militante Richtung. Matthäus und Lukas, die Markus hier kopieren, lassen den Spitznamen aus politischen Gründen weg.

Dies könnte alles ein Hinweis darauf sein, dass man innerhalb von Jesu Kreis der Anwendung von Gewalt ins Auge sah. Deshalb braucht es uns nicht zu wundern, dass die Jünger Jesu Schwerter verwendeten, um ihn bei seiner Verhaftung zu verteidigen. Markus beschreibt die Szene folgendermaßen: »Da ergriffen sie ihn [Jesus] und nahmen ihn fest. Einer von denen, die dabeistanden, zog das Schwert, schlug auf den Diener des Hohepriesters und hieb ihm ein Ohr ab.«[90]

Dass so etwas tatsächlich geschehen ist, geht aus den später entstandenen Versionen aller anderen Evangelisten hervor: Matthäus, Lukas und Johannes versuchen, Markus' Text *abzuschwächen*. Matthäus fügt – wie auch Johannes – hinzu, dass Jesus unverzüglich befiehlt: »Steck dein Schwert in die Scheide.« Lukas geht noch einen Schritt weiter. Jesus sagt: »Hör auf damit!«, und setzt, mit einer einzigen Handbewegung, das Ohr wieder an den Kopf des Dieners.[91] Das sind alles christliche Erfindungen, die jedoch eines beweisen: Sogar in den Jahren 70–100 n. Chr. war überall so gut bekannt, dass ein Schwertkampf tatsächlich stattgefunden hatte, bei dem Menschen verwundet worden waren, dass die Evangelisten nicht wagten, ihn zu unterschlagen: Sie konnten ihn nur abschwächen.

Bei der Verhaftung steht noch ein weiterer auffälliger Satz. Jesus sagt zu seinen Feinden: »Ihr seid also wie gegen einen Verbrecher *(lèistès)* mit Schwertern und Knüppeln gegen mich ausgezogen, um mich festzunehmen.«[92] Dieser Ausspruch ist absurd, denn im Vers zuvor steht, dass Jesus mit einem Schwert verteidigt wurde (bei Markus von jemandem, der »dabeistand«, bei Matthäus und Lukas von einem Jünger, bei Johannes von Petrus). Falls die Jünger tatsächlich bewaffnet waren, ist es verständlich, dass für die Gruppe, die Jesus verhaftete, das Gleiche galt. Warum also legen die Synoptiker Jesus diesen Widerspruch in den Mund? Auch das ist ein christlicher *spin*. Jesus wurde sehr wohl von den Obrigkeiten als *lèistès* gesehen und als solcher beschuldigt.

Die Synoptiker versuchen die Beschuldigung zu entkräften. Das griechische Wort *lèistès* kann mit »Verbrecher« übersetzt werden, bei dem Geschichtsschreiber Josephus bedeutet es eigentlich immer »Aufrührer« – in modernen Termini »Guerillakämpfer« oder sogar »Terrorist«. Indem er Jesus den rhetorischen Vergleich »wie ein *lèistès*« in den Mund legt, versucht Markus uns weiszumachen, dass die Beschuldigung nicht »wirklich« auf Jesus angewendet werden konnte. Anscheinend wusste Markus ganz genau, dass die Gruppe, die Jesus verhaftete, *davon ausging*, dass es sich um einen Aufrührer handelte – und dass dieser Titel im römischen Kaiserreich keine Empfehlung war.

Vielleicht wusste der Evangelist von der Anklage – der *aitia* –, aufgrund derer man Jesus verurteilt hatte. Sie stand, wie gesagt, bei einer Kreuzigung auf der Holztafel, die über dem Kopf des Exekutierten hing. Im Falle Jesu enthielt die Beschuldigung zweifellos die Worte »König der Juden«, da alle vier Evangelisten diesen Text nennen. Die Worte müssen jedoch Teil einer formellen Anklage gewesen sein. Zumindest muss dort gestanden haben, dass Jesus sich als ein König der Juden[93] ausgegeben hatte. Aber vielleicht stand dort auch, dass er ein Aufrührer *(lèistès)* war, und Markus wusste davon.

Natürlich lässt sich nicht mehr präzise ermitteln, wie sich der Übergang zur »Gewalt« bei Jesus vollzogen – und welches Maß an Gewalt er vor Augen hatte. Ich möchte nur noch auf die Schlussfolgerung von David C. Rapoport hinweisen, die dieser aus seinen Untersuchungen über messianische Bewegungen gezogen hat: Wenn eine erwartete

»Erlösung« ausbleibt, besteht die Möglichkeit, dass Menschen innerhalb einer solchen Bewegung »Zuflucht zu brutaler Gewalt nehmen«. Dies kommt hauptsächlich vor, wenn »Unsicherheit und Zweifel herrschen und Gewalt gegen die Gruppe verübt wird«.[94] Diese Beschreibung ist meiner Ansicht nach ganz nahe an der Situation, in der Jesus sich befand, nachdem das Königreich Gottes ausgeblieben und Lazarus umgebracht worden war.

Auch in unserer modernen Geschichte finden sich mehrere Beispiele für eine solche Entwicklung von Idealismus zu Gewalttätigkeit. Im 16. Jahrhundert geschah es u.a. bei den ersten Wiedertäufern, als Jan van Leiden in Münster die Führung übernahm, im 19. Jahrhundert bei der russischen Gruppe *Narodnaja Volia*,[95] im 20. Jahrhundert mit der deutschen *Rote Armee Fraktion*, den italienischen *Brigate Rossi* und dem amerikanischen *Weather Underground*.

Auch in Israel war in den Siebziger- und Achtzigerjahren eine terroristische Gruppe aktiv: *Gusch Emunim*, 1935 gegründet von Rabbi Kook. Als Israel 1967 den Sechstagekrieg gewonnen hatte, dachten Kooks Schüler, dass dies der Anfang des messianischen Zeitalters sei und Großisrael in naher Zukunft Wirklichkeit werden würde. Die Tatsache, dass die israelische Regierung wenig Interesse für Großisrael zeigte und Menachem Begin die Camp-David-Abkommen unterzeichnete (die im Prinzip die Existenz eines Palästinenserstaates akzeptierten), war ein großer Schock für Gusch Emunim. Zwei Mitglieder der Gruppe, Ben Shoshan und Yahuda Etzion, konnten diese Entwicklung nicht verwinden. Aus »messianischen Träumern« wurden Terroristen. Erst schmiedeten sie ein Komplott, um den Felsendom in Jerusalem in die Luft zu jagen. Als sie keinen einzigen Rabbi finden konnten, der ihr Vorhaben billigte, entschlossen sie sich zu gewalttätigen Racheakten gegen beliebige Palästinenser. Ihre letzte geplante Aktion, die Sprengung dreier voll besetzter palästinensischer Autobusse, wurde im letzten Moment vom israelischen Geheimdienst vereitelt.[96]

Ohne es ins Extreme ziehen zu wollen, denke ich dennoch, dass etwas Ähnliches auch mit Jesus geschah – dass er sich nach dem Mord an Lazarus in eine Richtung entwickelte, bei der er Waffengewalt nicht mehr scheute.[97] Da diese neue Haltung Jesu so wenige Spuren in der Überlieferung zurückgelassen hat, müssen wir davon ausgehen, dass die »militante« Periode nur von kurzer Dauer war. Sie hielt höchstens ein paar Monate an – bis er aufgegriffen und gekreuzigt wurde.

Es ist sehr gut möglich, dass Jesus in dieser kurzen Zeit Kontakt zu anderen, kampflustigeren Gruppen gesucht hat, vielleicht mit denselben Leuten, die vorher an dem »Aufstand« am See Gennesaret beteiligt waren. Es können auch enttäuschte Anhänger[98] Johannes des Täufers gewesen sein, die sich nach dessen Exekution verhärtet hatten. Oder Gruppen, aus denen sich später die »Zeloten« entwickelten, die den Anstoß zum katastrophalen Aufstand gegen die römische Übermacht gaben, dreißig Jahre später.

10

DER LETZTE TAG IM LEBEN JESU

DAS SAFEHOUSE

Markus beginnt seine Beschreibung[1] des letzten Tages mit dem Auftrag Jesu an zwei Jünger,[2] sich auf den Weg zu einem Ort zu machen, wo sie alle miteinander am Abend das Paschalamm essen können. Markus ordnet dieses Abendmahl dem ersten Tag von Pascha und dem Fest der Ungesäuerten Brote zu. Matthäus und Lukas folgen Markus' Chronologie, bei Johannes fand die Zusammenkunft allerdings einen Tag früher, also am Vorabend des Festes, statt.[3] Im Allgemeinen bevorzugt man heute Johannes' Chronologie, weil Jesus demnach schon vor Anfang des Festes exekutiert wird. Dass die Römer Jesus gerade am ersten Tag eines wichtigen und heiligen jüdischen Festes gekreuzigt haben sollen, ist – in politischer Hinsicht – ziemlich unwahrscheinlich, es wäre schlechte Propaganda gewesen.

Der Auftrag, den Jesus den beiden Jüngern gibt, klingt recht geheimnisvoll: »Geht in die Stadt; dort wird euch ein Mann begegnen, der einen Wasserkrug trägt. Folgt ihm, bis er in ein Haus hineingeht; dann sagt zu dem Herrn des Hauses: Der Meister lässt dich fragen: Wo ist der Raum, in dem ich mit meinen Jüngern das Paschalamm essen kann? Und der Hausherr wird euch einen großen Raum im Obergeschoss zeigen, der schon für das Festmahl hergerichtet ist.«[4]

Ein »Mann, der einen Wasserkrug trägt«, ist an sich ungewöhnlich. Wasserkrüge werden von Frauen (häufig auf dem Kopf) getragen, Männer trugen vielmehr aus Ziegenhaut gefertigte Wasserschläuche.

Anscheinend ist dieser Mann den beiden Jüngern unbekannt, der Wasserkrug fungiert als Erkennungszeichen. Auch das Haus kennen sie nicht. Sie werden dorthin geführt und treffen den »Hausherrn« – dem sie ebenfalls noch nie begegnet sind. Obwohl Markus' Geschichte suggeriert, dass Jesus in Bezug auf das, was den beiden Jüngern geschehen wird, über ein übernatürliches Vorwissen verfügt, braucht man das nicht notwendigerweise so zu sehen. Es ist genauso gut möglich, dass Jesus bereits *vorher* eine Absprache mit dem »Hausherrn« getroffen hatte und der »Mann mit dem Wasserkrug« Teil des Plans war: Vermutlich saß er bei einem der Stadttore – das Jesus [als Treffpunkt] angegeben haben muss –, um auf die Jünger zu warten. Aber ich denke, dass wir den Details in Markus' Geschichte nicht allzu viel historischen Wert beimessen dürfen, weil der Evangelist einiges aus dem Alten Testament geborgt zu haben scheint.

In 1 Samuel 9f. lesen wir, wie Saul, zusammen mit einem Knecht, auf die Suche nach ein paar Eselinnen geht, die sich verlaufen haben. Sie schauen sich überall nach ihnen um, aber die Tiere sind unauffindbar. Schließlich machen sie sich auf den Weg zum Seher Samuel, »der gerade für das *Opferfest* in die Stadt gekommen war«.[5] Just in dem Moment, als sie am *Stadttor* angelangt sind, begegnet ihnen Samuel. Er nimmt sie mit in einen *Festsaal*, in dem schon viele Geladene sitzen, dort bekommen sie die Ehrenplätze und das beste Stück des *Opfertieres*.

Am nächsten Morgen wird Saul von Samuel *mit Öl gesalbt*. Samuel erzählt ihm von seinem nächtlichen Traum, aus dem hervorgeht, dass die Eselinnen mittlerweile wieder bei Sauls Vater [Kisch aus Gibea] aufgetaucht sind. Der Traum offenbart aber auch, dass Saul einen Auftrag von Gott erhalten hat. Er muss sich auf den Weg machen (Samuel beschreibt die Route) und wird unterwegs *einem Mann begegnen, der einen Weinschlauch trägt*.[6] Später wird »der Geist des Herrn (Gott) über ihn kommen, er wird in Verzückung geraten und sich in einen anderen Menschen verwandeln«.

Die große Zahl an übereinstimmenden Details (die ich hier kursiv gesetzt habe) zeigt, dass 1 Samuel 9f. von Markus als Inspirationsquelle benutzt wurde. Der Evangelist wird wohl auf die Idee gekommen sein, weil Jesus, kurz bevor er seine Jünger nach Jerusalem schickt, ebenfalls gesalbt wird.[7] Die prophetische Gabe Jesu ist natürlich von dem »Seher« Samuel abgeleitet. Wenn man alle Details weglässt, die der Evangelist aus Samuel übernommen hat, bleibt von Markus' Texten nicht mehr viel übrig. Ich denke daher, dass die einzige historische Information, über die Markus verfügte, beinhaltete, dass Jesus eine Zusammenkunft einberufen hatte und dass diese an einem Ort stattfand, den wir heutzutage *safehouse* nennen würden. Jesus muss sich der Möglichkeit eines Verrats vollkommen bewusst gewesen sein, umso mehr, als wahrscheinlich eine Belohnung für denjenigen ausgesetzt war, der ihn anzeigen würde. Das wird von Markus in 14,11 suggeriert, bei dem die Hohepriester Judas Iskariot für die Auslieferung Jesu Geld versprechen. Jesus hatte deshalb im Voraus dafür gesorgt, dass so wenig Menschen wie möglich wussten, wo sich das *safehouse* befand.

R. Pesch[8] kommt zu dem gleichen Schluss: Jesus, der sich der akuten Bedrohung (seitens der jüdischen Obrigkeit) bewusst war, traf geheime Absprachen mit dem Besitzer eines Hauses und sorgte dafür, dass dessen Standort nicht bekannt wurde. K. Bornhäuser[9] schreibt, dass Jesus seine Jünger so instruierte, dass nur zwei von ihnen wussten, wo das (Pascha-)Mahl stattfinden sollte, und dass er über die Geheimhaltung des genauen Ortes wachte.

Wenn wir annehmen, dass nur zwei Jüngern der Ort bekannt war, müssen alle anderen von den beiden dorthin gebracht worden sein. So konnte man die Möglichkeit des Verrats zwar einschränken, aber nicht völlig ausschließen. Es scheint, als habe sich innerhalb der Gruppe von Jesu Anhängern eine Person befunden, die heimlich mit den Obrigkeiten zusammenarbeitete.

Ob es sich bei diesem Kollaborateur tatsächlich um »Judas« handelte, muss noch näher betrachtet werden, darauf werde ich im letzten Kapitel eingehen. Paulus beispielsweise scheint absolut nicht zu wissen, wer Jesus verriet. Rund zwanzig Jahre nach dessen Tod schreibt er lediglich: »In der Nacht, als der Herr Jesus [den Obrigkeiten] ausgeliefert wurde …«. Paulus kennt keinen »Judas«, jedenfalls nennt er ihn nirgendwo in seinen Briefen. Aber selbst wenn dem Kollaborateur der

Ort nicht bekannt war und er von anderen dorthin gebracht wurde, gab es für die Obrigkeiten doch noch eine Möglichkeit, herauszufinden, wo genau das *safehouse* lag. Auch darauf komme ich zurück.

In den meisten Fällen nimmt man an, dass sich dieses Haus *in* Jerusalem befand (die Synoptiker gehen davon aus, Johannes sagt nichts darüber), mir erscheint es jedoch unlogisch. Jesus war auf der Flucht, warum sollte er das Risiko eingehen, zweimal die (bewachten) Stadttore zu passieren? Wohlgemerkt: Die bereits erwähnte *aitia* war häufig mit einer Beschreibung der gesuchten Person an eben diesen Toren angeschlagen.

Logisch ist dahingegen, dass Jesus eine geheime Zusammenkunft zur Zeit des jüdischen Festes in der *näheren Umgebung* von Jerusalem vorbereitet hatte – weil dann Tausende Juden nach Jerusalem kamen und sich innerhalb und außerhalb der Stadt aufhielten. Die Gelegenheit war günstig, um eine Gruppe Menschen zu versammeln, ohne großes Aufsehen zu erregen. Der Standort des Verstecks wird daher *außerhalb* der Stadtmauern Jerusalems gewählt worden sein – vielleicht im Kidrontal oder auf dem Hang des Ölbergs. Dieser Vorschlag wurde bereits vor 75 Jahren von R. Eisler gemacht,[10] allerdings bis heute von niemandem ernst genommen.

DAS LETZTE ABENDMAHL

Den Synoptikern zufolge kommen Jesus und die zwölf Jünger in diesem Haus zum Letzten Abendmahl zusammen. Johannes schreibt ganz einfach, dass es »zu einer Mahlzeit« war, bei den Synoptikern ist es ein *Pascha*mahl. Letztere berichten, dass Jesus während der Mahlzeit drei verschiedene Dinge sagt:

1. – »Einer von euch, der mit mir isst, wird mich [den Obrigkeiten] ausliefern« (Markus 14,18).[11]

Dass Jesus das gesagt haben soll, ist unwahrscheinlich. Er behauptet nachdrücklich (der Satz beginnt mit dem feierlichen griechischen Wort *Amèn*), dass einer der zwölf Jünger, die mit ihm am Tisch sitzen, ihn ausliefern wird. Die Zwölf reagieren kaum darauf. Sie fragen einer nach dem anderen: »Doch nicht etwa ich?«, fahren dann aber mit ihrem Essen fort. Das Brot wird geteilt, sie trinken alle aus demselben Kelch, und niemand macht sich weiter Sorgen um den Verräter, der dort – irgendwo in ihrer Mitte – sitzt[12] (und für den Jesus, wenn wir den Folgetext 14,24 wörtlich nehmen, ebenfalls sein Blut vergießen wird).

Wie bereits gesagt, verdeutlichen die geheimnisvollen Vorbereitungen für die Zusammenkunft, dass Jesus sich der Möglichkeit des Verrats bewusst war – er konnte schwerlich davon ausgehen, dass alle seine Jünger genauso vertrauenswürdig waren wie die Anhänger Bin Ladens, den (bei einem Kopfgeld von 50 Millionen Dollar) noch immer niemand verraten hat. Ich halte es daher für eine Selbstverständlichkeit, dass Jesus die Möglichkeit des Verrats in den letzten Monaten seines Lebens *geäußert hat.* Aber er wusste nicht, *wer* es tun würde, oder wann. Es ist sogar denkbar, dass Jesus zu Ohren gekommen war, dass einer seiner Anhänger – aber nicht, wer – mit den Obrigkeiten Kontakt aufgenommen hatte.[13]

Um den Schock, den seine unerwartete Verhaftung und schnelle Exekution verursachte, zu mildern, haben seine Jünger später erfunden, dass Jesus wusste, dass er an jenem Abend verraten werden würde, und – so Matthäus und Johannes – sogar von wem (»Judas«). Durch diese Behauptung befand sich Jesus weniger in einer Opferrolle, er schien das, was ihm bevorstand, besser im Griff zu haben. Aber die chaotische und banale Wirklichkeit war, dass Jesus verhaftet wurde, als er nicht darauf gefasst war und sich in Sicherheit wähnte. Markus 14,18 ist nicht historisch, Jesus verfügte über keinerlei prophetisches Wissen über das, was an diesem Abend passieren sollte.

2. – Als er während der Mahlzeit das Brot bricht, sagt Jesus: »Nehmt, das ist mein Leib.« Dann lässt er den Kelch herumgehen und sagt: »Das ist mein Blut, das Blut des Bundes, das für viele vergossen wird.«[14]

Paulus' Text im ersten Brief an die Korinther[15] ist vermutlich authentischer[16] und lautet beim Brechen des Brotes: »Das ist mein Leib für euch [der für euch gebrochen wird]. Tut dies [das Brechen des Brotes] zu meinem Gedächtnis!« Und beim Trinken aus dem Kelch:

»Dieser Kelch ist der Neue Bund in meinem Blut. Tut dies, sooft ihr daraus trinkt, zu meinem Gedächtnis!«

Ich denke, dass Jesus tatsächlich etwas in der Art gesagt haben wird: »Jedes Mal, wenn ihr das Brot brecht, gedenkt meiner – jedes Mal, wenn ihr den Wein trinkt, gedenkt meiner.« Aber auch das sagte er nicht an diesem letzten Abend.[17] Ich habe in Kapitel 9 vorgeschlagen, diese Worte einige Monate vorher einzuordnen, als Jesus beschlossen hatte, sich den Obrigkeiten zu stellen, um Lazarus zu retten. Zu der Zeit war von »Verrat« noch keine Rede, alle Aufmerksamkeit Jesu und seiner Jünger war auf den nahenden Tod Jesu gerichtet, den er nach einem stark emotionalen, innerlichen Kampf (siehe Brief an die Hebräer) zu akzeptieren »gelernt« hatte.

3. – Markus zufolge sagt Jesus direkt im Anschluss: »Ich werde nicht mehr von der Frucht des Weinstocks trinken bis zu dem Tag, an dem ich von Neuem davon trinke im Reich Gottes.«[18] Bei Lukas steht: »Von nun an werde ich nicht mehr von der Frucht des Weinstocks trinken, bis das Reich Gottes gekommen ist.«[19]

Ich habe bereits verdeutlicht, dass diese Worte in die Periode gehören, in der Jesus dachte, das Königreich Gottes stehe kurz bevor. Er war sich so sicher, dass diese Ankunft unmittelbar bevorstand, dass er das Weintrinken aufgab, bis zu dem Moment, an dem das Königreich Gottes auf Erden (Israel) errichtet sein würde.

Meine Schlussfolgerung aus oben Gesagtem ist, dass Jesus alle Aussagen, die er Markus zufolge während des Letzten Abendmahls gemacht haben soll, *nicht* am Vorabend seines Todes ausgesprochen hat. Er hat *nie* zu den Jüngern gesagt: »Einer von euch wird mich verraten.« Die Worte über das Brot »dies ist mein Leib« und über den Wein »dies ist mein Blut« sprach Jesus schon *Monate* vor seinem Tod am Kreuze aus. Und »Ich werde keinen Wein mehr trinken, bis das Königreich Gottes gekommen ist«, erklärte er mindestens ein *halbes Jahr vor* seiner Exekution.

Markus berichtet,[20] dass Jesus und seine Jünger nach dem Abendmahl zum Ölberg gehen, der – geteilt vom Kidrontal – östlich von Jerusalem liegt, direkt gegenüber der Tempelanlage. Unterwegs prahlt Petrus gegenüber Jesus: »Auch wenn ich mit dir sterben muss, ich werde dich nie verleugnen« – Lukas zufolge sagt er: »Herr, ich bin bereit, mit dir sogar ins Gefängnis und in den Tod zu gehen.«[21] Als sie bei einem »Olivengarten, der Getsemani heißt«, angekommen sind, sondert sich Jesus mit Petrus, Johannes und Jakobus von den anderen Jüngern ab. Er gerät außer sich,[22] ihn packt die Furcht und er sagt [zu den Dreien]: »Meine Seele ist zu Tode betrübt. Bleibt hier und wacht!« Er geht ein Stück weiter und lässt sich dann zu Boden fallen. Er betet zu Gott: »*Abba*, Vater, alles ist dir möglich. Nimm diesen Kelch [des Todes] von mir! Aber nicht, was ich will, sondern was du willst [soll geschehen].«

Als er zu seinen Jüngern zurückkehrt, schlafen alle drei tief und fest. Er weckt sie und sagt: »Könnt ihr nicht einmal eine Stunde wach bleiben?« Noch zweimal sondert Jesus sich ab, betet mit den gleichen Worten, und jedes Mal, wenn er zu den dreien zurückkommt, sind sie schon wieder eingedöst. Dann erscheint auf einmal eine Schar Männer (angeführt von Judas), die mit Schwertern und Knüppeln bewaffnet sind. Judas identifiziert Jesus mit einem Kuss. Jesus sagt: »Ihr seid also wie gegen einen Verbrecher mit Schwertern und Knüppeln gegen mich ausgezogen, um mich festzunehmen.« Kaum hat man ihn ergriffen,[23] entsteht ein Schwertkampf, bei dem dem Diener des Hohepriesters das Ohr abgeschlagen wird. Dann lassen alle Jünger Jesus im Stich und fliehen. Auch ein junger Mann, »nur mit einem leinenen Tuch bekleidet«, läuft davon. Man versucht, ihn am Tuch festzuhalten, der junge Mann aber lässt es fallen und entkommt nackt. So schreibt Markus, aber auch hier ist seine Berichterstattung – abgesehen von ein paar Versen über Jesu Verhaftung – sehr zweifelhaft. Um das zu erkennen, muss man erneut im Alten Testament nachschlagen, nämlich bei 2 Samuel.

Absalom,[24] der Sohn König Davids, plant eine Verschwörung, mit der er seinen Vater vom Thron stoßen und töten will. David ist auf den

Staatsstreich nicht vorbereitet. Als ihm zu Ohren kommt, dass Absalom sich Jerusalem mit einer großen Armee nähert, beschließt er zu fliehen.

Der Weg, den David mit seinem Heer und seinen Dienern wählt, führt von Jerusalem durch das Tal des Kidron und danach über den Ölberg.

Unterwegs spricht er mit Ittai, dem Gatiter,[25] einem Anführer der Philister und Vasallen Davids. Der König versucht Ittai zu überreden, er möge sich – in dieser Krisensituation –, auf sein eigenes Gebiet zurückziehen. Aber Ittai weigert sich, er will David nicht im Stich lassen und besteht darauf, ihn zu begleiten. Wörtlich sagt er zu David: »So wahr der Herr lebt und so wahr mein Herr, der König, lebt: Nur an dem Ort, wo mein Herr, der König, ist, dort wird auch dein Diener sein, sei es um zu leben oder um zu sterben.«

Während sie zum Gipfel des Ölbergs hinaufsteigen, ist David sehr verstört, er jammert, und auch seine Soldaten weinen. Er sagt: »Werde ich vor den Augen des Herrn Gnade finden, dann wird er mich zurückführen [...] Wenn er aber sagt: Ich habe an dir keinen Gefallen!, gut, dann mag er mit mir machen, was ihm gefällt.« Direkt danach erfährt David, dass sich sein vertrauter Ratgeber Ahitofel auf die Seite des Verschwörers Absalom geschlagen hat.[26] Inzwischen ist Absalom in Jerusalem eingezogen, er wählt Davids Palast als Wohnstätte und eignet sich dessen gesamten Harem an.

Der bereits erwähnte Überläufer, Ahitofel, rät Absalom, sofort mit der Verfolgung zu beginnen, um David zu töten: »Ich will zwölftausend Mann auswählen und mich aufmachen und David nachjagen in dieser Nacht und will ihn überfallen, solange er matt und verzagt ist. Wenn ich ihn dann überrumple und das ganze Kriegsvolk, das bei ihm ist, flieht, will ich den König allein erschlagen.«[27] Als Ahitofels Rat in den Wind geschlagen wird, kehrt er in sein Haus zurück und erhängt sich.[28]

Erst 1973 realisierten Theologen, dass ein Großteil der Berichte der Evangelisten über den letzten Abend im Leben Jesu aus 2 Samuel abgeschrieben worden war.[29] Es ist nicht schwer zu erkennen, was Markus getan hatte: König David wurde zu Jesus transformiert (»König der Juden«); Ittai der Gatiter wurde zu Petrus und Ahitofel ist natürlich Judas; die Jünger nehmen den Platz von Davids Heer und Dienern ein; Absalom schließlich steht für Pilatus/Kajaphas.

Die übereinstimmenden Erzählelemente sind:

- David erfährt, dass Ahitofel übergelaufen ist // Jesus »weiß«, dass Judas der Verräter ist (oder: dass er verraten werden soll).[30]
- David und sein Heer gehen durch das Kidrontal zum Ölberg hinauf // Jesus und seine Jünger tun das ebenfalls.
- Ittai verspricht, David beizustehen bis in den Tod // Petrus verspricht das Gleiche.
- David ist verstört und jammert // Jesu Seele ist »zu Tode betrübt«.
- David sagt, dass er jedes Urteil, das Gott über ihn fällt, akzeptieren wird // Jesus unterwirft sich *Abbas* Willen gleichermaßen.
- Ahitofel schlägt vor, David zu überfallen, wenn dieser »ermattet« ist // die Jünger Jesu schlafen.
- Ahitofel zufolge wird David von allen im Stich gelassen werden // alle Jünger lassen Jesus im Stich und laufen davon.
- Ahitofel geht in sein Haus zurück und erhängt sich // Judas tut das Gleiche.[31]

Der größte Teil der Geschichte der Evangelisten ist also auf eine umgeschriebene Version von 2 Samuel zurückzuführen – was bedeutet, dass beinahe alle »Tatsachen«, die dem alttestamentarischen Buch entlehnt sind, über *keine* historische Relevanz verfügen.

Ich möchte allerdings zwei Ausnahmen machen. Erstens hinsichtlich der Orte des Geschehens: das Kidrontal und der Ölberg. Ich glaube, dass die Verhaftung Jesu tatsächlich dort stattgefunden hat (vermutlich an einer Stelle, die Getsemani hieß) und dass darin die Inspiration der Evangelisten lag, die Geschichte Davids – der über das Kidrontal den Ölberg hinaufsteigt – als Quelle für ihre eigene Geschichte zu verwenden.

Zweitens: das Gebet. Im vorigen Kapitel habe ich behauptet, dass Jesus, als er – nach Lazarus' Verhaftung – meinte, es sei Gottes Wille, dass er sterben müsse, »mit lautem Schreien und unter Tränen Gebete und Bitten vor den [Gott] brachte, der ihn aus dem Tod retten konnte.« Schließlich fügt Jesus sich in sein Schicksal – Gottes Plan, um uns zu retten –, nachdem er Gehorsam gelernt hat.[32] All dies spielte sich jedoch *Monate vor Jesu Verhaftung* ab, nicht am letzten Abend seines Lebens und ganz sicher nicht in Getsemani.[33]

Dass die Evangelisten größtenteils auf eine alttestamentarische Geschichte zurückgreifen mussten – in die sie Elemente einfließen ließen, die einige Monate zuvor geschehen waren –, kann nur bedeuten, dass sie kaum Informationen über das besaßen, was sich am letzten Abend wirklich zugetragen hat. Aber das stimmt nicht mit einem anderen Element ihrer Geschichte überein: Alle vier Evangelisten behaupten nämlich, dass sich *die zwölf Jünger* am letzten Abend bei Jesus befanden. Die Zwölf müssen daher gewusst haben, was sich dort abspielte, und da kein Einziger von ihnen verhaftet wurde (sie konnten »alle fliehen«), hätten sie ihren Augenzeugenbericht später weitererzählen können. Warum wurde diese Information nicht von den Evangelisten verwendet? Und warum mussten sie sich mit 2 Samuel behelfen, um zu beschreiben, was an diesem Abend geschah?

Ich lasse diese Fragen einen Augenblick ruhen und wende mich dem Moment von Jesu Verhaftung zu. 2 Samuel »half« da natürlich nicht mehr. David konnte Absalom entkommen, während Jesus gefangen genommen wurde. Anscheinend verfügten die Evangelisten doch über irgendeine Information hinsichtlich der Verhaftung – der bereits erwähnte Schwertkampf muss allgemein bekannt gewesen sein.

Es ist sogar möglich, dass hier ein Augenzeugenbericht eines Anhängers Jesu zugrunde liegt. Im Evangelium von Johannes wird nach der Verhaftung ein Mann erwähnt, den der Evangelist kryptisch den »anderen Jünger« nennt.[34] Er schreibt: »Simon Petrus und ein anderer Jünger folgten [dem gefesselten[35]] Jesus. Dieser Jünger war mit dem Hohepriester [gemeint ist Hannas] bekannt und ging mit Jesus in den Hof des hohepriesterlichen Palastes.« Kurz darauf kommt dieser »andere Jünger« wieder heraus und überredet die Pförtnerin, Petrus ebenfalls einzulassen (dann folgt die Szene, in der Petrus Jesus dreimal verleugnet).

Vielleicht gehörte dieser »andere Jünger« zum Festnahmekommando. Er kann bei der Tempelpolizei gearbeitet haben und – heimlich – ein Anhänger der Jesusbewegung gewesen sein.[36] Bultmann[37] hat vorgeschlagen, diesen »anderen Jünger« (also *nicht* einen »der Zwölf«)

als Augenzeugen der Verhaftung zu betrachten. Was immer auch die Evangelisten von der Verhaftung berichteten, stützte sich auf dessen Informationen. Bultmann ergänzt, dass der »andere Jünger« in der ursprünglichen Quelle vermutlich als *Einziger* genannt wurde und die Figur Petrus' erst *später* hinzugefügt wurde. Mit anderen Worten, in der Quelle, die Johannes verwendete, kam der Name Petrus noch nicht vor.

FLOHEN DIE JÜNGER ÜBERHAUPT?

Wie wir bereits sahen, berichten Markus und Matthäus, dass die Jünger »[Jesus] alle im Stich ließen und flohen«.[38] Muss man bei dieser »Flucht« nicht auch ein großes Fragezeichen setzen? Schließlich stimmt sie auffällig mit 2 Samuel 17,2 überein, als Ahitofel prophezeit: »Alle Leute, die bei ihm [David] sind, werden fliehen.« Warum greift Markus hier wieder auf 2 Samuel zurück?

An früherer Stelle habe ich geschrieben, dass Theologen zwei Fakten über Jesus als historisch absolut zuverlässig betrachten: dass er von Johannes dem Täufer getauft und dass er während der Amtsperiode von Pontius Pilatus gekreuzigt wurde. Ein dritter »Fakt«, den fast alle Theologen als *historische Wahrheit* einschätzen, aber als solche nie behaupten: Jesus wurde als Einziger verhaftet, von seinen zwölf Jüngern keiner. Zwar waren sie im Laufe der berühmten Nacht in Getsemani bei ihm, aber sie wurden nicht festgenommen und Markus/Matthäus zufolge konnten sie fliehen.

Theologen schreiben Folgendes:

- Gnilka: »Sicher ist ferner, dass nur Jesus, nicht seine Jünger, festgenommen wurde. (...) Vielmehr ist an der historischen Zuverlässigkeit der Überlieferung, dass die Jünger bei der Verhaftung flohen, nicht zu zweifeln.«[39]
- Sanders: »Es ist höchst unwahrscheinlich, dass Kajaphas und Pilatus dachten, Jesus führe eine bewaffnete Gruppe an – wenn das der Fall gewesen wäre, hätte Kajaphas auch Jesu Stellvertreter verhaftet.«
- van Iersel: »Die Jünger ließen Jesus im Stich und flüchteten, noch bevor er zu Ende gesprochen hatte.«

- Frederiksen: »Pilatus exekutierte Jesus, indem er ihn kreuzigte, aber die Personen, die sich in Jesu Gruppe befanden, verfolgte er nicht – er hielt es nicht für nötig, andere Mitglieder der Jesusbewegung festzunehmen.«
- Boismard: »Von Angst überwältigt, überließen sie Jesus seinem traurigen Schicksal und flohen.«
- Theissen und Merz: »Sie flohen alle. Die Tatsache kann nicht fiktiv sein.«

Merkwürdigerweise setzen Kommentatoren – Bultmann und Loisy sind hier eine große Ausnahme – bei Markus' Schilderung der Verhaftungsszene keine einzige kritische Randbemerkung. Sie nehmen unbesehen an, dass Jesus als Einziger verhaftet wurde, aber keiner seiner Jünger. Diesen gelang allen scheinbar problemlos die Flucht.

Dennoch ist die von Markus beschriebene Szene sehr unwahrscheinlich. Eine Schar Männer erscheint, bewaffnet mit »Schwertern und Knüppeln« – ich nehme an, dass es sich um die Tempelpolizei handelt. Johannes zufolge ist diese Gruppe mit einer *speira*[40] von römischen Soldaten (Minimum zweihundert Mann) kombiniert. Es entsteht ein richtiger Schwertkampf, denn die Schar um Jesus ist ebenfalls mit Schwertern bewaffnet. Mindestens ein Mitglied der verhaftenden Gruppe wird verwundet: Sein Ohr wird abgeschlagen.

Sollen wir wirklich glauben, dass die jüdischen bzw. römischen Machthaber über dieses Blutvergießen hinwegsahen und die Schuldigen laufen ließen? Judäa stand direkt unter der imperialistischen römischen Herrschaft. Was würden heute die Amerikaner tun, wenn sie den Kopf einer terroristischen Zelle im Irak verhaften wollten und sich seine Anhänger mit Waffengewalt widersetzten? Natürlich würde man die *gesamte Gruppe* verhaften, wenn man sie nicht schon längst über die Klinge hätte springen lassen.

Bultmann hat sich deshalb auch erstaunt gefragt: »Warum wurde Jesus allein verhaftet? Bestand gar nicht die Absicht, die Begleiter zu fangen?«[41] Und Loisy schrieb 1907: »Natürlich stellt sich die Frage, warum die Jünger nicht weiterkämpfen und warum die Mitglieder des Sanhedrin sich nicht an dem Schwertkämpfer [in Jesu Gruppe] rächen, indem sie ihn überwältigen.«[42]

Die einzige vernünftige Antwort auf diese Fragen lautet: Jesu Jünger *flohen überhaupt nicht*! Sie bekamen dazu nicht die Möglichkeit, gewiss nicht, wenn sie von etwa zweihundert Mann umringt waren. Also kämpften sie weiter, bis sie – nach kurzer Zeit – allesamt überwältigt und abgeführt wurden.[43] So betrachtet entsteht ein natürlicherer Anschluss durch die nachfolgenden Verse. Anscheinend gab es nur eine einzige Person, die entkommen konnte, ein »junger Mann *(neaniskos)*, der nur mit einem leinenen Tuch bekleidet war. Da packten sie ihn, er aber ließ das Tuch fallen und lief nackt davon.«[44] (Die anderen Evangelisten verschweigen dieses sonderbare Detail.)

Natürlich habe ich jetzt – absichtlich – ein Problem geschaffen: Schließlich wissen wir ebenfalls, dass die zwölf Jünger *nicht* verhaftet wurden. In der Apostelgeschichte erfreuen sie sich alle bester Gesundheit, bis auf Judas. Dieser Widerspruch löst sich jedoch, wenn wir es wagen, aus dem Vorausgehenden den Schluss zu ziehen, dass sich die zwölf Jünger bei Jesu Verhaftung *nicht* in seiner Nähe aufhielten.

Und weil wir dem Schwertkampf entnehmen können, dass Jesus nicht allein in Getsemani war und durch etliche Männer verteidigt wurde, muss die Schlussfolgerung lauten, dass an diesem Abend andere Anhänger (als »die Zwölf«) bei Jesus waren. *Diese* Gruppe kämpfte, *diese* Gruppe wurde verhaftet und *diese* Gruppe wurde am nächsten Tag zusammen mit Jesus gekreuzigt.

Damit ist die zuvor gestellte Frage »Warum verfügten die Evangelisten über keinerlei Information über den letzten Abend, warum mussten sie auf eine Bearbeitung von 2 Samuel zurückgreifen?« beantwortet: Nicht die *Jünger* Jesu waren an diesem Abend bei ihm, *andere* begleiteten ihn. Und diese waren am nächsten Tag alle tot.

Es ist möglich, dass Markus genau das wusste. Auf jeden Fall springt ins Auge, dass er das Wort »Jünger« oder »die Zwölf« ab Jesu Verhaftung nicht mehr benutzt.[45] Plötzlich erscheint die Bezeichnung »einer, der dabeistand« (und mit seinem Schwert das Ohr abhackt), und die Fliehenden werden *pantes* (alle) genannt. Zu Recht schreibt Bultmann: »Denn wer sind die *pantes*? Nach dem Zusammenhang die *mathètai* [Jünger], aber warum ist das nicht [von Markus[46]] ausgesprochen? Waren es ursprünglich *andere* Subjekte?«[47] Entweder verwendete Markus hier eine Quelle, in der »die Zwölf« nicht vorkamen, oder er vermied das Wort *mathètai* mit Absicht – weil er wusste, dass »die Zwölf« bei der Verhaftung Jesu nicht zugegen waren.

Die Abwesenheit »der Zwölf« bei der Verhaftung wird meiner Ansicht nach von Celsus bestätigt. Ich habe bereits erklärt, dass seine Werke von der Kirche vernichtet wurden, dass aber Origenes den größten Teil von Celsus' *Alèthès Logos* in seinem eigenen Buch, dem polemischen *Contra Celsum*, zitiert. Und darin findet sich[48] ein interessantes Zitat, das, so viel ich weiß, noch nie bemerkt wurde.

Wie bereits umrissen, stellt Celsus eine erfundene Figur vor, die er »der Jude« nennt. Dieser »Jude« attackiert Jesus fortwährend und wirft ihm alles Mögliche an den Kopf, darunter auch Folgendes: »Als du dich bei Johannes badetest [gemeint ist Jesu Taufe durch den Täufer], da behauptetest du, dass sich die Gestalt eines Vogels [die Taube] aus der Luft auf dich niedergelassen habe. [...] Welcher glaubwürdige Zeuge hat diese Gestalt gesehen, oder wer hat eine Stimme vom Himmel gehört, die dich für den Sohn Gottes erklärte? Außer dass du es sagst und noch *einer, der mit dir bestraft worden ist*?«[49] Einige Kapitel später[50] steht: »Außer dass [nur] du [Jesus] es sagst *und noch einen von denen herbeibringst, die mit dir zugleich bestraft worden sind.*«

Angesichts der Tatsache, dass mit Jesu »Strafe« die Kreuzigung gemeint sein muss, sagen uns diese Passagen, dass einer von Jesu Mitgekreuzigten ebenfalls verkündet hatte, dass sich bei der Taufe ein Vogel auf Jesus niedergelassen hatte und eine Stimme aus dem Himmel ertönt war. Das bedeutet, dass dieser Mitgekreuzigte Jesus gut kannte und über ihn Zeugnis abgelegt hatte. Mit anderen Worten: Einer der Männer, die zusammen mit Jesus gekreuzigt wurden, war ein *Anhänger* Jesu. Und die zweite Passage suggeriert, dass *alle* Mitgekreuzigten desselben Vergehens angeklagt wurden wie Jesus: Aufstand gegen das Römische Reich.

Dann erhält Markus' Vers »zusammen mit ihm kreuzigten sie zwei Verbrecher *(lèistai)*, den einen rechts von ihm, den anderen links«[51] plötzlich eine völlig andere Bedeutung. In seinem Text unterstellt Markus, dass die Mitgekreuzigten zwei willkürlich ausgewählte Verbrecher waren, die zufällig am gleichen Morgen exekutiert werden mussten. Meiner Analyse zufolge handelt es sich ganz und gar nicht um »willkürlich ausgewählte Verbrecher«, sondern um »Anhänger« Jesu – sie waren am Abend zuvor gleichzeitig mit ihm verhaftet und von den Römern als »Aufständische« betrachtet worden. Also hing Jesus nicht aus, wie R. Brown es nennt, »architektonischen« Gründen in ihrer Mitte – damit ist gemeint, dass Jesus, aus theologischer Sicht, natürlich in einer zentralen Position hängen musste –, sondern weil er der *Anführer* dieser »jämmerlichen Gruppe Aufständischer« war, bei der wir uns auch fragen müssen, ob es nicht (viel) mehr waren als zwei.

Warum Markus das alles hat verschwinden lassen, ist klar. Im Römischen Reich war es schon schlimm genug, einen Gott (also Jesus) anzubeten, der als Aufständischer gekreuzigt wurde, es war aber noch viel schlimmer, wenn dieser Gekreuzigte der Anführer einer ganzen *Gruppe* Aufständischer gewesen war. In Hinblick auf diese eine Person (Jesus) konnte man noch behaupten, dass sich die Römer geirrt hatten. Man konnte sogar die Lüge verkünden – wie es die Evangelisten tun –, dass Pilatus von Jesu Unschuld gewusst und sich wirklich um dessen Freilassung bemüht hatte, die nur leider von »den Juden« verhindert worden war. Damit konnte man versuchen zu beweisen, dass sein Königreich nicht von dieser Welt war und gewiss nicht im Widerspruch zum Römischen Reich stand. Bei einer *ganzen Gruppe* Aufständischer war eine solche Apologie unmöglich.

Wer die »Mitgekreuzigten« Jesu waren, können wir nicht mehr enträtseln. Ihre Namen sind »ausgelöscht«, weil es politisch günstiger war, wenn sie nicht existiert hatten. Da sie Schwerter verwendeten, liegt auf der Hand, dass es sich um kampfeslustige Männer handelte, die gut zu dem »radikalisierten« Jesus passten. Es sieht so aus, als habe die Zusammenkunft im *safehouse* die Vorbereitung einer gewalttätigen Aktion zum Ziel gehabt.

Die Lektüre der Evangelien verführt zu dem Gedanken, dass Jesus nur »die Zwölf« um sich hatte. Das ist falsch. Es existierte eine *größere* Gruppe, die von Anfang an an der Jesusbewegung beteiligt war. Dies können wir aus dem ersten Kapitel der Apostelgeschichte ableiten. Darin wird erzählt,[53] dass die Jünger nach Jesu Tod beschließen, einen Stellvertreter für Judas zu finden: »Die Zwölf« sollten komplettiert werden. Um diesen Stellvertreter zu finden, kamen – Lukas zufolge – hundertzwanzig Anhänger[54] Jesu zusammen. Selbst wenn diese Zahl übertrieben ist,[55] wird dadurch glaubhaft, dass es eine wesentlich größere Gruppe von Anhängern gab als »die Zwölf«.

Die Gruppe der »Hundertzwanzig« beschloss, einen der Männer als Stellvertreter auszuwählen, der »*die ganze Zeit mit uns zusammen [gewesen] war*, als Jesus, der Herr, bei uns ein und aus ging, angefangen von der Taufe durch Johannes bis zu dem Tag, an dem er [Jesus] von uns ging und in den Himmel aufgenommen wurde«. Anscheinend gab es neben der Zwölfergruppe noch eine Reihe von Männern, die immer mit Jesus in Kontakt gewesen waren,[56] seit dem Moment, da sie von Johannes getauft wurden.

Ich denke, dass mindestens einer der »Aufrührer«, die zugleich mit Jesus gekreuzigt wurden, auch eine solche Beziehung zu Jesus hatte. Celsus schreibt immerhin, dass dieser Mann Zeugnis abgelegt hatte, wie sich bei »der Taufe durch Johannes« ein Vogel auf Jesus niedergelassen hatte. Dies deutet an, dass dieser »Aufrührer« Jesus schon seit dem Zeitpunkt seiner Taufe kannte.

VERHÖR

Über den Rest von Jesu Leben können wir uns kurz fassen. Laut Johannes bringt man Jesus zusammen mit seinen verhafteten Anhängern zum Palast des ehemaligen Hohepriesters Hannas,[57] hauptsächlich um ihn formal zu identifizieren und ihm die Anklage sowie das Todesurteil zu verlesen, das der Sanhedrin schon Monate zuvor formuliert hatte.

Aber Johannes zufolge verhörte Hannas – Kajaphas' Schwiegervater – Jesus auch zu seinen Jüngern und zu seiner Lehre. Mit »Jüngern« scheint hier die Gruppe der Zwölf gemeint zu sein, erneut ein Indiz dafür, dass »die Zwölf« nicht bei der Verhaftung zugegen waren (und daher nicht »flohen«) – wenn Hannas ein so großes Interesse an den »Jüngern« gehabt hätte, wären sie zweifellos ebenfalls festgenommen worden. Dass bei dem Verhör Gewalt angewendet wurde (bei Johannes schlägt ein Knecht Jesus ins Gesicht, bei Markus wird Jesus sowohl bespuckt als auch ins Gesicht geschlagen[58]), ist nicht wirklich überraschend, wenn man an Abu Ghraib denkt.

Bei Johannes liegt eine Parallelmontage zwischen Jesu Verhör und Petrus' Verleugnung vor, der sich – allen Evangelisten zufolge – im Innenhof des Palastes befindet, nachdem er von dem »anderen Jünger«[59] hereingelassen wurde. Hier meinen verschiedene Leute, Petrus als einen Jünger Jesu zu erkennen. Jedes Mal streitet er ab, auch nur das Geringste mit Jesus zu tun zu haben: Er »verleugnet« ihn drei Mal.

Petrus' Verhalten wird immer als Feigheit bewertet. Einmal abgesehen von der Frage, ob Petrus überhaupt jemals im Innenhof gewesen ist, müsste man meiner Rekonstruktion nach zu einer anderen Einschätzung kommen. Ich hatte behauptet, dass »die Zwölf« – Petrus eingeschlossen – an diesem Abend nicht bei Jesus waren. Man kann sich allerdings vorstellen, dass Petrus – wenn er sich überhaupt in dem Moment in Jerusalem befand[60] – von der Verhaftung *hörte*, vielleicht von dem »anderen Jünger«. Und dass er über genug Kühnheit verfügte, um nachzuschauen, was mit Jesus geschah. Wenn »der andere Jünger« ihn hineingeschmuggelt hatte und er sich im Innenhof des Palastes aufwärmte, ist es nicht außergewöhnlich, dass er dort erkannt wurde. Schließlich hatten die Jünger zwischen dem Laubhütten- und dem Lichterfest,[61] also von September/Oktober bis Dezember, ungefähr drei Monate mit Jesus in Jerusalem verbracht.

Wenn Petrus im Innenhof nicht zugeben wollte, dass er Jesus kannte, hätte er mein vollstes Verständnis. Erstens hat er gewiss nicht geprahlt, dass er Jesus nie verleugnen würde – »und wenn ich mit dir sterben muss«. Das wurde von Markus aus 2 Samuel übernommen. Zweitens ist es menschlich gesehen unmöglich, dass Jesus prophezeien konnte: »Amen, ich sage dir [Petrus]: Noch heute Nacht, ehe der Hahn zweimal kräht, wirst du mich dreimal verleugnen.«[62] Und drittens war Jesus selbst ständig »auf der Flucht« und tat alles, um seinen Feinden nicht in die Hände zu fallen.

Es liegt auf der Hand, dass Petrus darüber genauso dachte. Indem er bereit war, ein erhebliches Risiko einzugehen, als er sich im Innenhof von Hannas' Palast zeigte, erweist sich Petrus eher als tapfer denn als feige.[63] Vielleicht hat er selbst, zu einem späteren Zeitpunkt seines Lebens, anders darüber gedacht, vielleicht fühlte er sich doch schuldig, dass er nicht an Jesu Seite gestorben war. Aber es erscheint wahrscheinlicher, dass die »Verleugnung« nie stattgefunden hat und nur auf der Tatsache beruht, dass Petrus bei der Verhaftung und Kreuzigung Jesu *nicht anwesend* war. Natürlich spielt dabei auch eine Rolle, dass Markus die Neigung hat, die Jünger herabzusetzen, wo er nur kann.[64]

KREUZIGUNG

Nach dem Verhör bei Hannas wurde die gesamte Gruppe »Pilatus überstellt«. Dieser befand sich vermutlich in Antipas' Palast oder in der Burg Antonia, im Nordosten Jerusalems, direkt neben dem Tempel. Angesichts der Tatsache, dass der Sanhedrin Jesus in Abwesenheit zum Tode verurteilt hatte, brauchte Pilatus diesen Urteilsspruch nur zu bestätigen (sofern er das nicht schon getan hatte).

Ich habe bereits gesagt, dass Pilatus, Philo von Alexandria zufolge, »korrupt, grob, habgierig und grausam« war und die Gewohnheit hatte, Verdächtige ohne den geringsten Prozess zu Tode zu bringen. Für ihn wird es daher überhaupt kein Problem gewesen sein, den festgenommenen Anhängern Jesu – die sich mit Waffengewalt gegen die Besatzungsmacht gestellt hatten – dieselbe Strafe aufzuerlegen wie ihrem Anführer: Geißelung und Kreuzigung.

Die Verhöhnung, die Jesus erlebt – er wird als »Spottkönig« behandelt, bekommt einen (königlichen) Purpurmantel angezogen, eine (Dornen-)Krone auf den Kopf und ihm wird »gehuldigt« –, scheint Elementen des persischen Sakaeafests entlehnt zu sein. Es ist unwahrscheinlich, dass der Verhöhnung historische Tatsachen zugrunde liegen.[65]

Laut Markus war Jesus durch die Geißelung[66] so geschwächt, dass er den Querbalken des Kreuzes (das *Patibulum*), das die Verurteilten selbst zum Ort der Kreuzigung tragen mussten), nicht mehr heben konnte. Die Römer zwangen einen gewissen Simon von Kyrene, diesen Balken von Jesus zu übernehmen. Das könnte der Wahrheit entsprechen. Markus' Andeutung,[67] dass dieser Simon zwei Söhne namens Alexander und Rufus hatte, scheint ein Hinweis darauf zu sein, dass die beiden in den christlichen Gemeinden bekannt waren und hier von Markus hauptsächlich genannt werden, um die Authentizität seiner Geschichte zu belegen.

Das meiste dessen, was die Synoptiker uns danach von der Kreuzigung erzählen, stammt aus alttestamentarischen Psalmen.[68] Vor allem Psalm 22 hatte großen Einfluss, einige Verse landeten häufig wörtlich in den Evangelien. Sie lauten: »*Mein Gott, mein Gott, warum hast du mich verlassen.*« – »Der Leute Spott, vom Volk verachtet. Alle, die mich sehen, *verlachen mich, (...) und schütteln den Kopf.*« – »Er wälze die Last auf den Herrn, *der soll ihn befreien*! Der reiße ihn heraus, wenn er an ihm Gefallen hat.« – »Die Rotte von Bösen umkreist mich. Sie durchbohren mir Hände und Füße.« – »*Sie verteilen unter sich meine Kleider und werfen das Los um mein Gewand.*«[69]

Die allerletzten Worte Jesu vor seinem Tod, zumindest den Synoptikern zufolge, stammen aus den Psalmversen 22,2 (»Mein Gott, warum hast du mich verlassen?«) und 31,6 (»In deine Hände lege ich vertrauensvoll meinen Geist«). Dass jemand während einer der furchtbarsten Folterungen, die sich je ein Mensch ausgedacht hat, überhaupt imstande gewesen sein soll, einen vollständigen Satz auszusprechen, ist ein unsinniger Gedanke.

Das Einzige, was wir letztendlich mit Sicherheit sagen können, ist, dass Jesus tatsächlich gekreuzigt wurde, zusammen mit einigen anderen (die meiner Ansicht nach Anhänger Jesu waren). Schillebeeckx[70] betrachtet es auch als historische Tatsache, dass Jesus irgendwann einen lauten Schrei ausstieß[71] und starb.

Es ist möglich, dass einige Frauen, darunter Maria aus Magdala, aus einer gewissen Entfernung zugeschaut haben[72] und dass der Bericht über Jesu Schrei von ihnen stammt. Auch der Stich »mit der Lanze in Jesu Seite«, von dem Johannes[73] spricht, kann historisch sein. Johannes betont, dass es für diese Handlung einen Augenzeugen gab, eine Person, die anscheinend einmal Teil der »Gemeinde des Johannes« gewesen war.[74]

Was geschah mit dem Körper Jesu, nachdem die Römer ihn vom Kreuz abgenommen hatten? Üblicherweise warfen sie die Leichen der Gekreuzigten in eine Grube und bedeckten sie mit Sand. J. D. Crossan zufolge[75] wurde Jesu Leichnam von Hunden aufgefressen, die immer am Exekutionsort herumstreunten. Demzufolge basiert das Grab, das Josef von Arimathäa gefunden hatte und vor dessen Eingang er einen Stein rollte, um es zu verschließen,[76] auf einer späteren Erfindung der Kirche oder der Evangelisten, die zeigen sollte, dass Jesus eine ehrbare Ruhestätte erhalten hatte.[77] Ebenfalls erfunden ist in dem Fall, dass die Frauen drei Tage später ein »leeres Grab« vorfanden, da man es für notwendig hielt – als Geschichten über die »Auferstehung« Jesu die Runde zu machen begannen –, einen Beweis dafür zu erbringen, dass das Grab »leer« gefunden worden war. Es wäre schließlich merkwürdig, wenn Jesus, mit Wunden und allem Drum und Dran, inmitten seiner Jünger herumgelaufen und *gleichzeitig* im Grab am Verfaulen gewesen wäre.

Laut Matthäus[78] kursierten auch Gerüchte, dass Jesu Jünger den Leichnam gestohlen hatten. Wahrscheinlich basierte dies auf Geschichten über Leichendiebstahl, die zu dieser Zeit im Römischen Reich im Umlauf waren. In einer solchen Geschichte hält ein Soldat Wache bei der Leiche eines hingerichteten Mannes. Die Witwe erscheint und verführt den Soldaten, während ihre Knechte in der Zwischenzeit die Leiche ihres Mannes stehlen.[79]

Ich möchte eine Alternative zu Crossans Theorie vorschlagen – nach der Jesu Leichnam von Hunden aufgefressen wurde –, die als Filmszene mindestens genauso interessant ist: Maria aus Magdala grub die Leiche Jesu aus, trug sie weg und verscharrte sie danach an einem anderen Ort. Vielleicht sogar im Garten ihres Hauses in Magdala.

Dafür habe ich keinen Beweis, aber ich kann den Gedanken einigermaßen glaubwürdig machen. Markus zufolge[80] *wusste* Maria aus Magdala, wo Jesu Leiche begraben war. Sie und eine andere Maria – die Mutter des Joses – »beobachteten, wohin der Leichnam [Jesu] gelegt wurde«. Johannes berichtet ferner, dass Maria Magdalena ganz allein an Jesu Grab steht und weint. Auf einmal sieht sie zwei Engel im Grab sitzen, »den einen dort, wo der Kopf, den anderen dort, wo die Füße des Leichnams Jesu [der spurlos verschwunden ist] gelegen hatten«. Die Engel fragen sie, warum sie weint, und sie antwortet: »Man hat meinen Herrn weggenommen und ich weiß nicht, wohin man ihn gelegt hat.« Sie dreht sich um und entdeckt den Gärtner des Friedhofs. Auch dieser fragt, warum sie weint, und nun sagt Maria: »Herr, wenn du ihn weggebracht hast, sag mir, wohin du ihn gelegt hast. Dann will ich ihn holen.« Direkt danach wird ihr klar, dass der Gärtner niemand anderer ist als Jesus selbst. Sie will ihn umarmen, aber Jesus sagt: »Fass mich nicht an.«[81]

Diese Geschichte ist fiktiv, es handelt sich erneut um ein »unmögliches Wunder«. Versucht Johannes mit dieser Geschichte etwas auszulöschen? Wusste er vielleicht von dem Gerede, dass Maria aus Magdala etwas mit dem Verschwinden von Jesu Leichnam zu tun gehabt haben sollte? Versucht er mit seiner »Wunder«-Geschichte dagegen anzugehen? Er legt Maria folgende Sätze in den Mund: »Man hat meinen Herrn *weggenommen* und ich weiß nicht, wohin man ihn *gelegt* hat … Sag mir, wohin du ihn *gelegt* hast, dann will ich ihn *holen*.« Versucht Johannes die Gerüchte zum Schweigen zu bringen, dass es gerade Maria gewesen sei, die Jesus geholt, mitgenommen und anderswo begraben hat? Sagt Jesus »fass mich nicht an«, weil es genau das ist, was Maria aus Magdala nach seinem Tod getan hat: *ihn angefasst*?

11

DER VERRÄTER

Christen gehen im Allgemeinen davon aus, dass Jesus von einem seiner Jünger, Judas Iskariot, verraten wurde. Die Evangelisten stellen es etwas anders dar, sie schreiben nicht, dass Jesus »verraten«, sondern dass er »übergeben« wurde (das griechische Verb ist *paradidōmi*) – ebenfalls mit »ausgeliefert« übersetzt.

Beispielsweise: Als Jesus seine zwölf Jünger auswählt, nennt Markus jeden Einzelnen von ihnen, als Letzten Judas Iskariot. Ihn charakterisiert er als »der ihn [Jesus] dann ausgeliefert hat«.[1] In 14,10 schreibt der Evangelist: »Judas Iskariot, einer der Zwölf, ging zu den Hohepriestern. Er wollte Jesus an sie ausliefern.«[2] Judas wird auch einige Male *ho paradidous* genannt, was meist mit »der Verräter« übersetzt wird, aber wörtlich »der, der ihn auslieferte«, bedeutet. Josephus verwendet das Verb *paradidōmi* 293-mal in seinen Schriften,[3] immer um anzuzeigen, dass (Kriegs-)Gefangene »ausgeliefert« werden – für »verraten« benutzt er ein etwas anderes Wort, *prodidōmi*, und für »Verräter« *prodotès*.[4]

Die Synoptiker sind sich einig, dass Judas Iskariot mit den »Hohepriestern« eine Absprache in Jerusalem getroffen hatte, um ihnen Jesus in die Hände zu spielen, er bekam auch Geld dafür.[5] Johannes schreibt nur, dass »der Teufel Judas, dem Sohn des Simon Iskariot, schon ins Herz gegeben hatte, ihn [Jesus] zu verraten und auszuliefern«.[6] Dem fügt er hinzu, dass Judas »ein Dieb war; er hatte nämlich die Kasse und veruntreute die Einkünfte«.[7] Alle Evangelisten nennen Judas »einen der Zwölf«.[8]

Über Judas' Tod herrscht bei den Evangelisten weniger Einigkeit. Matthäus berichtet, dass Judas Reue empfand, als ihm klar wurde, dass Jesus zum Tode verurteilt war, und er sich deshalb »erhängte«.[9] Lukas beschreibt in der Apostelgeschichte, wie Judas' Leib bei einem Sturz »auseinanderbarst und alle Eingeweide herausfielen«.[10] Markus und Johannes erzählen nichts über Judas' Tod, aber bei Papias[11] findet sich noch eine andere Version: »Sein ganzer Leib war angeschwollen, dass, wo ein Wagen ohne Probleme hindurchpasst, er sich nicht zwängen konnte; er wurde von einem Wagen zerschmettert, und seine Eingeweide quollen nach draußen.«[12] Die Tatsache, dass so viele verschiedene Versionen über Judas' Ende im Umlauf waren, brachte H.-J. Klauck[13] zu der Annahme, dass über Judas' Schicksal insgesamt *nichts* bekannt war und jeder darum rachsüchtig drauflosfantasieren konnte.

JESUS ERSCHIEN DEN ZWÖLF

Um 55 n. Chr. schreibt Paulus aus Ephesus seinen ersten Brief an die Gemeinde von Korinth. In Vers 11,23 steht: »Jesus, der Herr, nahm in der Nacht, in der er ausgeliefert wurde …« Paulus erzählt uns nicht, *durch wen* Jesus ausgeliefert wurde (übrigens auch nicht *an wen*). Der Name Judas Iskariot wird in dem Brief nicht genannt. Tatsächlich taucht Judas' Name *nirgendwo* in Paulus' Briefen auf. Es scheint, als wisse dieser nicht, wer Jesus ausgeliefert hatte.

Oder verschweigt er es? Unwahrscheinlich, denn im selben Brief zitiert Paulus[14] das frühchristliche Credo,[15] demzufolge der »auferstandene« Jesus »erst Petrus, dann den Zwölf« erschien.[16] Wenn Judas Iskariot tatsächlich »einer der Zwölf« war – wie die Evangelien behaupten –, muss Jesus auch Judas erschienen sein, der ihn einige Tage zuvor »ausgeliefert« hatte. Das erscheint unsinnig. Darum kann man behaupten, dass Paulus, rund zwanzig Jahre nach Jesu Tod, *nicht* davon ausging, »einer der Zwölf« habe Jesus ausgeliefert.[17] Dies stimmt mit dem apokryphen »Evangelium von Petrus« überein (eine Schrift, die den Anspruch erhebt, von Petrus geschrieben worden zu sein). Darin steht, direkt nach dem Kreuzestod Jesu: »Wir aber, die zwölf

Jünger des Herrn, weinten und trauerten, und ein jeder … ging nach Hause.« Auch hier scheint (noch) nicht durchgedrungen zu sein, dass sich unter »wir, die zwölf Jünger«, ein Verräter befand.

Der Brief des Paulus an die Gemeinde von Korinth wurde, wie gesagt, um 55 n. Chr. geschrieben. Das Credo, das Paulus darin zitiert, »und (er) erschien dem Petrus, dann den Zwölf«, zeigt deutlich, dass Paulus nichts von einem Verräter innerhalb der Zwölfergruppe wusste. Aber wie kommt es, dass die Evangelisten ca. dreißig, vierzig Jahre später sehr wohl wussten, dass einer der zwölf Jünger Jesus »verraten« hatte? Das ist merkwürdig.

Um diese Frage zu beantworten, haben Theologen in den letzten hundert Jahren unterstellt, dass die Gruppe der Zwölf *nicht existierte*, als Jesus noch lebte. Mit anderen Worten: Jesus hat nie zwölf Jünger ausgewählt, »die Zwölf« ist ein Begriff, der erst später – *nach* Jesu Tod – eingeführt wurde.

Um im Anschluss begreiflich zu machen, *wie* die Gruppe der Zwölf nach Jesu Tod entstand, wird die These aufgestellt, dass es gerade die zwölf Jünger waren, denen der »auferstandene« Jesus *erschien.*[18] Das »Sehen von Jesus« bildete die Grundlage für die Formation »der Zwölf«.[19] Wenn Paulus sich also auf das Credo bezieht, demzufolge Jesus »erst dem Petrus, dann den Zwölf« erschien,[20] spricht er – der Theorie zufolge – über *diese* Gruppe. Judas gehörte natürlich nicht dazu, denn er war nach seinem Verrat von der Bildfläche verschwunden. Die Theorie geht noch weiter. Um das Ansehen der Gruppe zu vergrößern, hat man später *erfunden*, dass Jesus »die Zwölf« *persönlich* zu seinen Lebzeiten auswählte. Das bedeutet: Die Gruppe der Zwölf wurde in Jesu Zeit zurückversetzt. Diesen Theologen zufolge ist sie so in den Evangelien gelandet.

Was diese Theorie ebenfalls äußerst kompliziert macht, ist folgende Frage: Vorausgesetzt, *dass* sich die Gruppe der Zwölf ursprünglich aus einer Gruppe Jünger zusammensetzte, die Jesus nach dessen Tod »gesehen« hatten, *dass* Judas Iskariot nicht zu dieser Gruppe gehörte und *dass* diese Gruppe auf die Zeit rückprojiziert wurde, in der Jesus noch lebte, warum wurde dann während des letzten Prozesses ein »Verräter« in die Zwölfergruppe gesetzt?

Daraus entsteht nämlich ein innerer Widerspruch. Einerseits gelangten die Zwölf durch diese Projektion zu mehr Ansehen[21] und somit zu mehr Macht, weil sie die Autorität Jesu auf sich beziehen konnten. Andererseits: Mit der Aufnahme eines »Verräters« in die Gruppe wurde die Machtposition *gleichzeitig* unterminiert. Jetzt war es ja eine »infizierte« Gruppe. In Appendix B gehe ich näher auf Argumente ein, die für bzw. gegen diese Theorie sprechen.

Persönlich hänge ich in diesem Fall dem konservativen Standpunkt an, dass Jesus die Gruppe selbst formierte. Ich stütze mich dabei hauptsächlich auf die Logienquelle, in der Jesus seinen Jüngern verspricht: »Ihr werdet auf zwölf Thronen sitzen und über die zwölf Stämme Israels richten.«[22] Dies ist ein ausdrücklicher Hinweis auf die Zwölfergruppe – das Wort »ihr« bezieht sich hier eindeutig auf »die Zwölf«.

Auch für John P. Meier und G. Lüdemann ist dies das stärkste Argument, mit dem sich die Gruppe in Jesu Zeit einordnen lässt. Gerade der peinliche, naive Aspekt dieses Wortes überzeugt mich davon, dass es sich um Jesu *ipsissima vox* handelt. Es zeigt, dass er einfach ein Mensch war, der in seiner eigenen Zeit und Kultur lebte und nicht darüber hinaussehen konnte. Es ist derselbe »naive« Jesus, der Blinden und Tauben in Augen und Ohren spuckte, der ein Loch in ein Hausdach reißen ließ, um zu verhindern, dass der Dämon wieder hineingelangen konnte, der völlig überzeugt war, dass das Königreich Gottes hereinbrechen werde, der die Exorzismen als Beginn des kommenden Gottesreiches interpretierte und davon ausging, dass Gott alles Irdische überblickte und lenkte. Dieser Jesus formierte eine Gruppe von zwölf Jüngern und versprach ihnen, dass sie alle zwölf auf Thronen sitzen und über die Stämme Israels richten würden.

EIN ABTRÜNNIGER JÜNGER

Zurück zu dem Widerspruch, auf den ich bereits hingewiesen habe: Einerseits benennen die Evangelisten einen der Zwölf, Judas Iskariot, als den Mann, der Jesus verriet – andererseits geht Paulus davon aus, dass Jesus nach seinem Tod *allen* zwölf Jüngern erschien, also auch Judas. Daraus entsteht eine Absurdität: Jesus erscheint auch seinem Verräter.

Am einfachsten ist dieser Widerspruch aufzulösen, indem man voraussetzt, dass der Verräter *nicht* zur Gruppe der Zwölf gehörte. Dann »stimmt« das Credo: Jesus erschien *allen zwölf* Jüngern. Aber auch dann müssen wir uns mit folgender Frage auseinandersetzen: Wenn der Verräter ursprünglich nicht zur Gruppe der Zwölf gehörte, was hat die Evangelisten dann später[23] dazu gebracht, ihn dennoch in diese Gruppe aufzunehmen?

Mein Vorschlag[24]: Einige Jahre nach Jesu Hinrichtung verließ »einer der Zwölf« die Gruppe und kehrte der Jesusbewegung den Rücken. Dieser Jünger war letztendlich zu dem Schluss gekommen, dass das Traumbild des Gottesreiches durch Jesu Tod zerrissen war: Es würde niemals kommen. Die Exorzismen waren nicht der Beginn des Königreiches gewesen, und der Tod Jesu war nichts weiter als die beiläufige Hinrichtung eines Aufständischen. Jesus war nicht »auferstanden« und würde genauso wenig »zurückkehren«. Ich denke, dass dieser abtrünnige Jünger Judas Iskariot hieß. In aller Deutlichkeit: Dieser Jünger hat Jesus *nicht* verraten/ausgeliefert.[25]

Als Judas die Gruppe, die Jesus geformt hatte, im Stich ließ, hatte die Kirche *zwei* Public-Relations-Probleme: Jesus war nicht nur verraten worden, jetzt war auch noch einer seiner berühmten zwölf Jünger zum Apostaten geworden.[26] Ich denke, dass – innerhalb eines gewissen Zeitraums – diese beiden Probleme ineinandergeschoben wurden. Die Kirche betrieb hiermit erneut *damage control*: Zwei Probleme wurden auf eines reduziert. Man verschmolz den abtrünnigen Jünger und den Verräter (wer es auch war) zu einer Person, die den *Namen* des Abtrünnigen behielt, Judas Iskariot.

Dieser Prozess ließ sich beträchtlich vereinfachen, da einerseits auf das Buch Samuel[27] verwiesen werden konnte, in dem Ahitofel seinen König David verrät, andererseits auf Psalm 41,10. Dort lesen wir: »Auch mein Freund, dem ich vertraute, der mein Brot aß, hat gegen mich geprahlt.«

Beim Letzten Abendmahl wurde Judas von Markus genau so dargestellt: Er ist ein »Freund«, er sitzt bei Jesus am Tisch, er isst vom Brot, das Jesus den Zwölfen anbietet. Dem Evangelisten zufolge behauptet Jesus, bevor er das Brot bricht, dass derjenige, der ihn verraten wird, »einer von denen ist, die zusammen mit mir essen«. Und zwei Verse weiter, noch nachdrücklicher: »Einer von euch Zwölf, der mit mir aus derselben Schüssel isst.«[28]

Markus hat diese Szene absichtlich im Hinblick auf Psalm 41,10 *geschrieben*. Damit kann er »beweisen«, dass der Verrat an Jesus bereits im Alten Testament prophezeit wurde. Indem man Judas in die Gruppe der Zwölf hineinschob, machte man einen Nachteil – den Verrat an Jesus, eine anscheinend allgemein bekannte Tatsache, die nicht besonders für das Urteilsvermögen Jesu sprach – zu einem Vorteil: Eine Prophezeiung aus dem Alten Testament ging jetzt in Erfüllung. Das beinhaltete, dass der Verrat geschehen musste und Teil von Gottes *masterplan* war.

Man kann es auch so interpretieren, dass Jesus, im Wissen um Gottes Plan von seinem Tod, absichtlich einen unzuverlässigen Jünger ausgesucht hatte, der dafür sorgen würde, dass er im richtigen – von Gott bestimmten – Moment den Obrigkeiten ausgeliefert werden würde. Dann sind wir nur einen Schritt vom Judasevangelium entfernt.[29] Dort wird Judas ja – in seiner Funktion als Werkzeug Gottes, das Jesus »aus seinem irdischen Körper befreien soll« – als Held präsentiert, als der einzige Jünger, der auch in das Himmelreich aufgenommen wird (nach seiner Steinigung). Auch in dramaturgischer Hinsicht funktioniert es gut: Jesus wird von einem Freund verraten, genau wie König David von Ahitofel.[30] Verrat durch den besten Freund ist ein Lieblingsthema der Literatur, aber in Wirklichkeit geschieht so etwas natürlich auch mit schöner Regelmäßigkeit: Caesar wurde von Brutus verraten, Hitler von Himmler, Monica Lewinsky von ihrer »besten« Freundin Linda Tripp.

Es ist möglich, dass im Johannesevangelium noch eine Spur des »Abtrünnigen« sichtbar ist. Ich meine die Geschichte vom »ungläubigen Thomas«, die wir in Kapitel 20 finden. Johannes berichtet dort,[31] dass Jesus den Jüngern erschien, aber dass Thomas zufällig nicht dabei war. Als die anderen Jünger von dieser »Auferstehung« erzählen, glaubt Thomas ihnen nicht. Der Evangelist legt ihm die folgenden Worte in den Mund: »Wenn ich nicht die Male der Nägel an seinen Händen sehe und wenn ich meinen Finger nicht in die Male der Nägel und meine Hand nicht in seine Seite lege,[32] glaube ich nicht.« Kurz darauf »erscheint« Jesus auch Thomas und sagt einladend: »Lege deinen Finger hierhin und sieh meine Hände an und dann streck deine Hand aus und lege sie in meine Seite!« Anscheinend kommt Thomas dieser Aufforderung nach und wird somit davon überzeugt, dass Jesus »auferstanden« ist.

Ich will dahingestellt sein lassen, was die Jünger nach Jesu Tod genau »sahen«. Aber bei der Geschichte, die Johannes über Thomas erzählt, handelt es sich um ein »unmögliches« Wunder. Nach seinem Tod wird Jesus nicht nur »gesehen«, man kann ihn auch *anfassen*: Er besteht wieder voll und ganz aus Fleisch und Blut. Ein Zombie also, wie sie zu Hunderten in amerikanischen Horrorfilmen herumlaufen.

Erneut behaupte ich, dass dieses »unmögliche Wunder« eingeführt wurde, um ein unangenehmes Ereignis zu unterschlagen: Einer der Zwölf glaubte letztendlich nicht an die Auferstehung Jesu und verließ die Gruppe. Ich halte es für möglich, dass dieser Thomas das Überbleibsel einer (unterdrückten) Erinnerung an einen Apostaten aus der Gruppe der Zwölf ist. Indem er Thomas vom »Ungläubigen« in einen »Gläubigen« verwandelt, versucht der Evangelist, den Schaden, den Judas' Apostasie der christlichen Gemeinde zugefügt hatte, nachträglich zu begrenzen.

Es ist in diesem Zusammenhang interessant, sich den Namen des Abtrünnigen näher anzuschauen: Judas *Iskariot*.[33] Es gibt verschiedene Theorien, die das Wort »Iskariot« zu deuten versuchen. Eine davon liegt auf der Hand: Judas kam aus dem Dorf Kerioth. Aber bis heute ist Kerioth nicht identifiziert, wir wissen nicht, ob es tatsächlich existiert hat.

Es wurde auch behauptet – und mehr zu Recht –, dass »Iskariot« mit dem Wort *sicarius* zusammenhängt.[34] Die *Sicarii* werden heutzutage häufig als »erste« terroristische Gruppe betrachtet. Sie operierten im 1. Jahrhundert n. Chr. in Palästina: Die Mitglieder der Gruppe mischten sich unters Volk und verübten unversehens mit einem Dolch *(sicarius)* einen Anschlag auf einen Vertreter der jüdischen Autorität. Iskariot würde in dem Fall »Dolchmann« bedeuten und anzeigen, dass Judas sich erst den Zeloten angeschlossen hatte, aber dann zu Jesus übergelaufen war (wie sich auch Petrus und Andreas von Johannes dem Täufer Jesus angeschlossen hatten). »Judas Iskariot« müsste man dann als »Judas, der ehemalige Dolchmann« lesen.[35] Wenn das stimmt,[36] wird es verständlicher, dass dieser Jünger eine »realistischere« Weltsicht hatte und letztendlich nicht imstande war, (weiterhin) an Jesu Auferstehung zu glauben.

AGENT PROVOCATEUR

Es bleibt noch eine Frage: Wenn es also nicht Judas Iskariot war, der Jesus an die jüdischen bzw. römischen Obrigkeiten auslieferte, wer war es dann?

Dafür müssen wir in das vorige Kapitel zurückgehen. Ich war dort zu dem Schluss gekommen, dass die zwölf Jünger an jenem letzten Abend nicht bei Jesus waren. Ich habe unterstellt, dass Jesus – nach Lazarus' Tod – Kontakt mit militanteren Gruppen aufgenommen hatte. Am Abend seiner Festnahme kam er mit einigen Mitgliedern dieser Gruppe in einem *safehouse* zusammen. Man hatte Vorsorge getroffen, um sicher sein zu können, dass nur eine kleine Anzahl Teilnehmer den Ort kannte: Alle übrigen wurden von einem Führer dorthin gebracht.

Aber offenbar waren Zeitpunkt und Ort der Versammlung doch durchgesickert. Jemand muss demnach die Obrigkeiten informiert haben; dass es sich dabei um einen der Teilnehmer handelte, ist jedoch unwahrscheinlich. Wo sich das *safehouse* befand, erfuhren sie schließlich erst, als sie dort ankamen – wie konnten sie dann noch die Behörden benachrichtigen?

Das möchte ich an einem Beispiel verdeutlichen: an der Verhaftung des französischen Widerständlers Jean Moulin im Jahre 1943. Auch er hatte eine Versammlung von Mitgliedern des Widerstands in einem *safehouse* organisiert, außerhalb von Lyon, und auch hier wussten die Teilnehmer nicht über den Ort Bescheid, sie wurden von einem Führer dorthin gebracht. Aber einer von ihnen, ein gewisser Hardy, arbeitete für die Gestapo. Er ließ sich durch einen anderen Kollaborateur verfolgen – der so der Gestapo die Adresse zuspielen konnte. Worauf eine Razzia der Deutschen im *safehouse* stattfand.[37]

Meine Spekulation ist, dass sich etwas Ähnliches auch am letzten Abend von Jesu Leben abgespielt hat. Einer der Teilnehmer an dem geheimen Treffen arbeitete für die Obrigkeiten, jüdisch oder römisch. Er wusste nicht, wo sich das *safehouse* befand, er wurde von einem Führer dorthin gebracht (der Zeitpunkt war natürlich bekannt, den hatte er seinen Auftraggebern bereits mitteilen können). Das Einzige, was die Obrigkeiten tun mussten, war, den »Verräter« durch jemand anderen verfolgen zu lassen – was sie direkt zum Ort des *safehouse* bringen würde. Diese »andere« Person konnte dann zu den Behörden zurückkehren und den Ort angeben. Danach dürfte es kein Problem gewesen sein, innerhalb einer Stunde das Haus zu umzingeln.[38]

Schließlich wurden die meisten verhaftet[39] und am nächsten Tag gekreuzigt. Der »Verräter« verschwand natürlich spurlos. Vielleicht waren einige der Festgenommenen mittlerweile dahintergekommen, wer sie »verraten« hatte, jedoch bekamen sie nicht mehr die Möglichkeit, diese Information weiterzugeben: Am folgenden Tag waren sie alle tot.

Den Namen des Mannes, der Jesus den Obrigkeiten »auslieferte«, des sogenannten Verräters, werden wir nie erfahren. Bultmann schreibt: »Ursprünglich aber fehlt *jeder* Hinweis auf einen bestimmten Jünger«[40], ein Standpunkt, den bereits C. H. Weisse eingenommen hatte.[41]

Der Mann, der Jesus »auslieferte«, arbeitete als Agent Provocateur für die Obrigkeiten.[42] Er war als Sympathisant der jüdischen Gruppe aufgetreten, die Palästina von der römischen Herrschaft und der kollaborierenden Priesterkaste befreien wollte – als ein »Zelot« also. Später wurde dieser unbekannte, anonyme »Verräter« mit einem der zwölf Jünger Jesu verschmolzen, mit Judas Iskariot, als dieser der Bewegung den Rücken gekehrt und zum Apostaten geworden war.

EPILOG

Nach seiner Exekution meinten die Jünger, dass Jesus »von den Toten auferstanden sei«. Das wurde dann das Credo der christlichen Kirche. Schillebeeckx gab seinem Buch über Jesus daher auch den Titel *Die Geschichte von einem Lebenden*. In Amerika steht an den Aushängetafeln vieler Kirchen *Jesus Lives*, genauso wie auf den Stickern, die gläubige Christen auf ihre Autos kleben.

Lebt Jesus? Ist er tatsächlich bei uns, wie er versprochen hat, »alle Tage bis zum Ende der Welt«?[1] Und wenn ja, was hat der »auferstandene Jesus« wohl gesagt, als er seinen Jüngern und Maria von Magdala »erschien«?

Die Evangelien berichten unter anderem von folgenden Worten: »Fürchtet euch nicht. Was seid ihr so bestürzt? Warum weinst du? Wen suchst du? Friede sei mit euch. Ich wünsche euch Frieden! Seht meine Hände und meine Füße an: Ich bin es selbst. Streck deinen Finger aus – hier sind meine Hände! Streck deine Hand aus und leg sie in meine Seite. Fasst mich doch an. Fass mich nicht an. Habt ihr etwas zu essen hier? Habt ihr nicht etwas zu essen? Empfangt den Heiligen Geist. Mir ist alle Macht gegeben im Himmel und auf der Erde. Weide meine Lämmer. Hüte meine Schafe.«[2]

Wenn man diese und andere – ähnlich banale – Aussprüche liest, fragt man sich: Was ist mit diesem Mann geschehen? Wo ist die Schärfe seiner Wortwahl geblieben, die Intelligenz seiner Beobachtungen, der Humor in seinen klugen Hyperbeln? Ist das derselbe Mann, der sich die prächtigen Parabeln ausdachte, der eine radikale Erneuerung der jüdischen Ethik anstrebte? »Friede sei mit euch …? Habt ihr etwas zu essen …? Berühre meine Wunden …? Fass mich nicht an …?« Das klingt eher nach einem Zombie als nach einem lebendigen Menschen.

Jesus ist tot. Sein Geist ist vernichtet, genau wie der Geist Einsteins oder Mozarts. Eine physische Auferstehung hat nie stattgefunden. Das bringt mich zurück an den Anfang dieses Buches und zur Frage: Was bleibt noch vom Christentum übrig? Hat Paulus recht mit seiner Behauptung: »Ist aber Christus nicht auferweckt worden, dann ist … euer Glaube sinnlos«?[3]

Ich glaube nicht. Ich denke, dass wir die Sache anders betrachten müssen. Wir müssen zu der Sichtweise zurückkehren, die Jesus im Hinblick auf das Königreich Gottes vertrat und in seinen Parabeln und der Bergpredigt in Worte fasste. Die Utopie des menschlichen Verhaltens, die sich darin darstellt, wird jedoch nicht – wie Jesus dachte – uns zuliebe von »Gott« in einer selbstständigen Handlung gegeben werden. Dieses Königreich kommt nicht. Das Menschenbild, das Jesus vor Augen hatte, kann nur durch den Menschen selbst verwirklicht werden: sich großherzig gegenüber demjenigen zu erweisen, der nicht die Möglichkeit bekommen hat, für sich selbst zu sorgen; sich über Bitterkeit und Groll hinwegzusetzen und denjenigen, der seine Fehler einsieht, mit offenen Armen zu empfangen; den Feind als gleichwertigen Menschen zu behandeln, wenn er wehrlos am Boden liegt. Kurzum: die Einsicht zu erlangen, dass jeder Mensch, ja jedes Tier, ebenso ein lebendiges Wesen ist wie man selbst, mit genau demselben Recht zu leben. Zwar ist »Liebe deine Feinde« eine Fast-Unmöglichkeit (wer weiß, vielleicht in *ein paar Millionen Jahren …*) – doch könnte mit »Hab Verständnis für den Standpunkt deines Feindes und geh davon aus, dass er genauso gute Gründe hat, ihn zu vertreten, wie du« zumindest einiges an menschlichem Antagonismus vermieden werden.

Im nächsten Millennium würde der *clash of civilizations* dann weniger tödlich sein.

APPENDIX A

DAS GEHEIME MARKUSEVANGELIUM

1941 erhält der 26-jährige Morton Smith (Philadelphia, 1915), der gerade sein Examen an der Harvard Divinity School abgelegt hat, während eines Aufenthalts in Jerusalem die Einladung, einige Zeit in Mar Saba[1] zu verbringen, einem griechisch-orthodoxen Kloster, das mitten in der Wüste liegt, zwanzig Kilometer südöstlich von Jerusalem.[2] Smith studiert dort die Liturgie. Er besucht auch die Bibliothek des Klosters, hatte aber dafür, wie er schreibt,[3] »damals wenig Interesse«.

Zwei Monate später kehrt Smith nach Jerusalem zurück. Da er wegen des Zweiten Weltkriegs das Land nicht verlassen kann, arbeitet er an der Hebräischen Universität an seiner Dissertation.[4] Erst als das Mittelmeer von den »Achsenmächten« gesäubert ist, geht er zurück nach Amerika und Harvard. Dort erwirbt er einen zweiten Doktorgrad. Mittlerweile ist sein Interesse an den Manuskripten[5] aus der Zeit der Kirchenväter geweckt, und er besucht 1952–53 verschiedene Klöster in Griechenland, auf der Suche nach derartigen noch unbekannten Manuskripten.[6] Über dieses Thema veröffentlicht er verschiedene Artikel.[7] 1957 erhält er eine feste Stelle als *Assistant Professor* an der Columbia University.[8]

1958 hat er ein Jahr frei[9] und beschließt, nach Mar Saba zurückzukehren. Er hofft, auch dort in der Bibliothek auf unbekannte Manuskripte zu stoßen. Diese befanden sich häufig auf den leeren Seiten ganz hinten in den Büchern, die im 17. und 18. Jahrhundert gedruckt worden waren. Wegen der damaligen Papierknappheit verwendeten die Mönche diese Seiten, um Manuskripte darauf zu *kopieren*. Smith findet tatsächlich einige Aufzeichnungen und veröffentlicht 1960 eine Liste.[10]

Gegen Ende seines Aufenthalts[11] stößt er auf ein Manuskript, das viele Jahre später in der theologischen Welt für eine Sensation sorgen wird. Es betrifft eine Kopie eines Briefes von Clemens von Alexandria.[12] Diese Kopie findet Smith auf die letzte Blankoseite und die innere Umschlagseite eines Buches aus dem 17. Jahrhundert gekritzelt, den *Epistolae genuinae S Ignati Martyris*. Das Buch wurde von dem Holländer Isaäc Voss veröffentlicht und enthält gesammelte Briefe des »Heiligen Märtyrers Ignatius«.[13]

Es gibt frühere Sammlungen dieser Briefe, aber einige davon erwiesen sich als nicht »authentisch«, will sagen, sie waren nicht von Ignatius geschrieben worden. Die Ausgabe von Voss enthält, zum ersten Mal, nur authentische Briefe. Dieses Detail wird später noch von Interesse sein. Merke: Der Brief von Clemens datiert vom Ende des 2. bzw. Anfang des 3. Jahrhunderts. Die Kopie – so das Ergebnis einer Handschriftenanalyse – stammt aus dem 18. Jahrhundert. Damals hat jemand, wahrscheinlich ein Mönch, einen Teil des Briefes[14] auf die letzten Blankoseiten eines Buches aus dem 17. Jahrhundert kopiert.

Die Kopie von Clemens' Brief beginnt mit der Anrede: »An Theodorus«. Wer dieser Theodorus war, ist nicht bekannt, aber er machte sich – wie aus dem Brief ersichtlich wird – Sorgen wegen einer christlichen Sekte, deren Mitglieder Karpokratianer genannt werden. Diese Sekte praktizierte allerhand merkwürdige Riten mit stark sexueller Färbung.[15] Da die Mitglieder an Gütergemeinschaft glaubten, waren sie auch der Meinung, dass man die eigene Frau mit anderen teilen müsse. Es gab daher »sakrale« Orgien, bei denen jeder mit jedem ins Bett ging.

Die Sekte, von einem gewissen Karpokrates in Alexandria gegründet, bediente sich – immer noch Clemens' Brief zufolge – eines Markusevangeliums, das *ausführlicher* war, als wir es heute im Neuen Testament vorfinden. Clemens behauptet, es handle sich um ein spirituelleres Evangelium, das Markus später in seinem Leben schrieb und das für diejenigen bestimmt war, die sich vervollkommnen wollten. Es sollte den Leser »in das tiefste Heiligtum der Wahrheit bringen – das von sieben Schleiern verborgen war«.[16]

Morton Smith war der Ansicht, dass Clemens sich irrte und dass dieses »ausführliche« Evangelium das echte, ursprüngliche Markusevangelium war. Das Evangelium, das wir heute im Neuen Testament vorfinden, sei eine »verkürzte« Version: Ein Redakteur habe verschiedene Passagen aus dem »ursprünglichen« Evangelium gestrichen, weil er sie *anstößig* fand. Gleich wird deutlich werden, worin diese »Anstößigkeit« bestand.

Laut Clemens war dieses »ausführliche« Evangelium, das er das *geheime Evangelium*[17] nennt, später in die Hände von Karpokrates[18] gefallen und von diesem »bearbeitet« worden: Er hatte selbst einige Verse hinzugefügt.[19] Der Brief macht deutlich, dass »Theodorus« von Clemens wissen will, welche Passagen zum »ausführlichen« Evangelium gehören und welche von Karpokrates ergänzt wurden. Clemens gibt darauf eine – nicht sehr umfassende – Antwort. Er weist auf zwei Passagen hin, die »wirklich« von Markus geschrieben worden seien, und eine einzige Passage, die er eingefügt habe.

Die wichtigste »echte« Passage lautet: »Und sie kamen nach Betanien, und eine gewisse Frau, deren Bruder gestorben war, war dort. Und herzu kommend warf sie sich vor Jesus nieder und sagte zu ihm: Sohn Davids, habe Erbarmen mit mir. Aber die Jünger wiesen sie zurück. Und Jesus, der in Wut geriet [auf seine Jünger], ging mit ihr in den Garten, wo das Grab war, und sogleich wurde ein lauter Schrei aus dem Grab gehört. Und näher tretend rollte Jesus den Stein vom Eingang des Grabes weg. Und sogleich ging er hinein, wo der [gestorbene] Jüngling war, streckte seine Hand aus und zog ihn hoch, indem er dessen Hand ergriff. Aber der Jüngling, als er ihn [Jesus] ansah, liebte ihn und fing an, ihn anzuflehen, dass er bei ihm sein möge. Und sie gingen aus dem Grab heraus und kamen in das Haus des Jünglings, denn er war reich. Und nach sechs Tagen sagte ihm Jesus, was er tun solle, und am Abend kam der Jüngling zu ihm, [nur] ein leinenes Tuch über [seinem] nackten [Körper] tragend. Und er blieb diese Nacht bei ihm, denn Jesus lehrte ihn das Geheimnis des Reiches Gottes. Und von da erhob er [Jesus] sich und ging auf die andere Seite des Jordans zurück.«

Dies stand, so Clemens, zwischen den neutestamentarischen Versen Markus 10,34 und 10,35.[20] Er fügt hinzu, dass zwei andere Worte *nicht* in der »ausführlichen« Version von Markus standen: »nackt auf nackt«.[21] Das bedeutet: »nackter Mann auf nacktem Mann« und war von Karpokrates hinzugefügt worden.

Was allerdings noch dort stand, war eine Einfügung in Markus 10,46. Heute findet man im Neuen Testament: »Sie kamen nach Jericho. Als er [Jesus] mit seinen Jüngern und einer großen Menschenmenge Jericho wieder verließ …«, worauf die Heilung des blinden Bartimäus folgt. Clemens zufolge las man im »ausführlichen« Evangelium: »Sie kamen nach Jericho. Und die Schwester des Jünglings, den Jesus liebte, und seine Mutter und Salome waren da und Jesus empfing sie nicht [Jesus wollte sie nicht treffen]. Als er mit seinen Jüngern, gefolgt von einer großen Menschenmenge, Jericho verließ …«[22]

Smith fotografierte das Clemensmanuskript sowie die erste und die letzte Seite des Buches von Voss. Er ließ Buch und Manuskript in der Bibliothek von Mar Saba zurück und machte sich auf den Weg nach Amerika. Dort zog er einige Gelehrte, Experten auf dem Gebiet von Clemens,[23] zurate, aber auch Paläografen. Letztere wiesen bei dem Kopisten des Clemensbriefes eine Handschrift aus dem 18. Jahrhundert nach – dies schien eine gute Garantie für die Echtheit des Manuskripts. 1973 schließlich, also siebzehn Jahre nach seiner Entdeckung, veröffentlichte Smith zwei Bücher: das rein akademische *Clement of Alexandria and a Secret Gospel of Mark* und eine populärere Version, *The Secret Gospel of Mark*.

Es ist klar, dass das einen enormen Aufruhr in christlichen wie in akademischen Kreisen verursachte. Nicht wegen der Szene, in der Jesus den Jüngling von den Toten auferweckt: Es handelte sich dabei ja nur um eine stark verkürzte Version der Auferweckung des Lazarus, die das elfte Kapitel des Johannesevangeliums beschreibt.[24] Die Aufregung entstand natürlich wegen der letzten Verse, in denen der Jüngling »mit einem Laken über seinem nackten Körper« die Nacht mit Jesus verbringt, der ihm das »Geheimnis des Reiches Gottes« enthüllt. Der Text an sich ist schon suggestiv genug, aber Morton Smith hatte die Verse einer genauen Deutung unterzogen.

Er sah die nächtliche Zusammenkunft von Jesus und dem Jüngling als eine Art Taufritual.[25] Dabei wurde der Jüngling in einen mystischen, ekstatischen Zustand versetzt,[26] er war »besessen von dem Geist Jesu, was zu einer [spirituellen] Einswerdung [Jesu mit dem Jüngling] führte. Jetzt, da er mit Jesus vereint war, wurde er in einer Halluzination mit Jesus zum Himmel geführt, trat in das Gottesreich ein und war ab diesem Moment von den Gesetzen befreit, die in der niederen Welt [d. h. auf Erden] galten. Die Befreiung von diesen Gesetzen kann dazu geführt haben, dass die spirituelle Einswerdung mit Jesus mit einer *körperlichen Einswerdung* [d. h. Kopulation] vollendet wurde«. Mit den Worten von B. Ehrman: »Smith hatte entdeckt, dass Jesus ein Magier war, der mit Männern, die er taufte, sexuell verkehrte.«[27]

Das war der Grund, weshalb der Redakteur beide Passagen aus Markus' Text gestrichen hatte: Sie wiesen nachdrückliche homoerotische Implikationen auf. Es ist nicht überraschend, dass die Authentizität von Smiths Entdeckung in akademischen Kreisen schnell angefochten wurde.[28] Man unterstellte, dass der Brief von Clemens eine Fälschung war: entweder aus dem 18. (aufgrund der Handschrift) oder aus dem 20. Jahrhundert. Hinsichtlich des letzteren Datums wurde mehr oder weniger explizit behauptet, dass Smith selbst den Brief gefälscht habe. Manche Kommentatoren meinten sogar, Smith habe absichtlich »Spuren« hinterlassen, die darauf hinwiesen, dass seine »Entdeckung« ein bizarrer Witz sein sollte. Auf jeden Fall ist es ironisch, dass der Brief von Clemens gerade in einem Buch gefunden wurde, das – zum ersten Mal – die *authentischen* Briefe von Ignatius enthielt. In einem Buch, auf dessen letzter gedruckter Seite (gegenüber dem Brief also) eine *Warnung* vor Manuskriptfälschungen stand.[29]

Sollte Smith es selbst gefälscht haben, müsste man das als Piesackerei bezeichnen: Es passt zu dem, was wir über Smiths Charakter wissen. Aber er verteidigte glühend die Authentizität des Manuskripts[30] und konnte einige bekannte Unterstützer hinter sich scharen, vor allem in nordamerikanischen universitären Kreisen.

Um dem akademischen Streit ein Ende zu machen, beschlossen zwei Professoren der Hebräischen Universität in Jerusalem,[31] das

Kloster aufzusuchen. Sie wurden von dem Archimandriten Melito dorthin gebracht,[32] einem Priester in der Patriarchal-Bibliothek, ebenfalls in Jerusalem.

Eine Viertelstunde nachdem sie die Bibliothek des Klosters betreten hatten, fanden sie das Buch von Voss an der Stelle, die Smith vorher angegeben hatte. Auf den letzten Seiten stand der kopierte Brief von Clemens. Sie machten keine Fotos. Wohl versuchten sie, die Tinte des Kopisten analysieren zu lassen, um ihr Alter festzustellen: Wenn sie aus dem 20. Jahrhundert stammte, war die Chance natürlich groß, dass Smith das Manuskript selbst geschrieben hatte. Aber es gab niemanden in Jerusalem, der eine solche Analyse hätte durchführen können, außer der israelischen Polizei – und mit der wollte die griechisch-orthodoxe Kirche nichts zu tun haben.[33] Also keine Datierung der Tinte. Direkt nach ihrem Besuch beschloss Melito, auf eigene Faust Buch und Manuskript in die Patriarchal-Bibliothek zu bringen. Dort kamen sie unter die Obhut von Bibliothekar Kallistos Dourvas.[34] Dieser löste das Manuskript von dem gedruckten Text des Buches und bewahrte es, nachdem er es (auch in Farbe) fotografiert hatte,[35] in einer speziellen Mappe auf.

1980 besuchte Professor T. Talley[36] die Bibliothek und bat, das Manuskript sehen zu dürfen. Man teilte ihm mit, dass es aufgrund von Reparaturarbeiten nicht verfügbar sei (»en cours de réparation«). Seitdem scheint das Manuskript *unauffindbar* – so der Gewährsmann der Patriarchal-Bibliothek. Es wurde also an einen falschen Ort zurückgestellt, versteckt oder vernichtet.

Der akademische Streit über die Authentizität wütet noch immer, in den letzten drei Jahren sind drei Bücher erschienen,[37] die entweder zu beweisen versuchen, dass der Clemensbrief – und damit der gesamte Inhalt, einschließlich der Existenz des Geheimen Markusevangeliums, sowie der homosexuellen Liebschaft Jesu – von Morton Smith gefälscht wurde oder dass er doch authentisch ist. Es ist sonderbar, dass in keinem der Bücher das Verschwinden des Manuskripts eine halbwegs bedeutende Rolle spielt. Leider wurde die Tinte nie analysiert. Die chemische Analyse hätte wenigstens zeigen können, dass zumindest die Kopie authentisch war, will sagen, aus dem 18. Jahrhundert stammte.[38] Dann könnte niemand mehr behaupten, dass Morton Smith den Brief selbst geschrieben habe.

Hatte er überhaupt die Möglichkeit, den Brief in das Buch zu schreiben? Ich denke schon. Zwar war in der Bibliothek ständig ein Mönch bei ihm, aber wir wissen, dass es ihm erlaubt war, abends einige Bücher (in denen sich Manuskripte befanden) mit in seine Klosterzelle zu nehmen.[39] Es ist unwahrscheinlich, dass der Mönch kontrollierte, ob Smith ein Buch mitnahm, in dem sich kein Manuskript befand. Also hätte Smith in aller Ruhe die leeren Seiten des Voss-Buches mit »seinem« Brief füllen können.[40]

Ein faszinierendes Argument für die Fälschung liefert Professor P. Jenkins in seinem Buch *Hidden Gospels*. Er weist darauf hin, dass Smith' Entdeckung starke Ähnlichkeit mit dem Plot eines populären englischen Buches von 1940 aufweist, *The Mystery of Mar Saba* von J. H. Hunter. Dieser Roman, der vor dem Hintergrund des gerade begonnenen Zweiten Weltkriegs spielt, hat folgenden Inhalt: Die Nazis denken, dass der Mut der Engländer aus ihrem christlichen Glauben resultiert. Dieser muss daher untergraben werden. Ein brillanter Bibelforscher wird von den Nazis erpresst, um ein Dokument zu fälschen, den »Schnipsel des Nikodemus«. Aus diesem (erfundenen) Dokument geht hervor, dass Nikodemus[41] Jesus aus seinem Grab holt, wobei er das Totenhemd zurücklässt. Er bringt den nackten Körper an einen anderen Ort und begräbt ihn dort erneut.[42] Dadurch sollen der Gedanke der »Auferstehung« *und* der christliche Glaube unterhöhlt werden. Die Engländer würden sofort den Mut verlieren, und der Triumph sei den Nazis gewiss. Bis hierhin die – ziemlich idiotische – Handlung.

Man bemerke allerdings die Übereinstimmungen.

In Hunters Buch fälscht ein Bibelforscher ein Manuskript, das den christlichen Glauben ins Wanken bringen soll. Es wird in der Bibliothek des Klosters Mar Saba untergebracht. Ein anderer Gelehrter, der dort anfängt, Manuskripte zu katalogisieren, entdeckt die Fälschung: Erst findet er nur uninteressante Aufzeichnungen, aber plötzlich stößt er auf das Manuskript des Nikodemus, in dem das »Wegrollen eines Steins« und »leinene Tücher« beschrieben werden.

Das Buch stammt aus dem Jahr 1940. Smith besucht Mar Saba im Jahre 1941. Da es sich um ein populäres Buch handelte,[43] kann Smith es durchaus gelesen haben. Sein ursprüngliches Interesse an Mar Saba mag sogar darauf basieren. Zwar betont Smith in seinem Buch,[44] dass er sich 1941 *nicht* für die Bibliothek von Mar Saba interessiert hatte, allerdings kann er das 1973 behauptet haben, um keinen Argwohn zu wecken: dass er nämlich genug über die Bibliothek wusste, um in den folgenden siebzehn Jahren[45] seine Fälschung mit allen Finessen vorzubereiten.

Es war nicht sehr schwierig, den simplifizierenden Stil von Markus zu kopieren, jeder mit Kenntnis des Koine-Griechischen und des Markusevangeliums würde das fertigbringen. Fast alle Sätze und Worte, die in der Passage stehen, die Clemens aus dem »ausführlichen Evangelium« zitiert, finden sich an einer anderen Stelle im Neuen Testament, besonders in den Evangelien von Markus[46] und Johannes (die Auferweckung des Lazarus).

Clemens' Stil zu kopieren war dagegen schon problematischer. Seit 1936 gab es allerdings ein Buch von O. Stählin, in dem alle »Worte« von Clemens (soweit aus seinen erhaltenen Schriften bekannt) rubriziert und grammatikalisch analysiert sind.[47]

Smith schreibt, dass er sein Manuskript kontrollierte, indem er es mit der Wörterliste aus Stählins Buch verglich – andere Gelehrte hatten das Gleiche getan –, und dass daraus die Authentizität des Manuskripts *hervorging*. Aber genauso gut kann Smith »sein« Dokument *mithilfe* von Stählins Buch *zusammengestellt* haben. Manche Kommentatoren haben daher auch behauptet, dass das Manuskript »mehr von Clemens hat als Clemens selbst«, will sagen: Es korrespondiert so gut mit Clemens' Wortwahl und Grammatik, dass man von selbst argwöhnisch wird. Es erweckt den Anschein, als sei es von jemandem geschrieben, der versucht, Clemens perfekt zu imitieren.[48]

Die Handschrift aus dem 18. Jahrhundert wird Smith keine größeren Schwierigkeiten bereitet haben. Ich hatte bereits gesagt, dass er 1952–53 in Griechenland auf der Suche nach griechischen Handschriften gewesen war: Viele datieren aus dem 18. Jahrhundert.[49] Er hatte davon fünftausend Fotos gemacht.

Smith hatte zwischen seiner Entdeckung 1958 und der Veröffentlichung seiner beiden Bücher 1973 einige Gelehrte zurate gezogen und ihnen Fotos des Manuskripts gezeigt,[50] um eine Bestätigung für dessen Authentizität zu bekommen. Er kann es allerdings auch getan haben, um zu schauen, ob die Gelehrten darauf hereinfallen würden. Solange die Tinte nicht analysiert war, ging er kein großes Risiko ein. Sollten sie das Manuskript als »Fälschung« verwerfen, würde er natürlich nicht publizieren. In diesem Fall konnte er die Schuld ganz einfach jemand anderem in die Schuhe schieben. Dem Kopisten aus dem 18. Jahrhundert beispielsweise: *Der* hatte sich das ganze Dokument ausgedacht. Darum fällt auf, dass das Manuskript – nach dem missglückten Versuch der Akademiker, 1976 die Tinte analysieren zu lassen – augenblicklich in die Patriarchal-Bibliothek in Jerusalem gebracht wurde. Wo es im Nu »verschwand«.[51]

Das erweckt bei mir den Eindruck, als müsse Smith Hilfe von einer oder mehreren Personen innerhalb der griechisch-orthodoxen Kirche gehabt haben, wodurch er seine Spuren (Manuskript, Tinte) verwischen konnte. Man muss sich auch im Klaren darüber sein, dass Morton Smith homosexuell war und ab 1941 einige Jahre in Jerusalem gewohnt hatte. Er widmete sein *Secret Gospel of Mark* »demjenigen, der weiß«. Man kann diese Widmung als gnostischen Verweis interpretieren.[52] Aber sie kann sich auch auf jemand anderen beziehen, der von der Fälschung wusste: Der Schluss liegt nahe, dass es sich dabei um einen *Intimus* von Smith handelte. Seinen Liebhaber und Mitverschwörer?

Homosexualität könnte unter manchen Aspekten die Triebfeder für Smiths Fälschung sein. In den fraglichen Jahren, 1940–80, wurde Homosexualität in Amerika als höchst verabscheuungswürdig betrachtet (daran hat sich bis heute übrigens nicht viel geändert). Vor allem die katholische Kirche hat immer heftig dagegen gewettert. Was gäbe es für eine bessere Rache als ein Dokument, aus dem hervorgeht, Jesus selbst habe Homosexualität praktiziert?

Wenn das Manuskript tatsächlich von Morton Smith gefälscht wurde – und danach sieht es doch am stärksten aus –, dann ist es eine der besten Fälschungen aller Zeiten, ausgeführt von einem brillanten

Gelehrten. Mindestens vergleichbar mit den Vermeer-Fälschungen von Han van Meegeren, wenn nicht noch besser!

Die Tatsache, dass auch noch die Behauptung in das Dokument eingeflochten wurde, »nackt auf nackt« sei *nicht* authentisch – *aber der Rest sei das wohl* –, ist eine fantastische Tarnung, es macht alles ein kleines bisschen echter. Genauso gelungen ist die Korrektur des dilettantischen Verses Markus 10,46 »Sie kamen nach Jericho ...«. Theologen haben jahrhundertelang debattiert, was dort weggefallen ist. Mit der Ergänzung von etwas, das – durch den »Jüngling, den Jesus liebte« – direkt auf die Passage zurückgekoppelt wird, die ihm wichtig war (der homoerotische Aspekt Jesu), machte Morton Smith die Durchschlagskraft dieser Passage noch ein Stück realistischer.

Aber sollte das Manuskript letztendlich doch wieder auftauchen und sich die Tinte als aus dem 18. Jahrhundert stammend erweisen – dann hat Morton Smith überhaupt nichts gefälscht. Und dann zeigt diese Kontroverse nur, auf welch brillante Art man Argumente für eine *conspiracy theory* aufbauen kann – schließlich gibt es momentan zahllose »Fakten«, die auf eine Fälschung von Morton Smith hindeuten.

Unser Gehirn neigt dazu, das Chaos der Wirklichkeit auf verschiedene Weise zu ordnen. Es ist nicht schnell bereit, dem »Zufall« eine Hauptrolle zuzugestehen.

APPENDIX B

WÄHLTE JESUS SELBST ZWÖLF JÜNGER AUS?

In Kapitel 11 habe ich auf die Theorie hingewiesen, derzufolge die Gruppe der »Zwölf« erst nach Jesu Tod entstanden sei. Bei diesen »Zwölf« handelte es sich um die Jünger, denen Jesus nach seinem Tod erschienen war, man könnte sie als die ersten »Gläubigen«, die ersten »Christen« bezeichnen. Um zu erklären, warum die Evangelisten später schrieben, die Gruppe der Zwölf habe sehr wohl zu Jesu Lebzeiten existiert, muss man annehmen, dass sie in diese Zeit rückprojiziert wurde.[1]

Die Argumente für bzw. gegen diese Theorie lauten wie folgt:

1. In der Quelle Q – die als älteste christliche Quelle betrachtet wird – taucht der Begriff der Zwölf/*dōdeka* nur ein einziges Mal auf. Daraus schließt man, dass die Gemeinde Q keine oder wenig Kenntnis über die Zwölfergruppe besaß. Da sich die Quelle Q auf das Leben Jesu beschränkt (sein Tod wird nicht erwähnt), spricht dies für die Annahme, dass die Gruppe der Zwölf zu Jesu Lebzeiten nicht existierte.

T. W. Manson entkräftet dieses Argument.[2] Er hat darauf hingewiesen, dass auch die Quelle Q das Wort *mathètai*, Jünger, nur zweimal verwendet. Beide Male betrifft es ein Wort Jesu. Das erste lautet: »Ein Jünger steht nicht über seinem Meister.«[3] Dies wird jedoch nicht als authentischer Ausspruch Jesu betrachtet, eher als allgemeines »Wort der Weisheit«,[4] das Jesus von dem Evangelisten (oder der Quelle Q) in den Mund gelegt wurde. Der zweite Text lautet: »Wenn jemand zu mir kommt und nicht Vater und Mutter, Frau und Kinder, Brüder und Schwestern, ja sogar sein Leben gering achtet, dann kann er nicht mein Jünger sein.«[5] Aufgrund der ausgesprochenen Feindseligkeit gegenüber Familienbanden[6] handelt es sich hier zweifellos um ein Wort Jesu. Kurzum: Auch Jesu *Jünger* werden eigentlich nur einmal in der Quelle Q erwähnt.[7] Aber niemand hat je die Behauptung aufgestellt, Jesus habe keine Jünger gehabt: im Gegenteil, Theologen gehen ohne Weiteres davon aus, dass dies der Fall gewesen ist. Wenn die Quelle Q also das Wort *dōdeka*/die Zwölf nur einmal verwendet, darf man daraus *nicht* schließen, dass Jesus *keine* Gruppe der Zwölf um sich geschart hatte.

2. Wenn man die vier Namenslisten der »Zwölf« – die wir bei den Synoptikern und in der Apostelgeschichte antreffen – liest, fällt auf, dass sie nicht gleich lauten. Markus und Matthäus erwähnen einen Jünger namens »Thaddäus«, in manchen Manuskripten heißt er aber »Lebbäus«.[8] Lukas dagegen nennt ihn »Judas, der Sohn des Jakobus« (es handelt sich also um einen *anderen* als Judas Iskariot, der Evangelist Johannes nennt ihn daher »Judas, *nicht* der Iskariot«). In syrischen Manuskripten gibt es wieder einen anderen Unterschied. Das Manuskript Syr-Sinai nennt ihn »Thomas« und Syr-Cureton »Judas Thomas«, in lateinischen Manuskripten heißt er wiederum »Judas der Zelot« und im koptischen »Judas Kananäus«.[9]

Es drängt sich folgende Frage auf: Wenn Jesus selbst die Gruppe formierte, wie kommt es, dass sich die christliche Kirche die Namen nicht merken konnte? Woher die Verwirrung in allen Manuskripten? Nötigte die Gruppe so wenig Respekt ab, dass man vergaß, wer dazugehörte? Die Verwirrung wird begreiflicher, wenn man davon ausgeht, dass Jesus *nichts* mit der Erstellung der Gruppe zu tun hatte – und dass sich die Gruppe erst selbst nach Jesu Tod formierte. Anscheinend erlangten sie nie genügend Wertschätzung, um ihre Namen formell in den Geschichtsbüchern aufgezeichnet zu bekommen.

Das Gegenargument lautet: Wenn die Gruppe tatsächlich erst später entstand, wie kommt es, dass wir in der frühen christlichen Geschichte fast *nichts* mehr über den Großteil der Jünger hören? Warum haben die meisten – abgesehen von Petrus, Jakobus, Johannes und Philippus[10] – überhaupt keine »Fußspuren« hinterlassen?

Eine Antwort auf diese Frage fällt nicht schwer, wenn man davon ausgeht, dass Jesus die Gruppe der Zwölf doch selbst formierte. Die Zahl Zwölf bedeutete für Jesus die eschatologische Repräsentation der zwölf Stämme Israels. Diese würden restituiert werden, sobald das Königreich Gottes eingetroffen sei. Da dies aber nie geschah und Jesus hingerichtet wurde, verschob sich die eschatologische Erwartung auf etwas anderes: die bevorstehende Rückkehr von Jesus auf Erden, die *parousia* – die *nicht* mehr an die Wiederherstellung der zwölf Stämme Israels gekoppelt war.[11] Die symbolische Bedeutung »der Zwölf« ging damit verloren. Das ist der Grund, weshalb wir nach Jesu Tod nicht mehr viel von ihnen hören.[12]

3. Diesem Argument sind wir schon einmal begegnet. Es ist in Paulus' Brief an die Gemeinde in Korinth enthalten.[13] Paulus zitiert dort das Credo, demzufolge Jesus »erst dem Petrus erschien, dann den Zwölf«.

Wenn die Gruppe der Zwölf bereits zu Jesu Lebzeiten existierte und Judas ihn ausgeliefert hatte, dann ist die Erscheinung des »auferstandenen« Jesus vor Judas unsinnig. In dem Fall hätte Paulus schreiben müssen, dass Jesus »erst dem Petrus erschien und dann den Elf«. Aber das steht dort nicht. Aus diesem Grund kann die Gruppe der Zwölf erst entstanden sein, nachdem Judas Jesus ausgeliefert hatte.

Dieses Argument verschwindet jedoch völlig, wenn man davon ausgeht, dass, wie in Kapitel 11 dargestellt, der Verräter ursprünglich *nicht* zu »den Zwölf« gehörte. Zwar kann man sich fragen, warum die Evangelisten später einen *Verräter* in die Gruppe steckten, oder was die Kirche für einen Vorteil davon hatte, die respektable Gruppe der Zwölf mit einem Schurken zu *belasten*. Auf diese Frage habe ich bereits geantwortet, dass einer der Zwölf nach einer gewissen Zeit zum Abtrünnigen geworden war. Und dass die Kirche schließlich zwei Nachteile – einen Abtrünniger und einen Verräter – zu einem einzigen machte: Abtrünniger und Verräter wurden zu einer Figur verschmolzen.

Diese Idee basiert teilweise auf einer Theorie von G. Klein und W. Schmithals.[14] Sie gehen davon aus, dass sich die Gruppe der Zwölf nach Jesu Kreuzigung und Auferstehung selbst formiert hatte, aber dass einer der Zwölf im Laufe der Zeit zum Abtrünnigen wurde. Dieser Jünger glaubte nicht mehr an die »christliche Sache« und ging zurück nach Hause, Schmithals zufolge, nachdem er andere Christen bei den Obrigkeiten angezeigt hatte. Somit hatte er zwar nicht Jesus, aber die christliche Sache »verraten« und der christlichen Gemeinschaft großen Schaden zugefügt.

Für die junge Kirche was das ein harter Schlag. Einer der zwölf Stützpfeiler hatte den Kram hingeschmissen, ja, schlimmer noch: Er hatte seine Freunde und Mitchristen verraten. In den nun folgenden Jahren veränderte sich – in einem allmählichen Prozess – das Wort »Verräter« zu einer Metapher für diesen Apostaten. Als man die Gruppe der Zwölf auf Jesu Zeit rückprojizierte, wurde dieser Abtrünnige (mittlerweile »Verräter« genannt) automatisch »mitgezogen«. So wurde er von ganz allein zu einem der Jünger, den Jesus selbst auserwählt hatte, und den er die letzten paar Jahre seines Lebens begleitete. Da man ihn schon als »Verräter« (der christlichen Gemeinde) kannte, war es nur ein kleiner Schritt, ihn nun auch mit dem Mann zu identifizieren, der *Jesus* verraten, sprich: den Obrigkeiten ausgeliefert hatte.

Diesen Vorschlag habe ich in Kapitel 11 modifiziert und auf meine eigene Überzeugung übertragen, derzufolge Jesus die Gruppe seiner zwölf Jünger selbst auswählte.

ANMERKUNGEN

1 · Meine Suche nach dem historischen Jesus

1 Ende der Sechzigerjahre schrieb Friedrich Weinreb die drei Teile seines Kriegsepos *Collaboratie en Verzet 1940–1945*, Teil 1–3 [Anm. d. Übers.: Kollaboration und Widerstand]. Es sollte ein Bericht über seinen kühnen Widerstand und die Unterminierung der deutschen Besatzung und ihrer damaligen Holocaustpolitik sein. Eine große Zahl bekannter Niederländer, unter ihnen Renate Rubinstein, Prof. Dr. S. J. Presser und Adriaan van der Veen, waren davon überzeugt, dass Weinreb die »Wahrheit« aufgeschrieben hatte. W. F. Hermans nicht. In einer später veröffentlichten Untersuchung des Instituut voor Oorlogsdocumentatie [Anm. d. Übers.: Institut für Kriegsdokumentation] stellte sich heraus, dass Weinreb damals eher ein Verräter und Kollaborateur gewesen war als der gerissene Gegenspieler der Nazis, für den er sich ausgegeben hatte.

2 Germaine Tillion war Anthropologin und Mitbegründerin des französischen Widerstands im Zweiten Weltkrieg. Sie wurde 1942 verhaftet und deportiert, überlebte aber Ravensbrück. Sie spielte später im Algerienkrieg eine wichtige Rolle.

3 *Jesus von Nazareth*, S. 39.

4 Julius Caesar Augustus Tiberius Claudius Nero lebte von 42 v. Chr. bis 37 n. Chr.

5 P. C. Tacitus, *Annalen*, 15,44 erklärt, dass der Name »Christen« von »*Christos*« kommt, »der ... als Tiberius regierte, vom Prokurator Pontius Pilatus hingerichtet worden« war.

6 A. A. Mussert (1894–1946), ursprünglich ein erfolgreicher Wasserbauingenieur, gründete Anfang der Dreißigerjahre die Nationaal Socialistische Beweging, die NSB. Musserts große Vorbilder waren Mussolini und Hitler. Als die deutsche Wehrmacht im Mai 1940 in die Niederlande einmarschierte und das Land besetzte, beschloss er, sich mit seiner Partei hinter Hitler zu stellen. In den Niederlanden wurde das als Landesverrat betrachtet. Mussert verteidigte sich, indem er behauptete, dass *jemand*, also er selbst, die Belange der Niederlande bei Hitler habe vertreten müssen. Mussert schwebte ein europäischer Staatenbund vor – in etwa in Form der heutigen EU –, in dem die Staaten, also auch die Niederlande, eine gewisse Form der Autonomie behalten sollten, jedoch unter Deutschlands bzw. Hitlers Führerschaft. Diese Pläne hat Mussert auch Hitler vorgelegt, der ihnen aber wenig Aufmerksamkeit schenkte,

doch 1943 ernannte Hitler ihn zum »Führer des Niederländischen Volkes« (»Leider van het Nederlandse Volk«). Mussert glaubte, er könne in dieser Position eine gewisse Autonomie der Niederlande garantieren, jedoch scheiterte dies am Widerstand der Deutschen und der niederländischen SS. Bis zum Kriegsende wandte er sich gegen die Integration der Niederlande als einer »deutschen Provinz« und nahm durch seine Äußerungen über den »deutschen Imperialismus« erhebliche Risiken auf sich. Aber seine politische Rolle war damals bereits ausgespielt. Nach der Kapitulation Deutschlands führte der niederländische Staat zwei Prozesse gegen Mussert. Am 7. Mai 1946 wurde er von einem niederländischen Exekutionskommando in den Dünen von Den Haag erschossen.

7 Hitlers Verdauung wurde zweifellos negativ beeinflusst von der gigantischen Menge an Medikamenten, die ihm sein Leibarzt Dr. Morell in den letzten Kriegsjahren verordnete.

8 Matthäus 11,19. Ich werde in diesem Buch hauptsächlich die Nieuwe Nederlandse Bijbelvertaling von 2004 [Anm. d. Übers.: Neue Niederländische Bibelübersetzung: im Folgenden NBV genannt] verwenden, es sei denn, ich stimme nicht mit ihr überein. Dann habe ich es selbst übersetzt oder, bei den vier Evangelien, die Übersetzungen von Warren/Molegraaf oder die von Mr. Straat herangezogen *(De goede boodschap volgens Markus, Matthijs, Lukas en Jan)*; manchmal sogar die Statenbijbel von 1637.
Die deutsche Übersetzung der Bibelzitate stammt größtenteils aus der Einheitsübersetzung, da sie die größte Akzeptanz und Verbreitung im deutschsprachigen Raum hat und evangelischen sowie katholischen Christen gleichermaßen bekannt ist. In einigen Ausnahmefällen werden auch andere Übersetzungen (siehe Bibliografie) herangezogen, wenn es um einen Sondersinn geht.

9 Markus 9,14–19.

10 Markus, Matthäus und Lukas werden die Synoptiker genannt, wir sprechen von den *synoptischen Evangelien*. Der Ausdruck ist abgeleitet vom griechischen Wort *synopsis*, das wörtlich »zusammensehen« bedeutet: Die oben genannten Evangelisten haben in etwa die gleiche Theologie und Sichtweise von Jesus (Karen Armstrong, *De Bijbel*, S. 231) – dies im Gegensatz zum Johannesevangelium (der häufig der »vierte Evangelist« genannt wird).

11 Markus 3,21.

12 Jesus wurde in Nazaret geboren, zog aber nach Kafarnaum um, als er ungefähr dreißig Jahre alt war. Das lag am See Gennesaret, etwa zwanzig Kilometer östlich von Nazaret.

13 Markus 3,31–35.

14 Siehe Anmerkung 9.

15 Markus 16,1–8.

16 In 1,34 lesen wir: »Er heilte viele, die an allen möglichen Krankheiten litten, und trieb viele Dämonen aus. Und er verbot den Dämonen zu reden; denn sie wussten, wer er war [der Messias].« Nachdem er einen Mann von Lepra (Aussatz) geheilt hat, sagt Jesus: Nimm dich in acht! Erzähl niemand etwas davon.« Markus fährt fort: »Der Mann aber ging weg und erzählte bei jeder Gelegenheit, was geschehen war; er verbreitete die ganze Geschichte, sodass sich Jesus in keiner Stadt mehr zeigen konnte; er hielt sich nur noch außerhalb der Städte an einsamen Orten auf« (1,44f.). In 3,11f. steht: »Wenn die von unreinen Geistern Besessenen ihn sahen, fielen sie vor ihm nieder und schrien: Du bist der Sohn Gottes! Er aber verbot ihnen streng, bekannt zu machen, wer er sei.« Nachdem er ein totes Mädchen (die Tochter des Jaïrus) auferweckt hat, bekniet er die Eltern, dass »niemand dies wissen durfte« (5,43). In 7,33–36 nimmt Jesus einen Mann, der taub und stumm war,

beiseite, weg von der Menge, heilt ihn, und »Jesus verbot ihnen, jemand davon zu erzählen«. Ein Blinder wird von Jesus vor das Dorf hinausgeführt, wo er ihn heilt und dann sagt: »Geh aber nicht in das Dorf hinein!« (8,23–26) Etwas weiter sagt Petrus zu Jesus: »Du bist der Messias!«, worauf Jesus ihnen verbot, »mit jemand über ihn zu sprechen« (8,29f.). Nach der »Verklärung« auf dem Berg verbietet Jesus, während sie den Berg hinabstiegen, den drei Jüngern, die dabei waren, »irgendjemand zu erzählen, was sie gesehen hatten, bis der Menschensohn von den Toten auferstanden sei« (9,9).

17 Wir werden später auch sehen, dass Jesus Kranke oft *aus* dem Dorf *hinausführte* und sie dort »heilte«.

18 Die Q-Hypothese wurde zuerst von C.H. Weisse geäußert in *Die evangelische Geschrifte kritisch und philosophisch bearbeitet* (1838). Die Hypothese wurde besser angenommen nach dem Werk von H.J. Holtzmann, *Die Synoptischen Evangelien* (1863).

19 Diese Informationen werden dementsprechend die M-Quelle und die L-Quelle genannt.

20 Markus 11,15–17.

21 Johannes 1,29–42.

22 Johannes 3,22–30.

23 Johannes 6,15.

24 Johannes 2,13; 5,1; 7,10; 12,12; 13,1 (in 12,36 verlässt Jesus Jerusalem wieder: »Und er [Jesus] ging fort und verbarg sich vor ihnen.«)

25 Johannes 8,59 und 10,31.39 sowie 12,36.

26 Vergleiche Markus 14,32–42 mit Johannes 18,1–11.

27 Andere Codices geben Bèthsaida oder Bèdsaida (Vaticanus, resp. P66). *Codex Sinaiticus* gibt Bèhzatha und Codex Bezae gibt Belzetha an.

28 Siehe J.H. Charlesworth, *Jesus within Judaism*, S. 119f.

29 Das sind Schriften, die nicht in den »christlichen Kanon« aufgenommen sind, die Liste der offiziell anerkannten Bücher des Neuen Testaments. Verschiedene Konzilien (Laodicea, Hippo, Karthago) legten im 4. Jahrhundert n. Chr. die 27 kanonischen Bücher fest.

30 Lukas 12,3. Ebenso in Lukas 12,2: »Nichts ist verhüllt, was nicht enthüllt wird, und nichts ist verborgen, was nicht bekannt wird.« Auch Markus 4,21 weist in diese Richtung: »Kommt etwa das Licht, damit es unter den Scheffel [Tongefäß zum Abmessen von Getreide] oder unter das Bett gestellt wird, und nicht vielmehr, damit man es auf den Leuchter setzt?« Ähnliches steht bei Matthäus 5,15 und Lukas 8,16. Siehe auch Thomas 5.

31 G. Quispel spielte eine große Rolle beim Kauf des gnostischen Jung-Codex und der Übersetzung des Thomasevangeliums im Jahre 1956. Er war ein Experte auf dem Gebiet des gnostischen Denkens. Seine Arbeit wird in den Niederlanden von R. van den Broek und H. van Oort weitergeführt.

32 Magdala ist ein Fischerdörfchen an der Westküste des Galiläischen Meeres (See Gennesaret), in der Nähe von Tiberias.

33 Möglicherweise ist »der Zöllner namens Levi« aus Lukas 5,27 gemeint.

34 Man beachte, dass Jesus von seinen Zeitgenossen auch als »besessen« bezeichnet wurde, zum Beispiel in Johannes 8,52, als »die Juden« sagen: »Jetzt wissen wir, dass du von einem Dämon besessen bist.« Mehr darüber in Kapitel 5, *Jesus der Exorzist.*

35 Van Gogh drückte sich in einem Brief an einen Freund folgendermaßen aus: »Wenn wir in unserer Arbeit ständig befriedigt werden [in sexueller Hinsicht], dann müssen wir uns manchmal damit zufrieden geben, dass wir wenig bumsen und je nach Temperament wie ein Soldat oder Mönch leben.« (L. Jansen, H. Luijten und N. Baker, *Painted with words. The Letters to Emile Bernard*).

36 Sie veröffentlichte 2002 das empfeh-

lenswerte Buch, *The Resurrection of Mary Magdalene: Legends, Apocrypha, and the Christian Testament.*

37 Markus 15,40, Matthäus 27,55, Lukas 8,2f.

38 Lukas 8,2f.

39 Markus 15,40f. berichtet, dass diese drei Frauen nach Jerusalem mitgereist waren und »noch viele andere Frauen waren dabei«. Lukas nennt Johanna anstelle von Salome, vielleicht dieselbe Frau, die in 8,3 als »die Frau des Chuza« bezeichnet wird.

40 Johannes 13,21–30.

41 Man kann sich gut hineinfinden, wenn man zum Beispiel liest, was Ignatius von Antiochien, einer der apostolischen Väter, anstrebte. Als er nach Rom gebracht wird, um hingerichtet zu werden, schreibt er in seinem *Römischen Brief*: »Lasse Feuer über mich kommen, Qualen durch wilde Tiere, das Brechen der Knochen, Verletzungen der Gliedmaßen, möge mein ganzer Körper zermahlen werden – wenn ich nur Jesus Christus erreichen kann« (4,1f. und 5,2f.). Ignatius hofft auf diese Weise, »reines Brot« für Jesus zu werden und zu Gott zu gelangen. 110 n. Chr. starb er tatsächlich in Rom den Märtyrertod.

42 Das Hagios Sabbas Kloster, im Arabischen *Mar Saba* genannt.

43 Titus Flavius Clemens [Anm. d. Übers.: auch Clemens von Alexandrien genannt] wurde wahrscheinlich in Athen geboren und starb zwischen 210 und 215 in Jerusalem. Sein bekanntestes Werk ist *Stromateis*, das er in Alexandrien veröffentlichte. Als er 201 aus der Stadt flüchten musste, wurde der berühmte Theologe Origenes sein Nachfolger als Leiter der Katechetenschule.

44 Nach Clemens fügte Markus seinem »ersten« Evangelium Verse hinzu, die hilfreich waren, »um auf dem Pfad der Erkenntnis voranzuschreiten« (vermutlich meint Clemens *gnosis*), siehe M. Smith *The Secret Gospel of Mark*, S. 15.

45 Nach Clemens muss dies zwischen 10,34 und 10,35 eingefügt werden.

46 Eine akademische Publikation, *Clement of Alexandria and a Secret Gospel of Mark* und eine populärwissenschaftliche, *The Secret Gospel of Mark.*

47 Flavius Josephus lebte von 37 bis etwa 100 n. Chr. Außer Josephus gibt auch Philo von Alexandrien, ein Nachfolger Platos, gute Informationen über jene Zeit. Siehe *The Works of Philo*, vor allem *On the Embassy to Gaius*, S. 757–791 [dt.: *Gesandtschaft an Gaius*].

48 Flavius Josephus, *De Oude Geschiedenis van de Joden*, 18.3.3. [dt.: *Jüdische Altertümer, XVIII, 3,3*].

49 *Contra Celsum*, vor allem in Buch I, siehe z. B. Kapitel 62, 68 und 71.

50 Kann mit »Doktrin der Wahrheit« übersetzt werden.

51 Die Titel der beiden vom *Jesus-Seminar* herausgegebenen Bücher über den historischen Jesus lauten: *The Five Gospels – The Search for the Authentic Words of Jesus* und *The Acts of Jesus – The Search for the Authentic Deeds of Jesus.*

52 J. Ratzinger, *Jesus von Nazareth*, S. 222–225.

53 Das ist kein politisches Statement, sondern der damalige Name. Aber an vielen Stellen wurde auch der Name Israel verwendet.

54 Die Pharisäer hielten sich streng an die jüdische Gesetzgebung, niedergeschrieben im *Pentateuch*, den fünf Büchern der hebräischen Bibel. Aber sie maßen der mündlichen Überlieferung (die sog. *Mischna)* auch große Bedeutung bei. Die Sadduzäer hingegen schätzten die mündliche Überlieferung *nicht*, für sie zählten nur die fünf Bücher Mose. Die Pharisäer identifizierten sich mit dem »einfachen Volk« im Gegensatz zu den Sadduzäern, die zur Priesterkaste gehörten und zum höheren (Laien-)Stand. Sie bildeten in Jerusalem die Aristokratie, im Sanhedrin (dem Hohen Rat) waren sie die mächtigste Fraktion. Sie konnten sich gut an

die römischen Machthaber anpassen. Die Pharisäer glaubten an Engel, Geister, die Auferstehung von den Toten und an das Letzte Gericht; die Sadduzäer nicht.

55 Johannes 18,13.

56 Bis vor Kurzem wurde angenommen, dass Pilatus *Prokurator* war, aber in einer kürzlich in Cäsarea gefundenen Inschrift wird er als *praefectus Iudaeae* bezeichnet.

57 *On the Embassy to Gaius*, 38,302, S. 784. [dt.: *Gesandtschaft an Gaius*]

58 Nach Lukas 13,1 richtete er auch noch ein Blutbad unter den Galiläern an, als sie kamen, um zu opfern.

59 Josephus, *Jüdische Altertümer*, XVIII, 4,1f.

2 · Jesu Empfängnis und Jugendjahre

1 Persönliches Gespräch, 1995.

2 Bischof J. S. Spong, *Born of a Woman*, schreibt: »Vielleicht war Jesus wirklich ein uneheliches Kind, vielleicht war er sogar das Kind einer Frau, die vergewaltigt worden war« (S. 73). Er verweist auf Deuteronomium 22,23–27, wo es heißt: »Wenn ein unberührtes Mädchen mit einem Mann verlobt ist und dann ein anderer Mann ihr ... aber auf freiem Feld begegnet, sie festhält und sich mit ihr hinlegt, dann soll nur der Mann sterben, der bei ihr gelegen hat, dem Mädchen aber sollst du nichts tun.« (Weil sie auf freiem Feld niemand hören konnte, wenn sie geschrien hätte – in einem Dorf lag die Sache anders: Wäre sie dort von niemandem gehört worden, dann bedeutete das, sie hatte auch *nicht* geschrien, folglich hatte sie es schön gefunden. Dann musste auch sie getötet werden – und da beklagen sich manche Christen noch über den Koran ...!) Nach Spongs Ansicht war es Josefs Plan, sie nach der Vergewaltigung zu ihrer Familie zurückzuschicken (»beschädigte Sendung«, zurück an Absender), aber der Engel, der ihm im Traum erschien, ließ ihn seine Meinung ändern. M. K. Hellwig, *The Dogmatic Implications of the Birth of the Messiah* (*Emmanuel* 84, von 1978, S. 21–24) glaubt, dass die Empfängnis eines Kindes durch eine Jungfrau eine symbolische Interpretation der Tatsache ist, dass Jesus durch die Vergewaltigung Marias gezeugt wurde.

3 Dies ist ein anderer Judas als Judas Iskariot, der »Verräter«.

4 Celsus berichtet zum Beispiel, dass Jesu Mutter eine arme »Handwerkerin« war. Sie wurde von ihrem Ehemann, einem Zimmermann, verstoßen, weil sie mit einem Soldaten namens Panthera Ehebruch begangen hatte. Maria irrte umher, bis sie Jesus das Leben schenkte (*Contra Celsum* I. 28,32).
In den apokryphen *Pilatusakten*, 2,3 steht: »Du [Jesus] bist im Ehebruch (Unzucht) geboren« und Tertullian erwähnt die jüdischen Anschuldigungen, dass Jesus der Sohn einer Hure sei.
In der tannaitischen Periode (100–300 n. Chr.) nennen Rabbiner Jesus den »Sohn von Pantera« (Yeshu ben Pantera). Im 2. Jahrhundert bemerkt Rabbi Simeon ben Azzai (Yebamot 4,13, siehe z. B. *The Mishnah*, übersetzt von J. Neusner, S. 348), dass es in Jerusalem einen Stammbaum aus dem Jahre 70 n. Chr. gibt, in dem es heißt: »Eine gewisse Person ist illegitim, der Sohn einer verheirateten Frau.« Es ist gut möglich, dass mit »eine gewisse Person« Jesus gemeint war. Spätere Rabbinerquellen sprechen von einem gewissen Ben Stada, dessen Mutter Friseurin war, die Ehebruch begangen hatte. Auch damit kann Jesus gemeint sein.

In dem *Toledot Yeshu (Das Leben Jesu)* – im Mittelalter ein weit verbreitetes Buch, möglicherweise mit Quellentexten aus dem 2. Jahrhundert – wird behauptet, dass Miriam (d. h. Maria), die Frau von Johanan, von einem gewissen Joseph Pandera vergewaltigt worden sei. Das führte zu Jesu Geburt (siehe auch J. Klausner, *Jesus of Nazaret*, S. 19–54).

5 Das Unangenehmste in Bezug auf die Theorie, Jesus sei von einem römischen Soldaten gezeugt worden, ist, dass SS-Führer Heinrich Himmler größte Anstrengungen unternahm, um gerade dies zu »beweisen« – weil er wünschte, dass Jesus »nur« Halbjude war.

6 Ausgeschrieben: Tiberius Julius Abdes Pantera. Der Grabstein wurde in Bad Kreuznach am Rhein gefunden. Dort stand vermerkt, dass Pantera aus Sidon kam, zweiundsechzig Jahre alt war und vierzig Jahre als Soldat gedient hatte.

7 Siehe J.P. Guepin, *De meest waarschijnlijke vader van Jezus*, in: *Sceptici over de Schrift*, red. M. van Amerongen, Anthos/Bosch&Keunig, Baarn 1989. Der genaue Text lautet: *miles exs coh(orte) 1 (prima) sagittariorum.*

8 Kann Thomas 105 sich hierauf beziehen: »Jesus sprach: Wer den Vater und die Mutter kennt, kann der Sohn einer Hure genannt werden?« Vielleicht ist hier mit »Vater« Gott gemeint und mit »Mutter« der Heilige Geist. Der Sohn (Jesus) kennt beide (ist ihnen eng verbunden). Dennoch wird ihm vorgeworfen, er sei ein uneheliches Kind.

9 Johannes 8,41.

10 Das Wort »wir« wird hier wegen des griechischen Ursprungstextes betont, dort steht *hèmeis*. Im Allgemeinen wird im Griechischen das Wort »wir« nicht verwendet, weil die Person schon aus der Verbkonjugation hervorgeht. Das Wort »nicht« habe ich kursiv gesetzt.
Zum weiteren Vorgehen: Alle Wörter, die kursiv gesetzt sind, werden von mir betont. Auch Wörter in anderen Sprachen sind kursiv gedruckt. Im Weiteren werde ich nur auf kursiv Geschriebenes hinweisen, wenn es so im hier zitierten Originaltext steht.

11 Vergleiche Johannes 8,41 auch mit Johannes 8,18f. Jesus sagt dort: »Der Vater, der mich gesandt hat, legt über mich Zeugnis ab.« In der Theologie des Johannes ist der »Vater« Gott. Jesu Widersacher fragen gleichwohl: »Wo ist dein Vater?« Auch das kann als Ironie ausgelegt werden: Du hast ja nicht einmal einen echten Vater, du bist ein Bastard (siehe D. W. Wead, *The Literary Devices in John's Gospel*, S. 61 f., hg. Reinhardt, Basel 1970).

12 Tamar in Genesis 38,6–19 – Rahab in Josua 2,1–20 – Rut in Rut 3,6–14 – Batseba in 2 Samuel 11,2–18.

13 R. Brown, *Birth of the Messiah*, schreibt: »Was alle diese Frauen kennzeichnet, ist, dass die Beziehung, die sie vor oder während der Empfängnis mit ihrem Partner hatten, als skandalös betrachtet wurde oder ein Techtelmechtel war« (S. 593).

14 Auch in Lukas 3,23 steht ziemlich doppeldeutig über Jesus: »Man hielt ihn für den Sohn Josefs. Die Vorfahren Josefs waren: Eli, ...«. *Man hielt ihn für?*

15 Markus 6,3. Brown, *Birth of the Messiah*, S. 541, merkt an, es sei unwahrscheinlich, dass all diese Kinder illegitim waren. Wenn Jesus also in einem Atemzug mit ihnen genannt wird, dann war er auch nicht illegitim.

16 Markus 6,3.

17 Brief an die Galater 4,4.

18 Matthäus 1,18–25.

19 Lukas 1,25–56.

20 Markus 3,21.31–35. Siehe R. Brown, *Birth of the Messiah*, S. 526. Siehe auch Kapitel 5 in diesem Buch.

21 Johannes 5,1–5.

22 J. Schaberg, *The Illegitimacy of Jesus*, S. 90.

23 Siehe R. Brown, *Birth of the Messiah*, S. 285. Auch die Spannungen zwischen den Jüngern des Johannes und denen von Jesus (Johannes 3,22–26) sind unverständlich, wenn sich die Prediger selbst so sehr zugetan waren.

24 Johannes 1,31.33.

25 Siehe R. Brown, *Birth of the Messiah*, S. 527. Siehe auch die *Samaritaanse Kronick II*, Schaberg, S. 161.

26 Die Geschwister Jesu sind dann Halb-

brüder bzw. Halbschwestern. Wir wissen nicht, ob sie jünger oder älter waren als er.

27 Einige Theologen behaupteten, dass die Nennung von Jesu Mutter statt des Vaters verdächtig ist, woraus abzuleiten ist, dass Jesu Vater nicht bekannt war. Siehe hingegen J. P. Meier, *A Marginal Jew*, Teil 1: In 1,2 Samuel, 1 Könige und 1 Chronik werden die Brüder Joab, Abischai und Asahel aufgeführt als die Söhne Zeruiahs, ihrer Mutter – während hier von »Illegitimität« keine Rede ist (S. 226).

28 Die Geschichte von der Volkszählung des Kaisers Augustus, der Geburt in einem kleinen Stall bei Betlehem, die Weisen aus dem Osten, wie schön auch immer: leider Fiktion. In jener Zeit hatte man die Erwartung, dass der Messias in Betlehem geboren würde. Aus diesem Grund musste Jesu Geburt so manipuliert werden, dass er nicht in Nazaret, sondern in Betlehem auf die Welt kam. Auch die Verkündigungen der Engel an die Mutter des Täufers und an Maria sind frei erfunden, genauso wie der zugehörige Kindermord und die Flucht von Jesu Familie nach Ägypten. Die Geschichte über den jungen Jesus, der seiner Familie wegläuft und im Tempel zu unterrichten beginnt: Fiktion.

29 Markus 6,3.

30 Matthäus 13,55.

31 Matthäus 23,37f.

32 Siehe R.A. Batey, *Jesus and the Forgotten City*, S. 102 f.

33 Man kann sich natürlich auch fragen, ob der Evangelist selbst Kenntnisse über das griechische Theater besaß und diese Worte Jesus in den Mund gelegt hat.

34 In einigen Manuskripten sind es 70.

3 · Johannes der Täufer und Jesus

1 Nach dem Johannesevangelium (1,28) taufte Jesus in der Nähe eines Örtchens, das Betanien hieß und auf der anderen Jordanseite (also am östlichen Ufer) lag. Bei archäologischen Untersuchungen wurden jedoch keine Überreste einer Besiedlung gefunden. Verwechselte der Evangelist den Ort mit dem Dörfchen Betanien, das drei Kilometer von Jerusalem entfernt ist (aber zwanzig Kilometer vom Jordan)? Oder meinte er, dass Johannes an einem Ort taufte, der *auf der Höhe* des Dorfes Betanien lag? Nach dem Madaba-Mosaik gab es auf dieser Höhe, nicht weit von der Einmündung des Jordans ins Tote Meer entfernt, tatsächlich eine Siedlung, die als ein Taufort Johannes des Täufers bekannt war (aber dieser lag am Westufer und hieß Bet-Abara).

2 Bzw. Markus 1,9 und 1,4.

3 Nach Matthäus war Maria durch den Heiligen Geist schwanger geworden.

4 Markus 1,2. Der Evangelist irrt sich, das Zitat stammt von einem anderen Propheten, Maleachi 3,1.

5 Matthäus 3,13–15.

6 Dieser Begriff stammt von Schillebeeckx, *Jesus. Die Geschichte von einem Lebenden*, S. 116

7 Lukas 3,3.

8 Lukas 3,20 f.

9 Johannes 1,29.36.

10 Schillebeeckx, *Jesus. Die Geschichte von einem Lebenden*, S. 114.

11 In den Evangelien steht nirgendwo, dass Johannes der Täufer – im Gegensatz zu den Propheten des Alten Testaments – auch nur irgendein Interesse an den Feinden Israels gehabt hätte. Zudem gibt Johannes seinen Getauften keine *Garantie*, dass sie den *Dies Irae* überleben werden, er bietet ihnen höchstens diese Möglichkeit (Schillebeeckx, *Jesus*, S. 115–117).

12 Matthäus 3,10; Lukas 3,9.

13 Markus 1,7f.

14 Matthäus 3,11.

15 Matthäus 11,2f.; Lukas 7,20. Nach Meinung dieser beiden Evangelisten hatte Johannes seine Jünger mit der Frage zu Jesus geschickt: »Bist du der, der kommen soll, oder müssen wir auf einen anderen warten?«

16 Matthäus 3,12f. Eine »Worfschaufel« ist eine Art Sieb, mit dem das Korn von der Spreu getrennt werden konnte. Der Bauer steht im Wind und wirft das Korn mit der Spreu hoch. Die Spreu wird durch den Wind weggeweht, das Korn bleibt übrig und wird mit der Worfschaufel aufgefangen. [Anm. d. Übers.: Die Textstelle wurde nach LUT 84 zitiert, weil sie dem niederländischen Originaltext besser entspricht.]

17 Jesaja 13,6–16.

18 Amos 5,19.

19 Zefanja 1,15.

20 Sacharja 14,12.

21 Joel 2,1–11, Ezechiel 7,4–19, Maleachi 3,19.

22 In Scorseses Film *The Last Temptation* [dt.: *Die letzte Versuchung Christi*] befindet sich Jesus in einem bordellartigen Raum und schaut Maria Magdalena genau zu, als sie sich prostituiert. Notabene: Die Auffassung, dass Maria Magdalena eine Hure war, findet sich *nirgends* in der Bibel. Das hat die katholische Kirche erfunden. Sie hat die Ehebrecherin aus Johannes 8,3–11 oder die Sünderin (Prostituierte) aus Lukas 7,37–39 über die Figur der Maria Magdalena gestülpt. Auf diese Weise wurde ein interessanter biblischer Charakter geschaffen: eine Hure mit einem bekannten Namen, die Jesus dann sofort von ihrem sündigen Lebenswandel bekehren konnte.

23 Matthäus 21,31. Auch Augustinus und Ignatius von Loyola führten vor ihrer Bekehrung zum Christentum ein ausschweifendes Leben. Sogar Bin Laden lebte in Luxus, bevor er sich, unter dem Einfluss des ägyptischen revolutionären Denkers Sayyid Qutb, der extremistischen islamistischen Theologie anschloss.

24 2 Korinther 8,9. Der folgende Satz »um euch durch seine Armut reich zu machen« scheint mir eine spätere redaktionelle Einfügung zu sein, um das Thema von »arm/reich« zu spiritualisieren.

25 Siehe G. Dalman, *Sacred Sites*, S. 87.

26 »Fels« im Lateinischen ist *petra*.

27 Johannes 1,44.

28 Matthäus 11,11 (ebenfalls, aber nicht authentischer, in Thomas 45). Der anschließende Teilsatz »der aber der Kleinste ist im Himmelreich, ist größer als er« ist wahrscheinlich christliche Redaktion. Es könnte auch sein, dass Jesus ihn *selbst*, nach seinem »Bruch« mit dem Täufer, seinen Worten hinzufügte, siehe weiter unten in diesem Kapitel.

29 Das verweist vermutlich auf Herodes Antipas, auf dessen Münzen im Winde wehendes Schilfrohr zu sehen ist.

30 Matthäus 11,7–9, Lukas 7,24–26. Man beachte: In allen Texten von 11,7–9 habe ich das Präteritum des griechischen Originaltextes ins Präsens übertragen. Matthäus platziert diese Jesusmonologe in die Zeit, als Johannes bereits im Gefängnis ist, aber ich meine, dass sie aus der Periode herrühren, in der er ein überzeugter Anhänger des Täufers war und für ihn Reklame machte – am Jordan und in der angrenzenden Wüste. Dies passt zu meiner Sicht der »Tempelreinigung«, auf die ich später zurückkomme.

31 Markus 11,15–17, Matthäus 21,12f., Lukas 19,45f.

32 Johannes 2,13–16.

33 In der Vergangenheit haben Joh. Weiß, M-J. Lagrange, J. A. T. Robinson und V. Taylor die Chronologie des Johannesevangeliums verteidigt. E. Hoskyns, C. H. Dodd, C. K. Barrett und R. Brown folgten der synoptischen Reihenfolge. E. Schillebeeckx siedelt die Tempelreinigung irgendwo in der Mitte von Jesu öffentlichem Leben an (*Jesus*, S. 218).

34 Schillebeeckx (*Jesus*, S. 219 f.) betont ausdrücklich, dass die Tempelreinigung *nicht* als Ursache für Jesu Tod interpretiert werden soll. P. Frederiksen (*Jesus of Nazareth, King of the Jews*) schreibt: »In neueren Rekonstruktionen der Tempelreinigung ist dieses

Ereignis zum Hauptargument geworden, um damit zu erklären, wie es dazu kam, dass Jesus beim Paschafest getötet wurde [...] es ist an der Zeit, die Bedeutung von Jesu Vorgehensweise im Tempel, das Umwerfen der Geldwechslertische, aufs Neue zu evaluieren und zu ergründen, ob es denn so wahrscheinlich ist, dass [Jesu Aktion] wirklich zu seiner Hinrichtung führte, wie heutzutage von den Gelehrten behauptet wird.«

35 Siehe auch den Artikel von T.W. Manson *The Cleansing of the Temple* in *Bulletin of the John Rylands Society*, Bd. 33, März 1951, S. 271–282.

36 Johannes 2,13; 5,1; 7,10; 12,12 und 13,1. Und einem Besuch in Betanien, drei Kilometer von Jerusalem entfernt, in 11,17.

37 *From Jesus to Christ*, S. 204 und *Jesus of Nazareth, King of the Jews*, S. 239.

38 Johannes 1,9.

39 Johannes 10,17f., aber an vielen anderen Stellen ähnlich.

40 Einige Kommentatoren haben behauptet, dass ursprünglich die Tempelreinigung bei Johannes *auch* am Ende stand, und zwar an der Stelle, an der sich jetzt die Geschichte von Lazarus findet (Kapitel 11). Ihrer Meinung nach wurde das Lazarusfragment erst später dem Evangelium hinzugefügt. Darin wird die »Auferweckung« des Lazarus als *Grund* genannt, *weshalb* der Hohe Rat Jesus töten wollte. Daher musste der *ursprüngliche* Grund, nämlich Jesu aggressives Auftreten im Tempel, nach vorn geschoben werden. Dies wurde dann ins 2. Kapitel verlegt. Es gibt aber keinen einzigen Beweis dafür, dass die Lazarus-Passage tatsächlich später ergänzt wurde – man hat vom Johannesevangelium keine Manuskripte gefunden, in denen der Abschnitt zwischen Kapitel 10 und 12 fehlt. Es ist auch nicht klar, warum ein viel *wichtigerer* Grund, Jesus zu verhaften, nämlich der »triumphale Einzug« in Jerusalem mit seiner messianischen – und damit antirömischen – Färbung *nicht* störte und einfach stehen gelassen wurde (12,12–19).

41 Johannes 2,18.

42 Markus 11,27–33.

43 Siehe Schillebeeckx, *Jesus. Die Geschichte von einem Lebenden* (S. 216), in der er schreibt, dass »sich eine nahtlose Verbindung zwischen Markus 11,18a und 11,28 verspüren« lässt. Das heißt, dass die Verse 11,18b–27 später hinzugefügt wurden (sie handeln vom Feigenbaum, der keine Frucht trägt und den Jesus verflucht: Am nächsten Tag ist der Baum verdorrt). Ursprünglich hieß der Text unmittelbar nach der Tempelreinigung folgendermaßen: »Er [Jesus] belehrte sie und sagte: Ihr aber habt daraus [aus dem Tempel] eine Räuberhöhle gemacht. Die Hohepriester und die Schriftgelehrten hörten davon [...] und fragten ihn: Mit welchem Recht tust du das alles? Wer hat dir die Vollmacht gegeben, das zu tun?«

44 Markus 11,30 ist eine Fangfrage, weil beide Antworten problematisch sind. Wenn sie antworten »Vom Himmel«, dann kontert Jesus: »Warum habt ihr ihm dann nicht geglaubt?«, und wenn sie antworten »Von den Menschen«, dann haben sie ein Problem mit der sie umringenden Meute, die sehr wohl an Johannes glaubte und in ihm einen Gesandten Gottes sah (Markus 11,31f.).

45 Wenn das stimmt, dann hat Markus den Vers 11,30 absichtlich aus der Gegenwartsform in die Vergangenheit gesetzt, und Jesu ursprüngliche Frage lautete: »Stammt die Taufe des Johannes vom Himmel oder von den Menschen?« – was seine Konfrontation mit den Schriftgelehrten verschärft.

46 *Die Schriften des Neuen Testamentes*, Teil I, S. 180 f.

47 Maleachi 3,1.

48 Priester mit einem niedrigeren Rang, die für die Bewachung und die täglichen Geschäfte im Tempel zuständig waren.

49 Nach Schillebeeckx (*Jesus*, S. 218 f.)

hatte Jesu Auftreten im Tempel ihn in den Augen der jüdischen Bevölkerung zu einem Helden gemacht.

50 *Ioudaios* im Griechischen. Für denjenigen, der sich über den unerwartet auftauchenden und nicht näher beschriebenen »Juden« wundert: Im Folgenden mache ich deutlich, dass dies ein redaktioneller Eingriff ist.

51 *Katharismos*, auch zu übersetzen mit »Reinigung«.

52 *Historical Tradition*, S. 286 f.

53 *Gospel of John*, S. 154 f.

54 *Das Johannesevangelium untersucht und erklärt* und *Der Prolog des Vierten Evangelium.*

55 Die sogenannte *Lütticher Version.*

56 Dies ist eine »Harmonie« der vier Evangelien: Tatian fügte um 170 n. Chr. die vier Evangelien von Markus, Matthäus, Lukas und Johannes zu einem einzigen Evangelium zusammen.

57 Diese Formulierung kann vom flämischen Übersetzer stammen, aber sie kann auch darauf verweisen, dass Tatian eine Version des Johannesevangeliums verwendete, die schärfer formulierte als der Text, den wir heute im Neuen Testament vorfinden. Tatian fand übrigens einen guten Kompromiss zwischen dem (originalen) Wort »Taufe« und der Ersetzung durch »Reinigung«. Er gebraucht »die Reinigung der Taufe«.

58 In der Interpretation des Chrysostomos sprechen die Jünger des Johannes so zum Täufer: »Er [Jesus] wagt die gleichen Dinge zu tun wie du [Johannes]. Der Mann, der sich uns als Jünger anschloss, der in keinerlei Weise über uns hinausragte, hat sich von uns getrennt und tauft« (Boismard, *Evangile pré-Johannique*, S. 111 von Buch II, Teil 1).

59 *Commentary on the Gospel of John*, Band I, S. 405. Auch der Evangelist selbst bemüht sich um *damage control.* Er will uns glauben machen, dass der Täufer gar nicht über Jesus erzürnt ist, im Gegenteil: Er freut sich über den Erfolg, den Jesus mit seinen Taufen hat, und suggeriert, dass Jesus der erhoffte Messias ist. Der Täufer habe – so der Evangelist – gesagt: »Ich bin nicht der Messias [Christus], sondern nur ein Gesandter, der ihm vorausgeht. Wer die Braut hat, ist der Bräutigam; der Freund des Bräutigams aber, der dabeisteht und ihn hört, freut sich über die Stimme des Bräutigams. Diese Freude ist nun für mich Wirklichkeit geworden. Er muss wachsen, ich aber muss kleiner werden.« Das alles ist christlicher *spin*. Das hat der Täufer nie gesagt. Zwischen den ersten Christen und einer Gruppierung, die Johannes nach seiner Hinrichtung die Treue hielt, herrschte Feindschaft – möglicherweise einige Jahrhunderte lang. Es ist sogar möglich, dass die Mandäer, die es noch heute gibt, aus einer solchen Täufergruppe entstanden sind (J. M. Robinson, *First Century Christianities*). Die Täufergemeinden waren nie bereit, Jesus als den Messias anzuerkennen. Das bezeugt die Unsinnigkeit obiger Verse 3,26–30, die auch völlig unvereinbar sind mit dem egomanen Charakter des Täufers. Siehe auch noch einmal bei Matthäus 11,3–6, wo der Täufer – der dem Evangelisten zufolge in diesem Moment schon im Gefängnis ist – große Zweifel daran äußert, ob Jesus wohl der »Stärkere« sei, den er erwartete und dessen Kommen er angekündigt hatte. Johannes fragt: »Bist du der, der kommen soll, oder müssen wir auf einen andern warten?« Jesus gibt darauf keine direkte Antwort.

60 Diese und die folgenden Zitate bei: B. Meyer, *Aims of Jesus*, S. 122 – E. Schillebeeckx, *Jesus. Die Geschichte von einem Lebenden*, S. 121 – C. H. Dodd, *Founder of Christianity*, S. 125 – R. Webb, *Studying the Historical Jesus*, S. 225.

60 *A Marginal Jew*, Teil II, S. 122.

61 *Life of Jesus*, S. 279.

62 Auch Dalman (*Sacred Sites*, S. 87) nimmt an, dass Jesus an den Ort zu-

rückkehrte, an dem Johannes zuerst getauft hatte.

64 Heute Nablus genannt. Wenn dies tatsächlich der Ort Änon ist, dann liegt er nicht am Jordan, sodass die Ergänzung im Johannesevangelium, dass »es dort viel Wasser gab«, kein Pleonasmus ist. Es bezieht sich auf die vielen Brunnen in der Nähe von Änon. Nach M. E. Boismard ist das Wadi Fär'ah gemeint (*Aenon, près de Salem* in *Revue Biblique*, Nr. 2, April 1973, S. 218–229). Der ursprüngliche Taufort des Johannes lag an der Jordanmündung, etwa sechzig Kilometer von Sichem entfernt (siehe Kapitel 3, Anmerkung 1).

65 In der Apostelgeschichte 18,24f. wird ein gewisser Apollos eingeführt. Er ist ein Gelehrter: »Er sprach mit glühendem Geist und trug die Lehre von Jesus genau vor; doch kannte er nur die Taufe des Johannes.« In 19,1–4 begegnet der Apostel Paulus in Ephesus einigen Jüngern, die »mit der Taufe des Johannes« getauft worden waren, aber sie hatten »noch nicht einmal gehört, dass es einen Heiligen Geist gibt.« Murphy O'Connor (*John the Baptist and Jesus* in *New Testament Studies*, Band 36, 1990, S. 359–374) spekulierte, dass diese Jünger und Apollos von Jesus »in Johannes' Namen« getauft worden waren.

66 Johannes 2,1–10. Jesus und einige seiner Jünger sind in Kana (bei Nazaret) zu einer Hochzeit eingeladen. Mitten im Fest geht der Wein aus. Jesu Mutter sagt klagend zu ihm: »Sie haben keinen Wein mehr.« Die unausgesprochene Bitte lautet: »Bitte tu was!« Jesus hat anfangs keine Lust, aber dann lässt er Wasser in »steinerne Wasserkrüge« gießen, »wie es der Reinigungsvorschrift der Juden entsprach«, und zaubert aus dem Wasser Wein. Der Zeremonienmeister probiert den Wein (weiß aber nicht, dass es kurz zuvor noch einfaches Wasser war) und sagt zum Bräutigam, dass dies der beste Wein sei.

67 R. Bultmann, *Das Evangelium des Johannes*, S. 83, Fußnote 3.

68 Johannes 3,22–30.

69 *Le Baptême à Cana* in *Les Traditions Johanniques concernant le Baptiste, Revue Biblique*, Teil 70, 1963, S. 34.

70 Apologie bedeutet ursprünglich »Verteidigungsschrift« (z. B. Platos *Apologie des Sokrates*). Später wird es vor allem für die »Verteidigung der Lehre und Moral des Christentums« verwendet. Das »Weinwunder zu Kana« versucht Jesus gegen die Anklage zu verteidigen, er habe sein Taufritual von Johannes dem Täufer abgeschaut.

71 Johannes 2,10.

4 · Jesu Predigt über das Königreich Gottes

1 1 Kor 6,9f.

2 1 Kor 15, 50, 15, 53.

3 *Jüdische Altertümer*, XVIII 5,2 (§116–119).

4 Johannes 3,26 und 4,1.

5 Johannes 4,3.

6 Matthäus 4,12.

7 Vgl. Markus 1,14 mit 1,12.

8 Exodus 31,18.

9 Deuteronomium 8,3.

10 Markus 6,30–44 und par. Siehe außerdem Kapitel 6.

11 *Jesus von Nazareth*, S. 61.

12 Johannes 6,15.

13 Ein Zitat aus Psalmen 91,11f.

14 Das steht mehr oder weniger so in Deuteronomium 6,16.

15 Cyprian, Bischof von Karthago (ca. 200–258 n. Chr.). Die grausamen Christenverfolgungen der Kaiser Decius und Valerian hatten viele Christen dazu gebracht, ihrem Glauben abzuschwören. Cyprian setzte sich mutig dafür ein, »die christliche Gemeinde wieder zur Ordnung zurückzuführen.« Zwar war er den Abgefallenen (den »*Lapsi*«) gegenüber streng, aber er gewährte ihnen Vergebung nach einer vorbildlichen Buße. Schließlich starb er selbst den Märtyrertod (aus: Benedikt XVI., *Cyprian. Katechesereihe über*

die Apostolischen Väter, Ansprache während der Generalaudienz am 6. Juni 2007).

16 *De lapsis*, III,10.

17 Deuteronomium 6,13.

18 Johannes 6,15 – aber die Jubelrufe bei Jesu »triumphalem Einzug« in Jerusalem, Markus 11,8–10 und Johannes 12,12f., weisen in dieselbe Richtung.

19 Die Theorie, die Versuchungen von den Geschehnissen in Jesu Leben herzuleiten, stammt von R. Brown, *Incidents that are units in the synoptic gospels but dispersed in St. John*, wo er schreibt: »Es stellt sich die Frage, ob die gemeinsame Quelle von Matthäus und Lukas [das heißt: Q] versuchte, die vage Beschreibung von Markus (»er wurde versucht vom Satan«) durch eine dramatische Zusammenfassung der Prüfungsarten zu ergänzen, die Jesus noch zu bestehen hatte, als er mit seinem öffentlichen Wirken begann« (S. 155 in: *Catholic Biblical Quarterly*, Band 23, 1961).

20 Lukas 4,14.

21 Von Rad, *Message of the Prophets*, S. 37–42.

22 Ezechiel 8,1f.

23 Jesaja 8,11.

24 Ezechiel 3,14f.

25 Daniel 7,28 und 8,18.27.

26 Jesaja 21,3f.

27 Es ist möglich, dass die »Leere« der Wüste den menschlichen Geist anregt, diese Leere »zu füllen« – Visionen und dergleichen könnten das Ergebnis dieses »Füllprozesses« sein.

28 In Ijob 4,12–16 gibt es eine Beschreibung, die vielleicht mit dem korrespondiert, was Jesus in der Wüste überkam: »Zu mir hat sich ein Wort gestohlen, geflüstert hat es mein Ohr erreicht. [...] kam Furcht und Zittern über mich und ließ erschaudern alle meine Glieder. Ein Geist schwebt an meinem Gesicht vorüber, die Haare meines Leibes sträuben sich. Er steht, eine Gestalt vor meinen Augen.« Vgl. mit Jeanne d' Arc, die auch Erscheinungen hatte und von Stimmen instruiert wurde, wie sie zu handeln hatte.

29 *Message of the Prophets*, S. 38.

30 Markus 1,15.

31 Markus 10,18 und Lukas 18,19.

32 Matthäus 5,45.

33 Lukas 12,6–8 und Matthäus 10,29f.

34 Matthäus 6,26 und Lukas 12,24.

35 Matthäus 6,28 und Lukas 12,27f.

36 *Tèi psuchèi humōn*. Die *psuchè*, der Geist, das Nichtkörperliche im Menschen – im Gegensatz zu *sōma*, dem Körper.

37 Dem wurde von einem Redakteur hinzugefügt »noch trinken«, das fehlt aber bei Chrysostomos, im *Diatessaron* des Tatian, bei Athanasias und Augustinus.

38 Lukas 12,22, Matthäus 6,25.

39 Matthäus 6,6.8. Idem: »Bittet, dann wird euch gegeben; sucht, dann werdet ihr finden; klopft an, dann wird euch geöffnet. [...] Oder ist einer unter euch, der seinem Sohn einen Stein gibt, wenn er um Brot bittet, oder eine Schlange, wenn er um einen Fisch bittet?« (Lukas 11,19–11 = Matthäus 7,7–10)

40 Vieles davon ist inzwischen aufgrund der Evolutionstheorie überholt.

41 Im Griechischen *eu-angelion*, »gute Botschaft«. Daraus wurde dann das Wort »Evangelium« gebildet.

42 Markus 6,8f. Laut Matthäus (10,9f.) und Lukas (9,3) durften sie nicht einmal den Stock mitnehmen. Matthäus berichtet zudem, dass auch die Sandalen verboten waren, sie sollten barfuß gehen. Letzteres scheint mir Matthäus' Redaktion zu sein: Mit nackten Füßen über Felsen zu laufen ist sehr schmerzhaft. Aber es ging Jesus nicht darum, dass man lernte, Schmerzen zu ertragen, sondern auf Gott zu vertrauen.

43 Lukas erzählt uns zu Anfang der Parabel, dass er *zwei* Söhne hat; der jüngere ist derjenige, der ins Ausland will. Als der Sohn sein Erbteil haben möchte, steht dort wörtlich: »Da teilte der Vater das Vermögen auf« (15,12b), das heißt, der ältere Sohn bekam zwei Drittel, der jüngere ein Drittel. Der

Vater selbst hätte dann kein eigenes Vermögen mehr gehabt. Dem widerspricht aber jeweils der darauf folgende Text: Aus den Versen 17, 19 und 22 geht hervor, dass der Vater noch all »seinen« Knechten befiehlt und sie offenbar auch bezahlt. Das beweist, dass der Vater noch vollständige Kontrolle über sein Vermögen hat (außer über den Teil, den er dem jüngeren Sohn gegeben hat). Ich denke, ursprünglich lautete Vers 15,12 folgendermaßen: »Und der Vater gab ihm den Teil, der ihm beim Tod des Vaters zustünde.« Ich weise die These einiger zeitgenössischer Kommentatoren (wie Brandon Scott) zurück, dass der jüngere Sohn (im freudschen Sinne) seinem Vater eigentlich den Tod wünscht, weil er ihn zwingt, sein Erbe *nun* schon zu verteilen.

44 Hierauf folgt noch: »Er war verloren und ist wiedergefunden worden.« Das ist Lukas' Redaktion, der die Parabel in Übereinstimmung mit den Parabeln von der »verlorenen Drachme« und vom »verlorenen Schaf« bringen will (15,4–9).

45 In Genesis 33,4 wird beschrieben, wie Jakob und Esau sich miteinander versöhnen: »Esau lief ihm [Jakob] entgegen, umarmte ihn und fiel ihm um den Hals; er küsste ihn und sie weinten.« Wenn Jesus daran gedacht hatte, dann muss auch der große *Unterschied* zwischen dieser Parabel und dem alttestamentlichen Text mitgespielt haben. Um seinen Bruder Esau »*wohlwollend zu stimmen*«, schickt Jakob ihm »zweihundert Ziegen und zwanzig Böcke, zweihundert Mutterschafe und zwanzig Widder, dreißig säugende Kamele mit ihren Jungen, vierzig Kühe und zehn Stiere, zwanzig Eselinnen und zehn Esel«. Er teilt die Tiere in drei Herden ein, die er Esau eine nach der anderen schickt, als Geschenk: »Ich will ihn mit der geschenkten Herde, die vor mir herzieht, beschwichtigen und ihm dann erst unter die Augen treten« (32,14–22). Der »verlorene Sohn« in Jesu Parabel hat jedoch *nichts* zu bieten und wird dennoch »in Gnade angenommen«. Ein schärferer Kontrast zwischen Altem und Neuem Testament ist kaum zu finden. Gerade dieser Kontrast verdeutlicht, warum Jesu Zeitgenossen sich so an ihm stießen.

46 Nach Funk, *Honest to Jesus*, S. 169 f., sah Jesus eine »alternative Wirklichkeit vor sich, eine Landschaft, die auf seltsame Art vertraut war, aber zugleich beängstigend neu. Die Parabeln sind Türen, die sich zu dieser [neuen] Wirklichkeit öffnen, genau wie Türen Zutritt zu Häusern und Zimmern verleihen. Die Parabeln haben nicht nur die Funktion des Eingangs zu diesem neuen Gebiet, sondern auch die eines Führers, der die Umgebung festlegt.« Man könnte sich auch ein Bild in der Art von Magritte vorstellen: ein ganz normales Wohnzimmer, auf der *einen* Seite mit Fenster zu irgendeiner Straße, mitten in der Stadt. Auf der anderen Zimmerseite aber befindet sich ein zweites Fenster. *Das* gewährt Aussicht auf etwas, das unmöglich ist: ein paradiesisches Tal.

47 Eine »moderne« Analyse der Parabel, nämlich die von B. Scott (*Re-imagine the World*, S. 65–82), lautet folgendermaßen: Die Tatsache, dass der Sohn sein Erbteil verlangt, bedeutet, er wünscht eigentlich, dass sein Vater tot vor seine Füße fällt. Als der Sohn später im Ausland in Schwierigkeiten gerät, kommt er keineswegs zur Einsicht: Er kehrt zu seinem Vater zurück, weil es dort mehr zu holen gibt. Der Vater, der töricht genug war, seinen Besitz unter seinen Kindern aufzuteilen, reagiert *over the top*, als er seinen Sohn heimkommen sieht: Alle Wohltaten seinem Sohn gegenüber zeigen, dass er kein »männliches Ehrgefühl hat«. Als er auf ihn zuläuft, ihm um den Hals fällt und ihn mehrfach küsst, benimmt sich der Vater wie eine Frau. Der scheinheilige Sohn lacht sich ins Fäust-

chen: Er war ein guter Schauspieler. Was Jesus nach dieser Auslegung gemeint haben könnte, wird bei B. Scott nicht deutlich. Er suggeriert nur, dass die beiden Brüder sich entweder umbringen oder ihr »männliches Ehrgefühl« aufgeben und einander akzeptieren würden. Das wäre dann die Wahl, die Jesus seinen Zuhörern vorlegt: »Sie haben die Wahl zwischen verloren oder wiedergefunden, Tod oder Leben.« Wenn *das* der Kern der Parabel sein soll, dann ist es eine »Binsenweisheit«.

48 Bultmann bezweifelt, ob dieses zweite Stück authentisch ist, *Die Geschichte der synoptischen Tradition*, S. 212.

49 In jener Zeit war ein Denar der Lohn, für den ein Tagelöhner einen ganzen Tag arbeiten musste.

50 In der Parabel vom »verlorenen Sohn« behauptete ich, dass die Verse 20,25–32, die die bösartige Reaktion des älteren Bruders auf die Rückkehr seines Bruders beschreiben, nicht von Jesus stammten, sondern von einem Redakteur des Lukasevangeliums hinzugefügt wurden. Ich glaube, dass dieser Redakteur Matthäus' Parabel von den »Arbeitern im Weinberg« kannte und die bösen Reaktionen der Arbeiter der ersten Stunde umgesetzt hat in die böse Reaktion des älteren Bruders.

51 Das ist auch die Auffassung, die in einem der neuesten Kommentare zu dieser Parabel geäußert wird, in *Parables as Subversive Speech*. In dieser marxistischen Interpretation stellt W. Herzog, S. 91 f., die These auf: »Der Besitzer hat die Arbeiter, die früh morgens begannen, *absichtlich beleidigt* [...], er lässt sie wissen, dass ihr zwölfstündiger Arbeitstag in der glühenden Hitze keinen Cent mehr wert ist als die eine Stunde der ›Arbeiter der elften Stunde‹.« Der Besitzer verwendet hier – so Herzog – eine »Strategie, um die Unterdrückten (die Arbeiterklasse) unter Kontrolle zu halten, indem er sie beleidigt und erniedrigt.« Die Generosität des Besitzers ist Schein, er will nur Uneinigkeit zwischen den Angehörigen der arbeitenden Klasse säen, er hetzt die »Ersten« gegen die »Letzten« auf.
Herzogs Sichtweise hängt mit dem Auszahlungsmodus zusammen – er akzeptiert, dass die »Arbeiter der ersten Stunde« als Letzte bezahlt werden. Ich versuchte plausibel zu machen, dass die Reihenfolge nicht authentisch ist. Herzog geht auch nicht davon aus, dass Jesu Parabeln auf der Wirklichkeit basieren, er fasst sie eher als politischen Spott auf. Unter anderem dadurch ist es Herzog nicht aufgefallen, dass Matthäus die Sache mit seinem *jumpcut* verfälscht.

52 Matthäus 19,30 und 20,16.

53 Um dies zu bewerkstelligen, führte Matthäus einen »Zahlmeister« ein. Der Besitzer befiehlt ihm in Vers 20,8, die Arbeiter zu rufen und auszuzahlen, »angefangen bei den letzten, bis hin zu den ersten«. Den Verwalter gab es selbstverständlich nicht in Jesu Parabel, der Originaltext lautete: »Als es nun Abend geworden war, zahlte der Besitzer sie aus. Diejenigen, die ab der ersten Stunde gearbeitet hatten, traten vor und erhielten einen Denar. Danach kamen die Arbeiter, die seit der neunten Stunde gearbeitet hatten« etc. Indem Matthäus den Verwalter hinzufügt, suggeriert er auch, dass der Besitzer *reich* war. Das war keinesfalls Jesu Absicht.

54 Ein Levit war ein Priester von niederem Rang, der für die alltäglichen Geschäfte im Tempel zuständig war.

55 Zweites Buch der Chronik 28,5–15.

56 Vgl. *Biblische Zeitschrift*, 1914, S. 29 und *Protestantische Monatshefte*, 1914, S. 406.

57 *Re-imagine the World*, S. 62.

58 *Good Samaritan as Metaphor*, in *Funk in Parables*, S. 89.

59 *Parables as poetic fictions*, S. 111.

60 *Gleichnisreden Jesu*, Teil 2, S. 595.

61 *Das Epische Theater* (in: *Die Stücke von Bertolt Brecht in einem Band*, Suhrkamp, Frankfurt/Main 1978, S. 996).

62 Markus 12,28–34.

63 Gesetzeslehrer ist im Griechischen *nomikos*. Schriftgelehrter heißt *grammateus*, aber manchmal ist auch der »Gesetzeslehrer« gemeint.

64 Siehe auch Jülicher, *Gleichnisreden Jesu*: Die Parabel ist »aus einem andern Zusammenhang von Lukas erst hierher geschoben worden« (Teil 2, S. 596). Bultmann, *Die Geschichte der synoptischen Tradition*, schreibt: Die Parabel »ist von Lukas künstlich dem Zusammenhang eingegliedert« (S. 192).

65 Lukas 10,36.

66 Siehe auch J. Breech, *The Silence of Jesus*, S. 159 f.

67 Siehe J. Breech, *The Silence of Jesus*, S. 185 f. Siehe auch mein Kapitel 5, die Diskussion über Markus 1,40–45.

68 Einige Kommentatoren (B. Scott, Herzog, Beavis) gehen davon aus, dass der Verwalter *zu Unrecht* eines Betrugs beschuldigt wird. Das ist falsch. In Vers 16,1 steht, den Verwalter »beschuldigte man bei ihm [dem reichen Mann], er verschleudere sein Vermögen«. *Diaballein*, hier übersetzt mit »beschuldigen«, impliziert im Griechischen jedoch *nicht*, dass es um eine »falsche« Beschuldigung geht. Liddell/Scott schreiben in ihrem Standardwerk *Greek-English Lexicon* [Anm. d. Übers.: Griechisch-englisches Standardlexikon], dass das Wort *diaballein* verwendet wird für »beschuldigen, ohne jede Angabe, ob die Beschuldigung falsch ist«. Bauer schreibt, dass das Wort *diaballein* zwar eine aggressive Handlung (desjenigen, der beschuldigt) beschreibt, geht aber davon aus, dass die Klage zu Recht eingereicht wurde *(Wörterbuch Griechisch-Deutsch)*. Ebenso Jülicher. Der Ausgangspunkt von B. Scott, Herzog, Beavis ist verkehrt gewählt und ihre Analysen der Parabel sind wertlos.

69 *The Parables of the Kingdom*, S. 17.

70 *Parables*, S. 45.

71 *Sayings*, S. 292.

72 *The Parables*, S. 159 f.

73 *Hear then the Parable*, Kapitel 11.

74 Lukas 12,16.

75 Lukas 16,19.

76 Siehe auch Thomas 63.

77 Markus 10,25.

78 Ist es jetzt denn anders? – Alle Senatoren in Amerika sind Multimillionäre, die einzige Art, dort auf diesem Niveau in die Politik einzudringen.

79 Thomas 56.

80 C. H. Dodd, J. Jeremias, D. O. Via und B. Brandon Scott.

81 Schon seit Februar 2002 wird Dick Cheney vom GAO (Government Accountability Office) gerichtlich verfolgt, weil man ihn zwingen will, Dokumente freizugeben, die Aufschluss über die (damalige) Energiepolitik der USA geben.

82 Joel 3,1. Joel sieht dies als Vorbote für den Tag des Herrn, wenn Gott das Los Judas' und Jerusalems zum Guten wenden wird, und prophezeit weiter: »Sonne und Mond verfinstern sich, die Sterne halten ihr Licht zurück. Der Herr brüllt vom Zion her, aus Jerusalem dröhnt seine Stimme, sodass Himmel und Erde erbeben. Doch für sein Volk ist der Herr eine Zuflucht, er ist eine Burg für Israels Söhne. [...] An jenem Tag triefen die Berge von Wein, die Hügel fließen über von Milch und in allen Bächen Judas strömt Wasser. Eine Quelle entspringt im Haus des Herrn und tränkt das Schittim-Tal« (sehr trockenes Wüstental) (Joel 4,15.16.18.).

83 1 Thessalonicher 4,15–17. Vergleiche auch mit 1 Korinther: »Seht, ich enthülle euch ein Geheimnis: Wir werden nicht alle entschlafen, aber wir werden alle verwandelt werden – plötzlich, in einem Augenblick, beim letzten Posaunenschall. Die Posaune wird erschallen, die Toten werden zur Unvergänglichkeit auferweckt, wir aber werden verwandelt werden« (15,51f.). Paulus geht davon aus, dass Jesus, wenn er zurückkommt, erst einige Zeit König auf Erden sein wird und dann, »nachdem

er jede [andere] Macht, Gewalt und Kraft vernichtet hat«, seine Herrschaft Gott, dem Vater, übergeben wird (1 Kor 15,24f.).

84 Markus 4,26–28.

85 Der Durchmesser eines Senfkorns beträgt ein bis ca. eineinhalb Millimeter, sein Gewicht ein Milligramm. Es kann auswachsen bis zu einer anderthalb Meter hohen Pflanze, die am See Gennesaret sogar drei Meter groß werden kann. Der Senfsamen wurde häufig als Vergleich verwendet, um etwas sehr Kleines anzudeuten. Siehe zum Beispiel Jesu Worte: »Wenn euer Glaube auch nur so groß ist wie ein Senfkorn, dann werdet ihr zu diesem Berg sagen: Rück von hier nach dort!, und er wird wegrücken« (Matthäus 17,20). Bei Lukas heißt es: »... würdet ihr zu dem Maulbeerbaum hier sagen: Heb dich samt deinen Wurzeln aus dem Boden und verpflanz dich ins Meer!, und er würde euch gehorchen« (17,6). In der jüdischen Tradition wird der Senfsamen auch gebraucht, um eine beginnende Menstruation anzudeuten: »Wenn eine Frau einen Blutstropfen so groß wie ein Senfkorn sieht, setzt sie sich hin und wartet die sieben Tage der Reinigung ab.« So etwas Ähnliches gilt auch für das Sperma, das den Mann »verunreinigt, wie wenig auch immer, sogar wenn es so wenig ist wie ein Senfkorn«.

86 Markus 4,31f. Ich habe in Vers 4,30 den Satz »die man in die Erde sät« weggelassen, weil es in 4,31 wiederholt wird und dort besser passt. Bei Matthäus 13,31f. und Lukas 13,18f. steht dieses Gleichnis auch.

87 Der letzte Satz von 4,32, »sodass in seinem Schatten die Vögel des Himmels nisten können«, ist vielmehr eine Hinzufügung des Evangelisten, der sich auf alttestamentliche Texte bezieht (Ezechiel 17,22f. und 31,2–6, Daniel 4,10–12). Von diesem Gleichnis gibt es auch eine Thomasversion (Logion 20), aber da fehlt der Kontrast zwischen »kleiner – größer« und ist daher meines Erachtens nicht so authentisch.

88 Sauerteig war Brot, das man hatte gären lassen, sodass es wie *Hefe* verwendet werden konnte. Drei Scheffel Mehl waren ungefähr fünfzig Pfund.

89 Matthäus 13,33, Lukas 13,20. [Anm. d. Übers.: Zitat nach LUT 84: »verbarg«; in der EÜ steht »mischte«. Siehe weitere Erklärungen des Verfassers dazu im folgenden Text.]

90 Siehe Jülicher, *Die Gleichnisreden Jesu*, Teil 1.

91 Siehe Jülicher, *Die Gleichnisreden Jesu*, Teil 2, S. 545 f., 569, 578–580 (Kapitel 45 und 48).

92 B. Scott, *Hear then the Parable*, S. 321–329.

93 Der Sauerteig »verschwindet« in der Mehlmasse; nach ein paar Stunden ist das Brot aufgegangen. So geschieht es Jesus zufolge auch mit dem Königreich Gottes: »Zuerst, wenn es in die Welt eintritt, verschwindet es förmlich unter der Masse des Irdischen, am Schluss wird nichts übrig bleiben als Himmelreichartiges«, Jülicher, *Die Gleichnisreden Jesu*, Teil 2, S. 578 f.

94 Jülicher, *Die Gleichnisreden Jesu*, Teil 2, S. 578.

95 Ijob 23,12 und Sprüche 7,1.

96 Matthäus, Kapitel 5 bis 7. Diese »Rede« hat Jesus nie gehalten. Matthäus hat eine große Anzahl an Aussprüchen Jesu auf *einen* Haufen gepackt.

97 Bei Lukas 6,17 ist zu lesen: »Jesus stieg mit ihnen den Berg hinab. *In der Ebene* blieb er mit einer großen Schar seiner Jünger stehen, und viele Menschen aus ganz Judäa und Jerusalem und dem Küstengebiet von Tyrus und Sidon strömten herbei.« Dann hält Jesus seine Rede.

98 Das ist Lukas 6,20f. Andere Elemente der Jesusrede, die als äußerst authentisch gelten: »Liebt eure Feinde; ... Dem, der dich auf die eine Wange schlägt, halt auch die andere hin, und dem, der dir den Mantel wegnimmt, lass auch das Hemd. Gib jedem, der

dich bittet« (Lukas 6,27.29f.). Matthäus hat »rechte Wange« anstelle von »Wange« und einen zusätzlichen Vers, »Und wenn dich einer zwingen will, eine Meile mit ihm zu gehen, dann geh zwei mit ihm« (5,41).

99 Funk, *Honest to Jesus*, S. 168, schreibt: »Es sollte noch zweitausend Jahre oder länger dauern, bis die westliche Welt endlich zu begreifen anfing, dass Satan aus dem Himmel gefallen war (d. h. die Dämonen verschwunden waren) [...] und das Aufkommen eines strikten Monotheismus öffnete die Tür für den wissenschaftlichen Fortschritt. Jesus ist einer der Vorläufer.« Das glaube ich nicht. Das wissenschaftliche Denken ist ein Produkt der Aufklärung. Jesus hat damit nichts zu tun.

100 Genauso wenig meinte er die »christliche Kirche«, die es damals noch nicht gab.

5 · Jesus der Exorzist

1 Im Alten Testament kommt Satan, da auch Baal-Zebul genannt, nur selten vor. Im Buch Ijob wird er vor allem als Gesandter Gottes gesehen, der von Gott die Zustimmung erhalten hat, Ijob auf die Probe zu stellen, indem er ihm das Leben zur Hölle macht. In *Black Mass*, S. 10 f., weist J. Gray darauf hin, dass der Dualismus Gut versus Böse, Hell versus Dunkel, Gott versus Satan, der Jesu Denken zugrunde liegt, vielmehr auf den iranischen Propheten Zarathustra (Zoroaster) zurückgeht, der zwischen 1500 und 1200 v. Chr. lebte. Zarathustras Vision suggeriert letztendlich den Sieg von Gut/Hell/Gott und die Ausschaltung von Böse/Dunkel/Satan, aber das ist nicht ganz gewiss. Etwa zweihundert Jahre nach Jesu Tod verkündigte ein anderer iranischer Prophet, Mani, dass der Kampf zwischen Gut und Böse für immer unentschieden bleiben werde (Manichäismus).

2 Siehe Norman Cohn, *Cosmos, Chaos and the World to Come*, Kapitel 11, »The Jesus Sect«, S. 194–211.

3 Bei Markus 9,38 erzählen die Jünger Jesus, sie hätten jemanden gesehen, der nicht zur Jesusbewegung gehöre, aber dennoch Dämonen in Jesu Namen austreibe. Bei Lukas 11,19 verteidigt sich Jesus gegen die Anklage, er treibe Dämonen im Namen Beelzebuls aus: »Wenn ich die Dämonen durch Beelzebul austreibe, durch wen treiben dann eure Anhänger sie aus?« Auch daraus geht hervor, dass es noch andere Exorzisten in Palästina gab.

4 In Markus 5,2–9 beschreibt der Evangelist eine Konfrontation zwischen Jesus und einem besessenen Mann, der sich dermaßen aufführt, dass er in Ketten gelegt werden muss. Als dieser Mann Jesus sieht, identifiziert er ihn als »Jesus, Sohn des höchsten Gottes«. Dann fragt ihn Jesus nach dem Namen des Dämons, und der Mann/Dämon antwortet: »Mein Name ist Legion; denn wir sind viele.« Jesus wirft all diese Dämonen hinaus – die augenblicklich in eine Herde von zweitausend Schweinen »hineinfahren« (d. h. die Dämonen setzen sich in den Schweinen fest) und sie so verrückt machen, dass sie sich alle zusammen ins Wasser stürzen und ertrinken.

5 O. Bauernfeind, *Die Worte der Dämonen im Markusevangelium*, S. 15, weist auf eine Parallele in einem magischen Papyrus hin (PGM 8,13, und zwar aus dem 4. oder 5. Jahrhundert n. Chr.), wo es heißt: »Ich kenne dich, Hermes, ich weiß, wer du bist und woher du stammst und aus welcher Stadt du kommst (Hermopolis).«

6 Der Begriff »Messias« wird im Alten Testament selten verwendet, und wenn doch, dann als Titel für den König oder Hohepriester (J. Gray, *Black Mass*, S. 6).

7 Nach Lukas geht Jesus doch zuerst nach Nazaret, hat dort Streit in einer Synagoge und muss Hals über Kopf aus seinem Geburtsort fliehen, weil die Bewohner ihn töten wollen (4,14–30).

8 Also auf der Grenze zwischen dem

Reich des Herodes Antipas und dem seines Bruders Philippus.

9 Siehe J.J. Rousseau und R. Arav, *Jesus and his world*, S. 39–46. Matthäus zufolge verließ Jesus Nazaret, »um in Kafarnaum zu wohnen« (4,13).

10 Im Johannesevangelium steht, dass alle drei, Petrus, Andreas und Philippus, aus Betsaida stammten (1,44).

11 Markus 1,20.

12 Gemäß Lukas waren Johannes und Jakobus Petrus' Partner (5,10).

13 Ich meine also Petrus, Andreas, Jakobus, Johannes und Philippus.

14 Das griechische Verb lautet hier *phiomō*, was »Maulkörbe« bedeutet. Joel Marcus (*Markus* 1–8) beurteilt dies als griechischen *Slang* und übersetzt es mit »*Halt's Maul!*« oder »*Halt die Klappe!*«.

15 Ich weise auf einen Vorschlag von Johannes Weiß hin, der vor hundert Jahren schrieb (*Schriften*, Band I, S. 78): Petrus pflegte »so von dem Tage zu erzählen ..., an dem Jesus in seiner Vaterstadt zum ersten Mal mit Worten und Taten hervortrat.« Aber ich gehe *nicht* davon aus, dass Markus diese Information aus erster Hand hatte.

16 Markus 1,24.

17 Oder: Markus hätte gern gesehen, dass dies damals geschehen wäre.

18 Markus 1,35.

19 En passant hat Jesus auch noch Petrus' Schwiegermutter von ihrem Fieber geheilt (Markus 1,29–31 – Petrus ist also verheiratet!).

20 In der Nieuwe Nederlandse Bijbelvertaling [Anm. d. Übers.: *Neue Niederländische Bibelübersetzung*] wird es übersetzt mit »ein Mann, der an Aussatz litt«.

21 *Iratus*: böse, erzürnt.

22 Das heißt *lectio difficilior*. Dieses Prinzip legt zugrunde, dass Redakteure und Herausgeber dazu neigen, Unklarheiten in einem Text zu verdeutlichen bzw. schwierige oder problematische Stellen zu beseitigen. Theologen gehen davon aus, dass – besteht die Wahl zwischen mehreren Varianten eines Textes – der der beste oder ursprüngliche ist, der aus grammatischer oder inhaltlicher Sicht am schwierigsten zu verstehen ist (Kloppenborg, *Excavating Q*, S. 448).

23 U. a. *Sinaiticus*, *Alexandrinus* und *Vaticanus*.

24 [Anm. d. Übers.: Das Zitat »Und Jesus drohte ihm und trieb ihn alsbald von sich« stammt aus LUT 84 (Mk 1,43). In der EÜ steht bei Vers 43: »Jesus schickte ihn weg und schärfte ihm ein...«]
Die »Drohung« lautet: »Nimm dich in acht! Erzähl niemand etwas davon, sondern geh, zeig dich dem Priester und bring das Reinigungsopfer dar, das Mose angeordnet hat« (Markus 1,44).

25 Ich kürze die »Nieuwe Nederlandse Bijbelvertaling« im Folgenden mit NBV ab.

26 Vom Verb *embrimaomai*.

27 *De goede boodschap volgens Markus, Matthijs, Lukas en Jan*, S. 11.

28 *Der Rahmen der Geschichte Jesu*, S. 64. Das wurde später weiter ausgearbeitet von A. Pallis, *Notes on St. Mark and St. Matthew* und P. L. Couchoud, *Journal of Theological Studies*, Band 34. Im Jahr 1932 suggerierte Pallis, dass der Originaltext nicht das Austreiben des Leprakranken betreffe, sondern die Austreibung des Lepradämons. Er verwies auf den *Codex Afra-e*, wo es heißt *eiecit eum*, was sich auf den Dämon zu beziehen scheint. 1933 schlug Couchoud vor, den ursprünglichen Text zu lesen als »und knurrend warf er ihn [den Dämon] hinaus«. 1952 akzeptierte V. Taylor diese Sichtweise in seiner *Gospel according to St. Matthew*, S. 189. Notabene: Couchoud übersetzt *embrimèsamenos* mit »nachdem er sich im Geist aufgeladen hatte«.

29 *Traces of Thaumaturgic Technique in Harvard Theological Review*, Band 20, 1927, S. 171–181.

30 Es wird den Leser nicht erstaunen, dass Matthäus und Lukas diesen »schnau-

benden« Jesus überhaupt nicht gut fanden: Sie haben das Wort *embrimèsamenos* aus Markus' Text gestrichen, als sie die Szene kopierten.

31 Das erinnert mich an Szenen bei der Pfingstgemeinde, wo jemand durch Handauflegen »geheilt« wird: Sein Kopf schnellt plötzlich nach hinten, als würde er auf dem elektrischen Stuhl hingerichtet, er fällt um, andere fangen ihn auf, der Prediger schreit: »Komm heraus! In Jesu Namen komm heraus!«

32 Markus 3,21. Die NBV lautet: »Als seine Verwandten davon hörten, machten sie sich auf, um ihn notfalls unter Zwang mitzunehmen, denn ihrer Meinung nach hatte er den Verstand verloren.«

33 Markus 6,17 und 12,12.

34 Wörtlich steht da »er [Jesus] *hat* Beelzebul«. Das heißt: Der Oberteufel hat Jesu Persönlichkeit »übernommen« (Markus 3,22).

35 Matthäus 11,18.

36 Jesu Entgegnung ist: »Wie kann Satan Satan austreiben« (Markus 3,23). Das ist eine *körperliche* Unmöglichkeit: Man kann sich nicht selbst nehmen und nach draußen werfen. Also, sagt Jesus, ist es unmöglich, dass ich einen Teil Satans (den Dämon) mithilfe Satans selbst austreibe.

37 Zudem widerstrebt es beiden, Matthäus und Lukas, anzugeben, dass die Exorzismen bei den Besessenen heftige *Reaktionen* hervorrufen. Schon bei dem ersten Exorzismus in der Synagoge, als Markus beschreibt, wie der Mann zuckend und schreiend zu Boden fällt, fügt Lukas schnell hinzu, dass dies dem Mann keinen Schaden zufügt (4,35). Matthäus hat diese Szene wiederum gestrichen. Später, beim Exorzismus an einem anderen »Epileptiker«, schreibt Markus (9,26): »Da zerrte der Geist den Jungen hin und her und verließ ihn mit lautem Geschrei. Der Junge lag da wie tot.« Dies alles reduziert Matthäus auf: »Dann drohte Jesus dem Dämon. Der Dämon verließ den Jungen, und der Junge war von diesem Augenblick an geheilt.« (17,18).

38 Markus 8,22–26.

39 Auch die Tatsache, dass die Heilung nicht sofort gelingt, kann ein Grund für Lukas und Matthäus gewesen sein, diese Szene zu unterschlagen. Nach der ersten Behandlung kann der Patient zwar sehen, aber die Menschen gleichen »wandernden Bäumen« (die Augenlinse zieht alles in die Länge). Erst nach der zweiten Behandlung kann der Mann alles gut sehen. Notabene: Nach Tacitus konnte auch Kaiser Vespasian Blinde mit Speichel heilen.

40 Markus 7,32–37. In einigen Manuskripten steht sogar, dass Jesus in die Ohren eines tauben Mannes spuckte (f 13, sy-s).

41 Markus 51,35–43. Hier wird wiederum dasselbe Verb gebraucht, das die Evangelisten verwenden, um die Dämonenaustreibung zu beschreiben, *ekballein*.

42 Bei Lukas 8,51 steht: »Als er in das Haus ging, ließ er niemand mit hinein außer Petrus, Johannes und Jakobus und die Eltern des Mädchens.« Auch bei Markus nimmt er genau diese fünf Personen mit hinein. Es wirkt so, als zöge Jesus einen magischen Zirkel von Intimi um das Mädchen: um in sich selbst die emotionale »Inspiration des Wunderdoktors« aufsteigen zu lassen?

43 Matthäus 9,25.

44 Kontra Nietzsche, der meint, Jesus habe einen »*Instinkt-Hass gegen die Realität*: Folge einer extremen Leidens- und Reizfähigkeit, welche überhaupt nicht mehr ›berührt‹ werden will, weil sie jede Berührung zu tief empfindet.« Nach Nietzsche zeugt dies von einer »krankhaften Reizbarkeit des *Tastsinns*, der dann vor jeder Berührung, vor jedem Anfassen eines festen Gegenstandes zurückschaudert«, *Antichrist*, § 29 f., S. 1191.

45 Matthäus 4,13.

46 Das ist die niederländische Übersetzung von Mr. Straat. Im Griechischen

steht *dia ton ochlon*, wörtlich: »wegen der Menge«. Die NBV übersetzt dies mit »weil sie nicht durch die Menge dringen konnten«. [Anm. d. Übers.: LUT 84 hat: »Und da sie ihn nicht zu ihm bringen konnten wegen der Menge.«]

47 *Zeitschrift für Neutestamentliche Wissenschaft*, Band 24, S. 155–158.

48 *Hiranyakesin Grhyasutra* und *Apastamba Grhyasutra.*

49 *Faust: eine Tragödie*, Teil 1, Vers 1410. Wir kennen auch heutzutage noch den Brauch, dass Tote in Kreisen um das Haus herumgetragen werden, sodass die bösen Geister die Orientierung verlieren und nicht mehr den Weg ins Haus finden. Früher gab es auch spezielle Türen, die nur benutzt wurden, um die Toten aus dem Haus zu tragen.

50 Auch Rudolf Bultmann, der bedeutendste Theologe des 20. Jahrhunderts, sieht das so, *Die Geschichte der synoptischen Tradition*, S. 237: »Dass das Abdecken des Daches (Mk 2,4) auf einen exorzistischen Brauch zurückgeht (dem Dämon soll der richtige Weg in das Haus verborgen bleiben), hat H. Jahnow wahrscheinlich gemacht. Die christliche Tradition hat aber den Sinn des Motivs vergessen oder umgedeutet, indem sie das Abdecken des Daches durch die das Haus umdrängende Volksmenge motiviert.«

51 J. Gnilka (*Markus*, Teil 1, S. 97) sieht den Satz »Weil sie ihn [den Gelähmten] aber *wegen der vielen Leute* nicht bis zu Jesus bringen konnten« als Interpretation des Markus an, der den ursprünglichen Text seiner Quelle entweder »nicht versteht oder sich daran stößt«. Auch R. Pesch (*Markus*, Teil 1, S. 154, Fußnote 10) akzeptiert Jahnows Analyse.

52 Markus 2,5 beginnt mit: »Als Jesus ihren Glauben sah.«

53 Das ist aus der Quelle Q. Matthäus veränderte »den Finger Gottes« in »den Geist Gottes« (12,28).

54 Matthäus 11,2–6, Lukas 7,18–23. Ob der Täufer wirklich diese Worte sprach, ist zu bezweifeln, nach Matthäus ist Johannes da schon im Gefängnis (Machärus). Die starke Übereinstimmung zwischen Jesajas Prophezeiungen und Jesu »Wunder« ist ohnehin verdächtig. Es ist möglich, dass die Evangelisten, vor allem Markus, versuchten, die Ergebnisse der Exorzismen (die Blinden werden sehen etc.) Jesaja anzupassen, indem sie Jesus einige »Heilungen« andichteten, die er nie durchgeführt hatte.

55 Jesaja 35,5–7 und 25,8.

56 Lukas 10,17–22.

57 Markus 3,27. Siehe auch Thomas 35.

58 J. Holleman, *Resurrection & Parousia*, schreibt: »Die Jesusbewegung war davon überzeugt, dass die Ankunft des Gottesreiches bevorstand. Jesus hatte verkündigt, das Königreich Gottes werde in naher Zukunft definitiv anbrechen. Er glaubte auch, dieses Königreich sei bereits in seinen eigenen Worten [z. B. die Parabeln] und Taten [die Exorzismen] anwesend. Innerhalb der Jesusbewegung glaubte man, dass die Herrschaft Gottes schon im Keim anwesend war [in Palästina] und sich in naher Zukunft vollständig entfalten würde« (S. 116 f.).

59 Jesaja 35,5–7 und 25,8. Der Prophet verheißt auch: »In der Wüste brechen Quellen hervor und Bäche fließen in der Steppe. [...] (Gott) wird ... ein Festmahl geben mit den feinsten Speisen, ein Gelage mit erlesenen Weinen, mit den besten und feinsten Speisen, mit besten, erlesenen Weinen.
Deine Toten werden leben, die Leichen stehen wieder auf; wer in der Erde liegt, wird erwachen und jubeln. ... Nie mehr hört man dort lautes Weinen und lautes Klagen. Dort gibt es keinen Säugling mehr, der nur wenige Tage lebt, und keinen Greis, der nicht das volle Alter erreicht; wer als Hundertjähriger stirbt, gilt noch als jung ... Wolf und Lamm weiden zusammen,

der Löwe frisst Stroh wie das Rind und die Schlange nährt sich von Staub. Man tut nichts Böses mehr und begeht kein Verbrechen ...« (25,6–8; 26,19; 65,20.25). [Anm. d. Übers.: LUT 84 hat in Jes 25, 6: »Und der HERR Zebaoth wird auf diesem Berge allen Völkern ein fettes Mahl machen, ein Mahl von reinem Wein, von Fett, von Mark, von Wein, darin keine Hefe ist.«]

60 Markus 9,1.

61 Ob die Heilungen jeweils dauerhaft waren, bleibt dahingestellt. Matthäus 12,43–45 handelt anscheinend von einem Rückfall oder sogar einer Verschlechterung. Diese erklärt Jesus folgendermaßen: »Ein unreiner Geist, der einen Menschen verlassen hat, wandert durch die Wüste und sucht einen Ort, wo er bleiben kann. Wenn er aber keinen findet, dann sagt er: Ich will in mein Haus zurückkehren, das ich verlassen habe [gemeint ist der Patient]. Und wenn er es bei seiner Rückkehr leer antrifft, sauber und geschmückt, dann geht er und holt sieben andere Geister, die noch schlimmer sind als er selbst. Sie ziehen dort ein und lassen sich nieder.«

62 *Die Schriften des Neuen Testaments*, Band 1, S. 86.

6 · Die Flucht Jesu

1 Josephus, *Jüdische Altertümer*, 15.366 (= 15.10.4).

2 »Keine einzige Art der Zusammenkunft der Bürger war gestattet, sie durften noch nicht einmal miteinander spazieren gehen oder einander besuchen. Alle ihre Bewegungen wurden kontrolliert. Diejenigen, die erwischt wurden, bekamen harte Strafen auferlegt, und viele von ihnen wurden öffentlich oder in aller Heimlichkeit in die Burg Hyrcania geschafft, und da ums Leben gebracht«, nach der niederländischen Übersetzung von F. J. A. M. Meijer und M. A. Wes, S. 1027.

3 Siehe auch R. Brown, *Gospel of John*, Teil 1, S. 250.

4 In Markus 3,1–6 heilt Jesus am Sabbat einen Mann »mit einer verdorrten Hand« in der Synagoge zu Kafarnaum. Es entsteht ein Disput über die Frage, ob es erlaubt sei, am Sabbat zu heilen. Auch eine Heilung galt als Arbeit und war somit, der orthodoxen Interpretation der jüdischen Lehre zufolge, am Sabbat verboten.

5 Markus 8,15.

6 Lukas 7,36.

7 Lukas 7,36 resp. 13,31.

8 Nach der Verwüstung des Tempels durch die Römer und der Vernichtung Palästinas als jüdischen Staat waren die Pharisäer die Einzigen, die sich als Gruppe konsolidieren und fortbestehen konnten. Sadduzäer, Essener, die Gemeinde von Qumran, alle verschwanden nach 70 n. Chr. Ab diesem Zeitpunkt verschärfte sich der Antagonismus zwischen Juden und Christen auf Konflikte zwischen Christen und Pharisäern. Genau diese Konflikte wurden von den Evangelisten auf die Zeit Jesu, vierzig Jahre zuvor, rückprojiziert.

9 Siehe z. B. Markus 6,14.16 und Lukas 9,7–9.

10 Lukas 9,9.

11 *Das Evangelium Marci*, S.48 ff.

12 Die »Juden« oder die Tempelpolizei versuchen Jesus zu fassen, meist mit der Absicht, ihn zu töten, oftmals durch Steinigung – doch Jesus gelingt immer wieder die Flucht. Sie versuchen ihn zu »greifen« *(piazein)* in Johannes 7,30; 7,44; 10,39; 11,57. Sie wollen ihn »töten« *(apokteinai)* in 5,18; 7,19; 7,25; 8,37; 8,40; 9,25; 11,53 und 12,10. Sie »hoben Steine auf, um sie auf ihn zu werfen« *(lithasosin)* in 8,59; 10,31; 11,8. Jesus »entkommt« *(exèlthen)* in 8,59; 10,39 und 12,36. Auch in dem apokryphen und sehr fragmentarischen Egerton-Evangelium (1,7–10) steht eine Passage, die anzudeuten scheint, dass man vonseiten der Obrigkeit versucht, Jesus zu verhaften, und dass Steine gesammelt werden.

13 In der griechischen Übersetzung von Exodus wird *anachōrein* verwendet, als Mose »flieht« (2,15). Auch im deuterokanonischen 2. Makkabäer 5,27 »flieht« Judas in die Berge. Homer verwendet das Verb für das »zurückziehen aus dem Kampf«, z. B. Ilias 17,30. Bei Matthäus »flieht« Josef, der Vater Jesu, nach Ägypten (2,14) und später erneut nach Galiläa (2,22). Als Jesus hört, dass der Täufer verhaftet wurde, »flieht« auch er nach Galiläa (4,12). Ebenso 14,13; 15,21.

14 W. Bauer, *Wörterbuch zum Neuen Testament*, S.1432 ff.

15 In seinem hervorragenden Kommentar *Mark 1–8* bevorzugt Joel Marcus die figurative Übersetzung »verfolgt werden«. Er sieht dies jedoch als Anspielung auf die spätere Exekution Jesu (s. S. 258).

16 Wohlgemerkt: Matthäus und Lukas haben das »Bereithalten eines Bootes« gestrichen, als sie Markus' Text kopierten. Sie waren sich der politischen Implikationen zweifellos bewusst.

17 Dieses und die folgenden Zitate stammen aus J. Gnilka, *Markus*, Teil 1, S.134 – V. Taylor, *St. Mark*, S.226 – C. G. Montefiore, *Synoptic Gospels*, Teil 1, S.84 – A. Loisy, *Evangiles Synoptiques*, S.52 – M.-J. Lagrange, *Evangiles Synoptiques*, S.52 – R. A. Guelich, *Mark 1–8*, S.145.

18 Diese Frau, Herodias, war zuvor mit einem Halbbruder von Antipas verheiratet gewesen, der ebenfalls Herodes hieß. Johannes der Täufer soll diese zweite Heirat scharf kritisiert haben (dem Bruder die Frau wegzuschnappen wurde in Palästina als Schande betrachtet). Deswegen hasste Herodias Johannes wie die Pest. In der von Markus erzählten Geschichte rächt sie sich mithilfe ihrer Tochter.

19 Siehe der wunderschöne »Tanz der sieben Schleier« in der Oper *Salome* von Richard Strauss. Sie legt einen Schleier nach dem anderen ab, es sind die einzigen Kleidungsstücke, die sie trägt. Das Libretto basiert auf dem Theaterstück *Salome* von Oscar Wilde.

20 Matthäus 14,12f. Griechisch *anechōrèsen en ploiōi*. Es handelt sich also wieder um dasselbe Verb *anachōrèsein*, kombiniert mit »Boot« *(ploios)*. Im vorigen Fragment Markus 3,6–9, speziell Vers 9, wird das Wort *ploiarion* verwendet, ein Diminutiv von *ploios*.

21 Markus 6,7–11.

22 In einigen Manuskripten des Markusevangeliums kommt das Wort »Apostel« auch noch in anderen Passagen vor, so z. B. in 3,14, wo Jesus die Gruppe der Zwölf formiert: »Und er setzte zwölf ein, die er auch Apostel nannte; dass sie bei ihm sein sollten.« Jedoch in anderen, ebenso zuverlässigen Manuskripten (u. a. *Codex Bezae*, *Alexandrinus* und C2) steht knapper: »Er ordnete die Zwölf, dass sie bei ihm sein sollten.« Es scheint, als seien die Worte »die er Apostel nannte« später Markus' Text hinzugefügt worden, um diesen mit Lukas 6,13 in Einklang zu bringen.

23 Das griechische *mathètai* bedeutet eigentlich »Schüler«, wird aber häufig mit »Jünger« übersetzt.

24 Markus schreibt *kat' idian eis erèmon* und Matthäus *eis erèmon kat'idian*. In der NBV steht »einsam« und »abgelegen«.

25 Markus 6,31.

26 Markus verwendete die Worte »wegen der Menge« bei der Beschreibung des Exorzismus im Fall des Gelähmten (2,4) und bei der Bereitstellung des Bootes für die Flucht (3,9).

27 Im Fall des Satzes »Die Apostel kamen zurück und erzählten Jesus alles, was sie getan hatten« machte der Redakteur möglicherweise Anleihen bei Lukas – der die politischen Konnotationen inzwischen schon selbst zum Verschwinden gebracht hatte (9,10).

28 Ein Feldzug gegen Aretas, den König der Nabatäer. Ursprünglich war Antipas mit einer Tochter von Aretas verheiratet, die er jedoch verstieß, weil er

sich in Herodias, die Frau seines Halbbruders, verliebt hatte. Aretas war deswegen sehr gekränkt, woraufhin die Feindseligkeiten zwischen Herodes Antipas und Aretas begannen. Siehe Josephus, *Jüdische Altertümer,* S. 1162 ff., nach der Übersetzung von Meijer/Wes (18.109–115 = 18.5.1).

29 Josephus, *Jüdische Altertümer*, 18.116–119 (= 18.5.2).

30 *Samak* bedeutet »Fisch« im Aramäischen und Arabischen. Dort, wo das Wadi es-Samak auf den See Gennesaret trifft, liegen ausgezeichnete Fischgründe, siehe BAR, März/April 1980, Ausg. 15–2. Dalman (*Sacred Sites*, S. 173) meint, dass sich der »einsame Ort« zwischen dem Wadi es-Samak und dem Wadi es-Nkeb befand.

31 Von Kafarnaum bis zum Wadi es-Samak sind es etwa fünfzehn Kilometer entlang der Küste, bei einer Überfahrt mit dem Boot zehn Kilometer. Bei dem Versuch, Jesus zu folgen, wäre die Menge also *später* beim Wadi angekommen. Es sei denn, Jesu Boot hatte mit starkem Gegenwind zu kämpfen, aber das stimmt nicht richtig mit den Ereignissen des späteren Abends überein: Die Jünger nehmen das Boot in die entgegengesetzte Richtung und haben »Gegenwind« – so Markus (6,48).

32 In Markus 6,33 steht: »… und viele erfuhren davon; sie liefen zu Fuß aus allen Städten dorthin und kamen noch vor ihnen an.«

33 H. Montefiore (*Revolt in the desert* in *NST*, Vol. IV, 1957–1958, S.135–141) ist der Meinung, dass Jesus einen bevorzugten Treffpunkt im Wadi hatte. In der Tatsache, dass die Menge versucht, beinahe rennend *(sunedramon)* diesen Platz zu erreichen, sieht er einen *vorher gefassten* Plan. Wellhausen, *Das Evangelium Marci*, S. 48, schreibt: »Die Leute gehen um den See herum, als ob sie den ‚einsamen Ort' wüssten«.

34 Markus 6,35–44 und 8,1–9, Matthäus 14,15–21 und 15,32–39, Lukas 9,10–17, Johannes 6,5–13.

35 Wenn zwei Passagen große Übereinstimmungen aufweisen, nennt man das eine Doublette. Man geht davon aus, dass es sich nicht um zwei verschiedene Ereignisse handelt, sondern um zwei verschiedene Versionen *desselben* Ereignisses.

36 *Marginal Jew*, Teil 2, S.966.

37 *Die wunderbare Speisung und das Abendmahl in der synoptischen Tradition* in *Novum Testamentum*, Band VII, Juni 1964, S.167–194.

38 *Marginal Jew*, Teil 2, S. 950 ff.

39 Bei der Eucharistie wird Brot gegessen und Wein getrunken. Nach der römisch-katholischen Lehre verwandelt sich das Brot im Vollzug des Abendmahls tatsächlich in den Leib Christi, der Wein in sein Blut. Das will sagen, dass der Gläubige den Leib Jesu isst und dessen Blut trinkt. Der anthropophage (kannibalistische) Aspekt brachte die protestantischen Kirchen zu einer symbolischen Interpretation von Brot/Leib und Wein/Blut.

40 Johannes verwendet für »Fisch« nicht das griechische Wort *ichthus*, sondern *opsaria,* was »getrockneter Fisch« bedeutet. Möglicherweise ist es ein Verweis auf das Fischerdorf Magdala, an der Westküste des Sees Gennesaret bei Tiberias, wo Fisch »getrocknet« wurde. Man merke, dass Johannes der einzige Evangelist ist, der das Wort »Gerstenbrote« aus 2 Könige 4,42 in seine Version der »Brotvermehrung« übernommen hat (6,9). Die Synoptiker verwenden einfach das Wort »Brot«.

41 Markus 8,1–9.

42 In der Periode ab dem Tod Jesu bis Ende des 2. Jh.

43 Kursivierung von mir.

44 *Marginal Jew*, Teil 2, S. 1034, Fußnote 311.

45 Heutzutage ist er ca. 20 x 10 Kilometer groß, früher war er etwas größer.

46 Siehe M. Ebner, *Jesus von Nazareth. Was wir von ihm wissen können*, S. 55.

47 Nicht ohne Grund erfindet der vierte Evangelist (6,26) Jesu Worte: »Amen,

amen, ich sage euch: Ihr sucht mich nicht, weil ihr Zeichen [das »Brotwunder«] gesehen habt, sondern weil ihr von den Broten gegessen habt und satt geworden seid.«

48 Lukas 6,21.

49 Um 900 n. Chr. berichtet Eutychius von Alexandria (*Book of Demonstration*, S. 137), dass zu seiner Zeit die »Brotvermehrung« und die Heilung des Besessenen in Gerasa (Markus 5,1–13) mit ein und demselben Ort in Verbindung gebracht worden seien – dem Dorf Kursi. Das Dorf existierte zur Zeit Jesu noch nicht, bei archäologischen Ausgrabungen wurden nur Rudimente aus dem 5. Jahrhundert freigelegt, wohlgemerkt im »Tal von Kursi«. Und hierbei handelt es sich genau um das Wadi es-Samak. Daher muss erwogen werden, ob der Heilung des Besessenen und der »Brotvermehrung« nicht der gleiche Gedanke zugrunde liegt. Eine Analyse von J. D. Crossan könnte diese Überlegung untermauern.
Als Jesus dem Besessenen entgegentritt, fragt er ihn nach dem Namen des Dämons. Der Besessene schreit: »Legion heiße ich, denn wir sind unser viele« (d. h. eine große Zahl Dämonen hat von der Person Besitz ergriffen). Crossan (*Jesus*, S. 90) geht davon aus, dass dies als Verweis auf die römischen Legionen zu lesen ist, die Palästina (und den Rest des Mittelmeergebietes) besetzt hatten.
Sobald Jesus die Dämonen austreibt, »fahren« sie in eine Gruppe Schweine. Mit anderen Worten: Die römischen Legionen werden mit Schweinen verglichen – die daraufhin Hals über Kopf in den See springen und ertrinken. Die Mehrzahl der Juden hoffte, dass dieses Schicksal den Römern vorherbestimmt sei. Laut Crossan verstanden Markus' Leser/Zuhörer diesen Zusammenhang sofort und lachten herzlich darüber (natürlich wünscht die Hamas allen Israelis das gleiche Schicksal).
Die Heilung des Besessenen kann durchaus historische Tatsache sein. Der Sprung der Schweine in den See ist erfunden. Sollte es eine Metapher für das Ertrinken der Römer im See sein, so ähnelt die Hoffnung, alle Römer würden aus Palästina vertrieben, der Hoffnung der Menge (»Männer«), die sich gegen die Römer erheben und Jesus als ihren Anführer wählen wollten.

50 Matthäus neutralisiert diese Aussage, indem er schnell hinzufügt: »Frauen und Kinder nicht mitgerechnet.«

51 Siehe Exodus 18,21.25 und Deuteronomium 1,15.

52 Im Griechischen stammt *anepesan* von dem Verb *anapirō* ab, das »bei Tisch liegen« bedeutet. Die NBV übersetzt hier jedoch mit »sich hinsetzen«.

53 Eschatologie beschäftigt sich mit der Erwartung des Menschen hinsichtlich der »Endzeit« (*eschatos* bedeutet »letzte«), wenn die Geschichte ihr Ende erreicht oder die Welt untergeht. Jesus hat die »Endzeit« manchmal als (himmlisches) Festmahl geschildert – natürlich nur für die »Guten«.

54 Lukas 6,20.

55 Numeri 27,17; 1 Könige 22,17; Ezechiël 34,5; 2 Chroniken 18,16. Siehe auch Joel Marcus, *Mark 1–8*, S.408 und C.S. Mann, *Mark*, S. 300.

56 *Revolt in the desert* in *New Testament Studies*, Vol. IV, 1957–1958, S. 135–141.

57 Das bedeutet natürlich nicht, dass Jesus die Menge in *militärische* Gruppen von fünfzig bzw. hundert Mann aufteilte. Es besagt nur, dass Markus (oder die Quelle, die er benutzte) wusste, dass sich die Mahlzeit zu einem Aufstand zu entwickeln drohte und dass er dies assoziativ mit militaristischen Elementen des Alten Testaments in Verbindung brachte. Ferner besteht die Möglichkeit, dass die Menge tatsächlich in Gruppen aufgeteilt wurde, damit man das Braten des Fisches (der vermutlich gegrillt wurde) der Einfachheit halber auf mehrere Kochstellen verteilen konnte.

58 *Gospel of John*, Teil 1, S. 249.
59 Marcus, S. 300.
60 *Feeding of the Multitude* in *Jesus and the politics of his day*, S. 226–28.
61 Matthäus 11,12.
62 *Biastai harpazousin autèn.*
63 Griechisch *ènagkasen*, das eine aggressive Handlung anzeigt.
64 Die Tatsache, dass sowohl die Heilung des »Besessenen« in Gerasa als auch die »Brotvermehrung« an einen Sturm auf dem See Gennesaret gekoppelt sind (was natürlich auch als Metapher für heftige, explosive Emotionen verstanden werden kann), betont erneut, dass das eine Ereignis (die Heilung des »Besessenen«) als Verschlüsselung oder karikatureske Umsetzung des anderen (die Brotvermehrung, will sagen, den Aufstand) gelesen werden kann.
65 Wie die Pharisäer und die Sadduzäer waren die Zeloten (vom griechischen *zelos*, Eifer) eine jüdische Gruppierung. Sie wollten das jüdische Volk von der römischen Herrschaft befreien und waren bereit, dafür zu sterben. Der Aufstand gegen Rom 66 n. Chr. wurde von den Zeloten begonnen. Nach seinem Scheitern zogen sie sich nach Masada zurück und begingen gemeinsam Selbstmord.
66 Bei Matthäus, Lukas und Johannes findet man diesen Spitznamen *nicht*: politisch zu gefährlich.
67 Lukas 9,54.
68 Markus schreibt »Er ging *(apèlthen)* auf einen Berg, um zu beten«, Matthäus verwendet *anebè*, »er stieg auf einen Berg«.
69 Merke: Johannes schreibt »den« Berg, nicht »einen« Berg – als ob es sich um einen bekannten Ort handelte. Daraus schloss H. Montefiore, dass das Wadi es-Samak ein »bevorzugter Treffpunkt« Jesu war, an den er ausweichen konnte, wenn Gefahr drohte (siehe auch Fußnote 33 von Kapitel 6).
70 Markus 6,47–51.
71 Cary Grant ist in dem gleichnamigen Hitchcock-Film auch ständig auf der Flucht.
72 Griechisch *phantasma.*
73 Matthäus 14,24–32. Jedoch berichtet Matthäus nicht über Betsaida, Markus dagegen schon. Er schreibt in 6,45, dass Jesus seinen Jüngern befohlen hatte, nach Betsaida zu fahren. Markus widerspricht sich später, indem er sie in »Gennesaret« anlegen lässt (6,53, die geografischen Daten des Ortes sind unbekannt). Markus' Chronologie stimmt hier nicht mehr: Die Verse 6,53 bis 7,24 wurden von ihm »dazwischengeschoben«. In seiner Quelle ging die Geschichte nach 6,52 direkt bei 7,24 weiter.
74 *Die Geschichte der synoptischen Tradition*, S. 236.
75 Rousseau-Arav, *Jesus and his world*, S. 246; C. S. Mann, *Mark*, S. 304.
76 Markus 6,48.
77 Johannes 6,19.
78 Vielleicht segelten sie dicht an der Küste entlang in der Erwartung, Jesus dort zu treffen. R. Brown, *Gospel of John*, Teil 1, S. 251.
79 Johannes 6,66.
80 Ich verwende hier das ursprüngliche *eidon* (in: *ho ochlos eidon)* – »die Menge sah« – der ältesten Manuskripte P28 und P75 (resp. 3. Jahrhundert und frühes 3. Jahrhundert). *Eidon* wird auch in den *Codices Vaticanus*, *Sinaiticus* und *Alexandrinus* verwendet (4. und 5. Jahrhundert). Die NBV umgeht das Problem, wie die Menschen »am *folgenden* Tag etwas sehen konnten, was am *vorigen* Abend geschehen war«. Sie verwendet Codices, die *später* als P28 und P75 geschrieben wurden, diese geben an: »sie *hatten* gesehen«. Das ist irreführend.
81 Anscheinend ist dieselbe Menge gemeint, die erst »auf der anderen Seite« stand.
82 Johannes 6,23f.
83 Matthäus 15,21. Matthäus beginnt den Satz mit: »Amen, ich sage euch: Wenn die Zeit der Erneuerung gekommen ist

und der Menschensohn in seiner Majestät auf seinem Thron Platz nimmt, dann sollt auch ihr …« etc. Hier handelt es sich um Matthäus' Redaktion.

84 Markus 7,24.

85 Cyprian lebte von 200 bis 258 n. Chr., Origenes von 185 bis 253 n. Chr.

86 *De Lapsis*, 3–10.

87 *Commentary on Matthew*, X-23.

88 *Contra Celsum*, I.61.

89 *Contra Celsum*, I.65.

90 *Commentary on Matthew*, 1.65. Anscheinend hat Origenes eine andere Version des Matthäusevangeliums vor sich liegen, als wir es heute im Neuen Testament antreffen, denn dort steht nur: »Wenn sie euch aber in einer Stadt verfolgen, so flieht in eine andere.«

91 Matthäus 8,20 = Lukas 9,58. Bin Laden wird dies zweifellos unterschreiben.

92 Bei Matthäus 15,21 steht: »Von dort zog sich Jesus in das Gebiet von Tyrus und Sidon zurück.« Und bei Markus: »Jesus brach auf und zog von dort in das Gebiet von Tyrus. Er ging in ein Haus, wollte aber, dass niemand davon erfuhr; doch es konnte nicht verborgen bleiben. (…) Jesus verließ das Gebiet von Tyrus wieder und kam über Sidon an den See von Galiläa, mitten in das Gebiet der Dekapolis« (7,24.31). Matthäus verwendet »zog sich zurück«, was von Markus' Redakteur zu »brach auf« abgeschwächt wird. Aber Matthäus (oder ein Redakteur) hat wiederum weggelassen, dass Jesus versuchte, seinen Aufenthaltsort geheim zu halten.

93 Theologen versuchen häufig, dies mit der Behauptung »abzuschwächen«, Jesus habe es auch getan, um seinen Jüngern Privatunterricht zu erteilen oder ein Missverständnis mit der Menge zu vermeiden. Siehe T. W. Manson, *Servant Messiah,* S. 71 – F. C. Burkitt *Gospel History and Transmission*, S. 93 – H.B. Swete, *Gospel according to St. Mark*, S. 159 – H.W. Hoehner *Herod Antipas*, Anhang 9.

94 C. S. Mann, *Mark*, S.341 – F. C. Burkitt, *Gospel History and its Transmission*, S. 91–92 – H. W. Hoehner, *Herod Antipas*, S. 326 – M. Goguel, *Life of Jesus*, S. 362–364 – J. Klausner, *Jesus of Nazareth*, S. 293 – C. G. Montefiore, *Synoptic Gospels*, Teil 1, S. 123 (es handelt sich hier um einen anderen Montefiore, nicht um den Autor von *Revolt in the Desert*: H. Montefiore).

95 Gemeint ist Gaulanitis.

96 Markus 7,31; 10,1. Laut Markus 9,30 zog Jesus bei dieser Reise auch noch durch Galiläa, aber »er wollte nicht, dass jemand davon erfuhr«.

7 · Verklärung

1 Das Johannesevangelium nennt sogar fünf, nämlich 2,14–25, 5,1ff.; 7,14ff.; (10,22ff.); 12,12ff. und 13,1ff. Ferner besucht Jesus Lazarus im drei Kilometer von Jerusalem entfernten Betanien, 11,17–44.

2 Markus 11,7–10, Johannes 12,12–15.

3 Markus 14,3–9, Johannes 12,1–8.

4 Den Synoptikern zufolge war es »am ersten Tag des Festes« (Markus 14,12), laut Johannes 13,1 »vor dem Paschafest« – in 19,31 fand die Hinrichtung am »Vorbereitungstag« vor dem Fest statt. Der Sabbat begann an diesem Abend um sechs Uhr, und »dieser Sabbat war zugleich ein großer Tag«. Bultmann zufolge bedeutet es, dass der Sabbat in jenem Jahr mit dem 15. Tag des Monats Nissan zusammenfiel (*Das Evangelium des Johannes*, S. 524).

5 Die Versammlung, bei der der Sanhedrin den Tod Jesu beschließt, steht in 11,47–53, 11, 57. Im Vorfeld gibt es den Versuch, Jesus »vorzuladen«, 7,32; 7,45–53.

6 Siehe Kapitel 9.

7 Lukas 13,6–9.

8 Hierzu sagt Jesus bei Lukas 17,34–36: »Von zwei Männern, die in jener Nacht auf einem Bett liegen, wird der eine mitgenommen [ins Königreich Gottes aufgenommen] und der andere zurückgelassen. Von zwei Frauen, die mit

derselben Mühle Getreide mahlen, wird die eine mitgenommen und die andere zurückgelassen.« Ob Jesus die unheilvolle Prophezeiung in Markus' Kapitel 13 (die »kleine Apokalypse«) wirklich ausgesprochen hat, ist sehr zu bezweifeln.

9 Bei Markus beginnt Jesus den Satz mit dem feierlichen griechischen Wort *Amèn* und sagt dann sehr nachdrücklich, dass er nicht mehr trinken wird, im Griechischen steht eine doppelte Verneinung, *ouketi ou mè* – »nicht, auf keinerlei Weise«. Heute würden wir »absolut nicht« sagen.

10 Markus 14,25.

11 Matthäus 26,29. Aber Matthäus beginnt den Satz nicht mit *Amèn* und fügt hinzu »an dem ich mit euch (von neuem davon trinke)« .

12 Lukas 22,18. Meiner Meinung nach lauteten die ursprünglichen Worte Jesu: »Ich versichere euch *(Amèn)*, dass ich absolut nicht mehr von der Frucht des Weinstockes trinken werde, bis das Königreich Gottes gekommen ist.«

13 Markus 14,17–25, Matthäus 26,20–30, Lukas 22,14–38, Johannes 13,1–17,13, 26.

14 Merke: Diese Handlungen stehen nicht bei Johannes.

15 Bei Matthäus steht: »Nehmet, esset; das ist mein Leib.« (26,26).

16 Markus 14,22. Lukas fügt hinzu: »Tut dies [das Brechen und Teilen des Brotes] zu meinem Gedächtnis!« (22,19). Paulus hat es ebenfalls, bei 1 Korinther 11,24 steht: »Das ist mein Leib, (der) für euch (gebrochen wird). Gedenkt meiner, sooft ihr dieses tut [das Brechen des Brotes].«

17 Markus 14,24. Bei Paulus steht: »Das ist mein Blut des neuen Bundes, das für viele vergossen wird. Tut dies, sooft ihr daraus trinkt, zu meinem Gedächtnis« (1 Korinther 11,25), bei Lukas ungefähr dasselbe (22,20). Matthäus fügt hinzu »zur Vergebung der Sünden« (26,28).

18 Markus 14,17–25.

19 Zu »feierlich«: siehe Fußnote 9 dieses Kapitels.

20 Lukas ist sich dessen bewusst und verschiebt den Satz weiter nach vorn – vor die »Einsetzung der Eucharistie«, siehe 22,14–21, spezifisch 22,17.

21 Und tatsächlich sein eigenes Blut trinkt!

22 J. Schlosser, *Jésus de Nazareth*, S. 289.

23 Schlosser umgeht das Problem mit der Behauptung, Jesus habe die Worte »Dies ist mein Blut« beim Trinken des Weines nie gesprochen. Meier (*Marginal Jew*, Teil 2, S. 305) erklärt apodiktisch, dass Markus' Vers 14,25 »ich werde nicht mehr von der Frucht des Weinstocks trinken etc.« unauflöslich mit dem Letzten Abendmahl verbunden ist, »weil die Aussage Jesu nirgendwo sonst einen Sinn ergibt (aber vielleicht ist die Verbindung dieses Verses mit den Worten der Eucharistie *nicht* authentisch)«. Meier täuscht sich: Die Worte ergeben durchaus einen Sinn, wenn Jesus sie in der Überzeugung ausspricht, das Königreich Gottes stehe kurz bevor.

24 Siehe Fußnote 12 dieses Kapitels.

25 C. S. Mann, *Mark*, S. 580–581 schreibt: »Spiegelt dieser Vers (Lukas 22,18) wirklich die historische Situation wider oder wurde er aus einem anderen Kontext in seinen heutigen Zusammenhang gezogen?« Mann denkt, dass er dem Paschafest zuzuordnen ist, das ein Jahr vor Jesu Tod stattfand, und dass der Vers im Laufe der Zeit, infolge verfälschter Erinnerungen, mit dem Letzten Abendmahl verkettet wurde.

26 Jesus geht davon aus, dass er sein nächstes Glas Wein gesund und wohlbehalten in einem »erneuerten« Israel trinken wird. Bultmann schreibt: »Ursprünglich wäre erzählt gewesen, wie Jesus bei einem (feierlichen, dem letzten?) Mahl die Gewissheit ausspricht, dass er das nächste (Freuden-) Mahl im Gottesreich feiern werde, dies also als unmittelbar bevorstehend er-

wartet.« Bultmann lässt dahingestellt, um welche Art Mahl es sich handelt und wann es stattfand. Er stellt sich die Frage: »War es ein feierliches bzw. ze remonielles Mahl? War es ein letztes Mahl?« (*Die Geschichte der synoptischen Tradition*, S. 286–287).

27 Matthäus 11,19.

28 Natürlich kann man spekulieren, inwieweit Jesu Überzeugung von der psychologischen *Notwendigkeit*, ein solches zeitliches Limit ankündigen zu müssen, beeinflusst wurde.

29 1 Thessalonicher 4,15 lautet: »Denn das sagen wir euch mit einem Wort des Herrn, die wir leben bleiben bis zur Ankunft des Herrn, wir werden erst nach den [auferstandenen] Toten [in das Himmelreich] eingehen«, und 5,2 »denn ihr selbst wisst genau, dass der Tag des Herrn kommen wird wie ein Dieb in der Nacht.« In 1 Korinther 1,8 schreibt Paulus: »… dass ihr untadelig seid am Tag [der Rückkehr] unseres Herrn Jesus Christus«; in 4,5 »Darum richtet nicht vor der Zeit, bis der Herr kommt«; in 7,29 »Die Zeit ist kurz«; und in 16,22 »Unser Herr kommt! *(Maranatha)*«; In 1 Johannes 2,18 steht: »Kinder, die letzte Stunde ist da«; in 1 Petrus 4,7: »Das Ende aller Dinge ist nahe«; und in Jakobus 5,7–8 »Darum, Brüder, haltet geduldig aus bis zur Ankunft des Herrn … denn die Ankunft des Herrn steht nahe bevor.«

30 Vergl. Lukas 10,18 und 10,22.

31 Johannes 12,31.

32 Der griechische Ausdruck lautet *archōn toutou kosmou*.

33 Das hier verwendete Verb ist erneut *ekballein*, »austreiben« – es wird in den Evangelien immer benützt, wenn es um das »Hinauswerfen von Dämonen« geht.

34 Siehe z. B. Johannes 14,30 und 16,11, wo Satan »der Herrscher der Welt« genannt wird.

35 Man bemerke, dass Johannes den Vers 12,31 nach die Salbung und den Einzug in Jerusalem stellt (12,1–17).

36 Markus 9,2–8, Matthäus 17,1–8, Lukas 9,28–36.

37 Markus 9,3. Bei Matthäus »strahlt Jesu Gesicht wie die Sonne und seine Kleider werden blendend weiß wie das Licht«.

38 Markus 9,7.

39 In 3 Mose 23,41–43 steht: »Ihr sollt dieses Fest im siebten Monat (Tischri) feiern. Sieben Tage sollt ihr in Hütten wohnen. Alle Einheimischen in Israel sollen in Hütten wohnen, damit eure kommenden Generationen wissen, dass ich die Israeliten in Hütten wohnen ließ, als ich sie aus Ägypten herausführte. Ich bin der Herr, euer Gott.«

40 Die NBV übersetzt mit »würde vollbringen müssen«. Im Griechischen steht *èmellen plèroun*; *èmellen* kommt von dem Verb *mellō*. Liddell-Scott zufolge kann dies sowohl eine Wahrscheinlichkeit als auch ein Schicksal andeuten, *to be destined* oder *likely*.

41 *Exodos* wird normalerweise mit »ausgehen, wegmarschieren, weggehen« übersetzt, es bedeutet allerdings auch »Ende, Aufbruch, Tod«.

42 Von dem Verb *plèroō*.

43 Lukas zeigt an, dass die Erscheinungen während Jesu Gebet stattfinden (9,28f.). Müssen wir davon ausgehen, dass Jesus eine »Stimme« hörte wie Jeanne d' Arc? Allah verhüte, dass es sich um dieselbe Stimme handelt, von der G. W. Bush dem palästinensischen Präsidenten Mahmoud Abbas berichtete: »Gott sagte zu mir, dass ich Al-Qaida angreifen müsse, und ich schlug zu, und danach ließ er mich wissen, dass ich Saddam angreifen müsse, und das tat ich« (J. Gray, *Black Mass*, S. 115).

44 *Exodos* wird hier also im Sinne von »weggehen, irgendwohin gehen« verwendet. Siehe Fußnote 41 dieses Kapitels.

45 Johannes 12,13.

46 In Jerusalem wuchsen keine Palmen.

47 Léon-Dufour, *The Gospels and the Jesus of History*, S. 220 und Goguel, *Life of Jesus*, S. 318–320. Manson ist der Mei-

nung, dass sowohl der Einzug als auch die Tempelreinigung sechs Monate vor Jesu Tod am Laubhüttenfest stattfanden (*Servant Messiah*, S. 78–79 und *The Cleansing of the Temple* in *Bulletin of the John Rylands Society*, Vol. 33, März 1951, S. 271–282).

48 *Gospel of John*, Teil 1, S. 457.

49 Messias kommt vom hebräischen Wort *mashiah*, »der Gesalbte«. Das Wort *mashiah* ist ins Griechische übersetzt *christos*. In der hebräischen Bibel (nicht völlig identisch mit dem griechischen Alten Testament) taucht der Terminus *mashiah* 39-mal auf, meist bezieht er sich auf die Salbung eines Königs, manchmal auf die eines Priesters – wenn er in seine öffentliche Funktion eingesetzt wurde. Ursprünglich wurde der Terminus »Messias« jedoch nicht verwendet, um einen idealen zukünftigen König zu beschreiben, der Begriff »Sohn Davids« oder Ähnliches war gebräuchlicher. Erst später brachte man den Begriff »Messias« mit jemandem in Verbindung, der – mit Gottes Hilfe – die Feinde Israels (seit 63 v. Chr. die Römer) aus dem Land vertreiben, bestrafen und eine gerechte Herrschaft einführen würde. Ein »leidender« Messias ist sehr ungewöhnlich, ein Messias ist beinahe immer ein »Siegertyp«. Nur in 4 Esra 7,28–30 ist von einem die Rede, der stirbt: »Denn mein Sohn, Jesus, wird denen offenbart werden, die bei ihm sind, und die, die bleiben, werden vierhundert Jahre lang erfreut werden. Und nach diesen Jahren wird mein Sohn, der Messias, sterben und jeder, der einen menschlichen Atem hat. Und die Welt wird zurückgeführt werden in die Urstille, wie es am Anfang war, und da wird niemand mehr sein« (4 Esra wurde jedoch erst um 70–100 n. Chr. geschrieben, also mindestens vierzig Jahre nach Jesu Tod – siehe *Buiten de Vesting*, Skandalon en Plantijn, 2008, S. 333 und 347; ebenfalls A. Segal, *Rebecca's Children*, S. 64–67).

50 Lüdemann, *Jesus after 2000 years*, S. 57. bzw. *Jesus nach 2000 Jahren*, S. 81.

51 »Er wurde verachtet und von den Menschen gemieden, ein Mann voller Schmerzen, mit Krankheit vertraut. [...] Aber er hat unsere Krankheit getragen und unsere Schmerzen auf sich geladen. [...] Doch er wurde durchbohrt wegen unserer Verbrechen, wegen unserer Sünden zermalmt. Zu unserem Heil lag die Strafe auf ihm, durch seine Wunden (Striemen) sind wir geheilt. [...] Doch der Herr lud auf ihn die Schuld von uns allen. Er wurde misshandelt und niedergedrückt, aber er tat seinen Mund nicht auf. Wie ein Lamm, das man zum Schlachten führt, [...] Durch Haft und Gericht wurde er dahingerafft, [...] Er wurde vom Land der Lebenden abgeschnitten und wegen der Verbrechen seines Volkes zu Tode geschlagen. Bei den Ruchlosen gab man ihm sein Grab, bei den Verbrechern/den Reichen seine Ruhestätte, [...] Der Plan des Herrn wird durch ihn gelingen.« (Jesaja 53,3–10).

52 Ob der Ort der Konfrontation, Cäsarea, auch historisch untermauert werden kann, lässt sich nicht überprüfen.

53 Markus 8,31.

54 Nicht nur in 8,31, sondern auch in 9,31 und 10,33f. Markus verwendet die Prophezeiungen, um seine Kapitel 8–10 zu strukturieren. Der Sprachgebrauch ist in den meisten Fällen charakteristisch für Markus, jedoch nicht für Jesus (Lüdemann, *Jesus after* 2000 years, S. 56 bzw. *Jesus nach 2000 Jahren*, S. 81).

55 Entgegen der Auffassung der meisten »liberalen« Theologen glaube ich, dass Jesus sehr wohl über seinen (möglichen oder notwendigen) Tod gesprochen hat, allerdings nicht über seine Auferstehung. Siehe Kapitel 9.

56 Siehe auch Lüdemann, *Jesus after 2000 years*, S. 56 bzw. *Jesus nach 2000 Jahren*, S. 81.

57 Siehe das gleichnamige Buch von W. Wrede.

58 Lukas 19,11.

59 Markus 11,7–10, Matthäus 21,8–11, Lukas 19,36–40, Johannes 12,12–15,17, 18.

60 Matthäus 21,10–12 lautet: »Als er in Jerusalem einzog, geriet die ganze Stadt in Aufregung, und man fragte: Wer ist das? Die Leute sagten: Das ist der Prophet Jesus von Nazaret in Galiläa.« Dass die ganze Stadt »in Aufregung« war, scheint sehr übertrieben.

61 Lukas 9,52.

62 Johannes 12,18.

63 David war der zweite König Israels (nach Saul) und regierte von ca. 1000 bis 962 v. Chr. Die jüdische Tradition betrachtete ihn als idealen König, den Begründer einer langjährigen Dynastie. Unter seiner Regierung entstand der »jüdische Staat«, und Jerusalem wurde zur »heiligen Stadt«. Die Zeit seiner Herrschaft wurde als Manifestation Gottes auf Erden gesehen. In den folgenden Jahrhunderten, als andere Völker das Land besetzten (als Letzte die Römer), war David der Prototyp des Messias, der das jüdische Volk aus der Unterdrückung retten sollte. Man wartete jahrhundertelang auf Davids »Rückkehr«, oder besser gesagt, auf den »Sohn Davids«. Wenn sich diese Hoffnung erfülle, werde Gott erneut über Israel regieren: Er würde über das Land richten, es befreien und erneuern. Es würde für immer Frieden herrschen (siehe *New Encyclopaedia Britannica*, Teil 3 von Micropaedia, S. 906).

64 Sacharja 9,9. Der Text lautet: »Juble laut, Tochter Zion! Jauchze, Tochter Jerusalem! Siehe, dein König kommt zu dir. Er ist gerecht und hilft; er ist demütig und reitet auf einem Esel, auf einem Fohlen, dem Jungen einer Eselin.«

65 Johannes 12,15.

66 Matthäus 21,5.

67 Siehe Markus 11,1–7, Matthäus 21,1–7, Lukas 19,29–35. Jesus gebietet zwei Jüngern, in einem bestimmten Dorf einen Esel zu besorgen: »Geht in das Dorf, das vor euch liegt« – in diesem Zusammenhang ist Betfage oder Betanien gemeint. Allerdings könnte der Text sehr gut eine Bearbeitung von Markus 14,12–16 sein. Johannes schreibt ganz einfach: »Jesus fand einen jungen Esel und setzte sich darauf« (12,14).

68 Markus 11,10.

69 Johannes 12,13.

70 J. Holleman, *Resurrection & Parousia* schreibt: »Es gibt ernst zu nehmende Hinweise, dass der gewaltsame Tod Jesu aus den messianischen Aussprüchen hervorgeht, die von Jesus und seinen Jüngern gemacht wurden« (S. 117).

71 Markus 14,1–9. Dem Text von Matthäus (26,1–13) ist nur zu entnehmen, dass die Salbung in einem Zeitraum von zwei Tagen vor dem Paschafest stattfand. In 26,2 sagt Jesus: »Ihr wisst, dass in zwei Tagen das Paschafest beginnt.«

72 Lukas 7,36–50.

73 Johannes 12,1–8.

74 Die Frau weint und weil sie am Fußende von Jesu Liege steht, fallen ihre Tränen auf seine Füße – die sie dann mit ihren Haaren trocknet.

75 Lukas 10,38–42.

76 Kapitel 11 des Johannesevangeliums handelte größtenteils von der Auferweckung des Lazarus.

77 Beispielsweise wird bei Markus die Salbung in 14,3–9 beschrieben, die Vorbereitungen für das Letzte Abendmahl beginnen in 14,12. Siehe auch Kapitel 9 und 10 dieses Buches.

78 Lukas, der auf eine Tradition unabhängig von den Quellen der anderen Evangelisten zurückgreift, geht sicher nicht davon aus, dass die Salbung *vor* dem Begräbnis stattfand. Es herrscht ohnehin ein Widerspruch bei Markus, weil später, nach Jesu Tod, »Maria aus Magdala, Maria, die Mutter von Jakobus, und Salome wohlriechende Öle *kauften*, um den Leib Jesu zu salben« (16,1).

79 Siehe auch Manson, *Servant Messiah*, S. 85. Dibelius, *Jesus*, S. 82, denkt, dass die Frau, die Jesus salbte, ihn als »König des Gottesreiches« sah. Barrett, *Gospel according to St. John*, S. 409, schreibt, dass die Salbung die »königliche Würde Jesu als Vorbereitung auf den triumphalen Einzug in Jerusalem ausdrückte.«

80 2 Könige 9,2f.

81 Lukas 19,39f.

82 Auch wenn er sich mit voller Absicht auf einen Esel gesetzt hat, um das Bild des *Feldherrn*-Königs abzuwehren, so reitet er doch einfach weiter und hält, unter Jubel, Einzug in die Stadt.

83 Matthäus 19,28. »Amen, ich sage euch: Wenn die Welt neu geschaffen wird und der Menschensohn sich auf den Thron der Herrlichkeit setzt, werdet ihr, die ihr mir nachgefolgt seid, auf zwölf Thronen sitzen und die zwölf Stämme Israels richten.« Hier spielt erneut eine Rolle, dass Matthäus den ursprünglichen Text an die Erkenntnis angepasst hatte, dass (als er sein Evangelium schrieb) das Königreich Gottes nicht eingetroffen war, aber dass die Erwartung, der »auferstandene« Jesus würde zurückkommen (als »der Menschensohn«), weiterhin bestehen blieb.

84 Lukas ordnet dieses Wort Jesu dem Letzten Abendmahl zu (20,30). Demnach sitzt Judas auch mit am Tisch. In diesem Fall verspricht Jesus Judas ebenfalls einen »Thron«! Lukas hat diese Idiotie natürlich begriffen und darum das Wort Jesu abgeschwächt. Anstelle von: »... werdet ihr, die ihr mir nachgefolgt seid, auf zwölf Thronen sitzen«, wie Matthäus schreibt, lautet der Text bei Lukas: » ... und ihr sollt auf Thronen sitzen«. Er lässt das erste Wort »zwölf« weg, in der Hoffnung, dass sein Widerspruch so weniger auffällt.

85 Die Stämme von Judah und Benjamin.

86 Die Texte »Wenn die Welt neu geschaffen wird und der Menschensohn sich auf den Thron der Herrlichkeit setzt« und »ihr sollt in meinem Reich mit mir an meinem Tisch essen und trinken« wurden wahrscheinlich aus dem Wissen heraus redigiert, dass Jesus gestorben und auferstanden war. Ich denke, dass der ursprüngliche Wortlaut sehr schlicht war: »Wenn das Königreich Gottes kommt, dann...«

87 *Jesus after 2000 years*, S. 211 bzw. *Jesus nach 2000 Jahren*, S. 271–272. Die zwölf Stämme werden an folgenden Stellen genannt: Weisheit von Jesus Sirach 36,11 – Psalmen des Salomo 17,26–29 – Kriegsrolle von Qumran 2,2; 2,8; 5,1.

88 J. Holleman, *Resurrection & Parousia*, schreibt: »Die Jünger [Jesu] glaubten, Jesus würde eine zentrale Rolle in diesem Gottesreich spielen« (S. 118) und »der Glaube, dass Gottes Königreich nahe sei und dass Jesus der König dieses Reiches werden würde, erhielt einen schweren Schlag, als Jesus zu Tode gebracht wurde« (S. 117).

89 Markus 10,37–40.

90 Auch Johannes 12,31f. kann damit etwas zu tun haben. Jesus sagt: » Jetzt wird Gericht gehalten über diese Welt; jetzt wird der Herrscher dieser Welt [Satan] hinausgeworfen werden«, um fortzufahren, »und ich, wenn ich über die Erde erhöht bin, werde alle zu mir ziehen.« Liest man den letzten Satz im Rahmen der Passion, wird er häufig als Metapher für die Kreuzigung gesehen. Jesus wurde mit ausgestreckten Armen am Querbalken (dem *Patibulum*) befestigt und dann mitsamt dem Balken hinaufgezogen, bis dieser oben an den senkrechten Pfahl (der meist fest in der Erde verankert war) gebunden werden konnte. Physisch wurde er tatsächlich »hochgehoben« – auch wenn die Füße der Opfer bei den meisten Kreuzigungen beinahe den Boden berührten. Boismard (*Critique textuelle et citations patristiques* in *Revue Biblique*, Juli 1950, S. 301) hat jedoch überzeugend argumentiert, dass »über die Erde« *(ek tès gès)* später hinzugefügt wurde: Eine

große Anzahl Kirchenväter zitiert den Vers 12,32 *ohne* die Worte »über die Erde« (u. a. Origenes, Athanasius, Chrysostomus, Ambrosius, Augustinus). Sie verfügten anscheinend über ein Manuskript des Johannesevangeliums, in dem diese Worte nicht standen. Angesichts der Tatsache, dass eine *Hinzufügung* dieser drei Worte nachvollziehbarer ist als ihre *Auslassung*, muss *ek tès gès* ursprünglich nicht in dem Manuskript gestanden haben. Zudem: »Hochziehen« mag zwar eine adäquate Übersetzung des griechischen Verbs *hupsein* sein, das in Vers 12,32 verwendet wird, allerdings bedeutet es auch »jemanden in einen erhöhten Status bringen, ihn ehren, erhöhen«. Mit der Hinzufügung »über die Erde« hat ein Redakteur des Johannesevangeliums dafür gesorgt, dass der Leser sich entweder für die physische Interpretation entscheidet – in der Jesus vorhersagte, dass er bei der Kreuzigung am vertikalen Balken des Kreuzes entlang hochgezogen werden würde – oder für die spirituelle – wonach Jesus wusste, dass er bei seinem Tod von der Erde nach oben in den Himmel gehoben werden würde. Die Hinzufügung »über die Erde« entzieht dem Auge eine offensichtlichere Möglichkeit, dass Jesus meinte: »Wenn ich in eine ehrenvolle Position gebracht bin (nachdem das Königreich Gottes gekommen ist), werde ich euch alle (d. h. die Jünger) zu mir holen.« Das bedeutet: Ihr werdet meine ehrenvolle Position teilen – die zwölf Throne stehen euch zur Verfügung.

91 »*Lieu-tenant*« in der Bedeutung »Stell-Vertreter«.

92 Die Analyse Adolf Hitlers von Ian Kershaw in seiner Hitler-Biografie (Teil 1, *Hybris*) verläuft beinahe parallel. Hitler sah sich zu Zeiten des Putschs 1923 als »Trommler«, der das deutsche Volk auf die Ankunft eines neuen Führers vorbereiten müsse. Dieser sollte Deutschland aus der Misere befreien (der Auswirkung der deutschen Niederlage und der völlig unangemessenen Reparationsleistungen, die Deutschland nach 1918 auferlegt worden waren). Nach dem Scheitern des Putschversuchs und seiner Gefangenschaft (in der er *Mein Kampf* schrieb) begann Hitler ab 1925, *sich selbst* als Führer zu sehen – den er zuvor als »Trommler« angekündigt hatte.

93 *Jesus and Judaism*, S. 155, herausgegeben 1985.

94 Markus 9,7f.

95 Markus 9,13.

96 Siehe Charlesworth, *Odes of Solomon*, in *The Old Testament Pseudepigrapha*, Teil 2, S. 726–734.

97 Man kann sich auch die Frage stellen, inwieweit diese Psalmen von Salomo das Denken Jesu (seit seiner Kindheit?) beeinflusst haben.

98 Gauguin in *Avant et Après*, S. 34. Emile Bernard berichtet, dass van Gogh kein Rasiermesser bei sich hatte, jedoch nach der aggressiven Konfrontation mit Gauguin nach Hause rannte und sich da das Ohrläppchen abschnitt (siehe John Rewald, *Post-Impressionism from van Gogh to Gauguin*, S. 268).

8 · Konfrontation

1 Léon-Dufour schreibt: »Er [Jesus] blieb drei Monate [in Jerusalem], bis zum Fest der Lichter, dann verbarg er sich in Peräa, weil man einen Befehl erlassen hatte, nach dem er verhaftet werden sollte« (*The Gospels and the Jesus of History*, S. 220).

2 Auch das »Fest der Tempelweihe« genannt, Johannes 10,22.

3 Das Johannesevangelium steht den Landsmännern Jesu, die immer »die Juden« genannt werden, häufig sehr feindselig gegenüber. Wenn es kein Anachronismus wäre, könnte man dieses Evangelium als antisemitisch bezeichnen. Die Wortwahl hat aber zweifellos dazu beigetragen, den Antisemitismus innerhalb der Kirche sowohl gängig als auch vertretbar zu machen.

4 Markus 11,11.19 (14,3).

5 Es ist falsch, den *Details*, die Johannes hierzu aufführt, einen großen historischen Wert beizumessen: Die Dialoge zwischen »den Juden« und Jesus sind zweifellos vom Evangelisten erfunden. Die zehn Zitate, die ich in den folgenden Fußnoten nenne, müssen in ihrer allgemeinen Bedeutung gelesen werden: Während seines Aufenthalts in Jerusalem nahmen die Feindseligkeiten Jesus gegenüber zu, man bedrohte ihn mit gewalttätigen Aktionen. Bestimmte Gruppierungen, besonders die Priesterkaste, wünschten ihm schließlich den Tod.

6 Die Menschen riefen: »Du bist besessen« (Johannes 7,20). Die Juden sagten: »Sagten wir nicht mit Recht, dass du ein Samariter bist und einen bösen Geist hast?« (8,48). Da sprachen die Juden zu ihm: »Nun erkennen wir, dass du einen bösen Geist hast« (8,52). Viele unter ihnen sprachen: »Er hat einen bösen Geist und ist von Sinnen« (10,20).

7 »Einige von ihnen wollten ihn festnehmen, aber keiner wagte ihn anzufassen (7,44). Da hoben sie Steine auf, um sie auf ihn zu werfen. Jesus aber verbarg sich und verließ den Tempel (8,59). Da hoben die Juden wieder Steine auf, um ihn zu steinigen [...], wieder wollten sie ihn festnehmen, er aber entzog sich ihrem Zugriff« (10,31.39).

8 Jesus sagte: »Warum versucht ihr mich zu töten?« (7,19). Da sagten einige Leute aus Jerusalem: »Ist das nicht der, den sie töten wollen?« (7,25). Jesus sagte: »Aber ihr wollt mich töten, [...] jetzt aber wollt ihr mich töten, einen Mann, der euch die Wahrheit verkündet hat« (8,37–40).

9 Auch Pentateuch genannt. Es sind die ersten fünf Bücher des Alten Testaments: Genesis, Exodus, Levitikus, Numeri und Deuteronomium (ursprünglich auf Hebräisch geschrieben). Im weiteren Sinne bezieht sich *Thora* auch auf das göttliche Gesetz, dem Israel zu gehorchen hatte.

10 »Heute« ist in diesem Fall 1888.

11 Kursivschrift im ursprünglichen Text.

12 *Der Antichrist*, Paragraf 27, S. 221–223, Kröner 1978.

13 Siehe Markus 1,21–26, 3,2–4.

14 Markus 2,27f.

15 Markus 7,3. Dort steht: »Die Pharisäer essen nämlich wie alle Juden nur, wenn sie vorher die Hände gewaschen haben.«

16 Markus 7,15.

17 Im Griechischen *aphedrōn*. Im *Codex Bezae* steht *ochetos*, Senkgrube – aber auch »menschlicher Abflusskanal«. Damit könnte gemeint sein: »Es kommt zum Hinterteil wieder heraus.«

18 Markus 7,18f. Ob es sich hier um ein authentisches Wort Jesu oder um eine redaktionelle Erläuterung Markus' handelt, ist umstritten. Der lässige – und gewagte – skatologische Aspekt dieses Verses (sein Häufchen in die Toilette machen) scheint jedoch ein Hinweis auf Jesus zu sein.

19 G. Quispel, *Das Thomas-Evangelium*, S. 277. Quispel fügt lakonisch hinzu: »Bei einem großen Abwasch konnte dies von Nutzen sein.«

20 *Hupokritai*, was auch »Schauspieler, Deklamatoren« bedeutet.

21 Matthäus 23,25f. Eine kryptischere Version finden wir bei Thomas 89: »Warum wascht ihr das Äußere des Bechers? Versteht ihr nicht, dass der, der das Innere gemacht hat, auch der ist, der das Äußere gemacht hat?«

22 Matthäus 5,44.39. Er fährt fort: »Und wenn dich jemand vor Gericht bringen will, um dir das Hemd wegzunehmen, dann lass ihm auch den Mantel *(imation)*. Und wenn dich einer zwingen will, eine Meile mit ihm zu gehen, dann geh zwei mit ihm« (5,40f.) Ein römischer Soldat durfte einen Juden zwingen, sein Gepäck eine Meile weit für ihn zu tragen. Natürlich haben die Ratschläge Jesu auch eine strategische Bedeutung: Indem man den Gegner/ Soldaten hoffentlich mit seinem Benehmen überraschte, verschaffte

man sich einen psychologischen Vorteil.

23 Matthäus 11,19, Lukas 7,34.

24 Wörtlich steht dort »die Kinder der Brautkammer«: die Begleiter des Bräutigams oder die Hochzeitsgäste.

25 Markus 2,19, Matthäus 9,15, Lukas 5,34.

26 Jesaja 62,5. Siehe Joel Marcus, *Mark 1–8*, S. 237.

27 Markus 10,23–25.

28 Matthäus 8,21f.

29 Lukas 14,26. Vgl. Matthäus 1,37 und Thomas 55,101.

30 Lukas 12,51–53.

31 Matthäus 23,5–7. Siehe auch Markus 12,38f. und Lukas 11,43.

32 Matthäus 23,27, Lukas 11,44. Beide Evangelisten fügen hinzu: »Ihr errichtet Denkmäler für die Propheten, die von euren Vätern umgebracht wurden« (23,29 resp. 11,47).

33 Matthäus 21,31.

34 Matthäus 7,3.5.

35 Man nimmt an, dass die Bevölkerung Galiläas gezwungen wurde, 14 % ihres Einkommens an Rom und 21 % an den Tempel in Jerusalem zu bezahlen.

36 Wörtlich: »Gib (oder bring) mir einen Denar, damit ich ihn sehe.« Im Gleichnis von den Arbeitern im Weinberg betrug der Arbeitslohn für einen Tag einen Denar.

37 Markus 12,14–17.

38 Thomas 10. Vgl. Lukas 12,49.

39 Markus 2,22. Vgl. Matthäus 9,17, Lukas 5,37, Thomas 47,4.

40 Johannes 10,24.

41 In *Studies in Jewish and Christian History*, Teil III, Brill, 1986.

42 Auf S. 637 (Fußnote 1), S. 642 (Fußnote 3), S. 658 (Fußnote 2) und S. 664 (Fußnote 3). Diese Angaben beziehen sich auf die englische Ausgabe von R. Bultmann, *The Gospel of John*.

43 Anders als Palästina war Ägypten persönlicher Besitz des römischen Kaisers. Dieser bezog von dort seinen Weizen, der gratis unter den Einwohnern Roms verteilt wurde. Die Besetzung Palästinas ist in gewissem Sinne vergleichbar mit der amerikanischen Besetzung des Irak oder der deutschen Besetzung der Niederlande im Zweiten Weltkrieg.

44 Johannes fügt »und Pharisäer« hinzu – aber das ist Redaktion.

45 Johannes 7,32. Das griechische Verb ist *piazō*, das mit »greifen, festhalten, gefangen nehmen« übersetzt wird. In der NBV steht: »… sie schickten Diener, um ihn festzunehmen.«

46 *Un mandat d'amener* (vgl. das englische Wort *writ*). Siehe Bickermann, *Utilitas Crucis*, Teil III – »Die Geschichte des Johannes«, Kapitel 2.

47 Ich meine den Sanhedrin, dem die Rechtsprechung in Judäa oblag.

48 Johannes 7,45.

49 Origenes, *Contra Celsum*, I.65, zitiert Celsus, der gegen Jesus agiert: »Mit deinen Jüngern verbirgst du dich hier und da.« Laut Johannes 10,40 flieht Jesus »auf die andere Seite des Jordan, an den Ort, wo Johannes zuerst getauft hatte« (siehe Johannes 1,28).

50 Johannes 18,15f. In diesem Zusammenhang ist der ehemalige Hohepriester Hannas gemeint.

51 *Tebtunis Papyri*, II.411, aus dem 2. Jahrhundert, in: *University of California Publications, Graeco-Roman Archaeology*, Band 2, 1907 (Oxford Univ. Press, London)

52 *Papyri Osloenses, Proceedings before a Strategus*, S. 39–43 (der Papyrus wurde 136 n. Chr. geschrieben). Es ist eine Publikation der Norske Videnskaps-Akademi i Oslo (Norwegische Akademie der Wissenschaften in Oslo) aus dem Jahre 1923.

53 Celsus schreibt: »… nachdem wir [die jüdischen Obrigkeiten] ihn überführt und verurteilt hatten, um ihn zu strafen, zeigte sich, dass Jesus sich verbarg und auf die niederträchtigste Manier zu entlaufen suchte« (Origenes, *Contra Celsum*, II.9).

54 Johannes 11,47–53.

55 In Josephus' *Jüdische Altertümer* (18.63–64) steht, dass Jesus nach »An-

klage unserer [jüdischen] Führer« hingerichtet wurde. Die Authentizität dieser Passage ist allerdings unklar, es kann sich um christliche Interpolation handeln.

56 Johannes 11,53f.

57 Bammel, *Ex illa itaque die concilium fecerunt,* in *The Trial of Jesus,* S. 33.

58 Markus berichtet, dass Jesus zum Hohepriester gebracht wird (14,53), Matthäus zufolge befindet sich dieser in einem Palast (26,57f). Bei Johannes wird Jesus ebenfalls zum Palast des ehemaligen Hohepriesters Hannas gebracht (18,13.15).

59 Lukas ist sich der Unwahrscheinlichkeit von Markus' Bericht bewusst, er verschiebt die Gerichtsversammlung auf den folgenden Morgen (22,54.66).

60 Johannes 11,47–54.

61 R. Eisler zufolge hatten die jüdischen Führer das Beweismaterial (bezüglich Jesu Schuld) Pilatus vorgelegt, woraufhin dieser die Exekution befahl. Eisler schreibt: »Wir müssen annehmen, dass die jüdischen Obrigkeiten ihre gegen Jesus gerichtete Information dem römischen Präfekten präsentierten, *als Jesus noch auf freiem Fuß war«* (*Jesus Messiah and John the Baptist,* S.402. Der vollständige Titel der deutschen Ausgabe lautet: *Iesous basileus ou basileusas. Die messianische Unabhängigkeitsbewegung vom Auftreten Johannes des Täufers bis zum Untergang Jakobs des Gerechten. Nach der neuerschlossenen Eroberung von Jerusalem des Flavius Josephus und den christlichen Quellen dargestellt, 2 Bde., Heidelberg 1929/30*).

62 Das griechische Verb heißt *diastrephō*, was mit »verdrehen, verführen, pervertieren oder korrumpieren« übersetzt werden kann.

63 Lukas 23,2.5.

64 Die sog. *aitia*, siehe weiter unten im Text.

65 Markus 15,26. Matthäus: »Das ist Jesus, der König der Juden« (27,37), Lukas: »Das ist der König der Juden« (23,38) und Johannes: »Jesus von Nazaret, der König der Juden« (19,19).

66 Johannes 11,57.

67 Die Gemeinden waren verpflichtet, den Machthabern in Jerusalem bei der Auffindung eines Flüchtigen zu helfen.

68 Bammel, *Ex illa itaque die concilium fecerunt,* in *The Trial of Jesus,* S. 33.

69 E. Bickermann, *Utilitas Crucis,* in *Studies in Jewish and Christian History,* Teil III, S. 116 (Brill, Leiden 1986).

70 Auch für »melden« in Vers 11,57 wird das Verb *mènusein* verwendet, was wörtlich das »Anzeigen« einer Person bei den Obrigkeiten bedeutet.

71 Der *Papyrus Par.* 10 (Graec. 2333), siehe Fußnote 3, S. 403 von Eislers, *Jesus Messiah and John the Baptist.*

72 E. Berneker, *Zur Geschichte der Prozessleitung im ptolemäischen Recht,* S. 189.

73 Johannes 11,54.

9 · Lazarus wird getötet

1 Johannes 11,35.

2 Johannes 11,1–44.

3 Johannes 11,3. Der Text lautet: »Da sandten die Schwestern [eine Nachricht] zu Jesus und ließen ihm sagen: Herr, siehe, der, den du lieb hast, liegt krank.« Manche Verfasser haben herausgelesen, dass Lazarus der Geliebte Jesu gewesen sei, und ihn häufig »dem Jünger, den Jesus liebte« aus demselben Evangelium gleichgesetzt (siehe z. B. die Übersetzung von Warren und Molegraaf, S. 240). Die Annahme, Jesus habe homosexuelle Beziehungen zu (einem von) seinen Jüngern unterhalten, erscheint mir unglaubwürdig: Paulus wettert in seinen Briefen heftig gegen alles, was »homosexuell« (*pornoi*) ist. Aber es ist seltsam, dass die NBV den Satz »Herr, siehe, der, den du lieb hast, ist krank« mit dem neutralen »Herr, dein Freund ist krank« übersetzt. Befürchten die Autoren der NBV, dass der Leser unter Umständen doch denken könne, dass Jesus homosexuell gewesen sei?

4 Dies bezieht sich auf Johannes 10,31f., 39.

5 Johannes 11,8.

6 Bei der Passage »um mit ihm zu sterben« wird »ihm« im Text nicht definiert und kann sich sowohl auf Jesus als auch auf Lazarus beziehen. Faktisch lautet der Satz kurz davor (in dem Jesus spricht): »Lasst uns nun also zu *ihm* gehen«, wobei mit »ihm« Lazarus gemeint ist. Daraufhin soll Thomas gesagt haben: »Lasst uns zusammen mit Lazarus sterben.« Das würde meinem Gedanken zu Lazarus' »sogenannter« Krankheit entsprechen.

7 Johannes 11,16.

8 Johannes 11,30. Maria geht »zu Jesus, der war aber *noch nicht in das Dorf gekommen*, sondern war noch dort, wo ihm [vorher] Marta begegnet war«.

9 *Lathrai*, Johannes 11,28. Die NBV ist viel zu brav: »(Marta) nahm ihre Schwester Maria beiseite.« Das Wort *lathrai* bedeutet jedoch »heimlich, insgeheim, hinter dem Rücken«.

10 Höchstwahrscheinlich war eine Belohnung ausgesetzt, die derjenige erhalten sollte, der Jesus bei den Obrigkeiten anzeigte.

11 Johannes 11,17.

12 Taylor, *The Gospel according to St. Mark*, S. 188.

13 Johannes 11,33–35,11,38. Die Übersetzung des Verbs *embrimaomai* in der NBV, Jesus »ärgerte sich«, ist viel zu schwach.

14 Johannes 11,44.

15 Dass er überhaupt laufen konnte, ist ein zweites »Wunder«, da seine Füße mit Binden zusammengebunden waren – er soll das Grab demnach hopsend verlassen haben? Man merke, dass der Evangelist auch das Schweißtuch *(soudarion)* nennt, mit dem Lazarus' Kopf verhüllt war: Das gleiche Schweißtuch taucht in Jesu Grab auf, als Petrus und der »Jünger, den Jesus liebte«, dort hineingehen (vgl. 11,44 mit 20,7).

16 Johannes 11,47–53.

17 *Das Evangelium des Johannes*, S. 301, Fußnote 4.

18 Es ist auch noch möglich, dass die Salbung ursprünglich überhaupt nicht im Johannesevangelium vorkam und später beliebig dazwischengeschoben wurde. In diesem Fall muss der Evangelist anscheinend davon ausgegangen sein, dass die beiden Schwestern in der christlichen Tradition so bekannt waren, dass sie keiner weiteren Vorstellung bedurften.

19 Die »Liebe« Jesu zu dem uns völlig unbekannten Lazarus überfällt uns aus heiterem Himmel. Darum vermutet R. Eisler, dass es eine vorhergegangene Geschichte gegeben haben muss, in der Jesu Verhältnis zu Lazarus erklärt wurde (*Das Rätsel des Johannes-Evangeliums* in *Eranos-Jahrbuch* 1935, S. 323–511, speziell S. 373 ff. – siehe auch Bultmanns *Gospel of John*, S. 397, Fußnote 2 bzw. *Das Evangelium des Johannes*, S. 302, Fußnote 5).

20 Johannes 11,6.

21 Am Ende von Kapitel 10 steht, dass Jesus »auf die andere Seite des Jordan, an den Ort, wo Johannes zuerst getauft hatte«, geflohen war (10,40).

22 Markus 5,21–24.35–42.

23 Lukas 7,11–15.

24 Einzufügen zwischen Markus 10,34 und 35.

25 Markus 5,23.35.

26 M. Heidegger, *Sein und Zeit*, Paragraf 46–53.

27 Markus 8,32. Siehe auch Markus 9,31; 10,33 und viele andere Passagen.

28 Markus 10,38.

29 Ich will hier nicht auf mögliche tiefenpsychologische Motive wie Todessehnsucht, Suizidneigung etc. eingehen, die Jesus zu dieser Sicht getrieben haben. Allerdings möchte ich auf Parallelen zu Vincent van Gogh hinweisen. In den letzten Jahren seines Lebens malte van Gogh gut vierhundert (!) Bilder, viele davon sind meiner Meinung nach Ausdruck derselben religiösen Gefühle, die Jesus bewegten und die van Gogh in einem Brief an seinen Bruder Theo als »Gott oder die Natur oder wie man es

auch nennen mag« beschreibt. Ebenfalls in dieser Periode schuf er jedoch auch eine große Zahl düsterer, bedrohlicher Bilder, die eine Atmosphäre des Unheils ausstrahlen. Ich denke, dass man hier eine Verbindung zu den Gefühlen Jesu legen muss, die diesen überkamen, als das Königreich Gottes nicht erschien, als er selbst zum »Flüchtigen« wurde und zu dem Schluss kam, dass Gott seinen Tod wollte. Van Goghs letzte Worte bevor er (nach einem ungeschickt ausgeführten Selbstmordversuch) starb waren *»La tristesse durera toujours.«* (Anm. d. Übers.: Die Traurigkeit bleibt immer). Es besteht auch eine Übereinstimmung mit dem amerikanischen Maler Mark Rothko, der eine Vielzahl von Bildern malte, die den Betrachter fast in ein visionäres, »himmlisches« Universum »hineinsaugen«. Danach wird sein Werk immer düsterer, Blau, Violett und Lila verschwinden und werden zu Schwarz und Dunkelgrau. Schließlich begeht Rothko Selbstmord.

30 Wellhausen *(Das Evangelium Johannis)* bemerkt, dass das Griechisch dieses Satzes *(èn de tis asthen n Lazaros)* aus linguistischer Sicht »kaum zu ertragen ist«, und zieht daraus den Schluss, dass es sich nicht um den Originaltext gehandelt haben kann.

31 Das griechische Verb müsste dann *kratein* sein. Es wird verwendet, als Jesus in Getsemani gefangen genommen wird, Markus 14,46.

32 Auch Markus und Matthäus zufolge hat die Salbung in Betanien stattgefunden, bei ihnen im Haus Simons, des Leprakranken.

33 Lukas 24,50.

34 Griechisch *ebouleusanto*. Wie bereits in Kapitel 8 betont, darf dies nicht mit »beratschlagen« übersetzt werden (wie es die NBV tut), sondern mit »sie fassten den Beschluss«. Siehe Bammel, *Et itaque die consilium fecerunt*, in *Jesus and the Politics of his Day.*

35 Johannes 12,9–11.

36 Siehe Wellhausen, *Das Evangelium Johannis*, S. 55.

37 Bickermann (*Utilitas Crucis*, S. 216) schreibt, dass es zu der Zeit normal war, dass sich die Polizei »der Folter bediente, um von Familienmitgliedern unter Zwang den Aufenthaltsort eines Flüchtigen zu erfahren«.

38 Polykarp lebte von ca. 85–155 n. Chr.

39 Siehe Eusebius, *History of the Church*, 4.1.16. Ich brauche nicht weiter auf die Foltermethoden hinzuweisen, die von der Inquisition, der Gestapo, den Franzosen in Algerien oder den Amerikanern im Irak (oder anderen Ländern, die bei *extraordinary rendition* mitspielen, wie Ägypten oder Polen) angewendet werden, um den Aufenthaltsort von Ketzern, Guerilleros, Terroristen/Freiheitskämpfern herauszubekommen.

40 Ich möchte daran erinnern, dass der berühmte französische Widerstandsheld Jean Moulin, nachdem er – ebenfalls infolge eines Verrats – von den Deutschen verhaftet worden war, unverzüglich einen Selbstmordversuch unternahm (indem er mit dem Kopf brutal gegen eine Steinwand lief), weil er sich bewusst wurde, dass die Verhörmethoden der Gestapo – in diesem Fall von Klaus Barbie – so furchtbar waren, dass auch er »geknackt« werden und seine Mitstreiter verraten würde.

41 Im Sinne von »gezwungen, gehetzt«.

42 Lukas 12,50.

43 Nicht von Paulus geschrieben.

44 Hebräer 5,7.

45 Markus 14,33–36.

46 *Death of the Messiah*, Teil 1, S. 224.

47 Auch hier das Verb *tarassō*, dem wir bereits beim Grab von Lazarus begegnet sind: Dort ist Jesus »schockiert, sehr verwirrt, zittert«. Die Übersetzung der NBV (*hè psuchè mou tetaraktai*) lautet: »Jetzt habe ich Todesangst.«

48 Johannes 12,27.

49 Johannes 13,21. Nochmals das Verb *tarassō*, jetzt in der Kombination mit *etarachthè tōi pneumati*. Die NBV

wählt »tief betrübt«, die Einheitsübersetzung »im Innersten erschüttert«.

50 *Botschaft und Geschichte*, Teil 2, S. 262.

51 Johannes 11,6.

52 Johannes 15,13. Merke: Im Text steht »Freunde« *(philōn)*, nicht »Schüler« *(mathètai)*. Lazarus ist ein *Freund* Jesu, kein Jünger.

53 In der Diskussion, die Jesus mit seinen Jüngern über die Gefahren führt, die in Jerusalem drohen (Johannes 11,7–16) sagt er: »Hat nicht der Tag zwölf Stunden?« E. Schwartz argumentierte, dass der ursprüngliche Text lautete: »Meine zwölfte Stunde ist nahe«, was andeutet, dass Jesus meint, sein Leben gehe dem Ende zu. Er will sich nicht mehr entziehen, nicht mehr schonen, nicht mehr verstecken. Um seines Freundes Lazarus willen wird er der Gefahr trotzen (*Aporien im vierten Evangelium*, III, S. 169, in *Nachrichten von der Königlichen Gesellschaft der Wissenschaften zu Göttingen – Philologisch-historische Klasse*, Berlin 1907).

54 Als 1945 ein mehr oder weniger zufälliger Anschlag auf den SS-General Rauter [Anm. d. Übers.: Obergruppen- und Polizeiführer der besetzten Niederlande] verübt wurde, stellten die Täter sich *nicht*. Daraufhin exekutierten die Deutschen als Repressalie einige Hundert Gefangene, darunter 117 in Woeste Hoeve.

55 Markus 14,22.

56 Der Großteil der Worte Jesu im Johannesevangelium ist nicht authentisch. Die Verwendung eines »Beispiels aus der Natur« passt jedoch zu zahlreichen anderen Aussprüchen, in denen Jesus auf die Natur verweist. Siehe mein Kapitel 5.

57 In den vergangenen Jahren wurde der hebräische Text einer Steintafel analysiert, die aus dem Ende des vorchristlichen Jahrhunderts stammt (A. Yardeni und B. Elizur, in *Cathedra*, 2007).
Der Text, der von Yardeni und Elizur *Gabriels Offenbarung* genannt wurde, könnte bedeuten, dass das gedankliche Konzept »eines Messias, der getötet und nach drei Tagen auferstehen wird« schon geraume Zeit vor Christi Geburt im Umlauf war. So interpretiert zumindest I. Knohl, Bibelforscher an der Hebräischen Universität Jerusalem, den schwer lesbaren und unvollständigen Text. Knohl zieht daraus den Schluss, dass Jesus dieses Konzept übernommen und auf sich selbst übertragen hat. In diesem Fall hätte Jesus tatsächlich seinen Jüngern verkündet, dass sein Tod Gottes Wille sei, aber dass er nach drei Tagen auferstehen werde.
Knohls Schlussfolgerungen erscheinen mir falsch. Dass Jesus, der die Natur scharf beobachtete, überzeugt gewesen sein soll, er werde sterben und wieder »auferstehen«, ist unwahrscheinlich: Dem widerspricht der Lauf der Natur, alles vergeht und verschwindet als Entität. Der bereits erwähnte Text »Wenn ein Weizenkorn nicht in die Erde fällt und stirbt, bleibt es allein; wenn es aber stirbt, bringt es reiche Frucht« entspricht der Natur viel stärker als eine »Auferstehung nach drei Tagen«. Knohls Lesart des unvollständigen Textes – insbesondere der stark beschädigten Buchstaben, die er als »nach drei Tagen« interpretiert – kann jedoch korrekt sein (obwohl dem Präsidenten der *Israeli Academy of Hebrew Language*, M. Bar-Asher, zufolge der Text »an entscheidenden Stellen verschwunden ist … und eine große Anzahl Worte fehlen«). Wenn das Konzept eines »Messias, der drei Tage nach seinem Tod auferstehen wird« bereits fünfzig Jahre lang kursierte, dann halte ich es allerdings sehr wohl für möglich, dass die ersten Christen dieses Denkbild nach Jesu Tod und seinen vermeintlichen Erscheinungen vor den Jüngern auf Jesus *übertragen* haben (*New York Times*, 6. Juli 2008, S. 1,8).

58 Siehe beispielsweise M. Myllykoski, *Die letzten Tage Jesu* – Teil 1, S. 148.

59 Markus 14,22–25.

60 1 Korinther 11,23–26. Der Brief wurde um 54–55 n. Chr. geschrieben.

61 In den Übersetzungen wird dies häufig unterschlagen. In der NBV steht beispielsweise: »Denn was ich empfangen und euch weitergegeben habe, geht auf den Herrn selbst zurück.« *Apo tou kuriou* hat den Platz gewechselt, sodass sich der Satz jetzt so liest, als habe Paulus die Information von lebendigen Menschen empfangen statt direkt von Jesus. Somit wird der problematische Charakter von Paulus' Ausspruch umgangen.

62 Das erste Gespräch von Paulus und Petrus fand um 35 n. Chr. statt, das zweite in Antiochia um 48 n. Chr. Wir wissen nicht, wann Paulus die Information aus 1 Korinther 11,23–26 über den »auferstandenen Christus« empfing.

63 *Bedeutung des Abendmahls im Urchristentum*, S. 509. Cullmanns Artikel ist aufgenommen in *Vorträge und Aufsätze 1925–1962.*

64 Apostelgeschichte 2,46.

65 Dadurch wird die Atmosphäre der Mahlzeiten, während denen Freude und Hoffnung herrschten, durch eine düstere, kannibalistische »Blut und Leib«-Symbolik ersetzt.

66 Johannes 11,8, 11,16.

67 *Ex illa itaque die consilium fecerunt*, S. 46.

68 *Das Evangelium Johannis*, S. 53.

69 Markus 10,32–34.

70 Ich gehe davon aus, dass der Bezae-Text auf einer schriftlichen Quelle basiert. Selbst wenn sich das als falsch erweisen sollte, glaube ich dennoch, dass zumindest eine Geschichte im Umlauf war, in der Jesus am Grab eines engen Freundes erschien und von Emotionen überwältigt wurde. Dieser Mann, nennen wir ihn weiterhin Lazarus, war jedoch tot und blieb tot.

71 Die weitere Extrapolation der Kirche, dass Jesus gestorben sein soll, um »unsere Sünden wegzunehmen«, ist genauso großer Unsinn wie die sogenannte Erbsünde, die durch Adam in die Welt gekommen sein soll (Dank an Darwin).

72 Laut Johannes 11,54 zieht Jesus nun in die Stadt Efraim. Es ist nicht sicher, wo dieses Efraim lag. Rousseau/Arav zufolge, *Jesus and his world,* S. 87, wird heutzutage meist angenommen, dass es mit Taybeh gleichzusetzen ist, etwa zwanzig Kilometer nördlich von Jerusalem. W. F. Albright bevorzugt die Identifikation mit Ain Samieh, fünf Kilometer nordöstlich von Tayibeh: Im Februar ist es dort etwas wärmer als in Jerusalem und es gibt dort größere Höhlen, die Unterschlupf bieten oder sich als Versteck eignen. Ich halte es für unwahrscheinlich, dass Jesus nach Lazarus' Tod ein Versteck wählte, das sich so nahe an Jerusalem befand – zu Pferd war es nicht mehr als eine Stunde entfernt. Ein Ort, der eher auf der Hand liegt, ist das Wadi Kerith (heute Jabis), im Alten Testament der Bach Kerit. Dort versteckte sich Elija auf seiner Flucht vor Ahab und Isebel, die ihn ermorden wollten (1 Könige 17,1–6). Das Wadi liegt auf der Grenze zwischen Dekapolis, Samaria und Peräa, verengt sich recht bald und ist von hohen Bergen umgeben, in denen sich zahlreiche, fast unzugängliche Grotten befinden: ein ausgezeichneter Ort für ein Versteck oder einen Fluchtort, wenn Gefahr drohte. Siehe den Videofilm, den J. Tabor dort aufnahm, *A Jesus hide-out in the desert? Mapping ancient textual traditions,* University of North Carolina at Charlotte; Biblical Archaelogy Society, 1999.

73 Lukas 22,35f.

74 *Gospel according to Luke*, S. 1428.

75 *The Death of the Messiah*, Teil 1, S. 269.

76 J. Klausner, *Jesus of Nazareth*, S. 331.

77 F.T. Marinetti, *Selected Writings.*

78 T.W. Manson, *Studies*, S. 70.

79 Matthäus 26,52.

80 *The Messiah Jesus and John the Baptist*, S. 366.

81 Die deutschen Übersetzungen sind

handfester: »Jesus war im Innersten erregt und erschüttert« (Einheitsübersetzung), und »da ergrimmte er im Geist und wurde sehr betrübt« (Luther 1984). Eine Kombination dieser beiden käme der griechischen Version sehr nahe.

82 *The Messiah Jesus and John the Baptist*, S. 367–370.

83 Matthäus 11,12.

84 Mohammed war erst ein erfolgreicher Geschäftsmann. Nach einer spirituellen Krise begann er, sich als Botschafter Allahs zu sehen – die Botschaft wurde später in den 114 Suren des Korans festgelegt. Kader Abdolah behauptet in seiner Koranübersetzung (S. 13), dass die Suren, die Mohammed in Mekka schrieb »sanft, poetisch, lyrisch, rhythmisch und forschend« seien. Später, als Mohammed nach Medina flieht, »verändert sich seine Sprache vollständig. Er gelangt zu Macht, ergreift sein Schwert, und seine Worte bekommen eine harte Färbung.« Mohammed ist über fünfzig, als er sich zum Kriegsherrn entwickelt, der von Medina aus einen Krieg gegen Mekka führt und aus ihm schließlich als Sieger hervorgeht.

85 Logion 16 des Thomasevangeliums lautet: »Und sie wissen nicht, dass ich gekommen bin, um Feuer, Schwert, Krieg auf die Erde zu bringen.«

86 Das Koptische kann hier auch mit »ein Höfling« übersetzt werden.

87 Lukas 6,15. Es ist möglich, dass der Schüler, der Judas Iskariot genannt wurde, auch ein Zelot war. Siehe mein Kapitel 11, Fußnote 36.

88 Resp. Matthäus 10,4, Markus 3,18.

89 Markus 3,17, griechisch *boanerges*.

90 Markus 14,47.

91 Matthäus 26,52, Lukas 22,50f., Johannes 18,10f.

92 Markus 14,48, vgl. auch Matthäus 26,55, Lukas 22,52.

93 Es ist möglich, dass die Diskussion zwischen Pilatus und »den Hohepriestern«, die Johannes in 19,20f. beschreibt, hierauf zurückzuführen ist. Johannes zufolge stand auf dem *Titulus*: »Jesus von Nazaret, der König der Juden«. Die Hohepriester protestierten dagegen. Ihrer Meinung nach hätte dort stehen müssen: » … dass er *gesagt* hat: Ich bin der König der Juden.«

94 *Inside Terrorist Organisations*, S. 208–214.

95 Übersetzt *Der Wille des Volkes*.

96 Ehad Sprinzak, *Inside Terrorist Organisations*, S. 194–216. Sprinzak schlussfolgert, dass eine »Kombination aus messianischem Glauben an die nationale Erlösung gekoppelt an eine chronische Konfliktsituation innerhalb dieser Nation inhärent zu zunehmender Gewalt neigt: ein Aufbau, der erst die Gesetzesumgehung akzeptiert und dann über vigilantes Verhalten zum Terrorismus führt.«

97 Meine Tochter Claudia wies mich auf Dostojewskis Plan hin, den jesusartigen Aljoscha, einen der drei Brüder in *Die Brüder Karamasow*, zum Terroristen werden zu lassen (es sollte in Teil 2 geschehen, der nie geschrieben wurde: Dostojewski starb).

98 Matthäus zufolge kamen Jünger des Täufers zu Jesus nach Galiläa, um ihm zu berichten, dass Johannes von Herodes Antipas exekutiert worden sei (14,12f). Jesus zieht sich daraufhin direkt mit einem Boot an die dünn besiedelte Ostküste des Sees zurück. Es ist möglich, dass die Jünger von Johannes ihm dahin folgten. In Kapitel 6 habe ich gezeigt, dass dies zu einem (abgebrochenen) Aufstand führte, der als das Wunder der »Brotvermehrung« bekannt ist.

10 · Der letzte Tag im Leben Jesu

1 Markus 14,12–15,37.

2 Lukas nennt die beiden Jünger: Petrus und Johannes.

3 Die Chronologie der Evangelien ist verwirrend, weil der jüdische Tag bereits bei Sonnenuntergang begann (ungefähr um 18.00 Uhr), nicht um Mitternacht, wie heute. Als Beispiel:

Der jüdische *Dienstag* fing um 18.00 Uhr unseres heutigen *Montags* an. Der »Vorbereitungstag«, den alle Evangelien nennen, verlief von Donnerstag 18.00 Uhr bis Freitag 18.00 Uhr – danach begann der Sabbat.
Bei Johannes wird ein gemeinschaftliches Abendessen an »unserem« Mittwochabend eingenommen, dem jüdischen Kalender zufolge zu Beginn des 14. Tages des Monats Nisan. Am selben Abend wird Jesus verhaftet und in Hannas' Palast gebracht. Am Donnerstagmorgen führt man ihn am Prätorium vorbei, wo ein (unhistorisch!) langes Gespräch mit Pilatus stattfindet. Nach der Mittagsstunde wird er gekreuzigt und stirbt einige Stunden später. Die Schlachtung der Lämmer für das Paschafest wurde ebenfalls an diesem Mittag abgehalten – Jesus stirbt hier also, während die Lämmer geschlachtet und bevor sie abends gegessen werden (zu Beginn des Paschafestes). Aber Johannes zeigt in keiner Weise, dass diese Symbolik für ihn von Bedeutung war. Da der »Vorbereitungstag« um rund 18.00 Uhr begann, brach man die Beine von Jesu Mitgekreuzigten (sodass sie schnell einen Erstickungstod starben). Jesus ist zu dem Zeitpunkt anscheinend schon tot. Die Leichen werden vom Kreuz abgenommen und Jesus Ende des 14./Anfang des 15. Nisan (der Tageswechsel also bei Sonnenuntergang) in ein Grab gelegt. Das wäre also »unser« Donnerstagabend.
Die Synoptiker ordnen das Letzte Abendmahl – in diesem Fall ein Paschamahl – am Donnerstagabend ein (zu Beginn des 15. Nisan, des »Vorbereitungstags«), somit *einen* Tag später als Johannes. Die Verhandlung im Palast von Kajaphas findet in der Nacht von Donnerstag auf Freitag statt. Am frühen Freitagmorgen wird Jesus zu Pilatus gebracht und um rund 9.00 Uhr morgens gekreuzigt. Er stirbt um 15.00 nachmittags am (Kar-)Freitag, es ist immer noch der 15. Nisan. Er muss in der Nähe begraben worden sein, da der Sabbat (Samstag) ein paar Stunden später anfing: bei Sonnenuntergang, dem 16. Nisan. Sowohl bei Johannes als auch bei Markus gehen die Frauen am Sonntagmorgen (dem ersten Wochentag, dem 17. Nisan) zu seinem Grab und finden es leer vor.

4 Markus 14,12–16.

5 1 Samuel 9,12.

6 1 Samuel 10,3.

7 Markus 14,3–9.

8 *Das Markusevangelium*, Teil 2, S. 344–345.

9 *Death and Resurrection of Jesus Christ*, S. 65.

10 *The Messiah Jesus and John the Baptist*, S. 515, Fußnote 2.

11 Ebenso Matthäus 26,21. Bei Lukas steht: »Doch seht, der Mann, der mich verrät und ausliefert, sitzt mit mir am Tisch« (22,21). Johannes (13,21): »Amen, amen, das sage ich euch: Einer von euch wird mich verraten« (hier wird *paradidōmi* verwendet).

12 Bultmann (*Die Geschichte der synoptischen Tradition*, S. 285) schreibt: »... die Ankündigung des Verrats hat keine einzige praktische Konsequenz.« Die Ankündigung habe daher »legendarischen« Charakter.

13 Wenn ein solcher Kontakt existiert hat, wird darüber in priesterlichen Kreisen gesprochen worden sein. Und wenn wir dem Evangelium von Johannes glauben dürfen, befand sich in diesen Kreisen ein *Jünger* Jesu; er wird in 18,15f. der »andere Jünger, der mit dem Hohepriester bekannt war« genannt. Es ist derjenige, der Hannas' Palasttor für Petrus öffnet und ihn einlässt, als Jesus – nach seiner Verhaftung – von Hannas verhört wird. Dieser »andere Jünger« kann Jesus hinsichtlich eines möglichen Kollaborateurs informiert haben. Dass Jesus sich vor Verrat hütete, erschließt sich auch aus Johannes 12,20f. Dem Evangelisten zufolge wollen »einige Griechen« Jesus treffen und

nehmen deshalb Kontakt mit Philippus auf. Dieser geht zu Andreas und später mit ihm zusammen zu Jesus, um das Treffen zu arrangieren. Der Aufenthaltsort Jesu ist anscheinend so geheim, dass Philippus ihn ebenfalls nicht kennt und zu Andreas gehen muss – der weiß, wo Jesus sich befindet.

14 Markus 14,22–24, Matthäus 26,26–28, Lukas 22,19f.

15 1 Korinther 11,24f.

16 Dieser Brief wurde rund fünfundzwanzig Jahre vor dem Markusevangelium geschrieben.

17 Bultmann (*Die Geschichte der synoptischen Tradition*, S. 286): »Es ist ja deutlich, dass Vers 14,22–25 [über die Einsetzung der Eucharistie] in einen schon vorhandenen Bericht eingesetzt ist.«

18 Markus 14,25.

19 Lukas 22,18.

20 Markus 14,26–52. Ungefähr gleich in Matthäus 26,31–56 und Lukas 22,39–54. Bei Johannes 18,1–12 gibt es kleine Unterschiede.

21 Lukas 22,33.

22 Das griechische Verb *ekthambeō* kann man auch mit »fassungslos« oder »bestürzt« übersetzen. Die gebräuchlichste Version ist »überrascht werden«. Das würde in diesem Fall bedeuten, dass Jesus von der Erkenntnis durchdrungen wird, dass es, *entgegen seiner Erwartung*, keinen Ausweg mehr gibt und er verhaftet werden wird.

23 Johannes zufolge war Jesus schon (Monate) zuvor verurteilt worden: Man hatte ihn bereits für schuldig befunden. Darum wird er an Ort und Stelle in Getsemani »gefesselt« (*edèsan*, 18,12). Bei den Synoptikern findet Jesu Prozess erst nach der Verhaftung statt. Jesus wird dort früh am nächsten Morgen, nach der nächtlichen Verhandlung, gefesselt (dasselbe Verb – Markus 15,1 und Matthäus 27,2).

24 Die Kapitel 13–15 von 2 Samuel beschreiben, wie einer der Söhne König Davids, Amnon, seine Halbschwester Tamar vergewaltigt. Ein anderer Sohn Davids, Absalom – Tamars »vollständiger« Bruder – rächt seine Schwester und tötet Amnon. Absalom muss fliehen und lebt einige Jahre in der Verbannung, bis Joab, der Anführer von Davids Heer, eine Versöhnung zwischen David und Absalom zuwege bringt. Absalom wird wieder am Hof König Davids akzeptiert, ist aber voller Groll. Er schmiedet ein Komplott gegen seinen Vater mit dem Ziel, ihn zu töten.

25 Andere Schreibweisen: »Gattiter« oder »aus Gat«. Es bezieht sich auf die Stadt Gat, die auf dem Gebiet der Philister lag.

26 2 Samuel 15,16–31.

27 2 Samuel 17,1–3.

28 2 Samuel 17,23. Als Absalom David später dennoch angreift, hat dieser seine Armee verstärkt. Absalom wird daraufhin geschlagen und getötet.

29 T.F. Glasson, *Davidic Links with the Betrayal of Jesus*, in *Expository Times* 85, 1973–74, S.118–119 und L. P. Trudinger, *Some Further Observations*, in *Expository Times* 86, 1974–75, S.278–279.

30 Markus 14,18–21.

31 Nach der Hinrichtung Jesu verlässt Judas die anderen elf Jünger. In Apg. 1,25 »geht er an den Ort, der ihm bestimmt war«. Auf Griechisch steht dort *poreuthènai eis ton topon idion*, wörtlich: »um zu gehen an den Platz, der seiner war«. Aber Apg. 1,18 berichtet auch, dass Judas' Bauch bei einem Sturz aufgeschlitzt wurde, sodass seine Eingeweide heraustraten. Laut Matthäus 27,5 flieht Judas und erhängt sich.

32 Brief an die Hebräer 5,7f.

33 Vermutlich irgendwo in der Wüste, möglicherweise bei »Efraim«, siehe Johannes 11,54.

34 Johannes 18,15f.

35 Johannes 18,12.

36 Genau wie Josef aus Arimathäa in Johannes 19,38, der »aus Furcht vor den Juden *heimlich* ein Jünger Jesu war«. Nikodemus, »ein Pharisäer und füh-

render Mann unter den Juden« sucht Jesus ebenfalls heimlich »bei Nacht« auf (Joh. 3,1f.).

37 *Das Evangelium des Johannes*, S. 499, Fußnote 8.

38 Markus 14,50, Matthäus 26,56. Lukas und Johannes sagen nichts über eine Flucht der Jünger.

39 Diese und folgende Aussprüche in: J. Gnilka, *Evangelium nach Markus*, Teil 1, S. 272 – E. P. Sanders, *Historical Figure of Jesus*, S. 268 – B. van Iersel, *Mark*, S. 440 – P. Frederiksen, *Jesus of Nazareth, King of the Jews*, S. 235 – M.-E. Boismard, *Jésus*, S. 162 – G. Theissen und A. Merz, *The historical Jesus*, S. 428.

40 Die *speira* setzte sich im Prinzip aus sechshundert Soldaten zusammen. Manchmal wird das Wort aber auch für eine Armee-Einheit von zweihundert Mann verwendet.

41 *Die Geschichte der synoptischen Tradition*, S. 289.

42 *Evangiles Synoptiques*, Teil 2, S. 585.

43 *Sollte* Markus eine Quelle verwendet haben, stand dort nicht: »Da verließen ihn alle und flohen« (14,50), sondern: »Da wurden sie alle gegriffen und weggeführt« (z. B. *kratousin pantes kai apègagon*). Aber es ist genauso gut möglich, dass Markus sich die Fluchtszene selbst ausgedacht hat, was gut zu seiner Voreingenommenheit gegenüber »den Zwölf« passt.

44 Markus 14,51f.

45 *Bevor* Jesus verhaftet wird, verwendet Markus in Kapitel 14 das Wort »Jünger« sechsmal und »die Zwölf« viermal.

46 Matthäus »verbessert« hier Markus' Text: »Da verließen ihn alle Jünger und flohen.«

47 *Die Geschichte der synoptischen Tradition*, S. 289–290.

48 *Contra Celsum* I.41.

49 *Meta sou kekolasmenōn* – die Verwendung des Wortes »meta« legt Nachdruck auf »zusammen mit«.

50 *Contra Celsum* I.48.

51 Markus 15,27.

52 Matthäus 11,12. Der Evangelist schreibt »das Himmelreich«, das ursprüngliche Wort ist »Gottesreich«.

53 Apg. 1,15–26.

54 Apg. 1,15.

55 Paulus schreibt, ihm sei »überliefert« worden, dass Jesus nach seinem Tod »500 Brüdern und Schwestern gleichzeitig« erschienen ist (1 Korinther 15,6).

56 E. Schillebeeckx, *Genade en Bevrijding*, S. 314, »… die Tradition nach Johannes, dass es neben der Gruppe der Zwölf noch einen anderen Freundeskreis Jesu gab.« Möglicherweise gehörte Lazarus auch zu diesem Kreis. (Deutscher Titel: *Christus und die Christen. Die Geschichte einer neuen Lebenspraxis*; Freiburg im Breisgau; Basel; Wien: Herder 1980, aus dem Niederländischen von Hugo Zulauf)

57 Die Synoptiker berichten, dass Jesus zu dem Palast von *Kajaphas* gebracht wurde. Ich bin davon überzeugt, dass Johannes' Information bezüglich der Situation in Jerusalem den Beschreibungen der anderen Synoptikern im Allgemeinen überlegen ist.

58 Johannes 18,22, resp. Markus 14,65. Auch diese Information kann von »dem anderen Jünger« stammen.

59 Markus, Matthäus und Lukas zufolge kann Petrus einfach so den Innenhof betreten (14,54 resp. 26,58 und 22,55).

60 In Johannes 20,18f. steht, dass Maria aus Magdala zu den Jüngern geht, um ihnen zu erzählen, dass sie den »auferstandenen« Jesus gesehen hat. Die Jünger »hatten aus Furcht vor den Juden die Türen verschlossen«. Dies suggeriert, dass sich die Jünger in Jerusalem befinden, siehe auch das Evangelium von Petrus. Als Jesus gestorben war »zogen die Juden die Nägel aus den Händen des Herrn und legten ihn auf die Erde« (6,21). Danach wurde Jesus von Josef (von Arimathäa) in ein Grab gelegt. In 7,26 lesen wir: »Wir (die Jünger) verbargen uns, zitternd vor Angst. Schließlich wurden wir von ihnen ge-

sucht als Verbrecher und als diejenigen, die den Tempel in Brand stecken wollten« [Anm. d. Übers.: In einigen amerikanischen bzw. englischsprachigen Ausgaben des Petrusevangeliums beginnt die Zählung bei jedem neuen Kapitel erneut mit Vers 1. Die Stellenangaben der bewussten Zitate lauten daher in diesen Ausgaben 6:1–4 und 7:2].

61 Wegen der gigantischen Kerzenleuchter, die in Jerusalem aufgestellt wurden. Ist das Wort Jesu »*Ich* bin das Licht der Welt« darauf zurückzuführen? Lüdemann denkt, dass diese Worte auf eine frühchristliche Tradition zurückgehen (was nicht dasselbe ist wie »historische Wirklichkeit«), *Jesus after 2000 years*, S. 483 bzw. *Jesus nach 2000 Jahren*, S. 612.

62 Markus 14,30f.

63 Die Tatsache, dass Paulus – trotz all seiner Differenzen mit Petrus – die »Verleugnung« nie in seinen Briefen nennt, auch nicht, um gegen Petrus zu agieren, lässt den Schluss zu, dass rund zehn bis zwanzig Jahre nach Jesu Tod von der »Verleugnung« noch nichts bekannt war.

64 Dass Markus auf die zwölf Jünger Jesu nicht gut zu sprechen war, wird aus folgenden Versen ersichtlich. In 4,13 sagt Jesus zu seinen Jüngern: »Wenn ihr schon dieses Gleichnis nicht versteht, wie wollt ihr dann all die anderen Gleichnisse verstehen?« In 4,40 »Warum habt ihr solche Angst? Habt ihr noch keinen Glauben?« In 6,52 nennt er die Jünger »uneinsichtig«. In 7,18 sagt er zu ihnen: »Begreift auch ihr nicht?« In 8,14 haben die Jünger vergessen, genug Brot mitzunehmen. Drei Verse später sagt Jesus: »Begreift und versteht ihr immer noch nicht? Ist euer Herz verstockt? Habt ihr denn keine Augen, um zu sehen, und keine Ohren, um zu hören?« Und erneut in 8,21 »Versteht ihr immer noch nicht?« In 9,6 weiß Petrus nicht mehr, was er sagen soll, denn er (und Johannes und Jakobus) »waren von Furcht ganz benommen«. In 9,18 gelingt es den Jüngern nicht, einen Dämon auszutreiben, Jesus erledigt es daher selbst. Als er in 9,32 über seinen nahenden Tod spricht, verstehen sie nicht, was er meint, trauen sich aber auch nicht, ihn zu fragen. Unterwegs zanken sie sich, »wer von ihnen der Größte sei« (9,34). Als Kinder zu Jesus kommen wollen, werden sie von den Jüngern abgewehrt, Jesus wird darüber wütend (10,13f.). Auf dem Weg nach Jerusalem (10,32) sind die Jünger unruhig und bekommen Angst. In 10,35–41 bitten die Brüder Jakobus und Johannes um die besten Plätze an der Tafel im kommenden Gottesreich, links und rechts von Jesus. Die anderen Jünger werden deshalb eifersüchtig. Als Jesus in Todesangst betet – in Getsemani –, schlafen Petrus, Jakobus und Johannes dauernd ein (14,37.40f). Als er zu ihnen zurückgeht, sagt Jesus: »Schlaft ihr etwa immer noch?«

65 Dion Chrysostomos (40–112 n. Chr.) beschreibt in seinem *Oration* IV.6 das Sakaeafest. Ihm zufolge wird bei diesem Fest ein zum Tode Verurteilter aus dem Gefängnis geholt und auf einen Thron gesetzt, mit einem königlichen Gewand ausstaffiert, und es wird ihm spöttisch gehuldigt. Aber am Ende des Festes zieht man ihm die Kleider aus, er wird gegeißelt und gehängt (hier ist vermutlich »gekreuzigt« gemeint). Möglicherweise war den syrischen Hilfstruppen, die in Palästina stationiert waren, ein solches Fest bekannt. Dann besteht die geringe Möglichkeit, dass sie diese »Scherze« mit Jesu trieben. Wahrscheinlicher ist jedoch, dass Markus diesen Brauch ebenfalls kannte und ihn als schöne Dramatisierung seiner Geschichte verwendete.

66 Siehe Gibsons Gräuelfilm *The Passion of the Christ*.

67 Markus 15,21.

68 Hauptsächlich die Psalmen 22, 31, 34, 38 und 69. Eine gute Übersicht findet

sich in Browns *The Death of the Messiah*, Teil 2, S. 1453–1461, aus dem ich weiter zitiere.

69 Es handelt sich um die Verse 2, 7, 8, 9, 17 und 19 von Psalm 22. Die kursiven Verse korrespondieren mit Markus 15,34 / Matthäus 27,46 – Markus 15,29.32 / Matthäus 27,39.44 – Markus 15,30 / Matthäus 27,40.43 / Lukas 23,39 – Markus 15,24f. / Matthäus 27,35 / Lukas 23,34 / Johannes 19,23f.

70 *Jesus, die Geschichte von einem Lebenden*, S. 261.

71 Markus 15,37.

72 Markus 15,40.

73 Johannes 19,34.

74 Dieser Augenzeuge wird häufig mit einer anderen Figur aus dem Johannesevangelium identifiziert, die dort »der geliebte Jünger« heißt. Dieser »geliebte Jünger«, auch beschrieben als »der Jünger, den Jesus lieb hatte«, tritt in 13,23–26, in 19,26f. und in 21,20–22 auf. Er gehörte nicht zu den Zwölf, kannte Jesus aber wahrscheinlich gut von dessen Aufenthalt in Jerusalem her. Wir wissen nicht, ob er der Begründer der späteren »Gemeinde von Johannes« war, allerdings fungierte er für die Gemeinde als (einzige) direkte Verbindung zu Jesus.
Aus diesem Grund wurde er von der Gemeinde der »geliebte Jünger« genannt. Ein Teil der einzigartigen Information über Jesus, die wir im Johannesevangelium antreffen, kann von ihm stammen. In der Gemeinde herrschte die Überzeugung, dass der »geliebte Jünger« weiterleben würde, bis Jesus wieder auf die Erde zurückgekehrt sei. Die Tatsache, dass die *parousia* ausblieb und der Jünger trotzdem starb, war ein schwerer Schlag für die Johannesgemeinde, was in den Versen 21,20–23 noch nachhallt.
Ich bin jedoch der Meinung, dass es falsch ist, den Augenzeugen, der sah, wie eine Lanze in Jesu Körper gestochen wurde, als »den geliebten Jünger« zu identifizieren. Johannes schreibt in 19,35: »Und der, der es [den Lanzenstich] gesehen hat, hat es bezeugt, und sein Zeugnis ist wahr.« Da der Evangelist den »geliebten Jünger« bereits in 13,23 vorstellt, hätte er ihn hier ganz einfach so nennen können. Seine Worte »und *der*, der es gesehen hat« sind schließlich so vage, dass die Annahme logischer ist, der »geliebte Jünger« sei hier *nicht* gemeint.

75 *Jesus, A Revolutionary Biography*, S. 154.

76 Markus 15,46.

77 In Markus 15,46 legt Josef von Arimathäa ihn in »ein Grab, das in einen Felsen gehauen war«. Bei den anderen Evangelisten wird Jesu Grab immer »ehrenhafter« – je später sie schreiben. Im Evangelium von Matthäus legt Josef Jesus in »ein neues Grab, das er für sich selbst in einen Felsen hatte hauen lassen« (27,60). Bei Lukas ist es »ein Felsengrab, in dem noch niemand bestattet worden war« (23,53), und bei Johannes »ein neues Grab, in dem noch niemand bestattet worden war«. Hier erscheint auch Nikodemus am Grab, der eine »Mischung aus Myrrhe und Aloe bringt, etwa hundert Pfund« (19,39–41).

78 Matthäus 27,62–68. Dies ist eine christliche Apologie, die dem Gerücht, die Jünger hätten die Leiche gestohlen, widersprechen sollte.

79 Siehe auch die Geschichte von Petronius über die Witwe von Ephesos, bearbeitet von Christopher Fry in *A Phoenix Too Frequent*.

80 Markus 15,47.

81 Johannes 20,11–17.

11 · Der Verräter

1 Markus 3,19.

2 Matthäus verwendet dasselbe Verb in 10,4; 26,16; 26,25 und Lukas in 22,4.

3 Siehe Klassen, *Judas, Betrayer or Friend of Jesus?*, S. 49. Im Neuen Testament wird das Wort *paradidōmi* 122-mal benutzt und 59-mal bezieht es sich auf die Verhaftung Jesu. Merkwürdiger-

weise lautet die Übersetzung 27-mal »ausliefern«, wenn Judas nicht im Kontext auftaucht, und 32-mal »verraten«, wenn er genannt wird. Als Jesus von den Hohepriestern an Pilatus »überstellt« wird, steht ebenfalls *paradidōmi*, genauso wie in Johannes 18,36 und der Apostelgeschichte 3,13.

4 Lukas verwendet *prodotès* einmal in 6,16.

5 Matthäus schreibt explizit, dass er »dreißig Silberstücke dafür bekam«, aber das kopiert er aus Sacharja 11,12 f.

6 Johannes 13,2.

7 Johannes 12,6.

8 Johannes verwendet den Begriff »die Zwölf« sehr selten, meist heißen sie »die Jünger« – siehe aber 6,67. In Johannes 6,71 wird Judas »einer der Zwölf« genannt, das erscheint mir jedoch als spätere Redaktion. Man merke, dass bei Johannes nirgendwo eine Namensliste »der Zwölf« steht. Manche Jünger werden aber namentlich genannt: Petrus, Andreas, Thomas, Philippus, die Söhne des Zebedäus, Nathanael aus Kana und Judas (ein anderer Judas, nicht Iskariot). Weiterhin werden »der Jünger, den Jesus liebte«, und »der andere Jünger« aufgeführt.

9 Matthäus 27,5.

10 Apg.1,18.

11 Papias, ein Freund von Polykarp, war Bischof von Hierapolis in Kleinasien und einer der ersten christlichen Bischöfe im 2. Jahrhundert n. Chr. Soweit bekannt, schrieb Papias im Laufe der Jahre 100 und 135 fünf Bücher: *Auslegung der Worte des Herrn*. Papias' Geschichte wird von Apollinaris von Laodizäa ausführlicher zitiert: »Denn man sagt, dass seine [Judas'] Augenlider so sehr angeschwollen waren, dass er das Licht überhaupt nicht mehr sehen konnte, und dass es selbst einem Arzt mit Hilfe seiner optischen Instrumente nicht gelang, seine Augen zu öffnen, so tief und weit entfernt lagen sie von der Oberfläche. Sein Geschlechtsorgan sah ekelhafter und größer aus, als alles, was als unschicklich betrachtet wird, und aus allen Öffnungen seines Körpers kamen Eiter und Würmer hindurch nach draußen, was Schmerzen verursachte, wenn er seine Notdurft verrichten musste [...]. Er starb auf seinem eigenen Stück Land, das wegen des Gestanks verlassen und unbewohnt geblieben ist. Ja, bis zum heutigen Tag kann niemand die Stelle passieren, ohne sich die Nase mit den Händen zuzuhalten, so groß war der Ausfluss seines Fleisches auf die Erde.« (P. W. van der Horst, *Moses, Plato, Jesus*, S.145).

12 Josephus berichtet ähnliche Details über das Ende von Herodes dem Großen (*Jüdische Altertümer*, 17, 168), der nicht aufhören konnte zu essen, dessen Geschlechtsorgane verfaulten und aus denen Würmer austraten und der einen furchtbaren Gestank verbreitete. Es scheint, als ob Papias und Theophylactus Judas' Tod auf diesen Text gestützt und ihn überhöht hätten.

13 *Judas, Ein Jünger des Herrn*, S. 121–123.

14 1 Korinther 15,5.

15 Ein *Credo*, wörtlich »ich glaube«, ist ein Glaubensbekenntnis, das als Fundament der christlichen Religion betrachtet wird.

16 Paulus nennt Petrus in seinem Brief *Kèfas*. Die Gruppe der Zwölf nennt er, wie in den Evangelien, *dōdeka*.

17 Paulus hatte damals (zwischen 35 und 40 n. Chr.) bereits mit Petrus und Jesu Bruder Jakobus, mittlerweile Leiter der Christengemeinde in Jerusalem, gesprochen. Vierzehn Jahre später (Anfang der Fünfzigerjahre n. Chr.) sprach er diese beiden erneut, zusätzlich aber auch Johannes, den Sohn des Zebedäus. Bei keinem dieser Gespräche hatte Paulus daher anscheinend irgendetwas über einen »Verräter« innerhalb der Gruppe der Zwölf gehört (siehe: Brief an die Galater 1,18f. und 2,9).

18 Im Griechischen steht hier *ōphthè*, von dem Verb *optanomai*, »erscheinen«.

19 Natürlich verschaffte sich die Gruppe der Zwölf auf diese Weise eine Machtposition innerhalb der christlichen Gemeinde/Kirche: Wollte man den »auferstandenen« Jesus erreichen, war das nur über »die Zwölf« möglich.

20 Gemeint ist, dass Jesus erst Petrus erschien und danach allen zusammen noch einmal, als die Gruppe der Zwölf (also Petrus eingeschlossen) wiedervereint war.

21 Es ist unwahrscheinlich, dass Markus etwas mit dem Versuch zu tun hatte, das Ansehen der Zwölf zu vergrößern. In seinem Evangelium werden die Jünger meist negativ dargestellt. Wenn wir annehmen, dass »die Zwölf« auf Jesu Zeit rückprojiziert wurden, müsste das zwischen 35–45 n. Chr. geschehen sein. Siehe R. P. Meye, *Jesus and the Twelve*, S. 200.

22 Matthäus 19,28 = Lukas 22,30. Wir haben bereits angegeben, dass es sich bei Matthäus 19,28 um die authentischste Version der Logienquelle handelt.

23 Matthäus und Lukas lassen sich hier auf Markus zurückführen. Johannes scheint über von Markus unabhängige Informationen zu verfügen. Vielleicht gehen aber alle Evangelien auf eine *Grundschrift* über die Passionswoche zurück, die schon kurz nach Jesu Tod in Umlauf war.

24 Dazu beziehe ich mich auf einen Vorschlag von G. Klein und W. Schmithals. Obwohl sie annehmen, dass die Gruppe der Zwölf erst nach Jesu Tod entstand, unterstellen sie auch, dass einer dieser Zwölf zum »Abtrünnigen« wurde (z. B. in *Die Zwölf Apostel* und *The Office of Apostle*). Letzteres wende ich also auf die Situation an, in der Jesus selbst die Gruppe formierte. Siehe ausführlicher in Appendix B.

25 Apg. 1,15–26 berichtet, dass hundertzwanzig Anhänger Jesu zusammenkamen, um einen Ersatz für den »Verräter« Judas Iskariot auszuwählen. Petrus behauptet dabei, dass die Wahl auf »einen von den Männern« fallen musste, »die die ganze Zeit mit uns zusammen waren, als Jesus, der Herr, bei uns ein und aus ging, angefangen von der Taufe durch Johannes bis zu dem Tag, an dem er [Jesus] von uns ging und in den Himmel aufgenommen wurde«. Ich denke, dass es bei der Wahl darum ging, einen Ersatz für den *Apostaten* Judas zu finden. Sie fiel auf einen Mann, der Matthias hieß, womit die Gruppe der Jünger Jesu wieder auf zwölf ergänzt war.

26 Laut W. Schmithals, *The Office of Apostle*, S. 60, hatte dieser abtrünnige Jünger einige Christen bei den Obrigkeiten angezeigt und wurde somit als »Verräter« der christlichen Sache bezeichnet.

27 2 Samuel 15,31.

28 Markus 14,18–20. Matthäus lässt Judas explizit fragen: »Bin ich es etwa, Rabbi?« Worauf Jesus antwortet: »Du sagst es« (26,25). In Lukas sagt Jesus: »Doch seht, der Mann, der mich verrät und ausliefert, sitzt mit mir am Tisch« (22,21). Johannes zufolge sagt Jesus: »Einer von euch wird mich verraten.« Dann fragt »der Jünger, den Jesus liebte«, wer von ihnen der Verräter ist. Jesus antwortet: »Der ist es, dem ich den Bissen Brot, den ich eintauche, geben werde.« Jesus gibt Judas das Stück Brot (13,25 f.).

29 Dies kommt auch in die Nähe des Johannesevangeliums: Jesus befiehlt Judas, seinen »Verrats«-Plan auch durchzuführen: »Was du tun willst, das tu bald!« (13,27).

30 Laut Matthäus 27,5.

31 Johannes 20,24–29.

32 In die der römische Soldat seine Lanze gestochen hatte, siehe Johannes 19,34f.

33 Im Johannesevangelium wird er »Judas, der Sohn des Simon Iskariot« genannt (13,2).

34 Wenn man die ersten beiden Buchstaben von Iskariot umdreht, erhält man Sikariot. Das liegt nicht nur sehr nahe

an »*sicarius*«, es korrespondiert obendrein auch mit einer anderen Schreibweise von Iskariot, nämlich *skariōth* oder *skariōtès*, z. B. in Markus 3,19 und Matthäus 10,4 des *Codex Bezae* und verschiedenen lateinischen Manuskripten.

35 In diesem Zusammenhang fällt auf, dass Johannes, der Evangelist, gerade Thomas als einen tapferen Mann darstellt. In 10,16 sagt dieser Schüler, als Jesus sich auf den Weg zu Lazarus machen will (siehe Kapitel 10): »Dann lasst uns mit ihm gehen, um mit ihm zu sterben.«

36 Dass man Judas Iskariot als einen ehemaligen Zeloten betrachten kann, untermauert eine Theorie von O. Cullmann (*Vorträge und Aufsätze*, 1925–1962 – siehe besonders *Der Zwölfte Apostel*, S. 214–222). Der Theologe weist auf die Evangelien von Lukas und Johannes hin, in denen noch ein *zweiter* Judas auftaucht – das habe ich bereits erwähnt. Lukas nennt diesen Jünger »Judas, der Sohn des Jakobus« und Johannes »Judas, nicht der Iskariot«. Der »zweite Judas« wird in einigen altlateinischen Manuskripten »Judas der Zelot« genannt und im Koptischen »Judas Kananäus«, was, wie wir bereits sahen, auch »Zelot« bedeutet. In den erwähnten Manuskripten steht dieser Name genau dort, wo Markus und Matthäus in ihrer Aufzählung Thaddäus oder Lebbäus nennen. Cullmann ist der Meinung, dass es sich bei dem »zweiten Judas« um nichts weiter als eine Verdopplung des »ersten« Judas, also Iskariot, handelt. Die Verfasser einiger Manuskripte hatten nicht begriffen, dass es um dieselbe Person ging, sie wussten nicht (mehr), dass »sicarius« eine lateinische Version von »Zelot« war, was im griechisch gefärbten Aramäisch wiederum mit »Kananäus« korrespondiert (man vergleiche dies mit einem anderen Jünger Jesu, der Simon hieß: Dieser bekommt von Markus den Beinamen »Kananäus« und von Lukas den Beinamen »der Zelot« – resp. 3,18 und 6,15). Daher wird durch die oben genannten Verfasser *eine* Figur, Judas Iskariot, in *zwei* Figuren aufgeteilt: Judas Iskariot und Judas der Zelot/Kananäus. Oder: Zur Zeit der Zusammenstellung der altlateinischen und der koptischen Manuskripte war Judas Iskariot in manchen christlichen Kreisen als (Ex-)Zelot bekannt. Unter diesem Gesichtspunkt befanden sich in der von Jesus ausgewählten Gruppe *zwei* ehemalige Zeloten: Simon und Judas (der nach dem Tod Jesu zum Abtrünnigen wurde). Dieser Gedanke rückt die Jesusbewegung ein Stück näher an die Zeloten – die Aufständischen gegen das Römische Reich –, als den meisten Theologen lieb ist: Jesus mit Gewalt zu assoziieren, davon sind sie nicht sonderlich entzückt. Jesus hatte jedoch, nach einer anfänglich abwehrenden Haltung gegen Gewalt, gegen Ende seines Lebens – nach der Hinrichtung des Lazarus – seine Meinung geändert.

37 Genauer: Jean Moulin war 1942 von General Charles de Gaulle, der sich in London befand, eingesetzt worden, um den französischen Widerstand zu koordinieren. Im Juni 1943 fand eine Zusammenkunft der Widerständler in einem *safehouse* in Caluire statt, bei einem gewissen Dr. Degoujon. Keinem der Teilnehmer der Zusammenkunft war die Adresse dieses Hauses bekannt, sie wurden alle von einem Führer dorthin gebracht. Unter ihnen befanden sich Jean Moulin, René Hardy und Henri Aubry. Obwohl nie ein überzeugender Beweis erbracht wurde (nicht einmal in zwei Prozessen nach dem Krieg), nimmt man an, dass Hardy heimlich mit der deutschen Gestapo zusammenarbeitete. Ein paar Tage vor dem Treffen war Hardy verhaftet worden, aber man ließ ihn wieder laufen, was äußerst ungewöhnlich war. Der französische Widerstand wusste in dem Moment nichts von dieser Verhaftung. Vermutlich drohten die Deut-

schen damit, Lydie Bastien, Hardys Verlobte, festzunehmen und zu foltern, woraufhin Hardy schließlich versprach, einige prominente Köpfe des Widerstands »auszuliefern«. Obwohl er nicht zu dem Treffen in Caluire eingeladen war, konnte Hardy seinen Freund Aubry überzeugen, ihn mitzunehmen. Beide wurden von einem Führer zu dem *safehouse* gebracht. Klaus Barbie, der Chef der Gestapo in Lyon, ließ Hardy von einer Frau verfolgen, Edmée Delettraz, die ebenfalls mit den Deutschen kollaborierte. Sobald Edmée gesehen hatte, zu welchem Haus Aubry und Hardy gebracht wurden, informierte sie Barbie. Mittlerweile war Jean Moulin auch im *safehouse* angekommen. Ein paar Minuten später drangen einige Deutsche in das Gebäude ein und nahmen alle, die sich dort aufhielten, fest. Auffälligerweise war Hardy der Einzige, der flüchten konnte, als er hinausgeschleppt wurde. Die Deutschen unternahmen einen halbherzigen Versuch, ihn zu ergreifen: Sie schossen ein paarmal, gaben jedoch schnell die Verfolgung auf. Später zeigte Hardy eine Wunde an seinem Arm als Beweis für die »Echtheit« seiner Flucht vor. Es gibt jedoch Hinweise darauf, dass er sich selbst in den Arm geschossen hat oder dass ihm dabei von den Deutschen »geholfen« wurde.

38 Wenn wir sowohl dem Bericht aller Evangelisten – *draußen* im »Olivengarten von Getsemani« wurde gekämpft – als auch der Information, die Celsus zu haben behauptet – Jesus suchte sich bei seiner Festnahme zu verbergen (*Contra Celsum* II.9) –, Gewicht beimessen wollen, ist es denkbar, dass die Gruppe im *safehouse* (womöglich nach der Warnung durch einen aufgestellten Wachposten) versuchte, den römisch-jüdischen Kordon zu durchbrechen, und dass Jesus versuchte, in einer der zahlreichen Höhlen, die sich auch heute noch dort befinden, Unterschlupf zu finden. J. Taylor (*Garden of Gethsemane* in *Biblical Archaeology Review*, Vol. 21, Nr. 4, S. 26–35) denkt, dass sich das Versteck Jesu in einer Höhle befand, in der Oliven gepresst wurden. Getsemani könnte eine Kombination aus zwei Wörtern sein: »Gat« (»Presse«) und »shemanin« (»ölen«), also zusammen »Ölpresse«. Tatsächlich existiert eine solche Höhle von zwölf mal zwanzig Metern in der Nähe des *Grabes der Magd*, am Fuße des Ölbergs. Die weggeschlagene Felswand lässt vermuten, dass dort früher eine Ölpresse in die Wand eingelassen war.

39 Der Einzige, dem die Flucht gelang, war der nackte junge Mann (der *neaniskos*), den Markus in 14,51f. beschreibt.

40 *Die Geschichte der synoptischen Tradition,* S. 264–265.

41 C. H. Weisse publizierte 1838 seine *Evangelische Geschichte.* s. S. 601 ff.

42 Im Zweiten Weltkrieg wurden holländische Kollaborateure, die *undercover* für die Deutschen arbeiteten und in den Widerstand eindrangen, V-Männer genannt, *Vertrauens-Männer.* Van der Waals und King Kong sind zwei Beispiele.

Epilog

1 Matthäus 28,20.

2 Nacheinander Matthäus 28,9f.; Lukas 24,38; Johannes 20,15; Johannes 20,15; Lukas 24,36; Johannes 20,19; Lukas 24,38; Johannes 20,27; Lukas 24,39; Johannes 20,17; Lukas 24,41; Johannes 21,5; Johannes 20,22; Matthäus 28,18; Johannes 21,15; Johannes 21,16. Mit den meisten dieser Worte versucht Jesus zu beweisen, dass er kein grusliger Geist ist, sondern tatsächlich der ursprüngliche Mensch, der »ganz einfach« seine Wunden trägt und imstande ist, Nahrung zu sich zu nehmen – die daraufhin in seinem Körper »verschwindet«.

3 1 Korinther 15,14.

Appendix A · Das geheime Markusevangelium

1 *Mar* bedeutet »heilig«. Mar Saba ist arabisch für *Hagios Sabbas.*

2 Das Kloster liegt auf halbem Wege zwischen Jerusalem und dem Toten Meer. Von einem steilen Felsen schaut es auf das Kidrontal hinab. 1857 besuchte Herman Melville das Tal und 1867 Mark Twain (P. Jeffery, *The Secret Gospel of Mark Unveiled*, S. 21).

3 *The Secret Gospel of Mark*, S. 5.

4 Diese Dissertation behandelt die Parallelen zwischen den Evangelien und rabbinischen Quellen, *Tannaitic Parallels to the Gospels.*

5 *Manu-script*: mit der Hand geschrieben.

6 Hauptsächlich richteten sich seine Studien auf Schriften von Isidor von Pelusion. Siehe Carlson, *The Gospel Hoax*, S. 8.

7 *Monasteries and Their Manuscripts*, in *Archaeology, a Magazine Dealing with Antiquity in the World*, Nr. 13 von 1960, S. 172–177. *Symmeikta: Notes on Collections of Manuscripts in Greece* in *Epetris Hetaireias Vyzantino-n Spoudōn*, Nr. 26 von 1956, S. 80–393 und *Minor Collections of Manuscripts in Greece* in *Journal of Biblical Literature*, Nr. 72 von 1953, Kapitel 12.

8 1962 wird er Professor mit *Anstellung.*

9 Ein *sabbatical.*

10 Die Liste ist in einer Monatsschrift des Griechisch-orthodoxen Patriarchats, *Nea Siōn*, veröffentlicht unter dem Titel *Hellènika Cheirographa en tèi Monèi tou Hagiou Sabba*, Nr. 52 von 1960. In diesem Katalog, der 71 Manuskripte beschreibt, trägt der Clemensbrief die Nr. 65.

11 Der Aufenthalt 1958 dauerte nicht länger als zwei Wochen.

12 Titus Flavius Clemens von Alexandria lebte um 200 n. Chr. Mehrere seiner Schriften sind erhalten geblieben, u. a. *Stromateis.*

13 Ignatius von Antiochien in Syrien. Lebte um 100 n. Chr. Starb unter der Folter in Rom. Er schrieb einige Briefe, als er, in Gefangenschaft, nach Rom gebracht wurde: u. a. den Brief an die Römer, an Polykarp, an die Epheser.

14 Der Clemensbrief ist unvollständig, das Ende fehlt. Es ist natürlich auch möglich, dass dieses »Fragment« selbst schon eine Kopie war.

15 Irenäus von Lyon, *Against Heresies*, I. 25 (dt.: *Entlarvung und Widerlegung der sogenannten Erkenntnis*), zufolge meinten die Karpokratianer, dass der Körper alles erfahren müsse, was möglich sei, auch in sexueller Hinsicht. Dadurch konnte sich die Seele von dieser minderwertigen Welt lossagen. »Gut und Böse« existierten nicht bei Gott, dieser Unterschied wurde nur von Menschen gemacht.

16 *Secret Gospel of Mark*, S. 15.

17 Im griechischen Text steht *mustikon euaggelion*, was man eher als »mystisches Evangelium« übersetzen müsste. Aber Smith übersetzte mit *secret gospel.* Siehe II.12 von Clemens' Brief.

18 Es gibt keine Informationen über Geburts- oder Todesjahr von Karpokrates. Wahrscheinlich war er zwischen 130 und 150 n. Chr. in Alexandria tätig.

19 H. Koester, der das Clemens-Manuskript ernst nimmt, denkt auch, dass ein Proto-Evangelium existierte. Aber seiner Meinung nach entwickelte sich hieraus *zuerst* das Geheime Evangelium. Dieses wurde später (um 150 n. Chr.) redigiert: Man entfernte damals die anstößigen Passagen. Daraus entstand unser kanonisches Evangelium (*History and Development*, S. 35–37).

20 In 10,32 beschreibt Markus, dass Jesus mit seinen Jüngern auf dem Weg nach Jerusalem ist, »die Jünger entsetzten sich; die ihm aber nachfolgten, fürchteten sich«. Jesus nimmt die Zwölf beiseite und erzählt ihnen, dass er »den Hohepriestern und den Schriftgelehrten ausgeliefert« und zu Tode gebracht werden wird – aber nach drei Tagen wiederauferstehen werde. Darauf folgt,

als eine Art Beweis für die kommende Auferstehung, die Passage, in der Jesus den Jüngling von den Toten auferweckt und ihn in die Geheimnisse des Gottesreiches »einweiht«. In den folgenden Versen 10,35–37 bitten Jakobus und Johannes: »Lass in deinem Reich einen von uns rechts und den andern links neben dir sitzen.«

21 Griechisch *gumnos gumnōi*.

22 Meiner Rekonstruktion zufolge könnte der Unwille Jesu, die drei Frauen zu treffen, aus seinem Bewusstsein herrühren, dass der Kontakt mit »den Schwestern des Jünglings, den Jesus liebte« gefährlich sein konnte. Im Kontext des Johannesevangeliums wäre das schließlich Maria, die Schwester von Lazarus. Lazarus war kurz zuvor verhaftet und hingerichtet worden (als *lèistès*, wie Jesus später). Vorausgesetzt natürlich, dass Smith' Entdeckung keine Fälschung war.

23 Einer der ersten Gelehrten, dem Smith das Manuskript zeigte, war sein früherer Lehrer A. D. Nock, einer der brillantesten Akademiker auf dem Gebiet des christlichen Altertums. Obwohl er für seine Ahnung, es könne sich um eine Fälschung handeln, keinen Beweis hatte, ließ Nock sich nie von der Authentizität überzeugen. Seine »Intuition« sagte ihm, dass der Brief nie von Clemens geschrieben worden war. Aber viele andere Autoritäten auf Clemens' Gebiet hielten das Manuskript für glaubwürdig.

24 Siehe mein Kapitel 9.

25 Morton Smith ging davon aus, dass die Menschen in den Anfangsjahren des Christentums häufig nackt waren, wenn sie getauft wurden, bis auf ein Laken (das manchmal abgelegt wurde). Im Fall des Jünglings war das allerdings nicht mehr als eine »vorbereitende Reinigung«, *Secret Gospel of Mark*, S. 113.

26 Smith zufolge wurde der Jüngling hypnotisiert und dann mithilfe von Suggestion in das Königreich Gottes geführt (*Mark's Other Gospel*, S. G. Brown, S. 53). Hypnotiseure haben auch behauptet, in der Lage zu sein, Menschen in ein voriges Leben zurückzuführen.

27 Siehe B. D. Ehrman *Lost Christianities*, S. 81. In einer seiner Fußnoten bei *The Secret Gospel* (S. 113, Fußnote 12) behauptet Smith, dass »wahrscheinlich auch Manipulation stattfand« (mit den Händen: vermutlich ist hier gegenseitige Masturbation gemeint).

28 Vor allem in einem langen Artikel von Q. Quesnell in *Catholic Biblical Quarterly*, 1975.

29 Die Warnung, auf lateinisch, stammte von Voss selbst, siehe Ehrman, *Lost Christianities*, S. 87.

30 Siehe z. B. *Merkel on the Longer Text of Mark* in *Zeitschrift für Theologie und Kirche*, Nr. 72 von 1975, S. 133–150. *On the Authenticity of the Mar Saba Letter of Clement* in *The Catholic Biblical Quarterly*, Nr. 38 von 1976, S. 196–199. *Response to Reginald H. Fuller*, S. 12–15 von W. Wuellners *Longer Mark: Forgery, Interpretation of the Secret Gospel of Mark*. Siehe auch das Wortgefecht zwischen Smith und Q. Quesnell in *Catholic Biblical Quarterly* Nr. 37 (von 1975, S. 48–67) und 38 (von 1976, S. 196–203).

31 D. Flusser und S. Pines (beide mittlerweile verstorben). Sie wurden von einem Harvard-Studenten begleitet, der damals in Jerusalem studierte, G. G. Stroumsa. Tatsächlich war die »Entdeckungstour« seine Initiative, wie aus einem Artikel ersichtlich wird, den er 2003 schrieb: *Comments on Charles Hedrick's Article: A Testimony*, in *Journal of Early Christian Studies*, 11:2, Sommer 2003, S. 147–153.

32 Melito ist heute Weihbischof in Athen.

33 Dass dieser Besuch überhaupt stattfand, wurde erst 2003 bekannt, als einer der drei Besucher, G. G. Stroumsa (siehe Fußnote 31 von Appendix A), auf eine Studie von C. Hedrick und N. Olympiou reagierte, die 2000 veröf-

fentlicht wurde, siehe Fußnote 35 von Appendix A. Für die Tintenanalyse wurde das Buch unter Aufsicht von K. Dourvas (Ehrman, *Lost Christianities*, S. 84) kurzzeitig in die Patriarchal-Bibliothek in Jerusalem gebracht,

34 Dourvas war bis 1991 Bibliothekar der Patriarchal-Bibliothek. Heute ist er als Priester in Plateia Karaiskaki in Ano-Glyfada tätig, nicht weit von Athen entfernt. Melito arbeitet ebenfalls in Athen, als Weihbischof (Fußnote 32 von Appendix A). Zufall?

35 Diese Fotos tauchten erst 2000 im Rahmen einer Studie von C.W. Hedrick und N. Olympiou wieder auf, siehe die Zeitschrift *Fourth R*, Vol. 3, Nr. 5, Sept. / Okt. 2000.

36 T. Talley war damals Professor am *General Theological Seminary* in New York. Zu seinem Besuch siehe *Le temps liturgique dans l'Eglise ancienne. Etat de la recherche*, in *La Maison-Dieu*, Nr. 147 aus 1981, S. 29–60.

37 Authentisch: S. G. Brown: *Mark's Other Gospel*, 2005. Fälschung: S. C. Carlson, *The Gospel Hoax*, 2005 und P. Jeffery, *The Secret Gospel of Mark Unveiled*, 2006.

38 Natürlich ist es nicht unmöglich, Tinte aus dem 18. Jahrhundert herzustellen. Allerdings muss erst von Originaltinte eine Spektralanalyse etc. gemacht und anschließend die eigene Tinte zusammengestellt werden. Dass Smith all das getan haben soll, ist unwahrscheinlich. So gut er sich mit Handschriften aus dem 18. Jahrhundert, von Markus und Clemens auskannte, er war kein Chemiker.

39 Siehe *The Secret Gospel of Mark*, S. 11.

40 Carlson, *The Gospel Hoax*, S. 76, meint, dass Smith das Buch von Voss selbst angeschafft und den Brief hineingeschrieben hat. 1958 soll er das Buch ins Kloster geschmuggelt und zwischen den anderen Büchern der Bibliothek versteckt haben, um es dort »entdekken« zu können.

41 Die Figur Nikodemus ist uns nur aus dem Johannesevangelium bekannt: siehe Kapitel 3, aber hauptsächlich 19,39–42.

42 Will sagen: Er *legt* Jesus nicht *in* ein Grab – wie im Johannesevangelium steht –, sondern *holt* ihn *heraus*.

43 Neun Drucke in sieben Jahren.

44 *The Secret Gospel of Mark*, S. 5.

45 1941–1958.

46 Beispielsweise: »Sohn Davids, hab Erbarmen mit mir« ist *huie David eleèson me*. Das steht genau so in Markus 10,48. »Die Jünger wiesen (…) schroff ab« ist *hoi mathètai epitemèsan*, ebenfalls in Markus 10,13. »Schrie laut auf« ist *phonè megalè*, zu finden in Markus 15,37. »Er rollte den Stein vom Eingang des Grabes weg«, *apekulise ton lithon apo tès thuras tou mnèmeiou* ist eine einfache Umsetzung von Markus 15,46, »er wälzte einen Stein vor den Eingang des Grabes«, *prosekulisen lithon epi tèn thuran tou mnèmeiou*. »Sah er ihn an und weil er ihn liebte«, *emblepsas autōi ègapèsen auton* steht in Markus 10,21. »Bat ihn (…), bei ihm bleiben zu dürfen«, *hina met' autou èi* in Markus 5,18. »Er ging in das Haus des Jünglings«, *èlthon eis tèn oikian tou neaniskou* – in Markus 1,29 steht »in das Haus von Simon«, *èlthon eis tèn oikian Simōnos*. »Denn er war reich«, *èn gar plousios*, in Lukas 18,23. Das »Geheimnis des Reiches Gottes«, *to mustèrion tès basileias tou theou*, steht in Markus 4,11 mit denselben Worten. »Der junge Mann, der nur mit einem leinenen Tuch bekleidet war«, *neaniskos peribeblèmenos sindona epi gumnou* kann Wort für Wort aus Markus 14,51 geholt werde. Et cetera.

47 O. Stählin, *Clemens Alexandrinus*, Vol. 4, Teil 1. Stählin besorgt sogar eine Liste, die angibt, wie oft Clemens ein bestimmtes Wort benutzt. Merke: Wenn der Fälscher aus dem 18. Jahrhundert stammt, hatte er das Buch *nicht* zur Verfügung. Das könnte die Fälschung etwas erschwert haben, der Fälscher müsste dann ein Experte auf dem Ge-

biet der Schriften von Clemens gewesen sein.

48 C. Murgia, *Secret Mark: Real or Fake*, reagiert auf diese Art. Er hält es nicht für eine Kopie (eines Clemensbriefes), sondern für ein originales Werk – will sagen, der Brief ist eine Fälschung aus dem 18. oder aber dem 20. Jahrhundert. A.H. Criddle fertigte 1995 eine statistische Analyse der Wörter in Clemens' Brief an (*On the Mar Saba Letter Attributed to Clement of Alexandria*, JECS 3, S. 216). Er kam zu dem Schluss, dass in diesem Brief mehr Worte von Clemens verwendet werden, als aufgrund anderer (authentischer) Passagen statistisch zu erwarten sei. Siehe auch *Mark's Other Gospel*, S. G. Brown, S. 54–56.

49 Carlson, *The Gospel Hoax*, S. 8, schreibt: »Er hatte ein fundiertes Wissen über Klosterbibliotheken mit ihren griechischen Texten des 18. Jahrhunderts. Genauso viel wusste er über die Überlieferung patristischer Briefe.« 1958 veröffentlichte Smith einen Artikel in *Bulletin of John Rylands Library*, in dem er dreimal Clemens zitiert.

50 Das Original stand natürlich nie zur Verfügung.

51 Das geschah etwa zwölf Jahre vor Smith' Tod 1991.

52 Clemens beschreibt Markus' »ausführliches« Evangelium als eine Schrift für Eingeweihte, für die, die »wissen wollten«. Also für diejenigen, die *Gnosis* empfangen wollten. Es wurde auch angedeutet, dass die Widmung seinem früheren Lehrmeister A. D. Nock galt. Das zweite Buch von Smith, *Clemens of Alexandria and a Secret Gospel of Mark*, war tatsächlich diesem Nock gewidmet. Bis zum Ende seines Lebens hat Nock die Authentizität des Manuskripts bezweifelt: Ist er »derjenige, der weiß«, dass es sich um eine Fälschung handelt?

Appendix B · Wählte Jesus selbst zwölf Jünger aus?

1 Diese Theorie hat für moderne Theologen noch einen Vorteil. Wenn die Gruppe der Zwölf zu Jesu Lebzeiten nicht existierte, kann Jesus auch nicht zu seinen Jüngern gesagt haben: »Ihr werdet auf zwölf Thronen sitzen und über die zwölf Stämme Israels richten.« Diese Annahme ist für unser im 21. Jahrhundert verankertes Denken nur schwer verdaulich. Schließlich bedeutet es, dass die zwölf Stämme – von denen es zur Zeit Jesu nur noch zwei gab – wieder zum Leben erweckt werden und Jesu Jünger auf zwölf Thronen Platz nehmen sollten, um über diese Stämme Recht zu sprechen.

2 *The Teaching of Jesus*, S. 237.

3 Matthäus 10,24 = Lukas 6,40.

4 Im Sinne von *Sophia*, einer weiblichen Gestalt im alttestamentarischen Buch *Sprüche*. Sophia steht für Wissen, praktische Lebensweisheit, moralisches Bewusstsein. Man könnte sie eine »Weisheitsfigur« nennen, ungreifbar, aber nicht unnahbar (siehe *God op het kruispunt* von Maya Rivera, in *Vreemde Aanrakingen*).

5 Lukas 14,26f. (= Matthäus 10,37, aber da wird das Wort »Jünger« nicht verwendet).

6 Siehe z. B. Lukas 12,51f. und 14,26.

7 R.P. Meye *(Jesus and the Twelve)* wies später darauf hin, dass das Wort *mathètai* noch ein weiteres Mal in der Quelle Q auftaucht, nämlich in Matthäus 11,2 = Lukas 7,18, dort handelt es sich aber um die Jünger des Täufers.

8 In manchen Manuskripten steht auch noch »Lebbäus, der Thaddäus genannt wurde«, oder gerade umgekehrt.

9 Die griechischen Worte für Thaddäus, Lebbäus, Kananäus lauten *Thaddaios, Lebbaios, Kananaios.*

10 Bei Johannes ist der Jünger Thomas auch wichtig.

11 Wie bereits bemerkt: Der Verkündi*ger* wurde umgewandelt in die Verkündi*gung*.

12 Bleibt natürlich noch die andere Frage: Warum entstand eine solche Verwirrung mit den Namenslisten? Mit etwas Fantasie lässt sie sich mit dem Vorschlag von O. Cullmann, der in Fußnote 36 von Kapitel 11 genannt wird, beantworten. Um 70 n. Chr. war man sich über elf Jünger einig geworden, die zu »den Zwölf« gehörten. Aber bei einem war man sich nicht mehr sicher: demjenigen, der in den Namenslisten von Markus und Matthäus Thaddäus/Lebbäus genannt wird. Um 80–90 n. Chr. waren auch *zwei Judasse* im Gespräch: Judas Iskariot (der unter die erwähnten »Elf« fiel) und »Judas, der Zelot« oder »Judas Kananäus«. Übersetzer und/oder Kopisten, die nicht begriffen hatten, dass es sich um Synonyme für Judas Iskariot handelte, tauschten den sowieso etwas obskuren Jünger Thaddäus (oder Lebbäus) gegen den anderen Judas, »den Zeloten/Kananäus« aus. Die Veränderung lag auf der Hand, denn der Name des Letzteren hatte mittlerweile – als Apostat und später als »Verräter« – einen größeren Bekanntheitsgrad erreicht als Thaddäus/Lebbäus. Lukas und Johannes schlossen sich dem an, eliminierten aber den Beinamen »Zelot«. Stattdessen nannte Lukas ihn »Judas, der Sohn des Jakobus« und Johannes »Judas, nicht der Iskariot«.

13 1 Korinther 15,3–5.

14 G. Klein, *Die zwölf Apostel*, S. 36, Fußnote 140 und W. Schmithals, *The Office of the Apostle*, S. 60.

REGISTER DER VERWENDETEN BIBELZITATE

Leseweise: *kursiv* gesetzte Zahlen verweisen auf Kapitel und Verse in der Bibel, es folgt die Seitenzahl im vorliegenden Buch sowie die Nummer der Fußnote (Anm), sofern die Nennung der Bibelstelle im Anmerkungstext ist

NAMENSREGISTER

BIBLIOGRAFIE

Abdolah, Kader. *De Koran. Een vertaling*. Breda: De Geus, 2008

Allison, Dale C. *Jesus of Nazareth. Millenarian Prophet*. Minneapolis: Fortress Press, 1998

Armstrong, Karen. *De Bijbel. De biografie*. Amsterdam: Mets & Shilt, 2007; auf deutsch: *Über die Bibel*. München: dtv, 2008

Bailey, Kenneth E. *Poet & Peasant and Through Peasant Eyes. A Literary-Cultural Approach to the Parables of Luke*. Grand Rapids: William B. Eerdmans Publishing Company, 1983

Baldensperger, W. *Das Selbstbewusstsein Jesu im Lichte der messianischen Hoffnungen seiner Zeit*. Strassburg: J. H. Ed. Heitz, 1892[2]

— *Der Prolog des vierten Evangeliums. Sein polemisch-apologetischer Zweck*. Tübingen, J. Mohr, 1898

Bammel, Ernst (Hg.) *The Trial of Jesus*. Cambridge Studies in honour of C. F. D. Moule. London: SCM Press, 1970

— & C. F. D. Moule. *Jesus and the Politics of His Day*. Cambridge: Cambridge University Press, 1984

Barnes Tatum, W. *John the Baptist and Jesus. A report of the Jesus Seminar*. Sonoma: Polebridge Press, 1994

Barrett, C. K. *The gospel according of St. John*. Philadelphia: The Westminster Press, 1955[2]; auf deutsch: *Das Evangelium nach Johannes*. Göttingen: Vandenhoeck & Ruprecht, 1990 (=kritisch-exegetischer Kommentar über das Neue Testament: Sonderband)

Batey, Richard A. *Jesus & the Forgotten City*. Grand Rapids: Baker Book House, 1991

Berneker, E. *Zur griechischen Rechtsgeschichte*. Darmstadt, 1968

Betz, Hans Dieter (Hg.) *The Greek Magical Papyri in Translation*. Chicago: The University of Chicago Press, 1922

Blinzler, Josef. *Der Prozess Jesu*. Regensburg: Verlag Friedrich Pustet, 1969

Böcher, Otto. *Christus Exorcista. Dämonismus und Taufe im Neuen Testament*. Stuttgart: Verlag W. Kohlhammer, 1972

Boers, Hendrikus. *Who Was Jesus? The Historical Jesus and the Synoptic Gospels*. San Francisco: Harper & Row, 1989

Boismard, M.-E. *Du Baptême à Cana*. Paris: Les Éditions du Cerf, 1956

— *Le Diatessaron: De Tatien à Justin*. Paris: Librairie Lecoffre, 1992

— *L'Évangile de Marc, sa préhistoire*. Paris: Librairie Lecoffre, 1994

— *Jésus, un homme de Nazareth*. Paris: Les Éditions du Cerf, 1996

— & A. Lamouille. *Un Évangile pré-johannique.* Vol. i. Tome i & ii. Paris: Librairie Lecoffre, 1993
— & A. Lamouille. *Un Évangile pré-johannique.* Vol. II. Tome I & II. Paris: Librairie Lecoffre, 1994
Bonner, C. »Traces of Thaumaturgic Technique in the Miracles«, in: *The Harvard Theological Review*, 20/3 (1927), pp. 171-181
Borg, Marcus J. *Jesus: A New Vision. Spirit, Culture and the Life of Discipleship.* San Francisco: Harper & Row, 1987; auf deutsch: *Jesus – der neue Mensch.* Freiburg: Herder, 1993
Bornhäuser, Karl. *The Death and Resurrection of Jesus Christ.* London: CLS Press, 1958 [1946]; auf deutsch: *Die Leidens- und Auferstehungsgeschichte Jesu.* Gütersloh: Bertelsmann, 1947
Bornkamm, Günther. *Jesus of Nazareth.* San Francisco: Harper & Row, 1960 [1956]; auf deutsch: *Jesus von Nazareth.* Stuttgart: Kohlhammer, 1995 (= Urban-Bücher 19)
Brandon, S. G. F. *Jesus and the Zealots. A Study of the Political Factor in Primitive Christianity.* New York: Charles Scribner's Sons, 1967
— *The Trial of Jesus of Nazareth.* London: B.T. Batsford, 1968
Brandon Scott, Bernard. *Hear Then the Parable. A Commentary on the Parables of Jesus.* Minneapolis: Fortress Press, 1989
— *Re-Imagine the World. An Introduction to the Parables of Jesus.* Sonoma: Polebridge Press, 2001
Breech, James. *The Silence of Jesus. The Authentic Voice of the Historical Man.* Toronto: Double Day Canada, 1974
Brecht, Bertolt. »Das Epische Theater«, in: *Die Stücke von Bertolt Brecht in einem Band.* Frankfurt/Main: Suhrkamp, 1978
Brown, Raymond E. *The Gospel according to John (I–XXI).* New York: Doubleday, 1966
— *The Gospel according to John (XIII–XXI).* New York: Doubleday, 1970
— *The Virginal Conception and Bodily Resurrection of Jesus.* New York: Paulist Press, 1973
— *The Community of the Beloved Disciple.* New York: Paulist Press, 1979
— *The Birth of the Messiah. A Commentary on the Infancy Narratives in the Gospels of Matthew and Luke.* New York: Doubleday, 1993
— *The Death of the Messiah. A Commentary on the Passion Narratives in the Four Gospels.* Vol. 1 & 2. New York: Doubleday, 1994
— *An Introduction to the New Testament.* New York: Doubleday, 1997
Brown, Scott G. *Mark's Other Gospel. Rethinking Morton Smith's Controversial Discovery.* Wilfrid Laurier University Press, 2005
Bultmann, Rudolf. *The History of the Synoptic Tradition.* Revisited Edition. New York: Harper & Row, 1968 [1931]; auf deutsch: *Die Geschichte der synoptischen Tradition.* Göttingen: Vandenhoeck & Ruprecht, 1921 (= Forschungen zur Religion und Literatur des Alten und Neuen Testaments 29)
— *Das Evangelium des Johannes.* Göttingen: Vandenhoeck & Ruprecht, 1978 [1941] (= kritisch-exegetischer Kommentar über das Neue Testament)
— *The Gospel of John. A commentary.* Philadelphia: The Westminster Press, 1971
Burkitt, F.C. *The Gospel History and Its Transmission.* Edinburgh: T.&T. Clark, 1906
— *Jesus Christ. An Historical Outline.* London: Blackie & Son, 1932
Cameron, Ron (Hg.) *The Other Gospels. Non-Canonical Gospel Texts.* Philadelphia: The Westminster Press, 1982
Carlson, Stephen C. *The Gospel Hoax. Morton Smith's Invention of Secret Mark.* Waco: Baylor University Press, 2005
Carpenter, J. Estlin. *The First Three Gospels. Their Origin and Relations.* London: Philip Green, 1964

Charlesworth, James H. (Hg.) *The Odes of Solomon. The Syriac Texts.* Chico: Scholars Press, 1977
— *The Old Testament. Pseudepigrapha.* Vol. 1. New York: Doubleday, 1983
— *The Old Testament. Pseudepigrapha.* Vol. 2. New York: Doubleday, 1985
— *Jesus Within Judaism. New Light from Exciting Archaeological Discoveries.* New York: Doubleday, 1988
— *Jesus' Jewishness. Exploring the Place of Jesus within Early Judaism.* New York: Crossroad, 1991
— *Jesus and the Dead Sea Scrolls.* New York: Doubleday, 1992
— *The Beloved Disciple. Whose Witness Validates the Gospel of John?* Valley Forge: Trinity Press, 1995
Chilton, B. & C. A. Evans (Hg.) *Studying the Historical Jesus. Evaluations of the State of Current Research.* Leiden: Brill, 1998
Chrysostom, Dio. *Orations.* Hg. D. A. Russel. Cambridge: Cambridge University Press, 1992
Cohn, Norman. *Cosmos, Chaos and the World to Come. The Ancient Roots of Apolyptic Faith.* New Haven: Yale Universitiy Press, 1993; auf deutsch: *Die Erwartung der Endzeit: vom Ursprung der Apokalypse.* Frankfurt/Main: Insel-Verlag, 1997
Conzelmann, Hans. *Jesus.* Philadelphia: Fortress Press, 1973 [1959]; auf deutsch: *Jesus Christus*, in: *Die Religion in Geschichte und Gegenwart. Handwörterbuch für Theologie und Religionswissenschaft.* Bd. 3. Tübingen: Mohr, 1959, S. 619–653
Corley, Kathleen E. *Private Women, Public Meals. Social Conflict in the Synoptic Tradition.* Peabody: Hendrickson Publishers, 1997 [1993]
— *Women & the Historical Jesus. Feminist Myths of Christian Origins.* Santa Rosa: Polebridge, 2002
Crossan, John Dominic. *In Fragments. The Aphorisms of Jesus.* San Francisco: Harper & Row, 1983
— *In Parables. The Challenge of the Historical Jesus.* San Francisco: Harper & Row, 1985
— *Four Other Gospels. Shadows on the Contours of Canon.* San Francisco: Harper & Row, 1985
— *The Cross That Spoke. The Origins of the Passion Narrative.* San Francisco: Harper & Row, 1988
— *The historical Jesus. The life of a Mediterranean Jewish Peasant.* San Francisco: Harper San Francisco, 1991; auf deutsch: *Der historische Jesus.* München: Beck, 1995
— *Jesus. A Revolutionary Biography.* San Francisco: Harper San Francisco, 1994; auf deutsch: *Jesus. Ein revolutionäres Leben.* München: Beck, 1996 [1994] (= Beck'sche Reihe 1144)
— *Who killed Jesus? Exposing the Roots of Anti-Semitism in the Gospel Story of the Death of Jesus.* San Francisco: Harper San Francisco, 1995; auf deutsch: *Wer tötete Jesus? Die Ursprünge des christlichen Antisemitismus in den Evangelien.* München: Beck, 1999
Cullmann, Oscar. *Vorträge und Aufsätze* 1925-1962. Tübingen: J. C. B. Mohr, 1966
— *Jesus and the Revolutionairies.* New York: Harper & Row, 1970; auf deutsch: *Jesus und die Revolutionären seiner Zeit.* Tübingen: Mohr, 1970
— *The Johannine Circle.* Philadelphia: The Westminster Press, 1975; auf deutsch: *Der johanneische Kreis. Sein Platz im Spätjudentum, in der Jüngerschaft Jesu und im Urchristentum; zum Ursprung des Johannesevangeliums.* Tübingen: Mohr, 1975
Cyprian von Karthago: *»De Labsibus« (»On the Lapsed«)*, in: The Ante-Nicene Fathers. Vol. V. Edinburgh: T. & T. Clark, 1990 [1885]; auf deutsch: *Über die Gefallenen. De lapsis.* München: Kösel, 1918 (= Bibliothek der Kirchenväter 1/34)
Dahl, Nils Alstrup. *The Crucified Messiah and other essays.* Minneapolis: Augsburg Publishing House, 1974
— *Jesus in the Memory of the Early Church.* Minneapolis: Augsburg Publishing House, 1976

Dalman, Gustaf. *Sacred sites and ways. Studies in the topography of the Gospels.* New York: Macmillan, 1935; auf deutsch: *Orte und Wege Jesu.* Darmstadt: Wissensch. Buchges., 1967 [1919]
Derrett, John Duncan M. *Studies in the New Testament.* Vol. 1. Leiden: E. J. Brill, 1977
Dibelius, Martin. *Botschaft und Geschichte.* Tübingen: J. C. B. Mohr, 1953
— *From Tradition to Gospel.* James Clarke & Co., 1982 [1971]; auf deutsch: *Die Formgeschichte des Evangeliums.* Tübingen: Mohr, 1971
Dodd, C.H. *The Parables of the Kingdom.* New York: Charles Scribner's Sons, 1961
— *Historical Tradition in the Fourth Gospel.* Cambridge: Cambridge University Press, 1963
— *The Founder of Christianity.* New York: Collier Books, 1970; auf deutsch: *Der Mann, nach dem wir Christen heißen.* Limburg: Lahn-Verlag, 1975 (= Gestalten und Programme 5)
Donahue, John R. *The Gospel in Parable.* Minneapolis: Fortress Press, 1988
Downing, F. Gerald. *Cynics and Christian Origins.* Edinburgh: T&T Clark, 1992
Ebner, Martin. *Jesus von Nazaret. Was wir von ihm wissen können.* KBW Bibelwerk, 2004
Ehrman, Bart D. *Jesus. Apocalyptic prophet of the new millennium.* Oxford: Oxford University Press, 1999
— *Lost Christianities. The Battles for Scripture and the Faiths We Never Knew.* Oxford: Oxford University Press, 2003
— *The Lost Gospel of Judas Iscariot. A New Look at Betrayer and Betrayed.* Oxford: Oxford University Press, 2006
Eisenman, Robert H. & Michael Wise. *The Dead Sea Srolls Uncovered. Dorset:* Element, 1992; auf deutsch: *Jesus und die Urchristen: die Qumran-Rollen entschlüsseln.* München: Bertelsmann, 1998
Eisler, Robert. *The Messian Jesus and John the Baptist According to Flavius Josephus' Recently Discovered ›Capture of Jerusalem‹ and the Other Jewish and Christian Sources.* London: Methuen, 1930; auf deutsch: *Lesous basileus ou basileusas. Die messianische Unabhängigkeitsbewegung vom Auftreten Johannes des Täufers bis zum Untergang Jakobs des Gerechten. Nach der neuerschlossenen Eroberung von Jerusalem des Flavius Josephus und den christlichen Quellen dargestellt.* 2 Bde. Heidelberg: Carl Winter, 1929/1930 (= Religionswissenschaftliche Bibliothek 9)
— »Das Rätsel des Johannesevangeliums«, in: *Eranos-Jahrbuch* 1935. Zürich: Rhein-Verlag, 1936
Eitrem, S. *Les papyrus magiques grecs de Paris.* Kristiania: Dybwad, 1923
— & Leiv Amundsen. *Papyri Osloenses.* Oslo: Dybwad, 1931
Eusebius. *The History of the Church from Christ to Constantine.* London: Penguin, 1989 [1965]; auf deutsch: *Kirchen-Geschichte.* Quedlinburg, 1777
Finegan, Jack. *The Archeology of the New Testament. The Life of Jesus and the Beginning of the Early Church.* Princeton: Princeton University Press, 1992
Fitzmyer, Joseph A. *The Gospel According to Luke (I–IX).* New York: Doubleday, 1981
— *The Gospel According to Luke (X–XXIV).* New York: Doubleday, 1985
Flavius Josephus. *De Qude Geschiedenis van de Joden.* Ambo: Amsterdam, 1996; auf deutsch: *Des Flavius Josephus Jüdische Altertümer.* Übersetzt und mit Einleitung und Anmerkung versehen von Dr. Heinrich Clementz. 2 Bde. Köln: Melzer, 1959 (Nachdruck der Ausgabe von 1899)
Flusser, David. *Jesus.* New York: Herder and Herder, 1969
Fortna, Robert Tomson. *The Gospel of Signs. A Reconstruction of the Narrative Source Underlying the Fourth Gospel.* Cambridge: Cambridge University Press, 1970
— *The Fourth Gospel and its Predecessor.* Philadelphia: Fortress Press, 1988
Frederiksen, Paula. *From Jesus to Christ. The Origins of the New Testament Images of Jesus.* New Haven: Yale University Press, 1988

— *Jesus of Nazareth, King of the Jews. A Jewish Life and the Emergence of Christianity.* New York: Alfred A. Knopf, 1999
Funk, Robert W. *Language, Hermeneutic, and Word of God. The Problem of Language in the New Testament and Contemporary Theology*. New York: Harper & Row, 1966
—, Roy W. Hoover & The Jesus Seminar. *The Five Gospels. The Search for the Authentic Words of Jesus*. San Francisco: Harper SanFransisco, 1993
— *Jesus as Precursor*. Sonoma: Polebridge Press, 1994
— *Honest to Jesus. Jesus for a New Millennium.* San Francisco: Harper SanFransisco, 1996
— & The Jesus-Seminar. *The Acts of Jesus. The Search for the Authentic Deeds of Jesus.* San Francisco: HarperSanFransisco, 1998
— *A Credible Jesus. Fragments of a Vision.* Sonoma: Polebridge Press, 2002
— *Funk on Parables. Collected Essays.* Sonoma: Polebridge Press, 2006
Gauguin, P. *Avant et Après.* Paris: Table Ronde, 1994; auf deutsch: *Vorher und nachher.* Köln: DuMont, 2003 [1903]
Gnilka, Joachim. *Das Evangelium nach Markus.* Bd. 1. Zürich: Benziger Verlag, 1998
— *Das Evangelium nach Markus.* Bd. 2. Zürich: Benziger Verlag, 1999
— *Jesus von Nazaret. Botschaft und Geschichte.* Freiburg: Herder, 1992
Godet, Frederick Louis. *Commentary on the Gospel of John. Vol. 1&2.* Grand Rapids: Zondervan Publishing, 1893[1886]; auf deutsch: *Commentar zu dem Evangelium des Johannes.* Hannover/Berlin: Carl Mayer, 1903
Goethe, Johann Wolfgang von. *Faust. Eine Tragödie.* Hamburg: Christian Wegner Verlag, 1963 (=Die Bücher der Neunzehn 101)
Goguel, Maurice. *The Life of Jesus.* London: George Allen & Unwin, 1932; auf deutsch: *Das Leben Jesu*. Zürich: Rascher, 1934
— *Introduction au Nouveau Testament*. Tome 1. Paris: Éditions Ernest Leroux, 1923
Goodman, Martin. *The Ruling Class of Judaea. The Origins of the Jewish Revolt Against Rome A.D.* 66–70. Cambridge: Cambridge University Press, 1987
Gray, John. *Black Mass. Apocalyptic Religion and the Death of Utopia.* New York: Farrar, Straus and Giroux, 2007
Grundmann, Walter. *Das Evangelium nach Markus*. Berlin: Evangelische Verlagsanstalt, 1928[2]
Guelich, R. A. *The Gospel according to Mark.* Dallas: Word Books, 1989
Guevara, Ernesto. *The Bolivian Diary of Ernesto Che Guevara.* New York: Pathfinder, 1994; auf deutsch: *Bolivianisches Tagebuch. Dokumente einer Revolution*. Reinbek: Rowohlt, 1987 [1968] (=rororo-Sachbuch 8312).
Haskins, Susan. *Mary Magdalen. Myth and Metaphor.* New York: Harcourt Brace & Company, 1993; auf deutsch: *Maria Magdalena. Ihre wahre Geschichte.* Bergisch Gladbach: Bastei Lübbe, 2008 (=Biografie 61634)
Hengel, Martin. *The Zealots. Investigations Into the Jewish Freedom Movement in the Period from Herod I until 70.* A. D. Edinburgh: T. & T. Clark 1989 [1976]; auf deutsch: *Die Zeloten. Untersuchungen zur jüdischen Freiheitsbewegung in der Zeit von Herodes I. bis 70 n.Chr.* Köln: Brill, 1976 [1959] (=Arbeiten zur Geschichte des Spätjudentums u. Urchristentums 1)
— *Crucifixion in the Ancient World and the Folly of the Message of the Cross.* Philadelphia: Fortress Press, 1977
— *The ›Hellenization‹ of Judea in the First Century after Christ.* Philadelphia: Trinity Press International. 1989; auf deutsch: *Das Problem der »Hellenisierung« Judäas im 1. Jahrhundert nach Christus,* in: *Judica et Hellenistica. Kleine Schriften I.* Tübingen: Mohr Siebeck, 1996 (=Wissenschaftliche Untersuchungen zum Neuen Testament 90)
— *The Johannine Question.* Philadelphia: Trinity Press International, 1989; auf deutsch:

Die Johanneische Frage. Ein Lösungsversuch. Tübingen: Mohr, 1993 (=Wissenschaftliche Untersuchungen zum Neuen Testament 67)
Hedrick, Charles W. *Parables as Poetic Fictions. The Creative Voice of Jesus.* Peabody: Hendrickson Publishers, 1994
Heidegger, Martin. *Sein und Zeit.* Tübingen: Niemeyer, 2006 [1927]
Hendrikse, Klaas. *Geloven in een God die niet bestaat.* Amsterdam: Nieuw Amsterdam: 2007
Herzog II, William R. *Parables as Subversive Speech. Jesus as Pedagogue of the Oppressed.* Louisville: Westminster/John Knox Press, 1994
Heyer, C. J. den. *Jesus and the Doctrine of the Atonement. Biblical notes on a controversial topic.* Harrisburg: Trinity Press International, 1997
Hock, Ronald F. *The Infancy Gospels of James and Thomas.* Santa Rosa: Polebridge Press, 1995
Hoehner, Harold W. *Herod Antipas.* Grand Rapids: Academie Books, 1972
Holleman, Joost *Resurrection and Parousia. A Traditio-Historical Study of Paul's Eschatology in 1 Corinthians* 15. Leiden: E.J. Brill, 1996
Hooker, Morna D. *A Commentary on the Gospel According to St Mark.* London: A&C Black, 1991
Holtzmann, H. J. *Die synoptische Evangelien, ihr Ursprung und geschichtlicher Charakter.* Leipzig, 1863
Holtzmann, O. *Das Johannes Evangelium – untersucht und erklärt.* Darmstadt, 1887
Horsley, Richard A. & John S. Hanson. *Bandits, Prophets, and Messiahs. Popular Movements in the Time of Jesus.* Minneapolis: Winston Press, 1985
— *Jesus and the Spiral of Violence. Popular Jewish Resistance in Roman Palestine.* San Francisco: Harper & Row, 1987
— *Sociology and the Jesus Movement.* New York: Continuum, 1942
— *Jesus and Empire. The Kingdom of God and the New World Disorder.* Minneapolis: Fortress Press, 2003
Horst, Pieter W. van der. *Mozes, Plato, Jezus. Studies over de wereld van het vroege christendom.* Amsterdam: Prometheus, 2000
Hoskyns, Edwyn Clement. *The Fourth Gospel.* London: Faber and Faber, 1947
Hull, John. *Hellenistic Magic and the Synoptic Tradition.* Studies in Biblical Theology. Naperville: A. R. Allenson, 1974
Iersel, Bas M.F. van. »Mark. A Reader-Response Commentary«, in: *Journal for the Study of the New Testament.* Supplement Series 164 (1998)
Ilan, Tal. *Jewish Women in Greco-Roman Palestine.* Peabody: Hendrickson Publishers, 1996
Jeffery, Peter. *The Secret Gospel of Mark Unveiled. Imagined Rituals of Sex, Death, and Madness in a Biblical Forgery.* New Haven: Yale University Press, 2007
Jeremias, Joachim. *Jerusalem in the Time of Jesus. An Investigation into Economic and Social Conditions during the New Testament Period.* Philadelphia: Fortress Press, 1991; auf deutsch: *Jerusalem zur Zeit Jesu. Eine kulturgeschichtliche Untersuchung zur neutestamentlichen Zeitgeschichte.* Göttingen: Vandenhoeck & Ruprecht, 1969 [1923]
— *The Parables of Jesus.* New York: Charles Scribner's Sons, 1963; auf deutsch: *Die Gleichnisse Jesu.* Göttingen: Vandenhoeck & Ruprecht, 1998 [1947]
Jonas, Hans. *The Gnostic Religion. The Message of the Alien God and the Beginnings of Christianity.* Boston: Beacon Press, 1985²; auf deutsch: *Gnosis: die Botschaft des fremden Gottes.* Frankfurt/Main: Insel-Verlag, 1999
Jonge, Marinus de. *Jesus, The Servant-Messiah.* New Haven: Yale University Press, 1991
Jülicher, D. Adolf. *Die Gleichnisreden Jesu.* Erster & Zweiter Teil. Tübingen: J. C. B. Mohr, 1910
Kasser, Rodolphe, Marvin Meyer & Gregor Wurst. *The Gospel of Judas from Codex*

Tchacos. Washington D.C.: National Geographic, 2006; auf deutsch: *Das Evangelium des Judas aus dem Codex Tchacos.* Washington D. C.: National Geographic, 2006
Kershaw, Ian. *Hitler. 1889–1936.* Hubris. London: Allen Lane, 1998; auf deutsch: *Hitler. 1889–1936.* Stuttgart: Dt. Verlags-Anstalt, 1998
King, Karen L. *The Gospel of Mary of Magdala. Jesus and the First Woman Apostle.* Santa Rosa: Polebridge Press, 2003
Klassen, William. *Judas. Betrayer or Friend of Jesus.* Minneapolis: Fortress Press, 1996
Klauck, Hans-Josef. *Judas – Ein Jünger des Herrn.* Freiburg, Herder, 1987
Klausner, Joseph. *Jesus of Nazareth. His Life, Times and Teaching.* New York: Bloch, 1989; auf deutsch: *Jesus von Nazareth: seine Zeit, sein Leben und seine Lehre.* Jerusalem: The Jewish Publ. House, 1952 [1922]
Klein, Günter. *Die Zwölf Apostel. Ursprung und Gehalt einer Idee.* Göttingen: Vandenhoeck & Ruprecht, 1961
Kloppenborg, John S. *Q Parallels.* Sonoma: Polebridge Press, 1988
—, et. al. *Q Thomas Reader.* Sonoma: Polebridge Press, 1990
— (Hg.) *The Shape of Q. Signal Essays on the Sayings Gospel.* Minneapolis: Fortress Press, 1994
— *Excavating Q.* Minneapolis: Fortress Press, 2000
Koester, Helmut. *Ancient Christian Gospels. Their History and Development.* London: SCM Press, 1990
Léon-Dufour, Xavier. *The Gospels and the Jesus of History.* New York: Harper & Row, 1968 [1963]; auf deutsch: *Die Evangelien und der historische Jesus.* Aschaffenburg: Pattloch, 1966
Linnemann, Eta. *Jesus of the Parables. Introduction and Exposition.* New York; Harper & Row, 1961; auf deutsch: *Gleichnisse Jesu: Einführung und Auslegung.* Göttingen: Vandenhoeck & Ruprecht, 1982 [1961]
Lobmeyer, Ernst. *Das Evangelium des Markus.* Göttingen: Vandenhoeck & Ruprecht, 1963
Loisy, Alfred. *Les Évangiles Synoptiques.* I. Près Montier-en-Der: Chez l'auteur, 1907
— *Les Évangiles Synoptiques.* II. Près Montier-en-Der: Chez l'auteur, 1908
Lüdemann, Gerd. *Die Auferstehung Jesu. Historie, Erfahrung, Theologie.* Göttingen: Vandenhoeck & Ruprecht, 1994
— *What Really Happened to Jesus. A historical approach to the resurrection.* Louisville: Westminster John Knox Press, 1955; auf deutsch: *Was mit Jesus wirklich geschah. Die Auferstehung historisch betrachtet.* Stuttgart: Radius-Verlag, 1995
— *Virgin Birth? The Real Story of Mary and Her Son Jesus.* Harrisburg: Trinity Press, 1997; auf deutsch: *Jungfrauengeburt? Die wirkliche Geschichte von Maria und ihrem Sohn Jesus.* Springe: Klampen, 2008
— *The Great Deception. And what Jesus Really Said and Did.* Amherst: Prometheus Book, 1998; auf deutsch: *Der große Betrug. Und was Jesus wirklich sagte und tat.* Lüneburg: Klampen, 1999
— *Jesus after Two Thousand Years. What he really said and did.* London: SCM Press, 2000; auf deutsch: *Jesus nach 2000 Jahren. Was er wirklich sagte und tat.* Springe: Klampen, 2004
Mack, Burton L. *A Myth of Innocence.* Philadelphia: Fortress Press, 1988
— *The Lost Gospel. The Book of Q & Christian Origins.* San Francisco: HarperSan-Francisco, 1993
Mann, C. S. *Mark.* New York: Doubleday, 1986
Manson, T. W. *The Teaching of Jesus.* Cambridge: Cambridge University Press, 1948 [1931]
— *The Sayings of Jesus.* London: SCM Press, 1949 [1937]
— *The Servant-Messiah.* Cambridge: Cambridge University Press, 1956
Marcus, Joel. *Marcus 1–8.* New York: Doubleday, 1999

Mason, Steve. *Josephus and the New Testament.* Peabody: Hendrickson Publishers, 1992; auf deutsch: *Flavius Josephus und das Neue Testament.* Tübingen: Francke, 2000 [1992] (=UTB für Wissenschaft Theologie 2130)
Meier, John P. *A Marginal Jew. Rethinking the Historical Jesus.* Vol. i. New York: Doubleday, 1991
— *A Marginal Jew. Rethinking the Historical Jesus.* Vol. II. New York: Doubleday, 1994
— *A Marginal Jew. Rethinking the Historical Jesus.* Vol. III. New York: Doubleday, 2001
Meye, Robert P. *Jesus and the Twelve. Discipleship and Revelation in Mark's Gospel.* Grand Rapids: William B. Eerdmans Publishing Company, 1968
Meyer, Ben F. *The Aims of Jesus.* London: SCM Press, 1979
Meyer, Marvin. *The Gospels of Mary. The Secret Tradition of Mary Magdalene, the Companion of Jesus.* San Francisco: HarperSanFrancisco, 2004
Meyers, Eric M. et al *Sepphoris.* Winona Lake: Eisenbrauns, 1991
Montefiore, C. G. *The Synoptic Gospels.* Vols. I & II. London: Macmillan, 1972
Myllykoski, Matti. *Die letzten Tage Jesu. Markus und Johannes, ihre Traditionen und die historische Frage.* Band I. Helsinki: Suomalainen Tiedeakatemia, 1991
Nietzsche, Friedrich. *Der Antichrist – Fluch auf das Christentum,* in: *Werke in drei Bänden.* Bd. 2. München: Hanser Verlag, 1973 [1895]
Oesterley, W.O.E. *The Gospel Parables in the Light of Their Jewish Background.* New York: Macmillan, 1936
Oort, Prof.dr. J. van (Hg.) *Het evangelie van Judas.* Kampen: Ten Have, 2006
Origenes. *»Origen's Commentary on the Gospel of Matthew'«, in: The Ante-Nicene Fathers. Vol. X.* Edinburgh: T. & T. Clark, 1990 [1885]; auf deutsch: *Der Kommentar zum Evangelium nach Matthäus.* Stuttgart: Anton Hiersemann, 1983–1993 (= Bibliothek der griechischen Literatur 18, 30, 38)
— *»Contra Celsum« (Origin Against Celsur), in: The Ante-Nicene Fathers. Vol. IV.* Edinburgh: T. & T. Clark, 1990 [1885]; auf deutsch: »Contra Celsum«. *Acht Bücher gegen Celsum.* München: Kösel, 1926 (= Bibliothek der Kirchenväter 1/52, 53)
Oussoren, Pieter. *Buiken de vesting.* Vught: Skandalon, 2008
Pagels, Elaine. *The Gnostic Gospels.* New York: Random House, 1979; auf deutsch: *Versuchung durch Erkenntnis. Die gnostischen Evangelien.* Frankfurt/Main: Suhrkamp, 1989 (= Suhrkamp Taschenbuch 1456)
— & Karen L. King. *Reading Judas. The Gospel of Judas and the Shaping of Christianity.* New York: Viking, 2007; auf deutsch: *Das Evangelium des Verräters. Judas und der Kampf um das wahre Christentum.* München: Beck, 2008
Pallis, Alex. *A Few Notes on the Gospels According to St. Mark and St. Matthew.* Liverpool: The Liverpool Booksellers' Co. Ltd., 1903
Patterson, Stephen J. & James M. Robinson. *The Fifth Gospel. The Gospel of Thomas Comes of Age.* Harrisburg: Trinity Press, 1998
Perrin, Norman. *Rediscovering the Teaching of Jesus.* New York: Harper & Row, 1976; auf deutsch: *Was lehrte Jesus wirklich. Rekonstruktion und Deutung.* Göttingen: Vandenhoeck & Ruprecht, 1972 (= Sammlung Vandenhoeck)
Pesch, Rudolf. *Jesu Ureigene Taten? Ein Beitrag zur Wunderfrage.* Freiburg: Herder, 1970
— *Das Markusevangelium.* I. Teil. Freiburg: Herder, 1976
— *Das Markusevangelium.* II. Teil. Freiburg: Herder, 1977
Plinius. *De Wereld. Naturalis historia.* Amsterdam: Athenaeum – Polak & Van Gennep, 2005; auf deutsch: *Die Naturgeschichte des Caius Plinius Secundus.* 2 Bde. Wiesbaden: Marix, 2007
Quispel, Gilles. *Het Evangelie van Thomas.* Amsterdam: In de Pelikaan, 2004
Rad, Gerhard von. *The Message of the Prophets.* New York: Harper & Row, 1967; auf deutsch: *Die Botschaft der Propheten.* Gütersloh: Gütersloher Verlagshaus Mohn, 1981 (= Gütersloher Taschenbücher Siebenstern 188)

Radcliffe, William. *Fishing from the Earliest Times*. London: John Murray, 1902
Ranke-Heinemann, Uta. *Eunuchs for the Kingdom of Heaven. Women, Sexuality and the Catholic Church*. London: Penguin, 1990; auf deutsch: *Eunuchen für das Himmelreich. Katholische Kirche und Sexualität*. Hamburg: Hoffmann & Campe, 1990 [1988]
— *Putting Away Childish Things. The Virgin Birth, the Empty Tomb, and other Fairy Tales You Don't Need to Believe to Have a Living Faith*. San Francisco: Harper San Francisco, 1992; auf deutsch: *Nein und Amen. Anleitung zum Glaubenszweifel*. Hamburg: Hoffmann & Campe, 1992
Rapoport, David C. (Hg.) *Inside Terrorist Organizations*. London: Frank Cass, 2001
Ratzinger, Joseph / Benedikt XVI. *Jesus van Nazareth. Deel I*. Tielt: Lannoo, 2006; auf deutsch: *Jesus von Nazareth. Von der Taufe im Jordan bis zur Verklärung*. Freiburg: Herder, 2007
— *Cyprian. Katechesereihe über die Apostolischen Väter*. Ansprache während der Generalaudienz am 6. Juni 2007
Renan, Ernest. *Vie de Jésus*. Paris: Calmann-Lévy, 1861; auf deutsch: *Das Leben Jesu*. Zürich: Diogenes-Verlag, 1994 [1863]
Rewald, J. *Post-Impressionism: From Van Gogh to Gauguin*. New York: Museum of Modern Art, 1956; auf deutsch: *Von Van Gogh bis Gauguin. Die Geschichte des Nachimpressionismus*. Köln: DuMont, 1987
Richardson, Peter. *Herod. King of the Jews and Friend of the Romans*. Columbia: University of South Carolina Press, 1996
Robinson, James M. (Hg.) *The Nag Hammadi Library*. Göttingen: Vandenhoeck & Ruprecht, 2007 [2006]
— *The Secrets of Judas. The Story of the Misunderstood Disciple and His Lost Gospel*. San Francisco: Harper San Francisco, 2006; auf deutsch: *Das Judasgeheimnis. Ein Blick hinter die Kulissen*. Vandenhoeck & Ruprecht, 2007
Rousseau, John J. & Rami Arav. *Jesus and His World. An Archaeological and Cultural Dictionary*. Minneapolis: Fortress Press, 1995
Rudolph, Kurt. Die *Gnosis. Wesen und Geschichte einer spätantiken Religion*. Göttingen: Vandenhoeck & Ruprecht, 1994 [1977]
Sanders, E. P. *Jesus and Judaism*. Philadelphia: Fortress Press, 1985
— & Margaret Davies. *Studying the Synoptic Gospels*. London: SCM Press, 1989
— *The Historical Figure of Jesus*. London: Allen Lane, 1993; auf deutsch: *Sohn Gottes. Eine historische Biographie Jesu*. Stuttgart: Klett-Cotta, 1996
Sawicki, Marianne. *Crossing Galilee. Architectures of Contact in the Occupied Land of Jesus*. Harrisburg: Trinity Press, 2000
Schaberg, Jane. *The Illegitimacy of Jesus. A Feminist Theological Interpretation of the Infancy Narratives*. New York: Crossroad, 1990
— *The Resurrection of Mary Magdalene. Legends, Apocrypha and the Christian Testament*. New York: Continuum, 2002
Schillebeeckx, Edward. *Jezus. Het verhaal van een levende*. Bloemendaal: H. Nelissen, 1975; auf deutsch: *Jesus. Die Geschichte von einem Lebenden*. Freiburg: Herder, 1975
— *Gerechtigheid en liefde. Genade en bevrijding*. Baarn: H. Nelissen, 1997; auf deutsch: *Christus und die Christen. Die Geschichte einer neuen Lebenspraxis*. Freiburg/Basel/Wien: Herder, 1977
Schippers, R. *Het evangelie van Thomas. Apocriefe woorden van Jezus*. Kampen: J. H. Kok, 1960
Schlosser, Jacques. *Jésus de Nazareth*. Paris: Éditions Noesis, 1999
Schmidt, Karl Ludwig. *Der Rahmen der Geschichte Jesu*. Darmstadt: Wissenschaftliche Buchgesellschaft, 1964
Schmithals, Walter. *The office of apostle in the early church*. Nashville: Abindon Press,

1969; auf deutsch: *Das kirchliche Apostelamt. Eine historische Untersuchung.* Göttingen: Vandenhoeck & Ruprecht, 1961

— *The theology of the First Christians.* Louisville: Westminster John Knox Press, 1997; auf deutsch: *Theologiegeschichte des Urchristentums. Eine problemgeschichtliche Darstellung.* Stuttgart: Kohlhammer, 1994

Schneemelcher, Wilhelm (Hg.) *Festschrift für Günther Dehn.* Bonn: Verlag der Buchhandlung des Erziehungsvereins, 1957

Schürer, Emil. *The History of the Jewish People in the Age of Jesus Christ (175 B.C.–A.D. 135). Vol 1–4.* Edinburgh: T. & T. Clark, 1886–1909; auf deutsch: *Geschichte des jüdischen Volkes im Zeitalter Jesu Christi.* Hildesheim: Olms, 1964 [1890]

Schürmann, Heinz. *Das Lukasevangelium.* 1. Teil. Leipzig: St. Benno-Verlag, 1970

— *Das Lukasevangelium.* 2. Teil. Freiburg: Herder, 1993

— *Jesu ureigener Tod. Exegetische Besinnungen und Ausblick.* Freiburg: Herder, 1975

Schüssler, F. Fiorenza Elisabeth. *In Memory of Her. A Feminist Theological Reconstruction of Christian Origins.* New York: Crossroad, 1983; auf deutsch: *Zu Ihrem Gedächtnis … eine feministisch-theologische Rekonstruktion der christlichen Ursprünge.* Gütersloh: Kaiser, 1993

Schweizer, Eduard. *Jesus.* Atlanta: John Knox Press, 1971 [1968]; auf deutsch: *Jesus Christus im vielfältigen Zeugnis des Neuen Testaments.* Gütersloh: Mohn, 1979 (= Gütersloher Taschenbücher Siebenstern 126)

Schweitzer, Albert. *The Quest of the Historical Jesus. A Critical Study of its Progress from Reimarus to Wrede.* Baltimore: The John Hopkins University Press, 1910 [1906]; auf deutsch: *Von Reimarus zu Wrede. Eine Geschichte der Leben-Jesu-Forschung.* Tübingen: Mohr 1906

Scobie, Charles H. H. *John the Baptist.* Philadelphia: Fortress Press, 1964

Segal, Alan F. *Rebecca's Children. Judaism and Christianity in the Roman World.* Cambridge, MA: Harvard University Press, 1986

Smith, Morton. »Tannaitic Parallels to the Gospels«, in: *Journal of Biblical Literature,* Monograph Series. Vol. VI (1968)

— *Clement of Alexandria and a Secret Gospel of Mark.* Cambridge, MA: Harvard University Press, 1973

— *The Secret Gospel. The Discovery and Interpretation of the Sectret Gospel According to Mark.* New York: Harper & Row, 1973; auf deutsch: *Auf der Suche nach dem historischen Jesus. Entdeckungen und Deutung des geheimen Evangeliums im Wüstenkloster Mar Saba.* Frankfurt/Main: Ullstein, 1974

— *Jesus the Magician.* San Francisco: Harper & Row, 1978; auf deutsch: *Jesus der Magier.* München: List, 1981

Shelby Spong, John. *Born of a Woman. A Bishop Rethinks the Birth of Jesus.* San Francisco: HarperSanFransisco, 1992

Stauffer, Ethelbert. *Jesus and His Story.* New York: Alfred A. Knopf, 1960

Strauss, David Friedrich. *Das Leben Jesu, kritisch bearbeitet.* Band 1 & 2. Tübingen: C. F. Osiander, 1837

Swete, Henry Barclay. *The Gospel According to St. Mark.* London: Macmillan, 1902

Tacitus, Cornelius. *Kronieken.* Haarlem: H. D. Tjeenk Willink & Zoon, 1965; auf deutsch: *Annalen.* 2 Bde. Stuttgart: Spemann, 1873

Tatianus. *Het Luikse Diatessaron.* Red. C. C. de Bruin. Leiden: E. J. Brill, 1970; auf deutsch: *Diatessaron.* Heidelberg: Winter, 1926

Taylor, Joan E. *The Immerser. John the Baptist within Second Temple Judaism.* Grand Rapids: William B. Eerdmans Publishing Company, 1997

Taylor, Vincent. *The Gospel According to St. Mark.* London: Macmillan, 1966

Theissen, Gerd. *Sociology of Early Palestinian Christianity.* Philadelphia: Fortress Press, 1977; auf deutsch: *Urchristliche Wundergeschichten. Ein Beitrag zur formengeschicht-*

lichen Erforschung der synoptischen Evangelien. Gütersloh: Gütersloher Verlagshaus Mohn, 1990 [1972] (=Studien zum Neuen Testament 8)
— Merz, Annette. *The Historical Jesus. A Comprehensive Guide*. Minneapolis: Fortress Press, 1996; auf deutsch: *Der historische Jesus. Ein Lehrbuch*. Göttingen: Vandenhoeck & Ruprecht, 2001
Twelftree, Graham H. *Jesus the Excorcist. A Contribution to the Study of the Historical Jesus*. Peabody: Hendrickson Publishers, 1993
Vermès, Géza. *Jesus the Jew. A Historian's Reading of the Gospels*. Philadelphia: Fortress Press, 1973; auf deutsch: *Jesus der Jude. Ein Historiker liest die Evangelien*. Neukirchen-Vluyn: Neukirchener Verlagsgesellschaft, 1993 [1973]
Via, Dan Otto. *The Parables. Their Literary and Existential Dimension*. Philadelphia: Fortress Press, 1973; auf deutsch: *Die Gleichnisse Jesu. Ihre literarische und existentiale Dimension*. München: Kaiser, 1970
Webb, Robert L. »John the Baptizer and Prophet. A Socio-Historical Study«, in: *Journal for the Study of the New Testament*. Supplement Series 62 (1991)
Weiß, Johannes. *Jesus' Proclamation of the Kingdom of God*. London: SCM Press, 1971 [1892]
— *Die Predigt Jesu vom Reiche Gottes*. Göttingen: Vandenhoeck & Ruprecht, 1900[2]
— *Die Schriften des Neuen Testaments*. Band 1 & 2. Göttingen: Vandenhoeck & Ruprecht, 1907
Weisse, Christian Hermann. *Die evangelische Geschichte kritisch und philosophisch bearbeitet*. Leipzig, 1838
Wellhausen, J. *Das Evangelium Johannis*. Berlin: Georg Reimer, 1908
— *Das Evangelium Marci*. Berlin: Georg Reimer, 1909
Wilder, Amos N. *Jesus' Parables and the War of Myths. Essays on Imagination in the Scripture*. Philadelphia: Fortress Press, 1982
Wrede, William. *The Messianic Secret*. Cambridge: James Clarke, 1971 [1901]; auf deutsch: *Das Messiasgeheimnis in den Evangelien*. Göttingen: Vandenhoeck & Ruprecht, 1969

FÜR DIE DEUTSCHE ÜBERSETZUNG VERWENDETE BIBELN

EÜ	Einheitsübersetzung (überwiegend)
LUT 84	Luther 1984
ELB	Rev. Elberfelder
SLT	Schlachter 2000
NGÜ	Neue Genfer Übersetzung
HFA	Hoffnung für Alle

In: www.bibleserver.com – Ihre Bibel im Netz

Namensregister der Einheitsübersetzung:
— www.deutschesfachbuch.de/info/detail.php?isbn=3460320192
— www.bibleserver.com (Schlagwörter der Bibelstellen)
Apokryphe Evangelien:
— www-user.uni-bremen.de/~wie/nt-apokrypha.html
Bibliothek der Kirchenväter/Universität Freiburg:
— www.unifr.ch/bkv/awerk.htm
Universität Siegen:
— www.fb1.uni-siegen.de/antiketexte/?lang=de
Universität Innsbruck:
— www.uibk.ac.at/theol/

NACHSCHLAGEWERKE

A Greek-English Lexicon. Hg. Henry George Liddell & Robert Scott. Oxford: Clarendon Press, 1996

Bezae Codex Cantabrigiensis. Eugene: Wipf and Stock Publishers, 1864

Bijbel met deuterocanonieke boeken. De nieuwe Bijbelvertaling. Heerenveen: Uitgeverij NBG, 2004

De goede boodschap volgens Markus, Matthijs, Lukas en Jan. Vert. Mr. E. Straat. Amsterdam: Anthos, 1982

Early Christian Writings. The Apostolic Fathers. Hg. Andrew Louth. London: Penguin, 1968

Griechisch-deutsches Wörterbuch zu den Schriften des Neuen Testaments und der frühchristlichen Literatur. Hg. Walter Bauer. Berlin: Walter de Gruyter, 1988

Het evangelie volgens Markus, Mattheus, Lukas en Johannes. Vert. Hans Warren en Mario Molegraaf. Amsterdam: Prometheus, 1996

Novum Testamentum Graece. Deutsche Bibelgesellschaft, 2000 [1993]

The Complete Gospels. Annotated Scholars Version. Hg. Robert J. Miller. Sonoma: Polebridge Press, 1992

The Complete Works of Josephus. Grand Rapids: Kregel, 1981[1960]

The Complete Works of Tacitus. New York: The Modern Library, 1942

The New Complete Works of Josephus. Grand Rapids: Kregel, 1999

The Works of Philo. Peabody: Hendrickson Publishers, 1993

Die Heilige Schrift des Alten und Neuen Testamentes. Aschaffenburg: Pattloch, 1965

Die Heilige Schrift. Einheitsübersetzung. Katholisches Bibelwerk, Deutsche Bibelgesellschaft, 1981

VERWENDETE LITERATUR APPENDIX A

Carlson, S. C. *The Gospel Hoax*. Baylor University Press, 2005

Ehrmann, B. D. *Lost Christianities*. Oxford: Oxford University Press, 2005

Hedrick, C. W. en N. Olympiou. *The Fourth R* (vol.13, nr.5, sept/oct. 2000),

Jeffery, P. *The Secret Gospel of Mark Unveiled*. Yale University Press, 2006

Smith, M. *The Secret Gospel of Mark*. Dawn Horse Press, 2005

Internet:

— http://en.wikipedia.org/wiki/Morton_Smith *Wikipedia*, free encyclopedia, onder »Morton Smith«

— http://www.robertmprice.mindvendor.com/art_secret.htm *RMP Theological Publications, Second Thought on the Secret Gospel* door R. M. Price

— http://www.christiancadre.blogspot.com/2005/07/is-secret-gospel-of-mark-modern.html *Cadre Comments, 9th July* 2005*: Is the Secret Gospel of Mark a Modern Forgery based on a Cheesy Christian Novel?*

BEGRIFFSERKLÄRUNG DER ENGLISCHEN AUSDRÜCKE

clash of civilisation, S. 242 – Kampf der Kulturen
close-up, S. 49 – Einstellungsgröße: Großaufnahme.
countershot, S. 112 – Einstellung aus der gegenüberliegenden Perspektive
craneshot, S. 49 – Einstellung aus einer Kamera, die auf einem 3-7 Meter hohen Kran montiert ist
cut, S. 26 – Schnitt. Allgemein: die technische Verknüpfung zweier Einstellungen
damage control, S. 50, 222, 252, Anm. 58 – Schadensbegrenzung
extraordinary rendition, S. 279, Anm. 39 – Überstellung Terrorverdächtiger in Länder, in denen Folter angewendet wird
fellow, S. 7 – Mitglied einer akademischen Körperschaft
final cut, S. 20 – letzter Schnitt
good guy, S. 89 – »Gutmensch«
hard cut, S. 49 - Harter Schnitt. Zwei sehr kontrastreiche Einstellungen folgen ohne Übergang aufeinander
horror story, S. 126 – Horrorgeschichte
in the middle of nowhere, S. 26 – Hier: im Niemandsland
jumpcut, S. 87, 256, Anm. 51 - Aus einer Einstellung, die nicht durch einen Schnitt unterbrochen wird, schneidet man ein Stück heraus, wodurch die Realität verfälscht wird
long shot, S. 91 – Totale
masterplan, S. 223 – Masterplan
over the top, S. 255, Anm. 47 – übertrieben
papers, S. 8 – wissenschaftliche Aufsätze und Schriften
performance act, S. 154 – Auftritt, Aufführung
pre-emptive strike, S. 76 – Präventivschlag
reversal of fortune, S. 178 – Schicksalswende
safehouse, S. 197 ff. – Versteck, Unterschlupf, konspirativer Treffpunkt
slang, S. 260, Anm. 14 – saloppe Umgangssprache, Jargon
special effects, S. 16 – Spezialeffekte
***spin doctor*s**, S. 24 – siehe *spin*
spin, S. 16f., 23, 38f., 58, 65, 179, 194, 252, Anm. 58 – Die Wirklichkeit nur von dem Standpunkt aus darstellen, den der Autor/Sprecher wünschenswert findet, sodass sie verfälscht wird
the odd man, S. 8 – Außenseiter
thinktank, S. 7 – Denkfabrik
word event, S. 81 – Performance in Worten. Durch Worte werden Emotionen hervorgerufen